Edition Akzente
Herausgegeben von
Michael Krüger

Jochen Hörisch
Tauschen, sprechen, begehren

Eine Kritik der unreinen Vernunft

Carl Hanser Verlag

1 2 3 4 5   15 14 13 12 11

ISBN: 978-3-446-23072-9
Alle Rechte vorbehalten
© Carl Hanser Verlag München 2011
Schutzumschlag: Peter-Andreas Hassiepen, München
Umschlagmotiv: Lucas Cranach der Ältere/akg-images
Satz: Memminger MedienCentrum AG, Memmingen
Druck und Bindung: Friedrich Pustet, Regensburg
Printed in Germany

INHALT

Vorwort
»Den Reinen ist alles rein« –
Zur Kritik der unreinen Vernunft   7

I
Tauschen

II
Sprechen

III

Begehren

Vorwort:
»Den Reinen ist alles rein« –
Zur Kritik der unreinen Vernunft

Rein wäre, was weder bezogen, noch beziehbar
ist. […] Der Begriff rein ist also ein leerer Begriff – […] alles Reine ist also eine Täuschung
der Einbildungskraft – eine notwendige Fiction.

Novalis

Die Rede von »anthropologischen Konstanten« ist ebenso
gängig wie umstritten. Einige schlichte Evidenzen wie die,
daß alle Menschen in allen Epochen an allen Orten und in
allen Kulturen sterben oder Nahrung zu sich nehmen müssen, um zu überleben, sprechen für die Annahme solcher
Konstanten. Andere und in der Regel genauere Beobachtungen wie die, daß Menschen sich sehr unterschiedlich er-
nähren und auch im Rahmen ganz unterschiedlicher Annahmen und Umstände ihre Endlichkeit deuten, sprechen
jedoch gegen allzuviel Überschwang bei der Rede von anthropologischen Konstanten. Konstant scheint allenfalls zu
sein, daß es *ein* konstantes Wesen *des* Menschen nicht gibt.
Das ist eine alte Einsicht. »Ungeheuer ist viel, doch nichts
ungeheurer als der Mensch«, lauten berühmte pathetische
Verse aus der *Antigone* des Sophokles. »Der Mensch ist aus
krummem Holz geschnitzt«, lautet ein nüchterner Satz ausgerechnet des Philosophen Kant, der dem Begriff »rein«
zu einer Hochkonjunktur verhalf. Sollte rein immer gelten, daß es nichts Reines gibt unter der Sonne und daß
schlechthin »alles«, das Menschlich-Allzumenschliche wie
das Göttliche, kontaminiert ist?

Ohne Dialektik denkt man auf Anhieb dümmer. Also ist zumindest ein gewisses Quantum an dialektischem Denken und Nachfragen geboten: Sollte es eine Konstante sein, daß es keine belastbaren anthropologischen Konstanten gibt? Um einige vieldiskutierte Beispiele zu evozieren: Welchen Status haben universale Geltungsansprüche (etwa die der Menschenrechte), wenn schwerlich zu bestreiten ist, daß ein solcher Universalismus ein kulturrelatives Phänomen ist – was nichts anderes heißt als dies: daß universalistische Annahmen nicht von allen Menschen zu allen Zeiten an allen Orten geteilt wurden und werden? Könnte es sein, daß ewige Geltung nur der Satz hat, es gebe keine ewige Geltung, daß verläßlich allein die Einsicht in die Unverläßlichkeit aller vermeintlichen Letzt-Einsichten ist? Reizvoll ist an solchen dialektischen Denkfiguren, daß sich noch der ihnen innewohnende Skeptizismus konterkarieren läßt. Hat man nicht, so fragte schon Hegel, gute Gründe, auch dem Skeptizismus skeptisch zu begegnen? Im Hinblick auf die beliebte Wendung von den anthropologischen Konstanten legen solche Fragen eine Umkehr der Fragerichtung nahe: Anspruch auf langfristige Dauer haben demnach nicht etwa Wesenszüge des Menschen überhaupt, sondern vielmehr die Probleme, auf die Menschen Antworten finden müssen. Menschen finden dann sehr unterschiedliche Lösungsmöglichkeiten und mit ihnen neue Möglichkeiten, sich in Probleme, Strukturen und Geschichten zu verstricken.

In der Tat spricht alles dafür, daß alle Menschen zu allen Zeiten an allen Orten mitsamt den Kulturlogiken, in die sie verstrickt und verwoben sind, vor schwer zu lösenden Problemen wie diesen stehen: Es gibt vielfachen Mangel (u. a. an Liebe, an Gütern, an Lebenszeit) – wie sollen wir darauf reagieren? Nur die wenigsten werden (empirische

Gründe dafür haben,) darauf dialektisch (zu) reagieren: Sollte es auch einen Mangel an Mangel geben? Weil Menschen in unbefriedigenden, unreinen, unklaren, unübersichtlichen Verhältnissen leben, sind sie u. a. darauf angewiesen, zu sprechen, zu tauschen und zu begehren. Die hier unter dem Titel *Tauschen, sprechen, begehren* versammelten Studien lassen sich von der Überlegung leiten, daß es Problemkonstanten in allen Kulturen ebenso gibt wie beeindruckend variable Möglichkeiten, auf sie zu reagieren. Alle Kulturen müssen Regeln des Sprechens, des Tauschens und des Begehrens entfalten. Sie müssen Antworten auf Fragen und Probleme wie diese finden: Wer hat wem mit welchen Folgen was zu sagen, wie kann A in den Besitz und/oder Genuß eines Gutes von B kommen, wer darf wen wann und unter welchen Umständen ungestraft lieben, begehren, heiraten?

Obwohl sie sich von solchen Fragen stimulieren lassen, sind die in diesem Buch zusammengestellten Studien jedoch nicht als systematische Beiträge zu einer universalen Kulturanthropologie oder Kulturwissenschaft zu verstehen. Statt dessen interessieren sie sich, um es neudeutsch zu formulieren, für ein spezifisches Theoriedesign: Wie kann und soll eine Denkstruktur aussehen, die Fragen wie den soeben aufgeworfenen in etwa standhält? Die hier in zumeist stark überarbeiteter Form wiedervorgelegten Texte versuchen zumindest eine indirekte Antwort auf diese Frage: Es lohnt sich, Theorien Aufmerksamkeit zu schenken, die auf den ersten und nicht nur auf den ersten Blick absonderlich, exzentrisch, ja abwegig scheinen, weil sie dazu verführen, bislang Un- bzw. Untersagtes dennoch zu sagen und Ungedachtes fortan zu denken. Die hier versammelten Studien und Essays nehmen deshalb Impulse des dialektischen Denkens von Hegel, der Kritischen Theorie Benjamins und Adornos, der ebenso weitreichenden wie mittlerweile in Theoriedebatten weitgehend ausgeblendeten Tausch- und Bewußtseinstheorie Sohn-Rethels, der strukturalen Psychoanalyse Lacans und der Systemtheorie Luhmanns auf.

Gemeinsam ist diesen Theorien u. a., daß sie hochgradig kontraintuitiv daherkommen. Daß die Analyse von Eigennamen das eigentliche Kerngeschäft einer anspruchsvollen Theologie sei, daß es objektive Interpretationen des schönen Scheins gebe, daß das Transzendentalsubjekt ein Derivat des Geldverkehrs sei, daß logisches Denken etwas und zwar Entscheidendes mit dem Untergang des Matriarchats zu tun habe, daß das Begehren des Subjekts auf die zeitliche Verfassung von Sein zurückzuführen sei, daß Menschen nicht zur Gesellschaft gehören – diese Thesen und Theoreme von Adorno, Benjamin, Sohn-Rethel, Lacan und Luhmann sind so absonderlich wie faszinierend, weil sie keine Angst vor Unreinheiten und vor vermeintlichen Kategorienfehlern haben und weil sie denken, was »man«, selbst wenn man gebildet und klug ist, nicht sofort denkt, und formulieren, wie man in der Regel nicht formuliert. Deshalb stehen diese Theorien des Sprechens, des Tauschens und des Begehrens in einem ironischen Verhältnis zur Tradition eines reinen Denkens, das ängstlich sofort zu denken aufhört, wenn es auf Paradoxien, Selbstwidersprüche, Sphärenwechsel und Inkonsistenzen trifft. Gerade an jenen Bruchstellen, an denen es um Unreines und um Häresien, also um Abfall in jedem Wortsinn geht, ist die Kraft einer Analyse geboten, die mehr zu sagen hat als »so nicht«.

Mit Kants *Kritik der reinen Vernunft* setzte sich vor gut zweihundert Jahren ein humanwissenschaftliches Theoriedesign durch, das sich bis zum Siegeszug der analytischen Philosophie behauptete. Wer wollte auch widersprechen, wenn sich Theorien auf Argumentativität, Vermeidung von Selbstwidersprüchen, systematische Begriffsklärung, Analytizität und intellektuelle Redlichkeit verpflichten? Den Titel seines Hauptwerks hat Kant geschickt gewählt. Es geht um die Analyse der reinen Vernunft, also nicht um die Erhellung einzelner, empirischer Phänomene, sondern um eine Erhellung der Strukturen von Vernunft und Verstand überhaupt; es geht nicht um die schmutzige Psychologie und Anthropologie empirischer Subjekte, sondern um die Klärung der Verfassung transzendentaler Subjektivität. Einzelnen Zeitgenossen Kants war dieses Unterfangen ein wenig zu rein, um nicht auch suspekt zu sein. Der prominenteste unter ihnen ist Goethe. Er läßt in seinem *Faust*-Drama die unreinste aller denkbaren Figuren, Mephisto, an Gott und indirekt auch an Kant, also an den Denker, der den ontologischen Gottesbeweis in Frage stellte, freche Verse adressieren, die vom Verdacht motiviert sind, Vernunft sei durch und durch unrein:

Von Sonn' und Welten weiß ich nichts zu sagen,
Ich sehe nur, wie sich die Menschen plagen.
Der kleine Gott der Welt bleibt stets von gleichem
  Schlag,
Und ist so wunderlich als wie am ersten Tag.
Ein wenig besser würd' er leben,
Hättst du ihm nicht den Schein des Himmelslichts
  gegeben;
Er nennt's Vernunft und braucht's allein,
Nur tierischer als jedes Tier zu sein.
Er scheint mir, mit Verlaub von Euer Gnaden,
Wie eine der langbeinigen Zikaden,
Die immer fliegt und fliegend springt
Und gleich im Gras ihr altes Liedchen singt;

Und läg' er nur noch immer in dem Grase!
In jeden Quark begräbt er seine Nase. (vv. 279–292)

Das ist hübsch und provokant formuliert und bringt früh auf den Punkt, was Kritische Theorie später unter der Formel »Kritik der instrumentellen Vernunft« verhandeln wird. Goethe spielt sinnvoll mit dem Doppelsinn des Wortes »Schein«. Vernunft scheint, leuchtet und strahlt so rein und hell wie das Himmelslicht – aber sie scheint eben nur so rein zu sein. Das Scheinen der Vernunft ist blendender Schein, nämlich ein Schein, der die unreine Genese und Geltung noch von Verstand und Vernunft ausblendet. Das, was Menschen ihrer Selbstbeschreibung zufolge von Tieren unterscheidet, nämlich ein Vernunftwesen, ein animal rationale zu sein, macht sie zu Untieren, die tierischer als jedes Tier sein können.

Es ist kein Zufall, daß es vor allem Dichter waren, die den Siegeszug reinen Denkens mit unreinen Zwischenrufen begleitet haben.[1] Ist die sogenannte schöne Literatur doch häufig zugleich schrecklich-schöne Literatur, nämlich ein Genre, das Zeugnis von a priori schmutzigen Geschichten ablegt. Literatur ist nicht auf reine Analysen aus. Sie analysiert vielmehr, indem sie von unreinen Verstrickungsgeschichten, etwa von den Affekten, die in der Vernunft, oder eben auch von der Vernunft, die in Idiosynkrasien steckt, berichtet. »Uns bleibt ein Erdenrest / Zu tragen peinlich, / Und wär' er von Asbest, / Er ist nicht reinlich« (vv. 11954–57) singen am vollendeten Ende des *Faust*-Dramas ausgerechnet die reinen Engel, denen Goethe ein unmögliches und also unreines Adjektiv beigegeben hat – »die vollenderen Engel«. Vollendung läßt sich nicht mehr steigern, Vollendung ist ja schon superlativisch. Und ebendiese Engel, die vollendeter als die Vollendung sind, die ein wenig

12

zu rein sind, um vollständig rein zu sein, halten fest, daß stets und noch dann, wenn der reinste Stoff im Spiele ist, unreine Reste gibt. Asbest galt zu Goethes Zeit noch als das reinste Element; daß ausgerechnet Asbestverunreinigung und Asbestverseuchung zu Schreckensworten modernen Bauens werden könnten, war zu Goethes Zeit noch nicht absehbar, verleiht seinen Worten und Hinweisen auf das unabbaubar Unreine jedoch unerwartete Nachhaltigkeit.

Subtiler noch als Goethes Kritik der scheinbar asbestreinen Vernunft ist diejenige, die Kleist im *Zerbrochenen Krug* in Szene setzte.[2] Die Geschichte ist schnell erzählt. Ein Dorfrichter, der keinen anderen Namen als den des Stammvaters aller Menschen trägt, ist von unreinen Trieben und Taten nicht frei. Adam hat nächtlich der schönen Eve (welch reiner, palindromatischer Name) nachgestellt, wobei es zu Turbulenzen und unreinen Szenen aller, auch fäkalischer Art sowie zur Zerbrechung eines Kruges kam. Und nun muß er, der Liebeshungrige, der seinerseits viel in sich reinzufressen hat, in lädiertem Zustand Gerichtstag halten und den Doppelsinn nicht nur des Wortes »Gericht« erfahren. Adam muß erleben, wie der Alptraum seines kurzen und unruhigen Schlafes reale Gestalt annimmt. Er, der humpelnde Richter, der Alte mit dem Schwell- und Pferdefuß, wird zum Angeklagten; Adam muß über sich selbst zu Gericht sitzen. Das ist nun, wie viele Interpreten erkannt haben, nichts anderes als eine ins Groteske gewendete Variante des sophokleischen *Ödipus*-Dramas. Es ist aber auch eine so subtile wie entschiedene Inszenierung einer Kritik am Projekt der reinen Vernunftkritik. Kleists Lustspiel stellt vor Augen, was an den Analysen der reinen Vernunft a priori unrein ist: daß die reine Vernunft über sich selbst zu Gericht sitzt. Kleist saß, sein Lustspiel vom zerbrochenen Krug schreibend, auch über einen anderen zu Gericht:

13

über Herrn Professor Krug. Der war kein anderer als Kants Nachfolger auf dem Lehrstuhl für Philosophie in Königsberg und – Ehemann einer Frau, die Kleist geliebt hatte. *Kritik der reinen Vernunft* ist ein doppeldeutiger Titel. Denn die Genitivwendung will sowohl als genitivus objectivus wie auch als genitivus subjectivus verstanden werden: Die reine Vernunft ist das Subjekt, das da die kritische Analyse vollzieht; Objekt der Kritik aber ist zugleich ebendiese Vernunft. Die Vernunft sitzt zu Gericht – worüber? Über die Vernunft, also über sich selbst. Und sie wird zum wenig originellen Urteil kommen, daß sie recht habe, daß sie deshalb Recht zu sprechen habe und daß es keine weitere Rechtsinstanz über ihr gebe. Dies ist ersichtlich ein Justiz-Skandal erster Ordnung. Denn man muß nicht Jurist und Zuschauer von Kleists *Zerbrochenem Krug* sein, um es unakzeptabel zu finden, daß ein Angeklagter und Verdächtiger wie Dorfrichter Adam zum Richter in eigener Sache bestellt ist. Die Verhältnisse vor dem Gerichtshof der reinen Vernunft (Kant liebt bekanntlich die Gerichtsmetaphorik) sind nun aber so skandalös wie die in Kleists Stück – und zugleich von schwer zu überbietender Reinheit. Keine weitere Macht interveniert und stört den reinen Selbstbezug der sich analysierenden Vernunft.

Die Vernunft bleibt rein unter sich. Und dabei hat sie auch noch ein gutes Gewissen. Könnte man denn ernsthaft wollen, daß andere Instanzen als die der Vernunft analysieren, was die Vernunft in die Waagschale zu werfen hat, wenn sie ihre eigenen Grenzen auslotet? Sollte irgend jemand wirklich dafür optieren wollen, etwa Machtgelüsten, delirierenden Offenbarungserfahrungen, frommen Anfällen, Visionen, Trancezuständen, Affekten, Gefühlen, musikalischen Ergriffenheitserlebnissen oder Aversionen und nicht der Vernunft das entscheidende Wort über das Vermögen der Vernunft anzuvertrauen? Und bewährt sich Kants Verfahren nicht beeindruckend, wenn die reine Vernunft, sich selbst analysierend und kritisierend, herausfindet, was sie alles nicht herausfinden kann, wenn sie sich also selbst bescheiden in die Schranken weist und dem Glauben, dem Empfinden und den Affekten Platz macht? Auch wenn man all dies konzediert (wofür gute Gründe sprechen), bleibt die Einsicht, daß der Kern des Projekts einer Kritik der reinen Vernunft unrein ist und sein muß. So unrein wie inzestuöse Verhältnisse (und wieder liegt die Ödipus-Assoziation nahe), die doch Wert darauf legen, sich keiner exogamen Unreinheit auszusetzen.

Der Inzest entspringt einem Reinheitsbedürfnis. Kein außerfamiliales, fremdes, unreines Element soll den reinen Familienbezug kontaminieren. Die Implikationen dieses inzestuösen Reinheitsbegehrens sind nun aber von schwer zu überbietender Unreinheit. Und dies nicht etwa nur auf dem Gebiet einer Tabuverletzung, deren letzte psychologische, medizinische, eugenische etc. Gründe schwer zu ermitteln sind. Sondern gerade und vor allem auf dem reinsten aller denkbaren Gebiete, auf dem der reinen Logik.[3] Wenn – um das klassische Paradigma zu Illustrationszwecken zu nutzen – Ödipus mit seiner eigenen Mutter Iokaste ein Kind zeugt, so sorgen beide für bemerkenswert unreine, selbstwidersprüchliche Verhältnisse. Ist dieses Kind doch zugleich und in derselben Hinsicht auf Ödipus nun eben sein Kind und (da Kind seiner Mutter) sein Geschwister bzw. im Hinblick auf Iokaste ihr Kind und zugleich (da Kind ihres Sohnes Ödipus) ihr Enkelkind. So unrein, so unübersichtlich, so chaotisch, so uneindeutig kann sich Reinheit ausnehmen. Genau in dem Maße, in dem ein Reinheitsbegehren inzestuöse Größe gewinnt, zerstört es sich selbst.

Die Hochliteratur hat sich mit auffallender Hartnäckigkeit inzestuösen Verhältnissen verschrieben. Wer Inzestmotive aus der Weltliteratur tilgen will, muß die Geschichten um Isis und Osiris, um Zeus und Hera, um Sodom und Ghomorra, um Ödipus und Iokaste und um den frommen Gregorius reinigen; er wird neben vielen anderen Werken mehr *Die göttliche Komödie*, *Hamlet*, *Nathan der Weise*, *Wilhelm Meister*, den *Ring des Nibelungen*, *Wälsungenblut*, den *Mann ohne Eigenschaften*, den *Erwählten* und *Homo faber* aus den Bibliotheken entfernen müssen. Die Faszination, die die Inzestthematik gerade auf die Hochliteratur ausübt, dürfte über preiswerte Skandal-Effekte hinaus mit ihrer Affinität zu unreinen logischen Verhältnissen zusammenhängen. Denn inzestuöse Verhältnisse verletzen nicht irgendeine Randbedingung reinen Denkens, sondern vielmehr den Kern reiner Logik, nämlich den Grundsatz »tertium non datur«. Aristoteles hat ihn in die klassischen Worte gefaßt, daß dasselbe demselben nicht in derselben Hinsicht zugleich zukommen und nicht zukommen könne: Ein Ding kann nicht an derselben Stelle und in derselben Hinsicht (etwa auf seine formale Beschaffenheit) zugleich rund und eckig, hölzern und eisern sein. Was rot ist, ist nicht grün. Ein Sohn von Ödipus und Iokaste wäre aber in derselben Hinsicht (auf Verwandtschaftsgrade) zugleich Sohn und Bruder bzw. Sohn und Enkel. Tertium datur.

Reine Vernunft ist inzestuös. Und sie ist gerade in dem Maße in unreine Widerspruchsstrukturen verwickelt, in dem sie Angst vor Paradoxien und Unreinheit zu erkennen gibt. Gegen solche Einwände gibt es eine Immunisierungsstrategie, die eine ehrfurchtgebietende Geschichte hat. Ihr Erkennungssatz gehört dem gehobenen Zitatenschatz gebildeter Köpfe an. »Den Reinen ist alles rein«, lautet ein vielzitiertes Wort aus dem Brief, den der Apostel

Paulus an Titus richtete (Titus 1,15). Der Kontext dieser Wendung ist aller Aufmerksamkeit wert. Denn dieser Kontext hat zugleich eine reine, logisch-mathematische und eine unreine, psychologisch-mental kontaminierte Dimension. Paulus schreibt an Titus, der auf der Insel Kreta die Wahrheit des christlichen Glaubens rein bezeugen soll, und gibt ihm handfeste Hinweise für eine angemessene Ausübung des Bischofsamtes. Kreta aber ist, wie Paulus weiß, die Insel der Lügner. Und so bemüht er den bekannten Satz des kretischen Denkers Epimenides (Luther verweist in seiner Marginalie zu dieser Bibelstelle ausdrücklich auf diesen Namen): Alle Kreter lügen. In den (von Luther übersetzten) Worten des Paulus klingt das so: »Ein Bischoff sol untaddelich sein / als ein Haushalter Gottes / Nicht eigensinnig / nicht zornig / nicht ein Weinseuffer / nicht bochen / nicht vnehrliche Hantierung treiben / Sondern gastfrey / gütig / züchtig / gerecht / heilig / keusch / Vnd halte ob dem wort / das gewis ist / vnd leren kann / Auff das er mechtig sey zu ermanen / durch die heilsame Lere / vnd zu straffen die Widersprecher. Denn es sind viel frechen / vnd vnnütze Schwetzer vnd Verfürer / sonderlich die aus der Beschneitung / welchen man mus das maul stopffen. Die da gantze Heuse verkeren / vnd leren das nicht taug / vmb schendlichen Gewins willen. Es hat einer aus jnen gesagt / jrer eigen Prophet / Die Creter sind jmer Lügener / böse Thier / vnd faule Beuche / Dis zeugnis ist war. Vmb der sache willen straffe sie scharff / Auff das sie gesund seien im Glauben / vnd Menschen gebot / welche sich von der warheit abwenden. Den reinen ists alles rein / den vnreinen aber vnd vngleubigen ist nichts rein / Sondern vnrein ist beide jr Sin und Gewissen. [...] Du aber rede / wie sichs zimet nach der heilsamen Lere.« (Titus 1,7–15 und 2,1)

Das sind prächtige Antithesen. Hier die unreinen, frechen, beschnittenen, jüdischen, heidnischen, unnützen Schwätzer, Lügner und Verführer, denen man das Maul stopfen muß – dort das Ideal des reinen, untadeligen, heiligen, keuschen, gütigen, gerechten, züchtigen Bischofs, der nicht säuft, kein Geld borgt und die lautere Wahrheit bzw. die heilsame Lehre verkündet. Das kann man mit Fug und Recht klare und überschaubare Verhältnisse nennen. Nein, das könnte man eine reine Antithese nennen, wenn sie nicht seltsam unreine Momente aufweisen würde. Denn erstens ist es allzu leicht und billig und eine problematische Sphärenvermischung zudem, wenn man einen unreinen Ist-Zustand mit einem reinen Soll-Zustand (»ein Bischof soll …«) kontrastiert. Zweitens verfängt sich Paulus, der doch den reinen Glauben und die heilsame Lehre bzw. die Frohe Botschaft verkünden will, sofort nicht etwa in irgendeinem harmlosen Paradox, sondern vielmehr in eine geradezu klassische logische Inkonsistenz. »Die Kreter sind immer Lügner«, sagt einer von ihnen. »Dies Zeugnis ist wahr«, kommentiert Paulus. Wenn wahr ist, was ein Kreter sagt, wenn er sagt, daß alle Kreter immer lügen, dann kann genau dieser Satz nicht wahr sein.

Auf die Inkonsistenz seines eigenen Kommentars aber läßt sich der fromme Apostel nicht ein. Souverän übersieht er die Unreinheit der eigenen Argumentation. Logische Überlegungen reizen ihn nicht. Allenfalls scheint er dunkel zu ahnen, daß sich Abgründe auftun, wenn man sich auf die Frage einläßt, wie konsistent denn vermeintlich reine Lehren sind. Wie liebevoll ist ein Gott, der seinem eigenen Sohn das Martyrium eines grausamen Todes am Kreuz zumutet? Kann ein Gott allmächtig sein, der unendlich und unsterblich ist, also nicht einmal vermag, was alle Sterblichen vermögen – eben zu sterben? Sollte also der heiße

Kern der Frohen Botschaft Christi darin bestehen, den sterblichen Gott in der religiösen Sphäre zu etablieren und so Zeitlichkeit und Endlichkeit theologisch zu rechtfertigen? Solche und andere Paradoxien (was hat Gott gemacht, bevor er die Welt geschaffen hat; kann der allmächtige Gott einen Stein erschaffen, der so schwer ist, daß er ihn nicht heben kann; oder soll Gott nicht doch lieber diese Widerspruchserfahrung an den heiligen Christopherus delegieren?) sind nicht die Sache des Apostels Paulus. Vielmehr zieht er polemisch gegen all die vom Leder, die der reinen Lehre widersprechen, frech gegen sie reden, unnütz schwätzen, jüdischen Fabeln verfallen sind und sich von der Wahrheit abwenden.

Und dann folgt (dritte und abgründigste Unreinheit dieser theologischen Reinheitssemantik) der kapitale und wirkungsmächtige Spruch: »Den reinen ists alles rein / Den vnreinen aber vnd vngleubigen ist nichts rein.« Das ist wiederum eine starke, antithetisch reine Formulierung – und starker Tobak dazu. Denn der Sinn des Wortes ist klar und eindeutig: Was immer die Reinen tun, sagen und lassen, ihnen ist alles rein. Den Unreinen dagegen ist nichts rein. Alles oder nichts: eine nun wirklich strahlendreine Antithese. Sie hat einen tiefdunklen, unreinen Hintergrund. Wenn den Reinen »alles« rein ist, dann eben auch das Unreine, das ja ersichtlich mit unter den Allquantor fällt. Die Implikation dieses Satzes läßt sich kaum unterschätzen. Reine können sich auf Unreines einlassen; sie mögen zwar kein sonderlich großes Interesse daran haben, diese Implikation einzugestehen, aber sie gilt. Reine dürfen, Reine müssen unter Umständen gar Unreines tun: Im Namen der reinen Lehre, der Frohen Botschaft und der Wahrheit dürfen die Reinen Lügner, Ketzer, Weintrinker, Widersprecher, faule Bäuche, Lästermäuler und dergleichen Unreine verfolgen, quälen, töten, der heiligen Inquisition zuführen oder unter Trümmern begraben – ihnen ist alles rein, sie handeln und sprechen ja im Namen der reinen Wahrheit.

Man muß kein großer Psychologe sein, um die Fixierung des Apostels Paulus auf Unreines (böse Tiere, faule Bäuche, Säufer, Widersprecher, Lügner) auffällig zu finden. Man muß kein Psychoanalytiker sein, um hinter einem Waschzwang eine Obsession für den Schmutz zu vermuten.[4] Man muß kein provokationslustiger Atheist sein, um die Frage unabweisbar zu finden, warum gerade die militant Frommen (seien es Inquisitoren, seien es fundamentalistische Terroristen) so häufig von Satanisten nicht zu unterscheiden sind. Um das am grausamen »anderen« zu illustrieren: Islamistische Fundamentalisten halten im Namen Allahs die sadistische Demütigung, Folterung und Hinrichtung ihrer Geiseln auf Video fest. Damit bewegen sie sich auf einem Dekadenzniveau, von dem selbst ihre scheinbar größten Antipoden und Feinde, die perversesten Fans westlicher Snuff-Video-Szenen, nur phantasieren können (cf. das letzte Kapitel des vorliegenden Buches). Um das am immer noch nicht hinreichend aufgeklärten Kern des eigenen christlich-abendländischen Paradigmas zu illustrieren: Also hat Gott die Welt geliebt, daß er seinen eingeborenen Sohn auf die denkbar grausamste Art opferte. Den Reinen ist alles rein.

Den Unreinen und Ungläubigen ist alles unrein. Man sollte reine Logik nicht als wohlfeiles Schutzsystem gegen Denkzumutungen mißverstehen und also die Frage zulassen, ob die Unterscheidung von Reinheit und Unreinheit eine reine (apriorische, logische, analytische, evidente, unvoreingenommene) oder unreine (aposteriorische, empirische, synthetische, psychologische, voreingenommene) ist. In Fontanes Roman *Irrungen, Wirrungen*, der schon mit seinem Titel Verständnis für unreine Verhältnisse signalisiert, findet ein Gespräch statt, das genau um diese Frage und um die berühmt-berüchtigte Formulierung des Apostels Paulus kreist. Botho von Rienäckers Kamerad von Wedell wendet sich im Gespräch mit Bothos Onkel von Osten dem heiklen Thema zu: »›Ich kenne solche Fälle gerechtfertigter Opposition. Was die Schwäche nicht darf, das darf die Reinheit, die Reinheit der Überzeugung, die Lauterkeit der Gesinnung. *Die* hat das Recht der Auflehnung, sie hat sogar die Pflicht dazu. Wer aber *hat* diese Lauterkeit? Hatte sie … Doch ich schweige, weil ich weder Sie, Herr Baron, noch die Familie, von der wir sprechen, verletzen möchte. Sie wissen aber, auch ohne daß ich es sage, daß *er*, der das Wagnis wagte, diese Lauterkeit der Gesinnung *nicht* hatte. Der bloß Schwächere darf nichts, nur der Reine darf alles.‹ / ›Nur der Reine darf alles‹, wiederholte der alte Baron mit einem so schlauen Gesicht, daß es zweifelhaft blieb, ob er mehr von der Wahrheit oder der Anfechtbarkeit dieser These durchdrungen sei. ›Der Reine darf alles. Kapitaler Satz, den ich mir mit nach Hause nehme. Der wird meinem Pastor gefallen, der letzten Herbst den Kampf mit mir aufgenommen und ein Stück von meinem Acker zurückgefordert hat. / Nicht seinetwegen, i Gott bewahre, bloß um des Prinzips und seines Nachfolgers willen, dem er nichts vergeben dürfe. Schlauer Fuchs. Aber der Reine darf alles.‹ / ›Du wirst schon nachgeben in der Pfarrackerfrage‹, sagte Botho.«[5]

Das ist bei aller scheinbar leichten, parlierenden Diktion doch (wie so häufig in Fontanes Prosa) eine souveräne Passage. Auffallend ist bei genauer Lektüre erst einmal, daß Wedell das berühmte Zitat von den Reinen, denen alles rein ist, unrein zitiert, wenn er formuliert: »Der Reine darf alles.« Eben mit diesem unreinen Zitat bzw. mit dieser tendenziösen Umformulierung aber dürfte er den Kern des Paulus-Wortes zur reinen Kenntlichkeit entstellt haben. Bemerkenswert ist darüber hinaus, daß das modifizierte Paulus-Wort vom alles rechtfertigenden reinen Willen in ein präzises Koordinatensystem paßt. Es ist kein anderes als das des Religiösen und des Ökonomischen. Der »kapitale« (welch hübsche Doppeldeutigkeit) Satz »Den Reinen ist alles rein« bzw. »Der Reine darf alles« wird dem Pfarrer gefallen, weil er religiöse Ansprüche, hinter denen ökonomische Interessen stehen, in die ökonomische Sphäre zu konvertieren verspricht. Das ist nun kein beliebiges Beispiel für unreine Verhältnisse und Argumentationsmuster. Es ist nämlich nur selten bedacht worden, wie ersichtlich, ja geradezu offensiv unrein die Leitmedien der (christlich-) religiösen und der ökonomischen Sphäre verfaßt sind.

An anderer Stelle[6] ist dargelegt worden, daß gute Gründe und reiches Material dafür sprechen, in den eucharistischen Elementen Brot und Wein bzw. im Geld und in den letzten Jahrzehnten in den elektronischen Medien die Leitmedien unserer abendländisch-christlich-modernen Tradition und später der Welt- = Geld- = Informationsgesellschaft zu sehen. Sie genügen Anforderungen an reines, konsistentes Denken ganz und gar nicht. Vielmehr sind sie auf geradezu skandalöse Art und Weise »unrein«. Brot und Wein sind eben, transsubstantiationstheologisch verstanden, nicht mehr nur Brot und Wein, sondern Christi Leib und Blut. Ontologische und semiologische Kategorien werden offensiv verwechselt, wenn Sein und Sinn etwas wird, was man essend und trinkend erfahren kann. Es ist wenig fruchtbar, darauf hinzuweisen, daß sich diese und weitere paradoxale Annahmen (wie die, daß im Abendmahl die Ewigkeit in die Zeitlichkeit einbricht, daß ein Abwesender anwesend ist, daß sich irdische Substanzen himmlisch transzendieren) kaum als analytisch haltbar ausweisen lassen. Kluge Theologen erheben ja auch keinen Anspruch darauf, daß sich unter dem Elektronenmikroskop oder im chemischen Labor die ehemaligen Substanzen Brot und Wein nach der Wandlung nunmehr als Fleisch und Blut erweisen. Das klassisch verstandene Abendmahl ist ein einziger Kategorienfehler – und ebendeshalb faszinierend und erfolgreich.

Aufmerksamkeit verdient nicht so sehr die wohlfeile Kritik an exotischen Annahmen, sondern vielmehr der Umstand, daß sich solche »unreinen« Annahmen machtvoll durchsetzen konnten. Über Hunderte, ja über mehr als tausend Jahre hinweg haben unzählige Millionen Menschen die Eucharistie bzw. das Abendmahl beglaubigt – nicht trotz, sondern wegen der hochgradigen Unwahrscheinlichkeit dessen, was da religiös-theologisch behauptet wird. Wer im Rückblick aus aufgeklärten und säkularen Zeiten darüber allzuschnell den Kopf schüttelt, sollte (zumal in einer Epoche, die weltweit gespenstische Renaissancen militanter Religiosität kennt) nicht vergessen, daß das neuzeitlich-moderne Leitmedium Geld seinerseits keineswegs von unreinen Paradoxien frei ist. Geld hat in vielfacher Hinsicht die Hostie beerbt – und dabei viele ihrer Widersprüchlichkeiten übernommen. So vereinigt das Medium Geld gleich drei Funktionen in sich, die »eigentlich« rein zu (unter)scheiden wären. Geld ist erstens eine Recheneinheit, zweitens ein Tauschmedium und drittens ein Wertaufbewahrungsmittel. Wie die Hostie, so lebt auch die ihr im Design so eng verwandte Münze (und später das Papier-, Buch- und Monitorgeld) vom Transsubstantiationszauber: Das Geldzeichen muß sich in realökonomische Werte konvertieren lassen, wenn es denn der Beglaubigung wert ist. Das Medium Geld steht wie das Medium

Abendmahl an der unreinen Schnittstelle von Sein und Sinn, von Handgreiflichkeiten und Zeichen, von Abstraktion und Realität. Erfolgreiche Massenmedien müssen offenbar durch und durch unrein sein. Auch Geld ist ein systematischer Kategorienfehler – und ebendeshalb erfolgreicher als reine (etwa fundamentalistische oder kommunistische) Programmatiken.

Elementar unrein geht es nicht nur in den Leitmedien, sondern auch beim Sprechen, Tauschen und Begehren zu. Wer spricht, ist zuvor besprochen worden. Sein sogenannter Eigenname ist kein Eigenname, sondern der Name, auf den ein sprachunfähiges infans im Namen eines großen Anderen von anderen getauft wurde. Wer spricht, muß mit Gegenreden und Einsprüchen rechnen. Kommunikation ist durch und durch unrein. Nichts spricht (gerade aus der Perspektive der »klassischen« Kritischen Theorie Benjamins und Adornos) dafür, daß Kommunikation konsensorientiert ist. Vielmehr ist es der Dissens, der Kommunikation stimuliert und unterhält: Wir reden miteinander, weil wir dis-currieren (wörtlich: auseinander-gehen), uns also in verschiedene Richtungen bewegen. Diesen und anderen unreinen Aspekten des Sprechens gehen die Texte des zweiten Kapitels nach. Die des ersten Kapitels (Tauschen) gelten durchweg den Thesen und Theorien Alfred Sohn-Rethels, also einem neomarxistischen Philosophen, der in den siebziger Jahren des letzten Jahrhunderts vergleichsweise breit rezipiert wurde, gegen den sich die akademische Philosophie aber abschottete und der mittlerweile weitgehend vergessen ist. Dabei verdient seine Intuition nach wie vor alle Aufmerksamkeit. Sie lautet: Verstand und Vernunft haben eine bemerkenswert unreine Genealogie. Denn sie verdanken sich dem über das Medium Geld vermittelten Tausch, der die Grundfigur von Abstraktion ist.

24

Ja, das, was die kantische Tradition der reinen Vernunftkritik als transzendentale Subjektivität ausgemacht hat, ist
nur ein Epiphänomen des geldvermittelten Äquivalententauschs: eine so befremdliche wie bei näherem Hinsehen
verblüffend an Plausibilität gewinnende These. Die Texte
des dritten Kapitels (Begehren) haben es da vergleichsweise leicht. Denn daß in die Logik des Begehrens unreine
Momente hineinspielen, leuchtet vielen unmittelbar ein.
Kontraintuitiv aber sind u. a. Überlegungen, die (wie Goethes *Faust*) einen konstitutiven Zusammenhang zwischen
dem Sturz matriarchalischer Mächte und dem Siegeszug
logischen Denkens oder (wie Jacques Lacan) einen Zusammenhang zwischen Zeit(lichkeit), Bedeutsamkeit und Begehren sehen.

Lauter Ansätze, die die Geltung reiner Vernunft in Frage stellen. Getragen werden die hier versammelten Texte
von der Vermutung, daß Vernunft in dem Maße vernünftiger wird, in dem sie sich nicht dagegen wehrt, sich noch
über die unreinen Implikationen der Aufklärung aufklären zu lassen. Der frommen Sphären entlaufene Pfarrers-
sohn Nietzsche hat die denkbar schärfste und rhetorisch-
psychologisch provozierendste Antithese zur Reinheitsfixierung der Philosophie und zum Paulus-Wort »Dem
Reinen ist alles rein« formuliert. Er läßt Zarathustra ausdrücklich an die »Hinterweltler«, also die Metaphysiker,
die bösen Worte richten: »›Dem Reinen ist alles rein‹ – so
spricht das Volk. Ich aber sage euch: den Schweinen wird
alles Schwein! / Darum predigen die Schwärmer und
Kopfhänger, denen auch das Herz niederhängt: ›Die Welt
selber ist ein kotiges Ungeheuer.‹ / Denn diese alle sind
unsäuberlichen Geistes; sonderlich aber jene, welche nicht
Ruhe noch Rast haben, es sei denn, sie sehen die Welt von
hinten – die Hinterweltler! / Denen sage ich ins Gesicht,

ob es gleich nicht lieblich klingt: die Welt gleicht darin dem Menschen, daß sie einen Hintern hat – so viel ist wahr! / Es gibt in der Welt viel Kot: so viel ist wahr! Aber darum ist die Welt selber noch kein kotiges Ungeheuer! / Es ist Weisheit darin, daß vieles in der Welt übel riecht: der Ekel selber schafft Flügel und quellenahnende Kräfte! / An dem Besten ist noch etwas zum Ekeln; und der Beste ist noch etwas, das überwunden werden muß! – / O meine Brüder, es ist viel Weisheit darin, daß viel Kot in der Welt ist!«[7] Kritiker der unreinen Vernunft haben offenbar ein entspannteres und zugleich wacheres Verhältnis zu Sein und Dasein als Reinheitsfanatiker. Denn sie wissen mit Goethes Roman *Wilhelm Meisters Lehrjahre*,»daß die Summe unsrer Existenz, durch Vernunft dividiert, niemals rein aufgehe, sondern daß immer ein wunderlicher Bruch übrigbleibe«.[8]

Die Kapitel dieses Buches können auch je für sich gelesen werden; das mag die eine oder andere Wiederholung rechtfertigen. Hannah Dingeldein danke ich für ihre aufmerksame redaktionelle Mitarbeit an diesem Buch.

I
Tauschen

1
Die beiden Seiten einer Münze
Sohn-Rethels Geld- und Geltungstheorie

Zum kriegerischen Weihnachtsfest 1915 erhielt der Sohn eines unsteten Künstlerehepaares von seinem großindustriellen Düsseldorfer Paten und Ziehvater Ernst Poensgen ein recht unchristliches und in großbürgerlichen Kreisen auch zu anderen Feiertagen eher unübliches Geschenk: Marxens Hauptwerk *Das Kapital.* Zu diesem kleinen Weihnachtswunder gesellte sich ein zweites. Bücher zum Geschenk erhalten, Bücher als Geschenk begehren und Bücher lesen – das ist bekanntlich dreierlei. Der Sechzehnjährige aber hatte sich die drei voluminösen Bände vom kopfschüttelnden Paten gewünscht, und er hat sie tatsächlich gelesen – immer und immer wieder.[9]

Bücher und Buchlektüren haben ihre Schicksale und ihre mehr oder weniger wachen Leser. Das Ideal der Lektüre hat Novalis mit dem Satz zu bestimmen versucht, der wahre Leser müsse der erweiterte Autor sein. Als einen solchen Leser hat Alfred Sohn-Rethel sich früh begreifen können. Doch es dauerte lange, sehr lange, zu lange, bis der wohl intensivste und aufmerksamste Marx-Leser unter den Neomarxisten selbst zum Autor wurde. Erst 1970 wurde Sohn-Rethel mit der Publikation seines ersten Buches *Geistige und Körperliche Arbeit* einer Öffentlichkeit bekannt, die sich nach Jahren aufgeregter und aufregender Theorierezeption zu Beginn der 70er Jahre eben anschickte, keine theorie-enthusiastisch diskutierende Öffentlichkeit mehr zu sein. Über die Intuition, die dieses Buch gründlich entfaltete, verfügte ihr Autor schon seit einem halben

Jahrhundert. Doch sie war und blieb allzulange eine buchstäblich unerhörte These. Im ersten Satz seines Vorworts zur revidierten und ergänzten Neuauflage seines Hauptwerkes aus dem Jahr 1989 charakterisiert Sohn-Rethel seinen Denkweg, der gänzlich im Bann dieser weitreichenden These steht:»Mein intellektuelles Lebenswerk bis zu meinem 90. Geburtstag hat der Klärung oder Enträtselung einer halbintuitiven Einsicht gegolten, die mir 1921 in meinem Heidelberger Universitätsstudium zuteil geworden ist: der Entdeckung des Transzendentalsubjeks in der Warenform.«[10]

Das Transzendentalsubjekt ist in der Warenform versteckt: eine für jede Form akademischer Philosophie skandalöse Formulierung.»Sohn-Rethel spinnt« lautete denn auch der repräsentative Kommentar Alfred Webers, als der junge Student seine Vermutung in Heidelberg vortrug. »Unter solchen Umständen«, so Sohn-Rethel lakonisch nach einem halben Jahrhundert,»war es natürlich auch mit der akademischen Karriere nichts, und die Folge war, daß ich mit meiner idée fixe zeitlebens Außenseiter geblieben bin.« Ganz allein stand dieser Außenseiter allerdings nicht. Eine ähnliche Intuition hatten nämlich schon andere unerschrockene Geister gehabt. Vereinzelte Notizen etwa von Hamann, Novalis, Gottfried Keller und Adam Müller kreisen ebenfalls um die These, daß Tausch- und Denkstrukturen die zwei Seiten einer Medaille seien. Doch diese Intuitionen sind vor Sohn-Rethel nicht zu einer konsistenten Theorie fortentwickelt worden. Oder sie sind, wie in einem aufregenden, aber kaum beachteten Paragraphen aus Nietzsches *Genealogie der Moral*, sogleich psychologisch gewendet worden:»Man hat«, so heißt es dort,»keinen noch so niedrigen Grad von Zivilisation aufgefunden, in dem nicht schon etwas von diesem Verhältnisse (zwischen Käufer und Verkäufer) bemerkbar würde. Preise machen, Werte abmessen, Äquivalente ausdenken, tauschen – das hat in einem solchen Maße das allererste Denken des Menschen präokkupiert, daß es in einem gewissen Sinne das Denken ist.«[11]

Abstrahieren, Denken, Tauschen: diese Dreieinigkeit findet, so vermutet es jedenfalls Nietzsches Fundamentalpsychologie, der noch Simmels *Philosophie des Geldes* folgt, ihren Grund in der »Idee einer Äquivalenz von Schaden und Schmerz [...], in dem Vertragsverhältnis zwischen Gläubiger und Schuldner, das so alt ist, als es überhaupt ›Rechtssubjekte‹ gibt«[12] – und als es überhaupt selbstbewußte Subjekte gibt. Über das Denken wird selten so profan, so genealogisch, so handfest gedacht und geschrieben wie in diesen Nietzsche-Sätzen. Auf den Genealogen Nietzsche hat sich Sohn-Rethel, der kurz vor seinem Tod im bekannten Fragebogen der FAZ als sein Motto »Anamnesis der Genese« angab, denn auch ausdrücklich bezogen. Mit dem häufig genug affektiven Vernunftkritiker Nietzsche teilt nämlich der argumentationsfreudige Vernunftgenealoge Sohn-Rethel den Spott über die kantische Transzendentalphilosophie. Beantwortet sie doch ihre Leitfrage »Wie sind synthetische Urteile a priori möglich?« mit einer »lustigen niaiserie allemande: Vermöge eines Vermögens«.[13] Und Sohn-Rethel ergänzt: »Die [kantische] Erklärung [von Vernunft] verläuft sich in den Fetischismus dessen, was zu erklären war.«

Nietzsches böses Wort trifft nach Sohn-Rethels klassischer Formulierung »eines der geheiligsten Tabus der philosophischen Denktradition«: Geist und Vernunft dürfen danach nicht Effekte geist- und vernunftloser Strukturen, ja, sie dürfen überhaupt nicht abkünftig sein. Denn Geist und Vernunft sind so göttlich wie rein – nach Mephistos

Spott sind sie der »Schein des Himmelslichts«. Gegen diese wirkungsmächtige Fetischisierung der reinen Vernunft entwickelt Sohn-Rethel eine Kritik der unreinen Vernunft. Sie kreist um die These, »daß die Abstraktionsformen, die die gesellschaftlich-synthetische Funktion des Geldes ausmachen, sich gesondert ausweisen lassen, und daß sie, wenn das geschieht, sich als die letzthinnigen Organisationsprinzipien der in warenproduzierenden, also geldvermittelten Gesellschaften notwendig werdenden Erkenntnisfunktionen des Denkens erweisen«.[14]

Warenform und Denkform sind eng zusammengehörige Elemente ein und derselben Formation; ja, das kantische Transzendentalsubjekt ist in und mit der Warenform gegeben. Nicht zufällig entsteht die Form abstrakten, logischen Denkens gleichzeitig mit der Münzprägung in Ionien um 680 v. Chr. Denn die getauschten Dinge sind nicht gleich (sonst wäre der Tausch ja auch völlig unsinnig), doch der geldvermittelte Tauschakt setzt sie gleich. Und er setzt damit zugleich die von allen konkreten Einzelbestimmungen abstrahierenden Denkformen frei und voraus, die vernünftige (Inter-)Subjektivität ausmachen. Einzelne Subjekte mögen sich inhaltlich denken und vorstellen, was immer sie wollen – im Tausch (und nicht etwa im Dialog) werden sie auf eine eigentümlich automatisierte und schlechthin verbindliche Form von Intersubjektivität verpflichtet. Der geldvermittelte Tausch von Äquivalenten ist somit diejenige Abstraktionsleistung, die sowohl vereinzelte Subjekte zu einer Gesellschaft als auch (kantisch gesprochen) die beiden Stämme des Erkenntnisvermögens, nämlich Sinnlichkeit und Verstand, erst zu einer Einheit synthetisiert. Erst dadurch werden einzelne Subjekte zu einer homogenen Konstitution von Sachen, Sachverhalten und Intersubjektivitätsverhältnissen befähigt. Konstitutiv für die kategoriale Verfassung verbindlichen Bewußtseins ist deshalb die Sphäre der Distribution und nicht etwa die Erfahrung gemeinschaftlicher Produktion oder Kommunikation.

Eine verblüffende Argumentation. Und eine Argumentation, die für gängige Bewußtseins-, Subjektivitäts- und Intersubjektivitätstheorien wohl gerade deshalb so schwer zu akzeptieren ist, weil sie nicht etwa zu wenige, sondern zu viele Plausibilitätsgründe anführt. Sohn-Rethel argumentiert tatsächlich »unrein«, wenn er das unreine und überkomplexe Phänomen Tausch und Geld analysiert: nämlich historisch und logisch, phänomenologisch und empirisch, erkenntnistheoretisch und soziologisch. Mit dieser seiner Theorie, die enge Fach- und Disziplingrenzen sprengt, war Sohn-Rethel zu einer Außenseiterrolle verdammt. Seine Versuche, engeren Kontakt zum oder gar ein Stipendium vom Institut für Sozialforschung zu bekommen, scheiterten an Horkheimers recht traditionellem Verständnis von Kritischer Theorie: nämlich moralisch-stilistische Bedenken gegen einen enthemmten Kapitalismus zu hegen. Diese Marginalisierung Sohn-Rethels selbst im Umfeld der Kritischen Theorie setzt sich bis heute fort. Noch in seinem umfangreichen Hauptwerk erwähnt Habermas den Namen Sohn-Rethels nur einmal – in Klammern und kurz abweisend: »Die gelegentlichen Hinweise auf die in Tauschverhältnissen objektiv gewordenen Realabstraktionen können nicht darüber hinwegtäuschen, daß Horkheimer und Adorno keineswegs wie Lukács (und Sohn-Rethel) die Denkform aus der Warenform ableiten.«[15]

Gerade dieser These aber hat Adorno, für den sich anders als für Habermas die Idee der Kritischen Theorie daran entschied, daß sie die moderne Fetischisierung von Kommunikation verweigert, ungewöhnlich enthusiastisch

zugestimmt[16]. Aus Oxford schrieb er am 17. November
1936, nachdem er Sohn-Rethels »Exposé zur Theorie der
funktionalen Vergesellschaftung« gelesen hatte: »Lieber
Alfred, ich glaube nicht zu übertreiben, wenn ich Ihnen
sage, daß Ihr Brief (der das Exposé enthielt, J. H.) die größte geistige Erschütterung bedeutete, die ich in Philosophie
seit meiner ersten Begegnung mit Benjamins Arbeit – und
die fiel ins Jahr 1923! – erfuhr. Diese Erschütterung regi-
striert die Tiefe einer Übereinstimmung, die unvergleichlich viel weiter geht als Sie ahnen konnten und auch als ich
selber ahnte.« Adorno, der selten und ungern lobte, liegt
ganz offenbar daran, Sohn-Rethels These auch zu seiner
eigenen zu machen; und so fährt er in einem so unbescheidenen wie wahrhaft gewagten Vergleich fort: »[...] Nur
diese ungeheure und bestätigende Übereinstimmung verhindert mich, Ihre Arbeit genial zu nennen – die Angst, es
möchte es auch die eigene sein. (Absatz) Wie ich danach
unsere Begegnung herbeisehne, bedarf keines Wortes. So
hätte es Leibniz zumute sein müssen, als er von der New-
tonschen Entdeckung hörte, und vice versa. Halten Sie
mich nicht für wahnsinnig.«[17]

Adorno hat das Versprechen, mit dem sein erstaunlicher
Brief schließt: »daß ich beim Institut alles für Ihre Arbeit
tun werde, was ich vermag«, eingehalten. Doch ohne Erfolg. Und so war Sohn-Rethel der Möglichkeit beraubt, die
Ausarbeitung seiner Theorie zügig voranzutreiben. Schon
zu Beginn der 30er Jahre gab es für ihn, den leidenschaftli-
chen Theoretiker, Anlaß genug, seine Arbeit wenn nicht zu
unterbrechen, so doch spezifisch zu konzentrieren. Von
1932 bis 1935 war Sohn-Rethel auf Vermittlung von Poensgen wissenschaftlicher Referent beim »Mitteleuropäischen
Wirtschaftstag«, der für die deutschen Industriellen die
Deutschen Führerbriefe herausgab. Dabei konnte er weitrei-

chende Einblicke in die deutsche Volkswirtschaft im Übergang zum NS-Staat gewinnen. Sohn-Rethels z. T. schon in den *Führerbriefen* selbst publizierte Analysen[18] weisen nach, daß die NS-Ökonomie eine Rückkehr zur absoluten Mehrwertproduktion, also die rücksichtslose Ausbeutung und Versklavung ganzer Völker anstrebte. Und sie machen hellsichtig darauf aufmerksam, daß diese Rückkehr aufgrund der ihr immanenten Spannungen zwischen Produktions- und Marktlogik geradezu zwangsläufig in Kriegsökonomie enden mußte. 1936 entdeckte die Gestapo, daß Sohn-Rethel, der engen Kontakt zum Widerstandskreis um Margret Boveri hielt, alles andere als ein verläßlicher Wirtschaftspublizist war. Sohn-Rethel konnte eben noch rechtzeitig über die Schweiz nach England emigrieren, wo er dann jahrzehntelang als Angestellter arbeitete. Im Kontakt mit dem marxistischen Historiker George Thomson[19] und im Austausch mit Adorno[20] trieb er mit der ihm eigentümlichen Eigensinnigkeit seine Theorie voran. An Adornos Grab fragte ihn dann 1969 Siegfried Unseld, ob er der Sohn-Rethel sei, von dem ihm Adorno so eindringlich berichtet habe und – ob er nicht ein publizierbares Manuskript habe.

Erst 1972, nach dem Tod seiner Frau, kehrte Sohn-Rethel aus der Emigration nach Deutschland zurück. An der Universität Bremen konnte er seine so früh konzipierte und so spät erst veröffentlichte Theorie weiter entfalten. Die konzentrierteste Darstellung und Fortentwicklung seiner ursprünglichen Einsicht ist sicherlich der Text, der unter dem schönen Titel *Das Geld, die bare Münze des Apriori* steht. Er wurde erstmals 1976 gemeinsam mit Analysen von Paul Mattick und Hellmut G. Haasis in dem Sammelband *Beiträge zur Kritik des Geldes* publiziert. Und er legt eindringlich dar, daß (um in ökonomischer Metaphorik zu sprechen) Sohn-Rethel seine große These über den Zusammenfall von Warenform und Denkform auch in kleiner Münze decken kann. Akribisch zeigt seine Analyse, daß »die Grundfrage des Verhältnisses von Denken und Sein« einen heißen Zeitkern hat.

Denn die Denkformen entwickeln sich gemäß den Tauschformen fort. Faszinierend ist Sohn-Rethels Theorie nicht zuletzt deshalb, weil sie es ermöglicht, das transzendentale Apriori zu historisieren. Wenn Geld das Apriori des abstrakten Denkens ist, dann ist dieses Denken nicht nur hinsichtlich seiner Gegenstände, sondern auch hinsichtlich seiner internen Verfassung historisch. Sohn-Rethels Abhandlung entfaltet dieses Argument, indem sie entscheidende Paradigmenwechsel des Denkens in begründete Analogien mit Paradigmenwechseln in der Tauschsphäre bringt. So gelingen verblüffende Einblicke z. B. in die Entwicklung des mittelalterlichen Nominalismusstreites, in die Innovationslogik der neuzeitlichen Militärtechnik und in die Genesis der kopernikanischen Welt. Sohn-Rethel hat entscheidend dazu beigetragen, die Vernunft über sich selbst aufzuklären: nämlich darüber aufzuklären, daß sie ebendort, wo sie am vernünftigsten zu sein scheint, nicht bei sich selbst ist. Die Logik ist das Geld des Geistes; und Geld ist die bare Münze des Apriori – der Geist der Logik.

2

Identitätszwang und Tauschabstraktion
Sohn-Rethels soziogenetische Erkenntnistheorie

Irgendwo wohnt das Geld in der verwöhnenden Bank
und mit Tausenden tut es vertraulich. Doch jener
Blinde, der Bettler, ist selbst dem kupfernen Zehner
Wie ein verlorener Ort, wie das staubige Eck unterm
                                        Schrank.
In den Geschäften entlang ist das Geld wie zuhause
und verkleidet sich scheinbar in Seide, Nelken und Pelz.
Er, der Schweigende, steht in der Atempause
alles des wach oder schlafend atmenden Gelds.

R. M. Rilke, Sonette an Orpheus XIX

Das philosophische Interesse an Marxens Schriften galt
und gilt seit dem Neomarxismus der 20er Jahre (also etwa
seit Georg Lukács' *Geschichte und Klassenbewußtsein*) bis hin
zu Jacques Derridas Essay *Marx' Gespenster* symptomatischerweise derjenigen Disziplin, die Marx selbst entschieden vernachlässigte: der Erkenntnistheorie. Der Sinn und
die Funktion dieses erkenntniskritischen Interesses am
Marxschen Werk ist schnell erklärt, in außer- wie innerphi-
losophischer Hinsicht. Handfest außerphilosophisch ist
für orthodoxe Marxisten nur schwer plausibel zu machen,
warum sich nicht alle Ausgebeuteten als solche erkennen,
die Vorzüge des Sozialismus bzw. Kommunismus einsehen,
die Kapitalisten enteignen und fröhlich eine Wirtschaft
betreiben, von der alle Gerechten profitieren – kurzum:
warum eine marxistische Form des Wirtschaftens nicht

mehrheitsfähig ist. Innerphilosophisch dagegen ist der niedrige Komplexitätsgrad des offiziösen Marxverständnisses bis 1989 nicht nur, aber gerade auch in erkenntnistheoretischer Hinsicht einfach peinlich. Den Anspruch des Marxschen Werkes, in Form einer Kritik der politischen Ökonomie eine säkularisierte Theorie der (gesellschaftlichen) Totalität vorgestellt zu haben, verstanden »Funktionäre des Diamat«[21] falsch, als sie die sogenannte Abbildtheorie nachlieferten, um Marx erfolgversprechend als rechtmäßigen »Erben« schlechthin aller philosophischen Einzeldisziplinen präsentieren zu können.

Die Fatalität einer solchen Marx-Ergänzung wird schnell deutlich, etwa dann, wenn sie ihre geradezu naive Affinität zu behavioristischen Konditionierungstheoremen zu erkennen gibt. So heißt es etwa in erkenntnistheoretischen Kontexten bei Lenin: »Die praktische Tätigkeit des Menschen mußte das Bewußtsein des Menschen milliardenmal zur Wiederholung der verschiedenen logischen Figuren führen, damit diese Figuren die Bedeutung von Axiomen erhalten konnten.«[22] Die an derartig wirkungsmächtigen Dikta Lenins orientierten Publikationen zur Widerspiegelungstheorie noch aus den 70er Jahren des vorigen Jahrhunderts[23] reproduzieren – ohne dabei irgendwelche Anzeichen von Irritation zu zeigen – dessen Dilemma: Weder vermag die Abbildtheorie die transzendentalphilosophisch rekonstruierte Struktur von Selbstbewußtsein alternativ darzulegen, noch ist ihre »Frage nach dem ›Wie‹ der Umsetzung des Materiellen in Ideelles heute naturwissenschaftlich«[24] beantwortbar – eine Feststellung, die auch und gerade in Zeiten gilt, in denen Neurophysiologie zu einer Modedisziplin avanciert.

Vielmehr widersprechen schon einfache strukturlinguistische Überlegungen, deren wissenschaftliche Dignität

mit dem szientistischen Anspruch der Abbildtheorie unmittelbar konkurriert, einem materialistisch verkürzten
Adaequatio-Verständnis von Wahrheit. Anton Leists Entgegnung auf Thomas Metschers und Hans J. Sandkühlers
Beiträge zur Widerspiegelungstheorie, die Dialektik zur
rhetorischen Formel eines »sowohl als auch«[25] verkom-
men zu lassen, hat deutlich gemacht, »daß eine ›materialistische Hermeneutik‹ als Widerspiegelungstheorie deshalb
nicht möglich ist, weil eine abbildtheoretische Ableitung
von Symbolen, gleichviel welche Funktionen sie selber in
der Erkenntnis erfüllen, nicht geleistet werden kann«.[26]
Indem die Abbildtheorie verkennt, daß Symbole »primär
nicht durch abbildhafte oder referentielle, sondern durch
illokutionäre Akte zu definieren«[27] sind, disqualifiziert sie
sich trotz zahlreicher Dementi als eine eben doch am Pho-
tographiemodell ausgerichtete Erkenntnistheorie.[28] Ihre
politische Entsprechung fand die ideologiekritische Harmlosigkeit von Abbildtheorie darin, daß Marxismus zur Le-
gitimationswissenschaft zugerichtet wurde. Die Paradoxie
war im Reich des real existierenden Sozialismus schwer
überbietbar: Köpfe, die auf eine materialistisch-realisti-
sche Abbildtheorie der Erkenntnis eingeschworen waren,
durften nicht zur Kenntnis nehmen und aussprechen, was
politökonomisch und sozial der Fall war.

Wie die Dilemmata offiziös-marxistischer Abbildtheorie, so motivieren umgekehrt auch die Schwächen eines
transzendentalphilosophischen Bewußtseinsbegriffs Alfred Sohn-Rethels Entwurf einer soziogenetischen Erkenntnistheorie. Sie knüpft erst einmal an Überlegungen
eines Kopfes an, der zwar halbwegs ein Zeitgenosse von
Marx war, aber selten mit ihm zusammen angeführt wird.
Sohn-Rethels soziogenetische Erkenntnistheorie teilt nämlich Nietzsches Spott über die »lustige niaiserie alleman-

39

de«, die Kants Beantwortung der selbstgestellten Frage nach den Möglichkeitsbedingungen synthetischer Urteile a priori rhetorisch-stilistisch verbirgt:[29] »Wie sind synthetische Urteile a priori möglich? fragte sich Kant – und was antwortete er eigentlich? Vermöge eines Vermögens: leider aber nicht mit drei Worten, sondern so umständlich, ehrwürdig und mit einem solchen Aufwand von deutschen Tief- und Schnörkelsinne, daß man die lustige *niaiserie allemande* überhörte, welche in einer solchen Antwort steckt.« Vermögen – was für ein mehrdeutiges Wort! Trotz dieser pointierten Kant-Schelte knüpft Sohn-Rethels Versuch, die von der Transzendentalphilosophie behauptete apriorische Struktur von Vernunft als Resultat einer sozialen Pathogenese, nämlich als mental-kognitiven Effekt von Tiefenstrukturen des (geldvermittelten) Tausches auszuweisen, an Kant, nicht an Hegel an. Die untergründige Korrespondenz zwischen Marx und Kant,[30] die die Hegelsche Terminologie des *Kapital* erfolgreich verdeckt, wird in Sohn-Rethels Arbeiten weit über austromarxistische Vermittlungsversuche hinaus ausdrücklich zusammengedacht.

Das paradox scheinende Motiv einer »materialistisch« begründeten Transzendentalphilosophie hat für die Kritische Theorie konstitutive Geltung gewonnen. Noch in der von Jürgen Habermas vorgelegten »transformierten Transzendentalphilosophie«,[31] die ein kommunikationstheoretisch gedachtes vergesellschaftetes Quasiapriori der Erkenntnis annimmt, manifestiert sich die heimliche Wirkungsgeschichte von Sohn-Rethels »kritischer Liquidierung des Apriorismus«[32] – obwohl gerade Habermas anders als vor ihm Adorno stets auf das Kommunikations- und gegen das Tauschparadigma gesetzt hat. Sohn-Rethels Theorie-Entwürfe waren Adorno, Benjamin und Horkheimer gut bis bestens bekannt. Seine damals unveröffentlichten Exposés aus den 30er Jahren zirkulierten im Kreis um Horkheimer; sie initiierten die ideologie- und erkenntniskritische Privilegierung der Distributions- gegenüber der Produktionssphäre, die Adornos argumentativ und analytisch dichtesten Texte[33] charakterisiert. Seitdem ist den Repräsentanten Kritischer Theorie, der sich auch Sohn-Rethel zurechnet,[34] eine Kritik an Marx gemeinsam: daß er nämlich nicht über Möglichkeiten verfügt, »Erkenntnistheorie als Gesellschaftstheorie zu begründen«.[35] Ebendies versuchen Adorno, Sohn-Rethel und Habermas. Während aber Habermas sein Theorieprogramm im produktionslogisch-generativen Kategorienrahmen des Zusammenhangs von Arbeit, Sprache und Herrschaft situiert, begreift Sohn-Rethel alternativ die Form des Denkens, ja abstraktes Denken überhaupt als Resultat aneignungslogischer Sozialstrukturen.[36]

Theoriegeschichtlich knüpft Sohn-Rethel an Georg Lukács' erkenntniskritische Lektüre des ersten Abschnitts von Marxens Hauptwerk *Das Kapital* (»Ware und Geld«) an. Dabei radikalisiert er die aus Lukács' Marx-Lektüre resultierende Verdinglichungstheorie,[37] indem er eine »eigentümliche Behauptung«[38] vorträgt, die in verblüffender Weise Nietzsches süffisantem Diktum über Kants Herleitung synthetischer Urteile a priori (»vermöge eines Vermögens«) folgt und zugleich beansprucht, Kants Deduktionsschwäche zu überwinden. Die in der Tat »eigentümliche« These lautet: Das Transzendentalsubjekt sei mit der Warenform gegeben[39] bzw: »im Innersten der Formstruktur der Ware ist – das Transzendentalsubjekt zu finden«.[40] Sohn-Rethel behauptet also nichts anderes als eine »Identität von Warenform und Denkform«,[41] die den Schlüssel zu einer soziogenetischen Dechiffrierung der kantischen Theorie hergibt: »Man braucht [...] nur (sic!) für die

identische Einheit des Geldes die ›Einheit des Selbstbewußtseins‹, für die synthetische Funktion des Geldes für
die Tauschgesellschaft die ›ursprünglich-synthetische Einheit der Apperzeption‹, für deren konstitutive Bedeutung
für die kapitalistische Produktion den ›reinen Verstand‹,
für das Kapital selbst die ›Vernunft‹, für die Warenwelt die
›Erfahrung‹ und für den Warenaustausch nach Gesetzen
der kapitalistischen Produktionsweise das ›Dasein der Dinge nach Gesetzen‹, also die ›Natur‹ einzusetzen, um aus
der Analogie der kapitalistischen Verdinglichung die ganze Erkenntnisphilosophie Kants zusamt ihren notwendigen inneren Widersprüchen nachkonstruieren zu können.«[42]

Sohn-Rethels Schriften sind sich der Schwierigkeiten bewußt, diese »gewagte Hypothese«[43] zu beweisen, die bloßen Analogiezauber zu treiben scheint. Ihr Argumentati-
onsziel ist es, die soziogenetische Bedingtheit vermeintlich
autonomen Denkens in eben dem Maße auszuweisen, »in
dem der Idealismus seine Apriorität gegenüber dem Sein
und seine Transzendentalität behauptet«.[44] Um der Analo-
gisierung von Kant und Marx, Denk- und Tauschabstraktion, transzendentaler Apperzeption und Synthesisleistung
des Geldes den Status eines »echten Begründungszusam-
menhangs«[45] zu verleihen, der die gesellschaftliche Genesis vermeintlich apriorischer Bewußtseinsstrukturen deduktiv nachwiese, läßt Sohn-Rethel eine formstrukturale
Deduktion und eine historische Argumentation miteinander korrelieren. Da reine Erkenntnisbegriffe »bar jeden
Wahrnehmungsinhalts sind«,[46] kann eine historisch-em-
pirische Rekonstruktion der Soziogenese von Erkenntnis-
kategorien der »inneren Stimmigkeit« einer quasi-tran-
szendentalen Argumentationssequenz nur nachgeordnet
sein. Sie hat vorgängig die »ungeheure Beweislast«[47] zu

tragen, die ein früher Kommentar Walter Benjamins zu diesem Theoriekonzept anmahnte und deren Einlösung Benjamin von Sohn-Rethel erwartete. Die Gültigkeit ihres Wahrheitsanspruchs bemißt sich deshalb ausschließlich an ihrem überlegenen Erklärungspotential, das die halbtautologischen kantischen Ansätze (Erkenntnis ist vermöge eines Vermögens möglich) mit einer wirklichen Deduktion transzendentaler Subjektivität zu überbieten versucht.

Die Beweislast liegt dabei auf der im Äquivalententausch gegebenen »direkten Identifikation«[48] von Real- und Denkabstraktion. Sie fundiert, so Sohn-Rethel, das anspruchsvolle, theoriefähige, logische Erkenntnisvermögen. Dank dieser These wird es möglich, die Genese und Verankerung der transzendentalen Subjektivität zu thematisieren, deren Existenz die idealistische Philosophie wie selbstverständlich voraussetzt. Dabei enträt Sohn-Rethels Theorie, die sich ausdrücklich als »geschichtsmaterialistische« versteht, möglichen objektivistischen Selbstmißverständnissen. Ihr Gestus ist ein buchstäblich rekonstruktiver: Von den fortgeschrittensten Verdinglichungsstrukturen, die Subjektivität wie Objektivität gleichermaßen zurichten, soll ein Licht auf deren Frühgeschichte fallen.

Analog zu Marxens Kapitalkritik beginnt deshalb auch Sohn-Rethels Erkenntniskritik mit einer Analyse der Warenform. Ihre, mit Marxens berühmter Wendung zu sprechen, »metaphysischen Spitzfindigkeiten und theologischen Mucken«[49] verweisen auf die bewußtseinskonstitutive Kraft der Tauschabstraktion. Der Warenform allein nämlich kommt die eigentümliche Qualität zu, Realabstraktion und damit das »unproklamierte Gesamtthema des *Kapital*«[50] zu sein. Die dem Warenaustausch inhärierende Abstraktionskraft rührt eben aus dem paradoxen Sachverhalt her, zwar vollzogen, von den vollziehenden

Subjekten im Hinblick auf ihre Implikationen aber nicht durchschaut zu werden, sondern umgekehrt deren Bewußtsein allererst zu formatieren. In Marxens Worten: Indem die Menschen »ihre verschiedenartigen Produkte einander im Austausch als Werte gleichsetzen, setzen sie ihre verschiedenen Arbeiten einander als menschliche Arbeit gleich. Sie wissen das nicht, aber sie tun es.«[51] Insofern die Tauschabstraktion zugleich und gleichermaßen in die »raumzeitliche Dingwelt« fällt und Operationsformen der »ideellen Begriffswelt« ebenso konstituiert wie präsupponiert,[52] vermittelt sie vorgängig die beiden »Sphären« von Denken und Sein, von Begriff und Ding[53] miteinander.

Seine Kant-Fixierung verbietet es Sohn-Rethel, die eigentümliche Spannung zwischen Setzungsleistungen des Bewußtseins einerseits und dem (von!?) ihm Vorausgesetzten abzugelten. Nur die warenanalytische Aufnahme von Hegels wesenslogischem Argument, das Vorausgesetzte erweise sich als Moment am Setzen selbst, könnte verhindern, die dem Tausch innewohnenden Präsuppositionen als mythologisch präexistentes Verhängnis bzw. als das Pandora-Abstraktions-Geschenk deuten zu müssen, das Menschen von Tieren unterscheidet. Erst die Tauschabstraktion, die den Gebrauchswert der Dinge stillstellt und damit zugleich auch deren Zeitlichkeit einklammert,[54] macht die Dinge miteinander kompatibel und kategorial erfaßbar. Wer tauscht, setzt systematisch Nichtgleiches gleich. Ein Buch, ein Restaurantbesuch, ein Pullover und eine Tankfüllung Benzin haben ersichtlich miteinander nichts gemeinsam – im Tausch aber haben sie eben doch eine Gemeinsamkeit: Sie sind wertgleich. So bewährt sich der Wortsinn von Äquivalenz. Äquivalenz heißt Gleichwertig- bzw. Gleichgültigkeit. Der Äquivalententausch ist der große Gleichgültigkeitsmacher, der von allen Unterschieden abstrahiert. Er ist die Urszene von Abstraktion. Meint Abstrahieren doch nichts anderes als Wegsehenkönnen.

Alles kann vom Tausch mit allem äquivalent gesetzt werden, so wie das, was als Zeitliches nicht dauerhaft mit sich selbst identisch ist, durch die vom Tausch präsupponierte Zeitlosigkeit zur Sichselbstgleichheit genötigt wird. Tauschakte finden in einer Zeit dies- oder jenseits der Zeit statt. So ist die Tauschabstraktion die Domestizierung ursprünglicher »sinnlicher Mannigfaltigkeit« durch den Identitätszwang. Indem der Tausch Mannigfaltiges unter einem integrierenden Aspekt, dem des Wertes, identisch setzt, konstituiert er einen nicht-trivialen Begriff von Identität, der über Tautologien wie a = a hinausgeht: a und b sind im Hinblick auf den Wert x äquivalent/identisch. Daß es nicht nur für Hegelianer philosophisch reizvoll wäre, darüber nachzudenken, ob die Formel von der Identität von Äquivalenz und Identität oder die von der Äquivalenz von Identität und Äquivalenz angemessener wäre, liegt vor Augen – des Philosophen, nicht aber desjenigen, der gerade in einen Tauschakt verstrickt ist. Umgekehrt sieht der Philosoph, wenn er nicht gerade Sohn-Rethels Schriften gelesen hat, kaum, daß seine anspruchsvollen und hochabstrakten Denkübungen ein so handgreifliches wie abgründig profanes Fundament haben: den vom Äquivalententausch freigesetzten Abstraktionsschub. Der Tausch fundiert die zentrale Aufbaukategorie der logozentristischen abendländischen Episteme:[55] die der Identität. Sohn-Rethels *Kapital*-Lektüre extrapoliert also scharf konturierend jene Formulierungen von Marx, die wie das Diktum, der Austausch setze durch seine Bewegung erst die Äquivalenz des Getauschten,[56] die Vermutung bestätigen, Kant und Fichte[57] seien eher als Hegel »Marxens Täufer«.[58]

In durchaus kantisch-fichtescher Tradition spricht Sohn-Rethel deshalb auch vom eigentümlichen »praktischen Solipsismus«[59] der Tauschenden. Der aus der Tauschabstraktion resultierende Eigentumsbegriff – nur, was getauscht wird, zeigt, daß es mein ist und nicht dein und vice versa – etabliert jene Zuschreibungsrelationen zwischen Dingen und Subjekten, die nicht nur die Einzigkeit aller Warendinge, Möglichkeitsbedingung des Tauschs überhaupt,[60] sondern auch die intersubjektive Verfügung über die Dinge vergessen läßt. Sohn-Rethels fundamentalsoziologische Fragestellung, wie Gesellschaft überhaupt möglich ist,[61] läßt die untergründige Paradoxie des praktischen Solipsismus der Warentauschenden deutlich werden. Eben die mit unbewußter Gewalt sich durchsetzende Tauschabstraktion, die die Tauschenden solipsistisch nach den Kategorien einer »mein, nicht dein«-Logik denken läßt, stiftet nämlich erst die Einheitsprinzipien, die es erlauben, sinnvoll von Gesellschaftlichkeit zu reden.

Was ego gehört, gehört nicht alter – aber ebendies haben ego und alter gemeinsam. Vergesellschaftet sind die Subjekte in paradoxer Weise, nämlich als solipsistisch über Tauschvorgänge und die getauschten Dinge/Werte zueinander sich verhaltende. Die Verbindlichkeit ihrer Intersubjektivität liegt in der bewußtseinskonstitutiven Kraft der Tauschabstraktion begründet. Mit sich selbst kann man nicht sinnvoll Tauschgeschäfte treiben. Es zählt zu den nicht geringen Vorzügen einer Theorie, die Selbstbewußtsein genealogisch als Effekte des Tauschs und des Geldmediums versteht, daß sie ein klassisches Problem der Transzendentalphilosophien bis hin zu Husserl nicht kennt: wie von Subjektivität zu Intersubjektivität zu gelangen sei. Ist doch der Tausch a priori intersubjektiv. Daß die Bewußtseinskategorien von ego mit denen von alter äquivalent sind, versteht sich für eine soziogenetische Erkenntnistheorie tatsächlich von selbst.

Selbst kollektiv organisierte Produktionsvorgänge wie große Bauprojekte vermögen es nicht, die Bewußtseinsformen der Produzierenden in intersubjektiv verbindlicher Weise zu strukturieren. Denn die Mannigfaltigkeit bloß daseiender oder produzierter, nicht aber angeeigneter Dinge findet in der vor-synthetischen Mannigfaltigkeit nicht-abstrakten Denkens ihre Entsprechung. Hingegen ist die Tausch- und Aneignungsform dieser Dinge Produzent organisierten, weil intersubjektiv geteilten Bewußtseins. Demgemäß unterscheidet Sohn-Rethel zwischen Produktions- und Aneignungsgesellschaften. Während die erste Gesellschaftsform vereinzelte Subjekte zur einen Gesellschaft synthetisiert, indem sie sie (z. B. mit Gewalt oder unter Hinweis auf Traditionen und Offenbarungen) in verbindliche Arbeitsvorgänge und Riten zu integrieren versucht, organisiert die zweite gesellschaftliche Synthesis über Aneignungs- und Tauschvollzüge.[62] In Produktionsgesellschaften (etwa in Subsistenzwirtschaften, die keinen entfalteten Geldverkehr kennen) spielt der Tausch nur eine ephemere Rolle. In ihnen gibt es eine unmittelbare (z. B. landwirtschaftliche oder handwerkliche) Einheit von Hand- und Kopfarbeit. Dagegen setzen Aneignungsgesellschaften auf die Subsumtion der Produktion unter die Realabstraktion des Warenaustauschs, die im Laufe ihrer Entwicklung hin zum entfalteten Kapitalismus den Äquivalententausch so perfektionieren, daß noch die Arbeit zur tausch- und bezahlbaren Ware Arbeitskraft wird. Der Äquivalententausch bringt Kopf- und Handarbeit auseinander, er setzt auch in dieser Hinsicht einen bemerkenswerten Produktivitätsschub frei. Der Preis dafür lautet für Sohn-Rethel im unmittelbaren Anschluß an Marx: Aneig-

47

nungsgesellschaften, in denen die Distributionssphäre die Produktionssphäre dominiert, müssen noch den Produktionsfaktor Arbeitskraft unter warenwirtschaftliche Kategorien zwingen. Arbeit wird zur getauschten Ware Arbeitskraft.

Sohn-Rethels eigentümlich zwischen Sozialtechnologie und profanem Messianismus changierende Hoffnung richtet sich nun auf die Aufhebung dieser Entzweiung im Spätkapitalismus. Sie beruft sich dabei auf den Umstand, daß – um pointiert zu datieren – seit F. W. Taylors mittlerweile über hundert Jahre zurückliegenden Studien zur effektiven Arbeitsorganisation[63] geistige und körperliche Arbeiten ausgerechnet im reifen Hochkapitalismus wieder zwangsvereint werden können.[64] Durch neue Technologien und raffinierte logistische Prozesse der Arbeitsorganisation in Großbetrieben kommt eine Produktivitätssteigerung zustande, die Sohn-Rethel als Möglichkeitsbedingung einer Wiederherstellung des ursprünglichen Primats der Produktions- über die Aneignungslogik begreift. Ein so suggestiver wie weitreichender, jedoch für viele kapitalismusfixierte Köpfe tabubeladener Gedanke: nicht mangelhafte Nachfragedeckung, sondern vielmehr systematische Überproduktion bringt die auf Knappheit fokussierte Tausch- und Geldgesellschaft in ihre tiefste Krise. Wenn es von fast allem zuviel gibt (zuviel Büroraum, Plattenbauten, Butter, Wein, Tomaten, Autos, Kühlschränke, Juristen, Germanisten, Arbeitskräfte aller Art etc.), dann muß der geldvermittelte Tausch als Medium der Konterkarierung von Knappheiten an Geltungskraft verlieren. Die dialektische Funktion des Geldes, als Medium einer sekundären, erfundenen, künstlichen Knappheit die primäre Knappheit an Gütern und Dienstleistungen aufzufangen, hat sich gewissermaßen zu Tode bewährt: Knappheit wird knapp –

bzw. in zweite und dritte Welten, in »die Umwelt«, in den Arbeitsmarkt oder in die knappe Ressource Aufmerksamkeit[65] ausgelagert, so daß nicht mehr Güter, sondern frische Luft, Ozon, Arbeitsplätze oder eben Aufmerksamkeit knapp werden.

Alles käme deshalb drauf an, das technologische Befreiungspotential und die »verborgenen Potenzen«[66] des realabstrakt bedingten Verstandes zur Vernunft zu bringen. Dieses Projekt ist aber – wie Sohn-Rethels Theorie weniger explizit vermerkt als vielmehr implizit nahelegt – durch den Umstand erschwert, daß eben die zu überwindende Warenform und nicht die Produktionslogiken die Denkformen prägt. Um den Beweisschwierigkeiten dieser zentralen These zu begegnen, die Marxens zu Tode zitiertes Diktum, es sei das gesellschaftliche Sein, das das Bewußtsein bestimme, argumentative Plausibilität verleihen möchte, unterstreicht Sohn-Rethel die bewußtseinskonstitutive Kraft des Tausch-Mediums Geld. Geld ist die Abstraktion der Abstraktion, die schon im Tauschwert der Waren angelegt ist. Der Äquivalententausch setzt Bewußtsein, der über das Medium Geld vermittelte Tausch setzt Selbstbewußtsein (frei). Der monetären Meta-Abstraktion spricht nun Sohn-Rethel keine geringere Fähigkeit zu als diese: »die prekäre Rolle des Vermittlungsgliedes zwischen Sein und Bewußtsein« zu spielen.[67] Indem die Warenabstraktion sich im Geld universell setzt, tritt sie zugleich in sinnfällige Erscheinung. Sich der Kontingenz und Komplexität[68] beliebiger Äquivalentformen (etwa von Schafen oder Scheffel Weizen als Recheneinheiten) entziehend, verselbständigt sich im Geld die Warenabstraktion derart, daß sie einen neuen Grad intersubjektiver Verbindlichkeit erlangt. Wie das »Ich denke« der transzendentalen Apperzeption Kants alle disparaten Vorstellungen als seine muß identifizieren können,[69] so muß das Geld die Mannigfaltigkeit aller Dinge zu Waren erklären und als Bestandteile seiner Synthesisleistung ausweisen können. Alles, was es gibt (ob Lebensmittel, Immobilien, Hightech-Produkte, Dienstleistungen etc.), mag so unterschiedlich wie nur möglich sein. Es wird doch, sofern es als markttaugliches Gut und Ware fungiert, als Wert wahrgenommen und dadurch mit allem anderen kompatibel gemacht. Das ist nicht eine, sondern *die* Abstraktionsleistung schlechthin, die Transzendentalsubjekte eben nicht nur auszeichnet, sondern allererst hervorbringt. »Als funktionaler Träger der gesellschaftlichen Synthesis«[70] zwingt Geld die Mannigfaltigkeit der Dinge – zu der es auch die Arbeitskraft verdinglicht – unter die Identität seiner abstrahierenden Kategorien.

Sohn-Rethels intellektuelle Redlichkeit nimmt seinen Kritikern die Möglichkeit, hämisch auf den bloß »hypothetischen Wert«[71] seiner soziogenetischen Erkenntnistheorie zu verweisen. Sie verfügt jedoch nicht nur über eine interne Stimmigkeit der Deduktion von abstraktionsfähiger, beide Erkenntnisstämme integrierender Subjektivität, die Kants Transzendentalphilosophie und ihre Nachfolger nicht zu bieten haben. Sie besitzt darüber hinaus auch ein hohes Maß an historischer Plausibilität. Denn sie kann sich auf die historische Koinzidenz von beginnender Münzprägung und beginnender abendländisch »logischer« Episteme berufen. Und damit kann sie gewissermaßen Kleingeld auf die beliebte kulturhistorische Formel herausgeben, die da »vom Mythos zum Logos« lautet. Mythos und Logos sind durch eine klare Scheidelinie getrennt: durch die Einführung des gemünzten Geldes als des Abstraktionsmediums schlechthin. Die Münzprägung und die abstrakte, logische, selbstbewußte, sokratische Subjekte freisetzende Episteme sind – wie George Thomson,[72] der mit Sohn-Rethel symphilosophisch denkt, in seinem Buch *The first philosophers* ausführlich zu zeigen versucht hat – uno actu entstanden: um 680 v. Chr. in Ionien.[73]

Zu den Erfolgsgründen des Geldmediums, dieser in jedem Wortsinne durchschlagenden Innovation in der Organisation der Zirkulationssphäre, zählt auch der Umstand, daß der realabstrakte Zusammenhang von Warenform und Denkform den Satz des Parmenides buchstäblich wahr werden läßt: Eines aber ist Denken und Sein. Es gibt mit dem Geldverkehr wenn auch verwunderliche, weil hochabstrakte, so doch reale, intersubjektiv geltende Algorithmen zwischen »Sein« und »Denken«. Sie machen dem archaischen Analogiezauber wilden Denkens[74] ein Ende, obwohl oder eben weil auch der Geldverkehr »auf der Grundlage von Postulaten, nicht von gegebenen Fakten entsteht«.[75] Dem im geldvermittelten Äquivalententausch systematisch praktizierten Gleichsetzen des Nichtgleichen wohnt die archaisch-fetischistische Komponente inne, die der Äquivalententausch zugleich überwindet und fortsetzt – so lautet Sohn-Rethels Spezifizierung der These von der Dialektik der Aufklärung. Beiderlei Fetischzauber, der archaische wie der rationale des Geldverkehrs, sind miteinander verwandt und miteinander so im Streit, wie Verwandte es häufig genug sind. Die Rationalität des Geldverkehrs hebt archaisch-fetischistische Formen der Identifikation von Seins- und Sinnsphären auf und transformiert sie zugleich[76]. Diese eigentümliche Dialektik: daß das gänzlich Neue und Grundstürzende der Abstraktion im vertrauten Gewande daherkommt, ist dafür verantwortlich, daß diese Transformation nicht klar als solche wahrgenommen bzw. nicht den ausschlaggebenden Tiefenstrukturen zugerechnet wird. Die Neuformatierung von Bewußtseinstiefenstrukturen durch die Einführung des Geldverkehrs hat unbewußt statt – und bleibt auch fortan weitgehend unbewußt. In Marxens Worten: »Daß die wirklichen, täglichen Austauschverhältnisse und die Wertgrößen nicht unmittelbar identisch sein können«[77] und daß der geldvermittelte Tausch sie vorgängig als Äquivalente setzen muß, schließt eine »bewußte gesellschaftliche Regelung der Produktion«[78] aus.

Um nochmals mit Wendungen von Marx zu verdeutlichen, daß Sohn-Rethel tatsächlich einen der implizit gebliebenen Grundgedanken von Marx entfaltet: Der »Witz der bürgerlichen Gesellschaft«,[79] die sich im vorantiken Griechenland des beginnenden Münzverkehrs konstituiert, besteht darin, sich um ein angemessenes Selbstverständnis ihrer Tiefenstrukturen zu bringen. Sie setzt auf Rationalität, Abstraktion und lucides Bewußtsein und ist doch ausgerechnet im Hinblick auf ihr zentrales Organisationsprinzip auf systematische Unbewußtheit angewiesen. Mit anderen Worten: Marxens divinatorische Formel vom »Geld als dem existierenden und sich betätigenden Begriff«[80] wurde von Sohn-Rethel beeindruckend rekonstruiert. Zu den überraschenden Implikationen dieser Theorie gehört die methodische Einsicht, daß »die Kritik der Erkenntnistheorie in vollständiger systematischer Unabhängigkeit von der Kritik der politischen Ökonomie vorgenommen werden« muß.[81] Die gereizte Kritik orthodoxer Marxisten[82] an dieser fürs wissenschaftstheoretische Selbstverständnis des Marxismus folgenreichen These macht auf ihr eigenes wie auf Sohn-Rethels Dilemma aufmerksam: Beide Positionen – die abbildtheoretische Anerkennung des politökonomischen Primats auch über Erkenntnistheorie wie Sohn-Rethels erkenntnistheoretische Privilegierung der Distributionssphäre – verkürzen Marxens Dialektikbegriff und bringen ihn um seine eigentli-

che Pointe. Indem Sohn-Rethel den »Ausdruck ›formgene-
tische Erklärung‹ [...] als akzeptables Synonym für Dialektik«[83] oder umgekehrt Dialektik als »die Formgesetzlich-
keit zeitbedingter Wahrheit«[84] denkt, entschärft er die präzise antiaristotelische Semantik von Hegels und Marxens
Dialektikbegriff. Mit diesen Formeln verkauft Sohn-Rethel
seine Theorie unter Wert. Denn gerade Sohn-Rethels Argumente sind geeignet, einen konturenscharfen Dialektikbegriff zu bewähren: Widerspruchsstrukturen konsistent
bezeichnen zu können.

Dialektik entzieht dem in der aristotelischen *Logik* kodi-
fizierten Identitätsdenken – dasselbe könne demselben in
derselben Hinsicht nicht zugleich zukommen und nicht
zukommen – die Gefolgschaft. Erst Hegels Dekonstruktion
dieser für die abendländische Episteme konstitutiven Kategorie ermöglichte es Marx, das Kapital-Arbeit-Verhältnis
als schlechthin widersprüchliches zu begreifen. Das Kapital nämlich ist nichts anderes als sein Anderes, Arbeit, genauer: es ist »vergangene objektivierte Arbeit«,[85] die Akkumulation dessen, was es selbst nicht ist, die Akkumulation
der Resultate der Produktivkraft Arbeit. Kapital ist das Andere seiner selbst: Arbeit, und dennoch erklärt es sich zum
dominierenden Moment des gesamten Kapital-Arbeit-Ver-
hältnisses. Totalitätsfähiges Moment dieser gesamten Relation aber kann nur der Faktor Arbeit sein. Denn Arbeit
kann nicht nur ihr Anderes unumkehrbar als ihren eigenen Effekt ausweisen; Arbeit ist auch in sich selbst nicht-
identisch verfaßt; sie ist – als produzierende – mehr, als sie
ist. Daß das Kapital dennoch an dieser seiner Widerspruchsstruktur nicht zugrunde geht, obwohl es die Überlegenheit seines Anderen heimlich anerkennt, wenn es als
»Geld heckendes Geld«[86] Mimikry an die produktive Nichtidentität von Arbeit treibt, muß Abbildtheoretikern ein

unlösbares Rätsel bleiben. Abbildtheorie, die krud am Identitätsdenken und am Primat der Politökonomie festhält, ist selbst vom Rätsel des Geldfetischs, auf den Sohn-Rethel soziogenetisch das Identitätsdenken zurückführt, geblendet.

Hingegen vermag Sohn-Rethels hartnäckiger Rekurs auf den »Primat des Wertgesetzes in der Geschichte«[87] die Ohnmacht des Faktors Arbeit plausibel zu machen. Wenn Arbeit, die doch der Inbegriff von Nichtidentität ist, aneignungslogisch zur Ware Arbeitskraft depotenziert wird, wird sie systematisch um das Bewußtsein ihrer nichtidentischen Kraft betrogen. Mit der Universalisierung des Warenverkehrs blendet die kapitalistische Gesellschaft die »Narben [ihrer] Entstehung«[88] aus, um ihre unendliche Zirkulationsbewegung als zeit- und geschichtslose Wiederkehr des Immergleichen[89] oder – hegelisch – als »rastloses Verschwinden der Entgegengesetzten in ihnen selbst«[90] zu organisieren. Die im Geldfetisch handgreiflich gewordene Tauschabstraktion bannt Dinge wie Menschen unter den Identitätszwang äquivalenten zeitlosen Denkens. In der hypostasierten »Fähigkeit des Geldes resp. der Ware, ihren eigenen Wert zu verwerten, unabhängig von der Reproduktion«, manifestiert sich »die Kapitalmystifikation in der grellsten Form«. Sohn-Rethels verkürztes Dialektikverständnis, das sich an der Widerspruchsstruktur von Kapital und Arbeit kaum interessiert zeigt, um vielmehr überraschend optimistisch auf die Rückgewinnung des produktionslogischen Primats über aneignungslogische Verdinglichung zu vertrauen, hat in der tauschabstrakten Reduktion dieses Widerspruchs zum identischen Kapital = Kapital- / Arbeit = Arbeit-Denken sein undurchschautes Wahrheitsmoment.

Dem kommt entgegen, daß Sohn-Rethel trotz seiner

Kant-Fixierung eben an dem Theoriestück der *Kritik der reinen Vernunft* vorbeiliest, das dialektische, also paradoxie- und widerspruchssensible Motive ausbreitet: an Kants Schematismustheorie. Sie will, so Kants eigene Worte, die Erklärungs-»Schwierigkeit« beseitigen, »wie [...] subjektive Bedingungen des Denkens sollen objektive Gültigkeit haben, d.i. Bedingungen der Möglichkeit aller Erkenntnis der Gegenstände abgeben«[91] können. Genau dies zu leisten ist ja der Anspruch von Sohn-Rethels soziogenetischer Erkenntnistheorie: zu den Schemata, den »vermittelnde[n] Vorstellung[en]«[92] zwischen Kategorie und Erscheinung, ein materialistisches Pendant anzugeben. Sohn-Rethel nämlich begreift die Differenz von reinem Verstandesbegriff und sinnlicher Anschauung als eine im Tauschmedium vermittelte Differenz, wenn er das Geld zugleich als universal geltende Denkform und als deren ebenso singuläres wie gleichermaßen universales Schema versteht. Indem er aber derart die Differenzbestimmung von empirischer Anschauung und ihrer Zurichtung durch den verdinglichten Verstand vereinnahmt, benennt er die Möglichkeitsbedingung des »Schreckbild(s) einer Menschheit ohne Erinnerung«.[93] Das Äquivalenzdiktat der geldvermittelten Tauschabstraktion bannt noch Verstand und Anschauung unter seinen Identitätszwang.

Diesem »in sich geschlossenen Schuldzusammenhang der bürgerlichen Gesellschaft«,[94] deren Subjekte ihre Identität paradox aus der »undurchsichtig gewordenen Verdeckung (ihres) eignen Ursprungs und gesellschaftlichen Seins«[95] beziehen, vermögen – Adornos impliziter ästhetischer Sohn-Rethel-Kritik zufolge – sich allenfalls Kunstwerke zu entziehen. Als »imago von nicht Vertauschbarem«[96] ist Kunst, die darin anachronistisch produktionslogischer Anarchie die Treue hält, a priori Opponent der

Tauschabstraktion. Daß rätselhaft nutz- und funktionslose Kunst jenseits des Tauschs und deshalb außerhalb des für gesellschaftliche Synthesis bürgenden Prinzips die Idee einer Autonomie dies- und jenseits von Äquivalenzgleichungen beschwört, macht ihre Attraktivität, aber eben auch ihre Harmlosigkeit aus. Auch nichtidentische Kunstwerke können zum »fait social« degradiert werden und Warencharakter annehmen. Es wäre schon deshalb ein falsch verstandener ästhetischer Absolutismus, der Kunstsphäre revolutionäre Leistungen zuzusprechen. Doch noch die peripher-emphatische Leistung, die Adorno der Kunst konzediert: nämlich Medium des Eingedenkens auch aller mißglückten Prozesse zu sein, wird ihr von Sohn-Rethel abgesprochen. Argumentativer als Lucien Goldmann[97] behauptet er nämlich eine radikale Strukturhomologie zwischen gesellschaftlichen Organisationsprinzipien und dem Schönen. So gründet – ihm zufolge – z. B. »die endlose und selbsttätige Bewegung [...], das hervorragende Stilelement, das im 16. Jahrhundert in zunehmendem Maße die Kunst in allen Gebieten zu beherrschen beginnt«,[98] in der endlosen Zirkulationsbewegung des sich im selben Zeitraum autonomisierenden Kapitals.[99]

Während Sohn-Rethel also noch in Kunstwerken die Spuren des Identitätszwanges der Tauschabstraktion gewahrt, hat eine Marginalie Walter Benjamins zu Sohn-Rethels Apriorismus-Aufsatz auf das Dilemma einer radikal soziogenetischen Erkenntnistheorie aufmerksam gemacht. Den Aufweis des Zusammenhangs von Tauschabstraktion und Identitätszwang – »Im Tausch [...] sind die Dinge identisch, sofern sie gerade Gegenstand der Beschäftigung sind und im Mittelpunkt der Aufmerksamkeit stehen« – versucht die scheinbar völlig beziehungslose Frage: »Und wenn ich ein Buch lese?«[100] ästhetisch zu unterlaufen. Diese Marginalie behauptet eine ursprüngliche Kraft der ästhetischen Selbstpräsenz von Subjektivität, deren Struktur jenseits tauschabstraktiver Verdinglichung läge. Benjamins Kritik mag sich durch Einsicht in den paradoxen Sachverhalt legitimieren, daß eine ausschließlich soziogenetische Erkenntnistheorie nur recht hat, wenn sie nicht recht hat et vice versa: Können Denk- und Warenform genetisch-reduktiv aufeinander bezogen werden, so ist die Theorie dieser Reduktion entweder selbst dieser verdinglichten Denkform verpflichtet, dann aber kann sie kaum von selbstaufklärerischer Struktur sein. Oder die soziogenetische Theorie nimmt Kategorien in Anspruch, die außerhalb des von ihr Thematisierten fallen, dann aber ist Verdinglichung von nur scheinbar universaler Gewalt. Als aufmerksamer Leser von Sohn-Rethels frühen Exposés versucht Benjamin deshalb ein konstellatives Denken, das sein Telos nicht in Deduktionen (auch nicht so faszinierenden wie der Deduktion von Transzendentalsubjekten aus der Tauschabstraktion) findet, sondern vielmehr an den Ur/Sprungs-Stellen interessiert ist, wo noch der Ursprung einen Sprung, einen Bruch, eine Unterbrechung, eine Unableitbarkeit aufweist. Ein solches Denken versteht sich als ein ästhetisches, das nicht im Jenseits, sondern im Diesseits gesellschaftlicher Abstraktionen seine Sphäre hat und das sich um die befreite Figuration der bereits versammelten Elemente des Besseren bemüht. Universale Verdinglichung, die ohne Selbstvergessenheit keine wäre, an ihre Entstehung aus Postulaten und Setzungsakten zu erinnern, kann nur Leistung eines Mediums sein, das seine Affinität zum Mythos einbekennt: Kunst. Ohnmächtig will sie, »daß der verruchte Tausch von Äquivalenten aufhöre, in dem der alte Mythos in der rationalen Ökonomie sich wiederholt«.[101]

3
Die Theorie der Verausgabung und die Verausgabung der Theorie
Walter Benjamin zwischen Georges Bataille und Alfred Sohn-Rethel

I

Poetica – Versäumnisse in Benjamins Keller-Lektüre

In Gottfried Kellers 1855 erschienenem Roman *Der grüne Heinrich* findet sich eine Gegenüberstellung von beschränkter und entgrenzter Ökonomie, die in zeitgenössischer Theorie, auch in Marxens 1859 erschienener *Kritik
der politischen Ökonomie*, keine Entsprechung, kein Äquivalent findet. Kellers stets grün gekleideter Jüngling, der
Mann zu werden sich mit anfangs heiter melancholischer
und schließlich tödlicher Hartnäckigkeit weigert, ist den
pädagogischen Grundkategorien »Maß und Bescheidenheit«[102] früh entraten und statt dessen einer pädagogikfernen Leidenschaft verfallen: der »des unbeschränkten Geldausgebens, der Verschwendung an sich«. Buchstäblich bedenkenlos verschleudert der grüne Heinrich die aus dem
»Schatzkästlein« der Mutter entwendeten Münzen. Ohne
jedes Anzeichen von schlechtem Gewissen unterläuft er in
kindlichem Immoralismus jenseits von Gut und Böse den
»unerbittlichen [...] Grundsatz« der Mutter, »daß kein
Pfennig unnütz dürfe ausgegeben werden und daß ich dies
frühzeitig lernen müsse«.[103] Unvermittelter könnte der
Widerspruch zum belletristischen Bestseller (nicht nur) jener Jahre, zu Gustav Freytags ebenfalls 1855 erschienenem
äquivalenzversessenem Roman *Soll und Haben* nicht ausgesprochen werden.

»Es reizte mich«, so vertraut Kellers Protagonist später seinem grünen Erinnerungsbuch an, »es reizte mich, jeden Augenblick die kleinen Herrlichkeiten, wonach jenes Alter gelüstet, kaufen zu können; immer hatte ich die Hand in der Tasche, um mit Münzen hervorzufahren; Gegenstände, welche Knaben sonst vertauschen, kaufte ich nur mit barem Gelde, gab solches an Kinder, Bettler und beschenkte einige Gesellen, die meinen Schweif bildeten.«[104] Was der junge grüne Heinrich anfangs noch als elementare Lust am Verlust erfährt, stellt sich später seiner todesnahen Retrospektive aufs endende Leben als »Verblendung« dar. Die Perspektive des schreibenden grünen Heinrich hat sich damit der seiner ehemaligen »Gesellen« angeglichen, »die meine Verblendung benutzten, so lange es ging. Denn es war eine wirkliche Verblendung. Ich bedachte im mindesten nicht, daß die Sache doch ein Ende nehmen müsse, nie mehr öffnete ich das Kästchen ganz und übersah das Geld, sondern schob nur die Hand unter den Deckel, um ein Stück herauszunehmen, und überdachte auch nie, wie viel ich schon verschleudert haben müsse.«[105] Und so scheint sich auch beim grünen Heinrich der normale Blickwinkel zu behaupten. Die protobürgerliche Weisheit nämlich, wonach Verschwendung Verblendung und Verausgabung das Aus bedeuten, paart sich mit der gleichermaßen faden Einsicht, daß alles und noch der größte Überfluß einmal und meist ein baldiges Ende finden.

Nun zählt es aber zu den Irritationen, die von Kellers Roman ausgehen, daß diese weise Einsicht in einen Verblendungszusammenhang selbst ausdrücklich als Effekt einer Verblendung geschildert wird. Eine Phantasmagorie, die sich wie eine vorweggenommene Bebilderung von Benjamins später Lektüre der im Fetischismus-Kapitel des

Kapital erwähnten »metaphysischen Mucken und theologischen Spitzfindigkeiten« der Waren ausnimmt, eine Phantasmagorie ist es, die den grünen Heinrich in die Grundfigur bürgerlicher Rationalität initiiert: in das Kategoriensystem von Äquivalenz und Identität. Es wird eine Initiation in lebenslange Melancholie und Hoffnungsferne (so in der Zweitfassung des *Grünen Heinrich* von 1879) oder gar in den Tod (so die Erstfassung von 1855) sein. Auf dem Heimweg zur jahrelang gemiedenen Mutter träumt dem grünen Heinrich von einem goldfüchsigen Pferd, das ihn über eine Hängebrücke ans heimatliche Ufer bringt. Die zahllosen Leute, die diese Brücke begehen, entspringen zuvor Wandgemälden auf dieser Brücke und gehen in diese Gemälde wiederum ein. Die Allegorese dieses rätselhaften Geschehens ist Thema des seltsamen Zwiegesprächs zwischen dem grünen Heinrich und seinem Pferd, das von fern an Achills sprechendes Pferd Xanthos (= Goldfuchs) erinnert. Von Motiven »echter und verhutzelter Antike« (II, 289)[106] in Kellers Schriften hat Benjamin denn auch hellsichtig gesprochen. Dem grünen Heinrich gerät sein Goldfuchs zum Trojanischen Pferd. Es schmuggelt Einsichten in sein Bewußtsein, an denen er (fast) zugrundegeht.

Antike und Moderne schließen sich in diesem tiermenschlichen Gespräch kurz. Kreist es doch obsessiv um den Begriff, den das klassische Denken der Antike dem vorsokratischen Tiefsinn[107] abtrotzte und den das aufgeklärte Denken der Neuzeit dann fetischisierte: Identität. Kaum eine Brechung dieses in jeder Weise konsequenzenreichen Grenz- und Ausgrenzungsbegriffs, den das Traumgespräch zwischen dem grünen Heinrich und seinem Pferd nicht berührte. In diesem Disput gilt es als fragwürdig, ob Identität nur die einer Einheit mit sich selbst sein oder ob sie aus Vielheiten bestehen könne; ob zwei Dinge als identisch erscheinen dürfen oder ob sie nicht vielmehr über ein Drittes als äquivalent gesetzt werden müssen; ob die Identität mit sich selbst über eine Zeitreihe durchzuhalten oder aber ob Identität nur als sich zerstreuende erfahrbar sei etc.

Die Antwort des Romans auf diesen Problemkomplex darf ohne jeden Verdacht auf Übertreibung als sensationell bezeichnet werden. Denn sie antizipiert ersichtlich die These, die Sohn-Rethel begründet hat: daß die protologische Kategorie der Identität ein Effekt des geldvermittelten Äquivalententausches ist (cf. die beiden voranstehenden Texte). Der Identitätsdisput zwischen Roß und Reiter ist der Kunst des kleinsten Übergangs verpflichtet (Keller hat sie seinem Freund Richard Wagner abgeschaut); er wendet sich von direkten Erörterungen über die Komplexität des Begriffs Identität (Identität eines Subjekts bzw. Objekts mit sich selbst, Identität zweier Dinge, Identität einer Gruppe bzw. Nation) ab und wird kaum merklich zu einem Gespräch über den von Goldstücken »strotzenden Mantelsack«, den das Roß mitsamt dem Reiter trägt. In diesem Sack kehrt die frühe Phantasmagorie des mütterlichen Schatzkästleins wieder. Und ihm gilt die eigentliche Aufmerksamkeit der Brückenpassanten, die an ihrer Identität mit sich selbst wie an ihrer Teilhabe an der Identität einer Nation zu zweifeln Grund haben und die schließlich ehrfürchtig bis fetischistisch den Mantelsack betasten. Denn in ihm vermuten sie offenbar den Grund oder doch ein Äquivalent des Grundes von Identität in jedem Wortsinne.

»›Der Tausend‹, sagte Heinrich, ›das sind ja absonderliche Manieren! ich glaubte, es kenne mich hier kein Mensch.‹ / ›Es gilt auch‹, sagte das Pferd, ›nicht so wohl dir als deinem schweren Quersack, deiner dicken Goldwurst, die auf meinem Kreuz liegt.‹«[108] Heinrichs geträumte Replik hat die Gestalt einer erstaunten Frage. Und erstaunlich genug ist denn auch das profane Geheimnis, in das der Träumende durch seinen »gelehrten Gaul« initiiert wird. Ihm wird eine Erleuchtung zuteil, wie sie profaner nicht sein könnte: »›So?‹ sagte Heinrich, ›also ist das Geheimnis und die Lösung dieser ganzen Identitätsherrlichkeit doch nur das Gold, und zwar das gemünzte? Denn sonst würden sie dich ja auch betasten, da du aus dem nämlichen Stoffe bist!‹«[109]

Diese Einsicht in die Tiefenstruktur abendländischer Rationalität aber ist nicht die letzte des verblendeten Traumes. Daß im geldvermittelten Äquivalententausch Identität fundiert sei, kann und mag der Traum so wenig wie der Träumende zulassen. Und deshalb findet diese These ihre buchstäbliche Verwerfung. Kaum hat der grüne Heinrich sie ausgesprochen, so verwirft, vergeudet, verschleudert und verausgabt er exzessiv, worin identitätsfixierte Rationalität ihr fundamentum in re hat. »Heinrich griff in seinen Sack und warf einige Hände voll Goldmünzen in die Höhe, welche sogleich von hundert in die Luft greifenden Händen aufgefangen und weiter geworfen wurden. Heinrich warf immer mehr Gold aus, und dasselbe wanderte von Hand zu Hand über die ganze Brücke und über dieselbe hinaus über das Land; jeder gab es emsig weiter, nachdem er es besehen und ein bißchen an seinem eigenen Golde gerieben hatte, wodurch sich dieses verdoppelte, und bald kehrten alle Goldstücke Heinrichs in Gesellschaft von drei bis vier anderen wieder zurück, und zwar so, daß die ursprüngliche Münze, auf welcher der alte Schweizer geprägt war, die übrigen anführte mit einem Gepräge aus aller Herren Länder.«[110]

Was der beginnende Roman als »Verblendung« kritisierte, wird vom traumverlorenen Romanende wieder ins Recht gesetzt. Verausgabende Überbietung und überbietende Verausgabung sprengen den Identitätszwang, der vom äquivalenzlogischen Geldverkehr ausgeht. In ebendem Traum, der mit dem profanen Geheimnis der Identität vertraut machte, siegt der Potlatch – lustvoll ruinös: wie denn sonst? – über die Äquivalenzökonomie. Dort, wo Keller, der in seinen Heidelberger Jahren Gasthörer in nationalökonomischen Vorlesungen war, den avanciertesten soziologischen Theorieeinsichten am nächsten ist, verausgabt er sie gleich wieder. Die vernunftferne Lust am Verlust behält gegenüber der Einsicht in die Tiefenstruktur von Rationalität ihr ästhetisches Recht – auch wenn es ein Recht zum Tode sein wird.

<h2 style="text-align:center">2</h2>

Numismatica – Benjamins Begegnungen mit Bataille und Sohn-Rethel

In seinem Keller-Essay hat Benjamin von der »neu-alten Wahrheit [gesprochen], die Keller unter die drei oder vier größten Prosaiker der deutschen Sprache aufnimmt« (II, 284). Der Glanz von Kellers Prosa verdankt sich, so lautet Benjamins hintersinnige These, nicht so sehr ihrem Sinn, sondern ihrer Lust an den Sinnen. »Was Kellers Bücher ganz und gar erfüllt, das ist die Sinnenlust nicht so des Schauens als des Beschreibens. Das Beschreiben ist nämlich Sinnenlust, weil in ihm der Gegenstand den Blick des Schauenden zurückgibt, und in jeder guten Beschreibung die Lust, mit der zwei Blicke, die sich suchen, aufeinandertreffen, eingefangen ist.« (II, 210) In eigentümlichen Prozessen der Synästhesie läßt Keller die Sprache blicken und den Blick sprechen. Beide Wahrnehmungsformen begegnen einer Welt, die nicht dem Sinn einer allverbindlichen »Warensprache«[111], wie Marx formulierte, untersteht, sondern die selbst aus blickenden und sprechenden Vielheiten konfiguriert ist. An den zitierten Romanpassagen, die die Bedrohung der verausgabenden Lust am Leben durch die Abstraktionskraft eines äquivalenzversessenen Funktionszusammenhangs beschwören, hat Benjamin denn auch entschieden vorbeigelesen. Wenn sein 1927 publizierter Keller-Essay, der die Reihe von Benjamins großen Literaturdeutungen eröffnet, überhaupt an Theorie interessiert ist, so nicht an ökonomischen und soziologischen Theorien des dialektischen oder historischen, sondern an Motiven des anthropologischen Materialismus. »Es ist bekannt, daß Keller dessen Thesen, besonders die der integralen Sterblichkeit des ganzen Menschen, nicht als rechthaberischer Rationalist, sondern als leidenschaftlicher Hedoniker vertrat, der sich sein Rendezvous mit diesem Leben durch kein zweites hat lassen stören wollen.« (II, 286)

Den ökonomischen Realabstraktionen, die um ein befreiendes »Rendezvous mit diesem Leben« systematisch betrügen, hat Benjamin erst in seinen letzten Lebensjahren nachgefragt. Die in seiner Keller-Lektüre noch verdrängte Opposition von Äquivalenz und Verausgabung, von beschränkter und allgemeiner Ökonomie, kehrt in seinen späten Aufzeichnungen zum *Passagen-Werk* als zentrales Thema wieder. Benjamins frühe Scheu vor ökonomischer Theoriebildung erscheint, als fürchtete er, sich in der spezifischen Rationalität der beschränkten Ökonomie zu verstricken. Paradigmatisch äußert sich diese Furcht etwa im Brief an Scholem vom 13. 6. 1924: »Zum Schluß: im Märzheft des Neuen Merkur hat Bloch ›Geschichte und Klassenbewußtsein‹ von Lukács besprochen. Die Beschreibung scheint bei weitem das Beste, was er seit langem gemacht hat und das Buch selbst sehr, besonders mir sehr wichtig. Jetzt kann ich es natürlich nicht lesen.«[112]

Mit ökonomischer Theoriebildung also hat Benjamin sich erst spät, dann aber mit der Intensität vertraut gemacht, die Verspätungen eigen ist. Und dieses eigentümlich verspätete Studium – »Ich habe begonnen mich, zunächst einmal im ersten Bande, des ›Kapital‹ umzusehen« (an Adorno am 10.6.1935; V, 1122, seltsame Zeichensetzung, J.H.) – dieses Studium hatte in einer Konstellation statt, wie sie spannungsreicher kaum sein könnte. Denn Benjamins Aufarbeitung ökonomischer Theorie für die Passagen-Arbeit war von zwei gleichermaßen, wenn auch in völlig unterschiedlichem Sinne dissidenten Theoretikern inspiriert: von Georges Bataille und Alfred Sohn-Rethel. Die Geschichte ihrer Begegnung mit Walter Benjamin ist bis heute noch nicht philologisch aufgearbeitet; ja, ihre philologische Aufarbeitung ist von den Benjamin-Verwaltern geradezu systematisch verhindert worden. Die bislang nicht publizierten Briefe Benjamins enthalten vermutlich mehrere Bataille- und viele Sohn-Rethel-Hinweise (diese im Jahr 1983 zuerst veröffentlichte Vermutung hat sich mittlerweile bestätigt, J.H. 2010) und sind vielleicht auch deshalb nicht oder nur unvollständig veröffentlicht worden: Horkheimer lehnte, anders als Adorno, Sohn-Rethels epochale Arbeiten schroff ab.[113] Die wichtigsten Daten der Begegnung Benjamins mit Bataille und Sohn-Rethel aber lassen sich gleichwohl schnell berichten.

Durch seine jahrelange regelmäßige und von ihm selbst als unverzichtbar charakterisierte Arbeit in der Pariser Bibliothèque Nationale – »Rien du monde, pour moi, ne pourrait remplacer la Bibliothèque Nationale« (am 15.12. 1931 an Horkheimer; V, 1180) – ist Benjamin mit dem dort angestellten Georges Bataille bekannt geworden. Und dies offenbar gründlicher, als die bislang überlieferten Briefäußerungen[114] es zu verstehen geben. Immerhin gibt Benjamin schon in einem Briefkonzept vom 8.7.1935 Bataille als Zeugen seines »wissenschaftlichen Interesses« an, wenn er den Direktor der Bibliothèque Nationale um die Möglichkeit bittet, allgemein nicht zugängliche erotische Literatur einsehen zu dürfen. »M Bataille de la Bibliothèque Nationale me connait également.« (V, 1125) In Batailles Wohnung hat Pierre Missac Walter Benjamin kennengelernt. Und die Vorträge am College de Sociologie, das Bataille im März 1937 gründete, hat Benjamin »recht regelmäßig«[115] besucht. Daß Benjamin bei seiner Flucht aus Paris keinem andern als Bataille sein ängstlich gehütetes Passagen-Manuskript anvertraute, scheint überdies ein kaum zu überschätzendes Indiz vertrauten und vertrauensvollen Umgangs zu sein. Niemanden hat Benjamin in seinen letzten Pariser Jahren von 1935–1940 alltäglich regelmäßiger und verläßlicher treffen und wohl auch sprechen können als den Autor so unterschiedlicher Arbeiten wie *La notion de dépense* (1933), *Histoire de l'œil* (1928 anonym) und *La critique des fondements de la dialectique hégelienne* (1934).

Überdies war Bataille ein Autor, der gerade in seiner frühen Zeit einem eigenartigen Interesse an Numismatica anhing. Eigenartig darf dieses Interesse heißen, weil es einzig dem gilt, was an Münzen, die systematisch(e) Rationalität in die Lebenswelt schmuggeln, irrational ist. So zeigt ein Essay Batailles, der schon 1926 in der numismatischen Zeitschrift *Aréthuse* (no 4, octobre 1926)[116] erschien, an den Münzemblemen der Großmogule um 1500 radikale

Veränderungen auf. »Le monayage d'akbar apparaît profondément transformé par l'esprit révolutionnaire du souverain comme par son délire des grandeurs.«[117] Die phantasmatische Lust an reiner Verausgabung, die der geldvermittelnde Äquivalententausch systematisch verdrängt, kehrt als Imago auf diesen Münzen selbst wieder. Nicht belegbar, aber denkbar immerhin, daß Bataille Benjamin davon mitteilte.

Mehr als bloß denkbar, nämlich naheliegend ist die Annahme, daß in Benjamins ungeliebter, da von Horkheimer oktroyierter Arbeit aus den Jahren 1934–37 über *Eduard Fuchs, de(r/n) Sammler und Historiker* erotischer und karikierender Kunst, wichtige Anregungen Batailles weiterwirken. Schon der Titel hält eine Opposition fest, die sich auf Bataille beziehen läßt und die für Benjamins späteste Denkmotive immer wichtiger wurde: Der Sammler befreit die Dinge von der Fron, nützlich und funktional zu sein – welcher Fron der historiographische Beziehungswahn umgekehrt alle Dinge, Ereignisse und Sachverhalte zuordnet. Die gesteigerte Form dieser Opposition, die zwischen der Lust an der Verausgabung und der Insistenz auf der Vernunft von Begrenzung, wird zum roten Faden des gesamten Essays. Er stilisiert die kunsthistorischen Sammlungen von Eduard Fuchs als Bebilderung seines »glänzenden Plädoyers der Orgie« (II, 496). Die Orgie revoltiert gegen den Prozeß der Zivilisation, und sie macht aufblitzend deutlich, daß dieser Zivilisationsprozeß gerade nicht als Entfremdung von dem zu denken ist, was am Menschen Naturgeschichte ist. Die zweite Natur sorgt vielmehr für Kompensationen und Stabilisierungen des unnatürlich »instinktentbundenen Mängelwesens«[118] Mensch. Als zweite Natur ist sie eben nicht die Unnatur, sondern die Verlängerung der mangelhaften ersten Natur. Das macht sie so erfolgreich. Die zweite Natur will schwinden und gar verschwinden machen, was am Menschen unnatürlich ist: Kultur. Kultur aber ist nicht, wie die humanistische Tradition will, Festschreibung oder gar Produktion von sekundär naturalem Sinn, sie ist und will die sinnlose Verausgabung der Sinne.

Es gehört (so Benjamins ausführliches Fuchs-Zitat) »die Lust am Orgiastischen zu den wertvollsten Tendenzen der Kultur [...]. Man muß sich darüber klar sein, daß die Orgie zu dem [...] gehört, was uns vom Tier unterscheidet. Das Tier kennt im Gegensatz zum Menschen die Orgie nicht [...]. Das Tier wendet sich vom saftigsten Futter und von der klarsten Quelle ab, wenn sein Hunger und Durst gestillt sind, und sein Geschlechtsdrang ist meist auf ganz bestimmte kurze Perioden des Jahres beschränkt. Ganz anders der Mensch, vor allem der schöpferische Mensch. Dieser kennt den Begriff des Genug überhaupt nicht.« (II, 496 sq.) [119]

Der »Begriff des Genug« ist hingegen eine zentrale Kategorie der ersten wie der zweiten Natur. Was als Streben nach einem ausgeglichenen Verhältnis zwischen Bedürfnis und Befriedigung die erste Natur reguliert, wird in und von der Äquivalenzbesessenheit der zweiten Natur nachgestellt. Ihr lucidester Theoretiker ist Alfred Sohn-Rethel. Und seinen frühen warentheoretischen Entwurf *Zur kritischen Liquidierung des Apriorismus* (im März/April 1937 entstanden) lernte Benjamin eben in den Pariser Jahren kennen, da er auch mit Bataille bekannt wurde. Horkheimer war es wiederum, der Benjamin bat, Sohn-Rethels Exposé für die *Zeitschrift für Sozialforschung* zu begutachten.

Es ist in dieser Zeitschrift nie erschienen – kaum wegen der Stellungnahme Benjamins, sondern wegen der Ablehnung Horkheimers. Benjamins kritische Marginalien zu

Sohn-Rethels Aufsatz sind in der 35 Jahre verspäteten Druckfassung mitgeteilt.

Schon am 17.12.1936 erwähnt Benjamin in einem Brief an Horkheimer seine Pariser Gespräche mit Adorno, »die sich bald mit der Husserlanalyse [scil. Adornos Arbeit, die später unter dem Titel ›Zur Metakritik der Erkenntnistheorie‹ veröffentlicht wurde], bald mit ergänzenden Reflexionen zur Reproduktionsarbeit, bald mit Sohn-Rethels Entwurf [s. Alfred Sohn-Rethel, *Warenform und Denkform. Aufsätze*. Frankfurt a. M., Wien 1971, 27–100] befaßten, für uns von wirklicher Bedeutung gewesen« (V, I 1156 / in ekkigen Klammern die Ergänzungen Tiedemanns). Bezugspunkt dieses Gesprächs kann aus chronologischen Gründen die ja erst vier Monate später entstandene Apriorismus-Arbeit Sohn-Rethels, auf die Tiedemann verweist, nicht sein.[120] Wahrscheinlich diente Sohn-Rethels umfangreicher Brief an Adorno vom November 1936[121] als Diskussionsgrundlage.

Einige Monate später, am 28.3.1937, schreibt Benjamin erneut an Horkheimer:»Ich habe es jedesmal als meine eigenste Sache betrachtet, Ihnen für die Entscheidung zu danken, durch die Sie Wiesengrunds Kommen hierher ermöglichten, und ich tue es für die eben verfloßnen gemeinsamen Tage von neuem. Bei der Isolierung, in der ich hier nicht sowohl was mein Leben als was meine Arbeit betrifft, mich befinde, sind diese Besuche von Wiesengrund für mich doppelt wertvoll. Sein letzter Aufenthalt hat einige Gespräche gezeitigt, die uns lange in Erinnerung sein werden. In ihrem Mittelpunkt standen unter anderm teils die ersten Kapitel des ›Fuchs‹, teils die Entwürfe von Sohn-Rethel.« (V, 1157)

Die pluralische Formel »die Entwürfe von Sohn-Rethel« ist zu diesem Zeitpunkt, da der Apriorismus-Aufsatz noch nicht abgeschlossen war, wohl nur auf den erwähnten essayistischen Brief an Adorno und vor allem auf gemeinsame Gespräche zu beziehen. Adorno und Sohn-Rethel waren immerhin spätestens seit »dem Abend, an dem die Danat-Bank zusammenkrachte«[122], also seit dem Juli 1931, miteinander bekannt. Und im März 1936 kam es in Paris zu gemeinsamen Gesprächen zwischen Benjamin, Adorno und Sohn-Rethel, von denen letzterer erinnert: »Mein Verhältnis zu Benjamin war, von mir aus, auch außerordentlich gequält, weil ich ihm einfach nicht gewachsen war: Ich hatte eine Art von Zugang zu den Dingen, die ganz und gar nicht die seine war. Meine war begrifflich und theoretisch und systematisch, und zu seinem Zugang, zu seiner Membrane, zu seiner Aufnahmeweise hatte ich keinen Zugang. Und zuerst hat er sich entsetzlich gegen mich gesträubt. Er konnte ungeheuer kratzig sein, wenn er wollte, unglaublich aggressiv im Gespräch. Und er fiel über mich her, als Adorno mich ihm zum erstenmal theoretischerseits vorzustellen versuchte. Adorno hatte diese Reaktion erwartet und mich darauf vorbereitet. Benjamin etwas Neues schlucken zu machen, sei schlimmer, als die Fütterung einer Straßburger Gans, waren Adornos Worte gewesen. Und das bewahrheitete sich prompt. [Absatz] Später war unser Verhältnis wirklich ein sehr freundliches.«[123]

3
Äquivalenz und Verausgabung

Im Register der zweibändigen Ausgabe der Briefe Benjamins kommen die Namen Bataille und Sohn-Rethel nicht
vor. Und auch der Herausgeber des *Passagen-Werkes*, dem
aller Kritik voraus aufrichtiger Dank für seine opferreiche
Dechiffrierarbeit gebührt, ist nicht gerade akribisch bemüht, diese Namen in seinen Kommentaren zur Geltung
zu bringen. Die Spuren ihrer Denkmotive aber lassen
sich im *Passagen-Werk* selbst nicht verdrängen. Zu seinen
Schlüsselattituden zählt nämlich die Verschränkung von
Tausch und Verausgabung in den Phantasmagorien des
19. Jahrhunderts. Mit Sohn-Rethel liest Benjamin das Fetischismus-Kapitel des *Kapital* als die implizite Marxsche
Theorie des Erkennens, die eins ist mit einer Theorie des
Verkennens. In seinem großen Brief an Benjamin vom
2.8.1935 hat Adorno diese These Sohn-Rethels zugespitzt
referiert: »Der Fetischcharakter der Ware ist keine Tatsa-
che des Bewußtseins sondern dialektisch in dem eminenten Sinne, daß er Bewußtsein produziert.« (V, 1128) Die als
Tauschwert fetischisierte Ware setzt nämlich die konstitutiven Kategorien des rationalen Bewußtseins frei, indem sie
Äquivalenzen und also Relationen von Identität und Differenz zwischen ansonsten beziehungslosen Dingen allererst
verbindlich herstellt.

In dem Aufsatz Sohn-Rethels, der Benjamin zur Begut-
achtung vorlag, heißt es dazu: »Die in ihrer gebrauchswer-
ten Qualität inkommensurablen Waren erfahren im Akt
ihres Austauschs die Kommensuration als Werte, worin sie
der Form nach identisch gesetzt werden, um nur noch als
Quanten zu differieren. Es ist also im genauen Kantischen
Sinne eine ›Synthesis‹, die dem gesellschaftlich entfalteten

Warentausch seiner Formkonstitution nach zugrundeliegt, und diese Synthesis gründet in der obersten Einheit, die die Waren in, ja kraft ihrer allseitigen relativen Wertbeziehung auf die ihnen gemeinsame, gesellschaftlich allgemeingültige Äquivalentform haben, aufs Geld. Die Grundgesetze des Warentauschs, die im Kapitalismus das Apriori der Möglichkeit der Produktion bilden, fließen somit aus einer ursprünglichen, im Tausch erst gestifteten, rein formalen Synthesis aller Waren nach Funktionen der identischen Einheit ihrer durchgängigen Beziehung aufs Geld.«[124]

Diese weitreichende und aufregende These wird von Benjamin schon früh, nämlich in der 31. Fußnote seines Aufsatzes über Fuchs umworben. Die in der marxistischen Diskussion alte, seit Lukács[125] aber kategorial neu gestellte Frage nach dem »Verhältnis des Überbaus zum Unterbau« (II, 486) – ob es sich dabei um »kausale Abhängigkeiten« oder aber um »bloße Analogien« (ibid.)[126] handele – wird von Sohn-Rethel verblüffend entschieden: im geldvermittelten Äquivalententausch werden beide Sphären initial kurzgeschlossen. Die Warenform korrespondiert begründet und begründend der Denkform.[127] Denn in diesem Tausch von »sinnlich übersinnliche[n] Dingen«[128] sind, wie Sohn-Rethel in späteren Arbeiten ausführt, Realabstraktionen und Denkabstraktionen[129] gleichursprünglich. Oder in den noch suchenden Wendungen des frühen, Benjamin bekannten Aufsatzes: »Die Ware ist identisch existierendes Ding. Im Geld ist diese Formbestimmtheit endgültig fixiert. Das Geld bezieht sich auf Waren in der Form ihrer identischen dinglichen Existenz. Identität, Dinglichkeit und Dasein sind ihrer Genesis nach gesellschaftliche Formcharaktere der Ware und sind Verbindungsformen der Menschen.«[130]

So ist der geldvermittelte Äquivalententausch, wie schon

Kellers großer Roman vermutete, zumindest dreierlei zugleich und ineins: Er ist erstens Konstituens dinghafter Identität mit sich selbst und zugleich zweitens Möglichkeitsbedingung von reflexiver Relationalität. Denn der Tausch kann Dinge nur gleichsetzen, wenn er ihre Gleichheit mit sich selbst voraussetzt. Der entfaltete Warentausch ist aber drittens auch der Garant rationaler intersubjektiver Verbindlichkeit und also primäre gesellschaftliche Synthesis zwischen den einzelnen Subjekten, die die Einheit und Einheitlichkeit ihrer transzendentalen Apperzeption einer recht profanen Macht zu danken haben: der »Einheit des Geldes«[131]. Synthetisiert das Geld doch gleichermaßen das Getauschte wie die Tauschenden.

Die Zumutungen, die diese Theorie für die Tradition marxistischer Theoriebildung – um vom Neokantianismus zu schweigen – darstellt, hat Benjamin offenbar schnell erkannt: Sie deklassiert die Kraft der Produktionssphäre und erklärt die tiefenstrukturale interne Organisationsweise der scheinverfallenen Distributionssphäre zum Schlüsselproblem jeder Gesellschaftstheorie der Moderne. Daß die Tauschsphäre scheinverfallen ist, gibt Marx selbst deutlich zu verstehen. Indem die Tauschenden »ihre verschiedenartigen Produkte einander im Austausch als Werte gleichsetzen, setzen sie ihre verschiednen Arbeiten einander als menschliche Arbeit gleich. Sie wissen das nicht, aber sie tun es. Es steht daher dem Werte nicht auf der Stirn geschrieben, was er ist.«[132] Als Sphäre des entfalteten Scheins verstrickt der Tausch die Tauschenden in die dumpfe Unbewußtheit einer verkehrten Welt, in der das Begründete (Distribution) seinen Grund (Produktion) übergreift. Gesellschaftstheorie kann wegen dieser Verkehrungen nicht länger unvermittelt als analytische Theorie auftreten – sie muß sich zuvor als Dechiffrierkunst verstehen. Als Kunst, den »rätselhaften Charakter des Arbeitsprodukts« und das »Geheimnisvolle der Warenform«[133] wie ein Palimpsest zu entschlüsseln und die »Warensprache« wie ein Schibboleth zu deuten. Als Kunst der Dechiffrierung der »gesellschaftlichen Hieroglyphen«[134], mit denen »der mystische Charakter der Ware«[135] die Tauschenden blendet. Sie nämlich verkennen, wenn sie so erkennen, wie es die dem geldvermittelten Äquivalententausch immanenten Kategorien ihnen vor- und einschreiben; wenn sie (v)erkennen, was der Tausch verbindlich setzt, und nicht, was der Tausch verdeckt: die jede Identitäts- und Äquivalenzkategorialität sprengende Kraft von Produktion und verausgabender Seins-Energie.

Mit dem *Passagen-Werk* unternimmt Benjamin diesen Versuch einer Dechiffrierung der Sozio-Textur des 19. Jahrhunderts, in dem der Äquivalententausch sich universalisiert. Und zwar so universalisiert, daß noch das schlechthin mit sich selbst Nicht-Identische, nämlich Arbeit und Kunst, zur Ware Arbeitskraft bzw. zur schönen Ware werden. Alles kann zur Ware werden – das ist ein Prozeß, der geradezu obligatorisch Ein- und Widersprüche auslöst. Denn allzu resistent ist die Kraft der Nicht-Identität, die der Äquivalententausch verdrängt. Die politischen und ästhetischen Manifestationen der Wiederkehr des Verdrängten sind denn auch das Zentralthema der *Passagen*-Zitate: Sie fragen danach, wie passager eine Gesellschaft sein muß, die den über das Medium Geld vermittelten Warentausch zu ihrem Leitsystem erhebt.

Deshalb gilt das wildeste Interesse von Benjamins Hauptwerk den dissidenten Figuren, die in jedem Wortsinne den Abfall von den (ver-)blendenden Zwängen der Tauschsphäre allegorisieren: dem Spieler, dem Flaneur, dem Snob, dem Berauschten, dem Lumpensammler oder dem Poeten – das Interesse am Abhub, am Dysfunktionalen ist ihnen gemeinsam. Nicht aber, wie viele Benjamin-Interpreten meinen, der Versuch, den Gebrauchswert gegenüber dem Tauschwert zu rehabilitieren. Vielmehr sind Figuren wie der Spieler, der Bettler, der Snob und der Poet Dissidenten in der Sphäre des Tauschwertes selbst. Was sie am Tausch fasziniert, ist eben seine mächtige und verzehrende Scheinhaftigkeit. Den Phantasmagorien, die der Scheinhaftigkeit der verkehrten Warenwelt entspringen, vertrauen sie ihre Lust am Ruin an. Denn ruinieren wollen der Spieler, der Flaneur, der Snob und der Berauschte nicht nur den Rest an Referenz zwischen Tausch- und Gebrauchswert, der Phantasmagorien entgegensteht. Ruinieren wollen sie auch sich selbst.

In der Vernunftimmanenz des Tauschs und der Tauschimmanenz der Vernunft haben jene dissidenten Figuren eine erregende Unvernunft entdeckt. Um sich in sie initiieren zu lassen, müssen sie sich selbst vorbehaltlos verdinglichen. »Grundsätzlich ist die Einfühlung in die Ware Einfühlung in den Tauschwert selbst. Der Flaneur ist der Virtuose dieser Einfühlung. Er führt den Begriff der Käuflichkeit selbst spazieren. Wie das Warenhaus sein letzter Strich ist, so ist seine letzte Inkarnation der Sandwichmann.« (V, 562) Subjekte verdinglichen aber können Dinge nur, sofern sie Ware sind. »Das Ding übt seine die Menschen einander entfremdende Wirkung erst als Ware. Es übt sie durch seinen Preis. Die Einfühlung in den Tauschwert der Ware, in ihr Gleichheitssubstrat – darin besteht das Entscheidende.« (V, 488) Der vollends Verdinglichte aber ist so intentionslos wie eben ein Ding – und so korrespondenzenreich wie eine Ware. Das macht ihn stumpf und hellsichtig zugleich. An Baudelaire hat Benjamin diese Hellsichtigkeit aufgewiesen. Sie ist Effekt potenzierter

Verdinglichung,[136] Produkt einer Verkennung von Verkennung. Selbst die Illusionsferne dieser allegorischen Hellsichtigkeit ist aber noch zu hoffnungsfroh:»Baudelaire ist als Allegoriker isoliert gewesen. Er sucht die Erfahrung der Ware auf die allegorische zurückzuführen. Das mußte scheitern und dabei zeigte sich: die Rücksichtslosigkeit seines Ansatzes wurde durch die Rücksichtslosigkeit der Wirklichket überboten. Daher ein Einschlag in seinem Werk, der pathologisch oder sadistisch nur darum wirkt, weil er an der Wirklichkeit vorbeitraf – doch nur ums Haar.« (V, 438 sq.)[137]

Die Rücksichtslosigkeit der Warenwirklichkeit ist eine doppelte: Sie funktioniert ohne jeden Hinblick, ohne jede Rücksicht auf Elemente, die nicht der einen homogenen Warenlogik zugehören. Ihre Kraft ist also die der Ausblendung jeder Dysfunktionalität; und das macht sie – über den relationalen hinaus – auch im sensitiven Sinne rücksichtslos. Nur wer sich à la hauteur dieser doppelten Rücksichtslosigkeit zu bringen vermag, darf sich einbilden, in der zweiten Hälfte des 19. Jahrhunderts an der Zeit zu sein: die Charaktermaske und die eigentümlichen Dissidenten, die, um der Charaktermaske nahezukommen und mit ihr mithalten zu können, sich »pathologisch oder sadistisch« anstrengen müssen.

Beide Sozialfiguren sind Extreme im Sinne der erkenntniskritischen Vorrede zu Benjamins Trauerspielbuch. Gemeinsam allegorisieren[138] sie den »Zusammenhang, in dem das Einmalig-Extreme mit seinesgleichen steht« (I, 215). Es ist ein Zusammenhang des schlechthin Widersprüchlichen, das in politischen Revolutionen wie in ästhetischer Dissidenz zum passageren Ausdruck kommt: Revolutionen sind Passagen des Widerspruchs zwischen dem Nicht-Identischen und dem identitätsverfallenen Tausch.

Mit einem Zitat aus Victor Hugos Roman *Les Misérables* hat Benjamin ihn bebildert. Es schildert eine Episode aus der Zeit der Barrikadenkämpfe während der Revolution von 1830: »Un homme entrait dans un cabaret, buvait et sortait en disant: Marchand de vin, ce qui est dû, la révolution le payera.« (V, 875 – die wörtliche Rede von Benjamin kursiviert) Revolutionen sprengen wie geglückte Kunstwerke den Schein der Äquivalenz. In ihnen verspricht sich die Warensprache, die sonst Verläßlichkeit verspricht. Und das verläßliche Band, das der Äquivalententausch zwischen Basis und Überbau, Real- und Denkabstraktion zu stiften scheint, wird dann so zerschnitten und zerstückelt, wie in früheren vorkapitalistischen Zeiten der Allegoriker den symbolischen Schein universaler Harmonie zerstreut. Das ist den dissidenten Figuren des 19. Jahrhunderts mit dem barocken Grübler gemeinsam: Ihnen stellt sich die Welt nicht als eine homogene Ordnung dar, die Gott oder Geld gestiftet haben und dauerhaft garantieren, sondern als Stückwerk in jedem Wortsinn.

»Die Erinnerung des Grüblers verfügt über die ungeordnete Masse des toten Wissens. Ihr ist das menschliche Wissen Stückwerk in einem besonders prägnanten Sinn: nämlich wie der Haufen willkürlich geschnittener Stücke, aus denen man ein puzzle zusammensetzt. Ein Zeitalter, das der Grübelei abhold ist, hat im puzzle deren Geberde festgehalten. Sie ist im besonderen die des Allegorikers. Der Allegoriker greift bald dort aus dem wüsten Fundus, den sein Wissen ihm zur Verfügung stellt, ein Stück heraus, hält es neben ein anderes und versucht, ob sie zu einander passen: jene Bedeutung zu diesem Bild oder dieses Bild zu jener Bedeutung. Vorhersagen läßt das Ergebnis sich nie; denn es gibt keine natürliche Vermittlung zwischen den beiden. Ebenso aber steht es mit Ware und Preis. Die ›metaphysischen Spitzfindigkeiten‹, in denen sie sich nach Marx gefällt, sind vor allem die Spitzfindigkeiten der Preisgestaltung. Wie die Ware zum Preis kommt, das läßt sich nie ganz absehen, weder im Lauf ihrer Herstellung noch später wenn sie sich auf dem Markt befindet. Ganz ebenso ergeht es dem Gegenstand in seiner allegorischen Existenz. Es ist ihm nicht an der Wiege gesungen worden, zu welcher Bedeutung der Tiefsinn des Allegorikers ihn befördern wird. Hat er aber solche Bedeutung einmal erhalten, so kann sie ihm jederzeit gegen eine andere Bedeutung entzogen werden. Die Moden der Bedeutungen wechselten fast so schnell wie der Preis für die Waren wechselt. In der Tat heißt die Bedeutung der Ware: Preis; eine andere hat sie, als Ware, nicht. Darum ist der Allegoriker mit der Ware in seinem Element. Als Flaneur hat er in die Warenseele sich eingefühlt; als Allegoriker erkennt er im ›Preisetikett‹, mit dem die Ware den Markt betritt, den Gegenstand seiner Grübelei – die Bedeutung – wieder. Die Welt, in der diese neueste Bedeutung ihn heimisch macht, ist keine freundlichere geworden. Eine Hölle tobt in der Warenseele, die doch scheinbar ihren Frieden im Preise hat.« (V, 466)

Mit Marx und auch mit Sohn-Rethel ist diese zentrale Notiz des *Passagen-Werkes* kaum mehr zu vermitteln. Denn sie unterläuft gerade beider Versuche, »natürliche Vermittlung[en]« oder doch solche der zweiten Natur zwischen Ware und Preis, Preis und Arbeit, Arbeit und Produktion, Produktion und Distribution nachzuweisen. Die Schlußwendung des Zitats von der »Hölle [, die] in der Warenseele [tobt]«, verweist hingegen auf Batailles obsessives Thema: auf jenen Mehrwert an Energie, der Makro- und Mikrokosmos überbordet und eine verzehrende Verausgabung provoziert;[139] auf jenen Überschuß entgrenzter Ökonomie, gegen den der Kapitalismus seine beschränkte Ökonomie des Äquivalententausches setzt, die dort einen Mangel einführt, wo ansonsten Überfluß in jedem Wortsinne herrschte. Aus einem vergessenen Stück, das 1854 im Théâtre du Vaudeville zur Aufführung kam, exzerpiert Benjamin die Formel: »Le commerce, voyez-vous, monsieur? [...] est le roi du monde« (V, 97), um sie dann in einen Kontext zu stellen, der die Momente einer ästhetischen Zerstreuung dieses Monarchismus akzentuiert: »Zum erstenmal in der Geschichte beginnen, mit der Gründung der Warenhäuser, die Konsumenten sich als Masse zu fühlen. (Früher lehrte sie das nur der Mangel.) Damit steigert sich das circensische und schaustückhafte Element des Handels ganz außerordentlich.« (V, 93)

Paris gilt Benjamin nicht zuletzt deshalb als Hauptstadt des 19. Jahrhunderts, weil sich dort der spezifisch moderne Gegensatz zwischen der beschränkten Ökonomie des Äquivalententausches und der entgrenzten Ökonomie verausgabender Lust am deutlichsten manifestierte. Mit einem Vulkan hat Benjamin diese Hauptstadt denn auch verglichen: »Paris ist in der sozialen Ordnung ein Gegenbild von dem, was in der geographischen der Vesuv ist. Ein drohendes, gefährliches Massiv, ein immer tätiger Herd der Revolution. Wie aber die Abhänge des Vesuv dank der sie deckenden Lavaschichten zu paradiesischen Fruchtgärten wurden, so blühen auf der Lava der Revolutionen die Kunst, das festliche Leben, die Mode wie nirgends sonst.« (V, 134) Paris ist der Schauplatz, an dem selbst im Zeitalter einer systematisch verkehrten Welt deutlich wird, was der universale Tausch von Äquivalenten struktural verdrängt: ein festlicher Mehrwert, ein Potlatch an Energie, Sinnen, Reichtümern, Lüsten und Intensitäten, der stets erneut auszubrechen eben nicht droht, sondern verheißt.

Die Form des *Passagen-Werkes* gleicht sich diesem Potlatch an. Benjamins Hauptwerk sprengt den Gestus jener theoretischen Abhandlungen, deren Rationalität, Konsequenz und Konsistenz die der Tauschsphäre nachstellen. Ohne Tauschrationalität keine Theoriefähigkeit. Noch *Das Kapital* ist ein kapitalistisches Buch. Dagegen steht das *Passagen-Werk*. Es versammelt einen Reichtum an mosaikhaften Zitaten und verausgabt Zeichen in den unterschiedlichsten Konstellationen. Das *Passagen-Werk* ist ein »potlatch des signes«[140]. Die daraus resultierende ebenso theorieferne wie theoremnahe Überkonkretion von Benjamins opus magnum posthumum ist häufig vermerkt worden. Darin aber liegt sein Mehrwert: Benjamins Theorie der Verausgabung hat die Form einer Verausgabung von Groß- und Total-Theorie. So enträt sie den Verblendungen, die der Theorie mit ihrem tiefenstrukturalen anderen Schauplatz, dem Äquivalententausch, gemeinsam sind. Und weil sie derart entrinnt, kann sie jenes grübelnde Erstaunen kultivieren, das Kinder- und Dichterfragen charakterisiert, seitdem Theorie das Erstaunen verdrängte und der Tausch mit allem vertraut machte. Etwa die Frage, der Nestroy nachgedacht hat: »Die Phönizier haben das Geld erfunden – aber warum so wenig?«

Zusatz von Alfred Sohn-Rethel

Als ich im August 1936 nach Paris ging, um Benjamin und Adorno aufzusuchen, hatte ich ein umfangreiches (138 S.) Manuskript an diese sowie an Horkheimer vorausgeschickt.

Es war in Luzern nach meiner im Februar dorthin erfolgten Emigration erarbeitet worden und trug den Titel *Entwurf zu einer soziologischen Theorie der Erkenntnis.*

Tatsächlich verstand sich die Theorie als marxistische, durfte sich aber mit Rücksicht auf Korrespondenz mit dem Reichsgebiet nicht so nennen.

Ich hatte die Arbeit in der Hoffnung verfaßt, daß sie mir mit dem Institut für Sozialforschung eine Verbindung für die Zukunft erwirken möchte.

Dieses Manuskript, nun, ist niemals veröffentlicht worden und infolgedessen unbekannt geblieben.

Auch die Herausgeber der Gesammelten Schriften Benjamins haben dessen Erwähnung von Sohn-Rethels Entwurf bzw. Entwürfen in Briefen an Horkheimer nicht aufzuklären vermocht.

Die Reaktion der Adressaten auf dieses Manuskript war übereinstimmend gewesen, daß es wegen seines Umfangs und seines Inhalts kurzfristig unerfüllbare Anforderungen an sie stelle, und Horkheimer schlug mir durch Adorno vor, ich solle eine knappe Zusammenfassung als Grundlage für die Beurteilung herstellen.

Es ist diese Zusammenfassung, welche im März/April 1937 zu dem Essay *Zur kritischen Liquidierung des Apriorismus* gediehen ist (siehe: Warenform und Denkform, Frankfurt 1978). Horkheimers Ablehnung meiner Arbeit wegen idealistischen Abgleitens hat sich auf den Luzerner Text bezogen, während Adorno sich durch meinen Brief vom

81

November 1936 (ib. S. 7–26) veranlaßt gesehen haben mag, sich in dieser Richtung zurückzuhalten.

Jedenfalls hat Adorno mir damals die nachhaltigste Befürwortung meiner theoretischen Ambitionen gewährt, ohne freilich Horkheimer umstimmen zu können.

Auch Benjamins Beurteilung wurde im Laufe seiner gutachterlichen Tätigkeit zu meinem Apriorismus-Aufsatz zunehmend günstiger, gipfelte er doch in dem Ausspruch »Es wäre großartig, wenn er Recht hätte.« (ib. Seite 47)

4
Die Krise des Bewußtseins
und das Bewußtsein der Krise
Zu Sohn-Rethels Luzerner Exposé

In exchange, the action is social, the minds are private.

Alfred Sohn-Rethel

Auf den ersten Seiten des 1932 erschienenen ersten Heftes der *Zeitschrift für Sozialforschung* finden sich *Bemerkungen über Wissenschaft und Krise.* Sie entstammen Horkheimers Feder und problematisieren einen Zusammenhang, der in schlechthin allen Arbeiten des Instituts für Sozialforschung thematisch bestimmend ist: den zwischen sozialen Krisen und jenen wissenschaftlichen Diskursen, in denen diese ihren Ausdruck und ihre Analyse finden. Wie angesichts der globalen Krisen von System und Lebenswelt angemessen zu denken und zu reden sei, wird so zur frühen Leitfrage der Kritischen Theorie. Kritisch darf sie heißen, weil sie ein verdrängungsfreies Bewußtsein von Krisen erprobt, indem sie die spezifisch neuzeitliche »Beweglichkeit des Denkens«[141] nicht etwa an einem sicheren Fixpunkt stillzustellen versucht, sondern vielmehr entbindet.

Die Kritische Theorie begreift das Bewußtsein der Krise als die andere Seite der Krise eines Bewußtseins, das kaum mehr auszumachen vermag, wessen wie verfaßtes Bewußtsein wovon es sei. Die Kritische Theorie kennt und anerkennt keine unhintergehbare Selbstgewißheit des cogito, keine verläßlich invariante Kategorientafel, keine Selbstidentität des reflektierenden Ich, keinen absoluten Geist und auch keine abbildtheoretischen Naiv-Alternativen zu den Dilemmata idealistischer Erkenntnistheorie. Sie kann und will keinen Fixstern mehr feststellen, der die unhintergehbare Zuverlässigkeit von Erkenntnis fundierte. Nichts aber läge dem von Horkheimer skizzierten Forschungsprogramm ferner als die libertäre Fröhlichkeit des »anything goes« der anarchistischen Erkenntnislehre.[142] An begründeten und verbindlichen Analysen und Urteilen hat die Kritische Theorie durchaus Interesse. Doch scheint es ihr systematisch fraglich, ob und gegebenenfalls wie Begründungen selbst begründet werden können. Denn das, was eine wissenschaftliche Rede zu begründen vermöchte, ist selbst grund- und bodenlos geworden: Regelgeleitete Intersubjektivität, die zwangfreies Einverständnis zu Urteilen ermöglicht, ist seit der universalen Institutionalisierung von sachlicher Gewalt in der modernen verwalteten Industriegesellschaft ebenso krisengeschüttelt wie der minimale Restbestand an sinnlicher Gewißheit, der ein vertrautes und vertrauensvolles Subjekt-Objekt-Verhältnis gewährleistet.

Deshalb scheitern – wie Horkheimers Thesen es andeuten und Adornos *Metakritik der Erkenntnistheorie*[143] es ausweist – auch die um 1930 avancierten neokantianischen und phänomenologischen Versuche, die *Krisis der europäischen Wissenschaften*[144] [145] zu überwinden. Diese Philosophien erleiden einen Plausibilitätsverlust – zusammen mit dem Schwund verläßlicher Beziehungen zu anderen Subjekten und zu den Sachverhalten, in die sie noch Vertrauen setzen müssen. Die Theorie aber, die dieses Vertrauen durch die Gewalt realphilosophischer Erfahrungen zuerst gebrochen sieht: die marxistische, scheint an der methodischen Legitimation von Erkenntnis durchaus desinteressiert zu sein. Wie denn überhaupt die Disziplin Erkenntnis- und Bewußtseinstheorie in der Tradition marxistischer Theoriebildung eigentümlich unterbelichtet ist. Marx war, wie Adorno bündig formuliert, ein »Verächter der Erkenntnistheorie«[146], und die ambitioniertesten Neomarxisten im Umkreis der Kritischen Theorie müssen gerade in dem Maße, in dem sie die Logik von Erkenntnis auf die Logik von gesellschaftlichen Tiefenstrukturen beziehen, an der Möglichkeit angemessener Erkenntnis zweifeln. Sie halten, wenn überhaupt, allein die Erkenntnis des Unangemessenen oder die unangemessene Erkenntnis für möglich. Ebendeshalb hat die Kritische Theorie keine Erkenntnislehre, sondern »nur« eine Metakritik jeder Erkenntnistheorie entwickelt. Der libertäre Slogan »anything goes« hat demnach nur hinsichtlich der vielfachen Möglichkeiten des Falschen Gültigkeit; denn die Annäherungen an das, was überzeugend als wahr bezeichnet werden dürfte, sind durch den totalen Schein einer durch und durch falschen Gesellschaftslogik versperrt. Das erklärt die Wendungen universalisierter Negativität schon in der frühen Kritischen Theorie, danach ein Bann über allem liege, die Verhältnisse schlechthin verhext seien und das Ganze mit dem Unwahren in eins fiele.

Bei den halbwegs populär gewordenen Wendungen der Kritischen Theorie handelt es sich auffallenderweise um Wendungen, die Formulierungen aus dem Warenfetischismus-Kapitel des *Kapital* von Marx aufnehmen und radikalisieren. Diese charakterisieren ihrerseits das Reich der Waren als das des machtvollen Scheins, des undurchsichtig Unwahren. Ist doch der »Charakter des Arbeitsprodukts, sobald es Warenform annimmt, [...] rätselhaft«, die Warenform selbst »geheimnisvoll«, der Wert des Arbeitsprodukts eine »Hieroglyphe«, die Beziehung zwischen Privatarbeit und gesellschaftlicher Gesamtarbeit »verrückt«, der

Warencharakter »mystisch«, da »voll metaphysischer Spitzfindigkeiten und theologischer Mucken«, kurzum: die Warenwelt ein Reich von »Zauber und Spuk«.[147] In diesem Geister- und Gespensterreich scheint keine Erkenntnistheorie Ordnung stiften zu können. Und dennoch läßt sich die elementare Regel seiner Verrücktheit, läßt sich seine Verrückungsregel angeben. Es ist die systematische Verschiebung von Intersubjektivitäts- auf Dingbeziehungen, die diese ebenso produktive wie verwirrende Verblendung besorgt.

Seitdem nämlich schlechthin allem – selbst noch dem, was Waren erst hervorbringen kann: der Arbeitskraft – virtuell die Warenform eingebildet wurde, erliegen die Beziehungen unter Subjekten, zwischen Subjekten und Dingen und unter Dingen einem gespenstischen Bann. In Marxens Worten: »Die Warenform und das Wertverhältnis der Arbeitsprodukte, worin sie sich darstellt, (hat) mit ihrer physischen Natur und den daraus entspringenden dinglichen Beziehungen absolut nichts zu schaffen. Es ist nur das bestimmte gesellschaftliche Verhältnis der Menschen selbst, welches hier für sie die phantasmagorische Form eines Verhältnisses von Dingen annimmt.«[148] Daß das »gesellschaftliche Verhältnis der Menschen selbst [...] die phantasmagorische Form eines Verhältnisses von Dingen« gewonnen hat, daß also Intersubjektivitätsbeziehungen in der entfalteten Warenwirtschaft wie Dingbeziehungen, genauer: in durch die »Universalität der Warenform«[149] begründeter Analogie zu Dingbeziehungen konstituiert und erfahren werden, macht das spezifisch moderne Phänomen der Verdinglichung aus. Seiner Analyse gelten die Schlußkapitel des *Kapital*. Sie nehmen die Eingangswendungen von der verzauberten Welt wieder auf, in der Intersubjektivitäts- wie Dingverhältnisse und Dingverhältnisse wie Subjekte fungieren. Anders als für Max Weber ist für Marx die moderne Welt gerade nicht die entzauberte, sondern die gründlich verzauberte: »die verzauberte, verkehrte und auf den Kopf gestellte Welt, wo Monsieur le Capital und Madame la Terre als soziale Charaktere (welche Assonanz: Capital – Terre – Charaktere, J. H.) und zugleich unmittelbar als bloße Dinge ihren Spuk treiben.«[150] Die von Max Weber stets erneut brillant und geblendet (v)erkannte Rationalisierung ist zauberhafter als die vermeintiche Irrationalität, der der Rationalisierungsprozeß den Zauber nahm; und der Geist des Protestantismus ist eher ein Geisterreich als die bilderreichen Denk- und Wahrnehmungsformen, denen er die Geister austrieb. Denn der gefeierte Rationalisierungsschub der Moderne machte – wie Marx pointiert herausstellte – die »Personifizierung der Sachen und (die) Versachlichung der Produktionsverhältnisse« zur »Religion des Alltagslebens«[151] im Kapitalismus. Und diese Religion des Alltagslebens ist ein buchstäblicher Fetischglaube, da sie »die Verdinglichung der gesellschaftlichen Produktionsbestimmungen und die Versubjektivierung der materiellen Grundlagen der Produktion«[152] geradezu kultisch feiert.

Marx hat die Begriffe »Versachlichung« und »Verdinglichung« neben den zitierten Stellen nur selten verwandt.[153] Das Thema Verdinglichung aber ist das zentrale Problem seines endenden Hauptwerks, das in die anfängliche Warenfetischismusanalyse zurückmündet. Und es ist allein tauglich, Supplement der ausbleibenden Marxschen Erkenntnistheorie zu sein. Ihre These ist in dieser Perspektive unschwer auszumachen und gleichwohl ungeheuer: In verdinglichten – verzauberten Gesellschaftszuständen ist eine Theorie des Erkennens nur als Theorie des Verkennens möglich. Die offiziöse marxistische Abbildtheorie mobilisiert jede nur mögliche Dummheit, um den Skandal dieser – Marxens Hauptwerk impliziten – These zu verdecken. Und die epochale Studie von Georg Lukács über *Die Verdinglichung und das Bewußtsein des Proletariats* in *Geschichte und Klassenbewußtsein* (1923), die auf die erkenntnistheoretische Valenz der Marxschen Warentheorie eindringlich aufmerksam machte, war zwar nicht zu übersehen, erfuhr aber gleichfalls eine entschiedene Verdrängung. Und dies nicht bloß seitens der marxistischen Pseudo-Orthodoxie, die sich in jenen Jahren zum trostlosen Lehrsystem des Diamat formierte und Lukács bald zum Widerruf seiner »gegen die Grundlagen der Ontologie (sic) des Marxismus«[154] gerichteten Bewußtseinsanalysen nötigte. Auch die Kritischen Theoretiker selbst nahmen *Geschichte und Klassenbewußtsein* nur zögernd zur Kenntnis.[155] Der Ruhm dieses Buches fiel zusammen mit seiner durchschlagenden theoriegeschichtlichen Wirkungslosigkeit – im Hinblick auf seine erkenntnistheoretischen Fragestellungen. Als Buch, das organisatorisch begabten Stalinisten ein gutes Gewissen machen konnte, entfaltete es hingegen eine große Wirkung.

So kam es zu der wahrhaft eigentümlichen Konstellation, daß allein ein zeitgenössisches Buch, das neomarxistischem Denken so fern wie nur irgend möglich stand, die systematische Kraft des Verdinglichungsbegriffes erkannte. Es ist vier Jahre nach *Geschichte und Klassenbewußtsein* erschienen und trägt den Titel *Sein und Zeit*. Und es referiert – was Marxisten und Seinsdenker[156] gleichermaßen gerne ignorieren – gleich zweifach auf die von Lukács erwiesene Zentralkategorie bei Marx.[157] Daß die Verdinglichungstheorie Heideggers Angstgegner ist, gibt schon die erste Referenz zu verstehen. Sie entstammt dem Paragraphen 10 von *Sein und Zeit*, der »Abgrenzung der Daseins-

88

analytik gegen Anthropologie, Psychologie und Biologie« überschrieben ist und so die eigentlich abgegrenzte Theorie, eben die neomarxistische von Lukács, ausspart. »Jede Idee von ›Subjekt‹ macht doch [...] den Ansatz des subjectum (griech. hypokeimenon) ontologisch mit, so lebhaft man sich auch ontisch gegen die ›Seelensubstanz‹ oder die ›Verdinglichung des Bewußtseins‹ zur Wehr setzen mag. Dinglichkeit selbst bedarf erst einer Ausweisung ihrer ontologischen Herkunft, damit gefragt werden kann, was positiv denn nun unter dem nichtverdinglichten Sein des Subjekts, der Seele, des Bewußtseins, des Geistes, der Person zu verstehen sei.«[158] Heideggers These wird bald deutlich: Von »Verdinglichung des Bewußtseins« kann nur der angemessen reden, der zuvor auszumachen wußte, was Dinglichkeit überhaupt heißt. Und die Frage nach dem Ding und dem Seienden, so der phänomenologische Kursus von *Sein und Zeit*, ist nur dann recht zu stellen, wenn zuvor erhellt werden kann, was seine Differenz, was Sein ist. Sein aber wurde nach der Überwindung der Vorsokratiker von der philosophischen Tradition immer verkennend, nämlich in Analogie zu Dingstrukturen und im Rahmen einer Ding- Grammatik thematisiert. Diese Unterschlagung der ontologischen Differenz depotenziert Sein zu »etwas«, weil sie das Sein wie ein Ding behandelt, wenn sie es in Subjekt-Prädikat-Sätzen des Typus »ens est unum, verum, bonum« aussagt: eine sicherlich abstrakte, gleichwohl aber frappante Analogie zur Kritik von Marx und Lukács an der fundamental verkehrten und verkehrenden Realbehandlung des Verhältnisses von Mensch und Dingen in der kapitalistisch organisierten Warenwirtschaft.

Die Grammatik des Kapitals behandelt Subjekte wie Waren und Waren wie Subjekte; die Grammatik der Seinsvergessenheit begreift das Sein wie ein Ding, sie huldigt dem

Ding, als sei es das Sein. Die Analogie zwischen seinsge-
schichtlicher und neomarxistischer Verdinglichungstheorie wird überdies um eine eigentümliche Pointe reicher,
wenn sie auf Heidegger und Sohn-Rethel bezogen wird –
datieren doch beide die Urgeschichte von Verdinglichung
auf den Übergang vom vorsokratischen Tiefsinn zu den
identitätsfixierten Denkfiguren der sokratischen Aufklärung.

Auf der Schlußseite von *Sein und Zeit* ist Heidegger denn
auch mit Lukács zumindest rhetorisch gänzlich einig. Beide sind nicht länger bereit, mit der sokratischen und idea-
listisch radikalisierten Trennung von Subjekt und Objekt
oder von »existierendem Dasein« und »nicht-daseinsmäßi-
gem Seienden« den Anfang des Denkens zu machen. Heidegger tut dabei so, als hätte er seine avancierte Marx-Lektüre längst hinter sich: »Daß die antike Ontologie mit
›Dingbegriffen‹ arbeitet und daß die Gefahr besteht, das
›Bewußtsein zu verdinglichen‹, weiß man längst. Allein was
bedeutet Verdinglichung? Woraus entspringt sie? Warum
wird das Sein gerade ›zunächst‹ aus dem Vorhandenen ›begriffen‹ und nicht aus dem Zuhandenen, das doch noch
näher liegt? Warum kommt diese Verdinglichung immer
wieder zur Herrschaft? Wie ist das Sein des ›Bewußtsein‹
positiv strukturiert, so daß Verdinglichung ihm unange-
messen bleibt? Genügt überhaupt der ›Unterschied‹ von
›Bewußtsein‹ und ›Ding‹ für eine ursprüngliche Aufrol-
lung der ontologischen Problematik? Liegen die Antworten auf diese Fragen am Wege? Und läßt sich die Antwort
auch nur suchen, so lange die Frage nach dem Sinn des
Seins überhaupt ungestellt und ungeklärt bleibt?«[159]

Die Diskussion der Affinitäten zwischen den neomarxistischen und Heideggers Fragestellungen wurde zu ihrer
Zeit – Herbert Marcuses Assistentenzeit bei Heidegger

und Hannah Arendts kritischer Belesenheit zum Trotz – gründlich versäumt.[160] Dabei kamen beide, die neomarxistische wie die existenziale Frageweise, vor dasselbe Problem: wie kann nach dem Scheitern idealistischer Erkenntnistheorie »erschließendes Verstehen von Sein daseinsmäßig überhaupt möglich sein«?[161] Es ist diese Frage der letzten Seite von *Sein und Zeit*, mit der in symptomatisch verschobener Gestalt das hier erstmals und also ein halbes Jahrhundert zu spät publizierte Exposé von Alfred Sohn-Rethel den Anfang macht: Wie ist in der verzauberten Welt ein angemessenes Verständnis von Sein, das, wenn von Dasein verstanden oder mißverstanden, immer schon gesellschaftliches Sein ist, überhaupt möglich? Wie, so fragt das Manuskript, dessen erste Fußnote kritisch und zustimmend zugleich auf Heidegger verweist, wie ist die »Grundbehauptung« plausibel zu machen, »daß Gesellschaft als Tauschzusammenhang der Einheit des Seins als bestimmendem Formprinzip gehorche«?[162]

*

Habent sua fata libelli. Auch dem Luzerner Exposé von Alfred Sohn-Rethel war ein eigentümliches Schicksal beschieden. Der Autor, der es ein halbes Jahrhundert vor seiner Veröffentlichung im Schweizer Exil schrieb, konnte bereits auf eine ungewöhnliche Verschränkung intellektueller, politischer und ökonomischer Erfahrung zurückblicken. Alfred Sohn-Rethel[163] wurde noch im 19. Jahrhundert (1899) in Paris geboren. Seine Künstlereltern, ihrerseits Kindeskinder der bedeutenden Akademiemaler Sohn und Rethel aus der rheinischen Schadow-Schule, gaben ihres unruhigen Lebens willen den Sohn der befreundeten Familie des Düsseldorfer Großindustriellen Ernst Poensgen zur Erziehung. Zu dieser geradezu klassischen Spannung von bildungs- und besitzbürgerlichem Hintergrund trat bald die nicht minder gewichtige zwischen der konservativen Einstellung der doppelten Eltern und der linkssozialistischen Dissidenz des Jugendlichen hinzu. Er studierte auf elterlichen Druck in Darmstadt Chemie, brach aber im letzten Kriegsjahr mit dieser Art Karriereplanung durch die Eltern und wechselte Studienfächer und Studienort: nunmehr also Philosophie, Soziologie und Romanistik in Heidelberg.

In jenem Heidelberg, das unmittelbar nach dem Ersten Weltkrieg die Produktivität seines genius loci erneut bewährte. Und zwar in einem Krisenbewußtsein bewährte, das für die Arbeiten Sohn-Rethels bestimmend wurde. Höchst unterschiedliche Repräsentanten dieser Krisen-Reflexion waren Professoren wie Emil Lederer, Max und Alfred Weber, Ernst Cassirer, Heinrich Rickert und Ernst Robert Curtius. War ihr Krisenbewußtsein aber noch kantianisch oder schlechthin alteuropäisch rückversichert, so war es bei einigen unter den damaligen Heidelberger Studenten, wie Alfred Seidel, dem suizidalen Autor von *Bewußtsein als Verhängnis*, und Ernst Toller, die Sohn-Rethel bald kennenlernte, rückhaltlos entbunden. In dieser spannungsgesättigten Konstellation las Sohn-Rethel »mit einem Ingrimm, der entschlossen war, nicht locker zu lassen«[164], wieder und immer wieder *Das Kapital*. Und diesem frenetischen Studium entsprang eine Idee, so zentral und doch abwegig scheinend, so die Problemkonstellation des späten Neukantianismus treffend und zugleich umformulierend, so sehr Dilemmata der Marxschen Theorie erhellend und mit Marx überwindend, daß der, der sie formulierte, zwischen allen (zumal soziologischen und philosophischen Lehr-)Stühlen saß. Die Idee nämlich, »daß im

92

Innersten der Formstruktur der Ware – das Transzendentalsubjekt zu finden sei«.[165] »Sohn-Rethel spinnt«[166], war
denn auch die akademische Reaktion auf diese grundstürzende These zur Gesellschafts-, Subjektivitäts- und Erkenntnistheorie, die aus Alfred Webers Mund erging und
aus schulphilosophischen und altmarxistischen Mündern
bis heute ergeht,[167] wenn denn Sohn-Rethels These und
Theorie überhaupt zur Kenntnis genommen wird.

In der Universität war mit dergleichen schlechthin neu-
en[168] Blicken auf vertraute Probleme und kanonisierte
Theorien kaum Karriere zu machen. Aber sind nicht fast
alle wirklich originären unter den neueren Theorien (etwa
die von Marx, Nietzsche und Freud) außer- oder doch allenfalls halbuniversitär entworfen worden? Wie dem auch
sei – Sohn-Rethel promovierte 1928 bei Emil Lederer mit
einer scharfsinnigen Arbeit zur *Kritik der Grenznutzenleh-
re*[169], die seine genuine These allenfalls kryptisch ins Spiel
bringt. Kryptisch in jedem Wortsinn ist sie fortan für viele
Jahrzehnte geblieben. Sie blieb unveröffentlicht und trotz
aller argumentativen, gänzlich unprätentiösen Darstellung
geheimnisvoll. Aufmerksam auf die konsequenzenreiche
These wurden freilich zwei später nicht unprominente Leser: Adorno und Benjamin. Pro captu lectoris habent sua
fata libelli.[170] Diese Adressaten der theoretischen Fla-
schenpost sorgten für eine geheime Wirkungsgeschichte
der These. Den jungen Adorno hatte Sohn-Rethel Mitte
der zwanziger Jahre auf Capri und dann als Teilnehmer
der ersten Frankfurter Seminare des Jüngeren erneut ab
Juli 1931 kennengelernt. Sie blieben ebenso in Kontakt wie
Benjamin und Sohn-Rethel, die einander gleichfalls bereits auf Capri begegneten.

Die gründliche Ausarbeitung seiner These aber mußte
Sohn-Rethel sich und anderen vorerst versagen. Ihm bot

sich nämlich durch die Vermittlung seines industriellen Er-
satzvaters Poensgen die Möglichkeit, in den letzten Jahren
der Weimarer Republik und den ersten Jahren nach der
Hitlerschen »Machtergreifung« in Berlin am Mitteleuropäischen Wirtschaftstag (MWT)[171] und somit am führenden großindustriellen Wirtschaftsinstitut mitzuarbeiten.
Bis 1936 hatte Sohn-Rethel derart Gelegenheit, die ökono-
misch-politischen Bewegungen der Großindustrie während der ersten Jahre der Nazi-Herrschaft intern zu analysieren. Über vergleichbare Detailkenntnisse der faschisti-
schen Wirtschaft verfügte kein Mitarbeiter des Instituts für
Sozialforschung; und ebendieser präzise politökonomi-
sche Denkhabitus mag es gewesen sein, der einer engeren
Allianz zwischen Sohn-Rethel und dem immer entschiedener kulturphilosophisch orientierten Institut entgegen-
stand. Ein großes Versäumnis: denn Sohn-Rethels aufschlußreiche Analysen der nationalsozialistischen Ökonomie, nach der nicht die finanzkräftigen, sondern die
unterkapitalisierten Industriegruppen Hitler am stärksten
förderten, ist bis heute viel zu wenig beachtet.

Zu einer ersten gründlichen Ausformulierung seiner erkenntniskritischen These kam Sohn-Rethel erst zwischen
Februar und Juli 1936 im Schweizer Exil, wohin er über-
stürzt fliehen mußte, weil die Gestapo die marxistische Orientierung seines chiffrierten Aufsatzes im Organ des
MWT, den *Deutschen Führerbriefen*[172], und seine Zugehörigkeit zum Widerstandskreis um Margret Boveri entdeckte.
In Luzern entstand das Exposé, das Sohn-Rethel zu Diskus-
sionszwecken an Benjamin und über ihn an Adorno und
Horkheimer und auch an Lukács geschickt hatte.[173]

Auf beide, Benjamin und Adorno, hat das Luzerner Exposé seine Wirkung nicht verfehlt. Die Lektüre des Manu-
skripts und die Diskussionen zwischen Benjamin, Adorno

und Sohn-Rethel haben unverkennbare Spuren im *Passagen-Werk*[174] Benjamins und im gesamten Werk Adornos hinterlassen. Und für Adorno zumal gilt, daß die Scharnierstellen der *Negativen Dialektik*, der *Ästhetischen Theorie* und seiner Essayistik schiere Schibboleths bleiben, die sich kaum bewegen, wenn man ihnen nicht mit Theoremen Sohn-Rethels souffliert. Regelmäßig nämlich sind die Sätze der traurigen Wissenschaft Adornos um ein Verständnis von Tausch, Identität und Äquivalenz konstelliert, das in nuce auf Sohn-Rethels entfaltete Theorie zurückgreift. Einmal immerhin und dann an zentraler Stelle hat Adorno diese Abhängigkeit unverrätselt ausgesprochen. In seinem Hauptwerk *Negative Dialektik* heißt es eben in jener Passage, die »Begriff und Kategorien« von negativer Dialektik entwickelt: »Alfred Sohn-Rethel hat zuerst darauf aufmerksam gemacht, daß in ihm, der allgemeinen und notwendigen Tätigkeit des Geistes, unabdingbar gesellschaftliche Arbeit sich birgt.«[175]

Als die *Negative Dialektik* 1966 erschien, war der Name Sohn-Rethel nicht einmal ein Geheimtip. Das änderte sich erst und dann schlagartig, als 1970 *Geistige und körperliche Arbeit* erschien (heute, im Jahr 2010, ist der Titel wieder ein bloßer Insidertip). Gleichwohl ist das theoriegeschichtliche Versäumnis unübersehbar. Die Hartnäckigkeit, mit der Horkheimer, offenbar gegen Adornos Rat,[176] die Rezeption und die Publikation der frühen Arbeiten Sohn-Rethels in der Zeitschrift des Instituts verweigerte, hat dieses Versäumnis wohl vor allem zu verantworten. Horkheimers Ablehnung ist um so unverständlicher, als Sohn-Rethels Arbeiten originelle Antworten auf favorisierte Problemstellungen des Zeitschriftenherausgebers versprechen – etwa auf die Frage nach dem Zusammenhang von Wissenschaft und Krise, auf die nach dem Wandel von Weltbildern und Weisen des Wirtschaftens[177] und auf die nach der Begründung von Wahrheit.

Wegen der ausbleibenden Veröffentlichung gab es nach Benjamins Tod über lange Jahrzehnte hinweg statt einer intensiven und öffentlichen Diskussion einen privilegierten Leser der Theorie Sohn-Rethels, dessen Schriften so unfreiwillig den Status von Ideen-Kassibern annahmen: eben Adorno. Er las – um nur die wichtigsten Etappen zu nennen – das Luzerner Exposé; er regte dessen Umarbeitung in publikatorischer Absicht zum Essay *Kritische Liquidierung des Apriorismus* (1937) an;[178] er war Adressat von Sohn-Rethels großem Brief vom November 1936;[179] und er suchte noch während der Schlußarbeiten an der *Negativen Dialektik* das Gespräch mit dem Tauschtheoretiker.[180]

Von den Spuren dieser Lektüre zeugen nicht nur jene Passagen der *Negativen Dialektik*, die unmittelbar der Erwähnung des Namens Sohn-Rethel folgen und die davon handeln, daß sich »jenseits des identitätsphilosophischen Zauberkreises [...] das transzendentale Subjekt als die ihrer selbst unbewußte Gesellschaft dechiffrieren läßt«.[181] Unbewußt muß die Gesellschaft heißen, weil die Synthesis des Mannigfaltigen, die Kant dem transzendentalen Subjekt anvertraut und zutraut, die genuine Leistung des gesellschaftskonstitutiven Tausches ist, der die Subjekte zu seiner Agentur macht, ohne doch seiner selbst bewußt sein zu können. Denn der Äquivalententausch formiert zwar das Bewußtsein, hat aber selbst kein Bewußtsein; er funktioniert blind und blendet die tauschenden Subjekte. Glückendes Selbstbewußtsein hat da buchstäblich keinen Platz, es findet keinen topos noetos. Der Tausch ist eine Affäre des Verstandes, nicht der Vernunft. In Adornos Worten: »Die universale Herrschaft des Tauschwertes über die Menschen, die den Subjekten a priori versagt, Subjekte zu sein, Subjektivität selber zum bloßen Objekt erniedrigt, relegiert jenes Allgemeinheitsprinzip, das behauptet, es stifte die Vorherrschaft des Subjekts, zur Unwahrheit. Das Mehr des transzendentalen ist das Weniger des selbst höchst reduzierten empirischen Subjekts. Als äußerster Grenzfall von Ideologie rückt das transzendentale Subjekt dicht an die Wahrheit. Die transzendentale Allgemeinheit ist keine bloße narzißtische Selbsterhöhung des Ichs, nicht die Hybris seiner Autonomie, sondern hat ihre Realität an der durchs Äquivalenzprinzip sich durchsetzenden und verewigenden Herrschaft.«[182]

Die Überzeugungskraft zentraler, wenn nicht des zentralen Theorems von Adorno erweist sich daran, ob solch verdichtete Passagen sich mit Sohn-Rethel buchstabieren lassen oder schiere Beschwörung sind. Damit aber steht und fällt auch der Anspruch einer Kritischen Theorie, die noch nicht mit dem Satz verwechselbar wurde, man könne über alles miteinander sachlich reden. Sind doch die Kategorien der sachlichen und sachverhaltsbezogenen Diskurse kaum per se sachangemessen, weil sie eben nicht den Sachen selbst, sondern ihrer Tauschform entsprechen. Die Kategorien, die das Tauschen freisetzt, sind nicht umsonst mit denen des Täuschens assonant. Die Argumentations- und Beweislast, die Sohn-Rethels Theorie auferlegt ist, wiegt aufgrund dieser Ambivalenz schwer. Sie will erstens den Mangel einer marx(isti)schen Erkenntnistheorie wettmachen, ohne Marxens Hinweise auf die Affinität von Erkennen und Verkennen in der warenfetischistisch verzauberten Welt zu ignorieren. Sie möchte zweitens die Paradoxie aushalten, daß in einer Gesellschaft, die alles verkehrt und auf den Kopf stellt, gleichwohl die angemessene Erkenntnis des Unangemessenen bzw. das Erkennen des Verkennens möglich sein soll. Und sie hat drittens den Anspruch, dieses Programm in Analogie zur noch immer bestentfalteten unter den geistphilosophischen Erkenntnistheorien, zur kantischen, zu entwickeln.

Gerecht werden kann diesem hohen Anspruch nur eine Theorie, die erstens materialistisch heißen darf, weil sie nicht mit der Hypostasierung eines konstitutionsmächtigen und selbstbezüglichen Subjekts den Anfang macht, sondern den »Vorrang des Objekts«[183] über unterlegene Subjektivität für zumindest gleichermaßen möglich hält; die zweitens Wahrheit und Lüge als im außermoralischen Sinn ineinander verschränkt denkt und gleichwohl Gründe hat, nicht agnostisch zu resignieren und die drittens die Leistung vermeintlich transzendentaler Subjektivität aus anderen als selbst wiederum transzendentalsubjektiven Prinzipien herleiten kann – die somit den Zirkelschluß vermeidet, dem schon Nietzsches beißender Spott galt.

*

Eine Theorie, die solch weitgespannten Anforderungen entsprechen soll, muß als Theorie des Tausches und spezifischer als Theorie des Äquivalententausches prozedieren – so Sohn-Rethels zentrale These. Ist doch der Tausch von Äquivalenten selbst eine Praxis, die ihre Theorie subkutan mit sich führt. Wer Waren tauscht, hat sich in der Tat immer schon auf eine überkomplexe und kryptotheoretische Praxis eingelassen, die dessenungeachtet in der Regel mit der Eleganz tiefenstrukturaler Unbewußtheit funktioniert. Eine kleine Phänomenologie des Tausches kann das unschwer demonstrieren: Der Tauschende bezieht sich beim Tausch-Vollzug zugleich auf mindestens zwei Dinge und auf mindestens zwei Subjekte. Indem er mit einem (oder mehreren) anderen zwei (oder mehrere) Waren (oder Waren und Geld) tauscht, verschränkt er also gleichursprünglich eine Beziehung zu komplexen Gegenständen und Sachverhalten mit der zu anderen Subjekten. Es zählt nun zu den Eigentümlichkeiten dieser schlicht scheinenden und seit langem bis zur gänzlichen Unbewußtheit habitualisierten Tauschpraxis, daß sie in einem hohen Maße Abstraktion in sich birgt. Setzt sie doch zum einen Dinge, die auf der Ebene sinnlicher Gewißheit nichts miteinander gemein haben (z. B. einen Pullover, eine Tankfüllung Benzin, eine Martinsgans oder eine Karte für ein Rockkonzert), als Werte einander äquivalent: eine vereinheitlichende Formbestimmung und also »Synthesis des Mannigfaltigen«[184], wie sie konkreter nicht bestimmt werden könnte. Schauplatz oder gar Konstitutionsprinzip dieser Synthesis aber ist keine transzendentale Apperzeption, kein »Ich denke, das alle meine Vorstellungen muß begleiten können«[185], sondern der realabstrakte Vollzug des Tausches.

Der Tauschakt entbindet nämlich zum zweiten eine Denkabstraktion, die die Tauschenden lehrt, sinnliche Gewißheiten prinzipiell als mögliche Täuschung zu verdächtigen und statt dessen in Funktionskategorien (etwa in denen der kantischen Kategorientafel) zu denken. Wer tauscht, abstrahiert, der Tausch ist die übermächtige Urform von Abstraktion; wer tauscht, verfügt immer schon, aber ohne dies selbstreflexiv zu wissen, über die »wahren Stammbegriffe des reinen Verstandes«[186]. Hat seine Tauschpraxis doch unter Beweis gestellt, daß die Kategorien der Quantität, der Qualität, der Relation und der Modalität ihm vertraut sind – ihm, der weiß, daß seine Ware eine Einheit ist, die von der Einheit der zu tauschenden Ware gänzlich different ist, daß Besitz prinzipiell limitiert und deshalb der Tausch notwendig ist, daß zwischen Substanz und Akzidens zu unterscheiden lohnt und daß 100 wirkliche und 100 mögliche Taler einen Unterschied machen.

Nun ist es verblüffend, nachzuvollziehen, wie eine Theorie aus dem Einheitsprinzip des Tausches fast alle seit nunmehr 200 Jahren diskutierten Problemtopoi einer Theorie vom Einheitsprinzip des Bewußtseins elegant zu lösen oder doch einer Lösung näherzubringen vermag. Daß etwa, so Kants These, »die Bedingungen der Möglichkeit der Erfahrung überhaupt [...] zugleich Bedingungen der Möglichkeit der Gegenstände der Erfahrung«[187] sind, kann eine Theorie leichter als die kantische plausibel machen, die mit der Verschränkung von Real- und Denkabstraktion im Tausch den Anfang macht. Möglichkeitsbedingung von Erfahrung, die immer Erfahrung von etwas sein muß, ist demnach ein homogenes Formkontinuum zwischen dem, was die traditionelle Erkenntnistheorie in Subjekt und Objekt aufzuspalten sich angewöhnt hat. Das profane Geheimnis dieses Formkontinuums aber heißt Synthesis des Mannigfaltigen durch die Tausch- und Warenform.

Es ist die Warenform, die – nach einer ebenso interessanten wie kryptischen Bemerkung der Erstauflage der *Kritik der reinen Vernunft* – »die Affinität des Mannigfaltigen« und also den »Grund der Möglichkeit der Assoziation des Mannigfaltigen, sofern er im Objekte liegt«[188], verantwortet. Daß die mannigfaltigen Dinge affin und demnach überhaupt miteinander kompatibel sind, ist nach dieser in der Zweitfassung denn auch schnell zurückgenommenen Wendung die objektseitige Möglichkeitsbedingung der »transzendentalen Affinität«. Eine versprengte, dysfunktionale, wenn man denn will: unrein-materialistische Stelle im ansonsten glatten idealistischen Beweisgang der *Kritik der reinen Vernunft* gewiß. Eine Stelle aber auch, die wie keine zweite die Brüchigkeit der kantischen Überforderung transzendentaler Subjektivität anzeigt: es muß eine in den »Objekten« selbst liegende Formbestimmung geben, die die Assoziation des Mannigfaltigen im Subjekt allererst ermöglicht. Diese Formbestimmung kann aber, sofern man ruinöse Zirkel vermeiden will, nicht wiederum die durch das Transzendentalsubjekt sein. Es ist die Warenform, die schlechthin alles mit allem unter Einheitsbedingungen zu assoziieren erlaubt; es ist die Warenform, in der Kants Subjekt sich verbirgt.

Kaum Schwierigkeiten macht der Tauschtheorie auch das Schematismusproblem, die kantische Frage also, »wie reine Verstandesbegriffe auf Erscheinungen überhaupt angewandt werden können«.[189] Ein Philosophenproblem sui generis, das, um vermitteln zu können, auseinanderbringt, was immer schon vermittelt ist: sind doch die reinen Verstandesbegriffe von jeher auf Erscheinungen angewandt, da den zu tauschenden Waren implizit. Wer tauscht, hat abstrakte Kategorien und konkrete Erscheinungen bereits stets aufeinander bezogen. Oder bündiger: Die reinen Verstandesbegriffe sind unreinen Ursprungs, und das Schema ist früher als die Relata, zu denen es das vermittelnde Dritte sein soll. Im Geld zumal, der »baren Münze des Apriori«[190], haben Warenform und Denkform ihr universal fungibles Schema gefunden. Geld ist so sinnlich wie abstrakt; es ist deshalb jenes Dritte, »was einerseits mit der Kategorie, andererseits mit der Erscheinung in Gleichartigkeit stehen muß und die Anwendung der ersteren auf die letzte möglich macht«[191]; und es kann intersubjektiv verbindlich Gegenwart und Vergangenheit (etwa als Guthaben) wie auch Zukunft und Gegenwart (als Kredit) aufeinander beziehen.

Auch die für Kant und seine Nachfolger spezifische Schwierigkeit, wie von einer Subjektivitätstheorie zu einer

Theorie der Intersubjektivität zu kommen sei, ist für Sohn-Rethels Tauschtheorie keine. Ist doch der Tauschende – gemäß dem hintersinnigen Eingangssatz des Luzerner Exposés, danach »ein Stück Brot, das einer ißt, den anderen nicht satt macht« – zugleich der Vereinzelte und in seiner Vereinzelung eben gerade der in Regelsysteme der Intersubjektivität Eingelassene schlechthin. Die »mein-und-also-nicht-dein«-Logik, die der Tausch voraussetzt, ist die elementare Logik kodifizierter Intersubjektivität. Sie verbürgt, daß das transzendentale Ich mit dem transzendentalen Wir in eins fällt und gleichwohl individuiert bleibt. Noch der kategorische Imperativ, den Kant Adam Smith entwendet haben dürfte, ist unschwer als Implikat des Äquivalententausches zu dechiffrieren. Kein Tauschender kann, ohne den Ruin seiner selbst in Kauf zu nehmen, dauerhaft wollen, daß ein anderer kategorial anderen Maximen folge als er selbst. Tauschende sind auf Verläßlichkeit angewiesen.

Licht fällt durch verfremdende Relektüre auch auf die dunkle kantische Dichotomie zwischen Ding an sich und Erscheinung. Sie läßt sich begründet mit der Dichotomie von Gebrauchs- und Tauschwert analogisieren. Wie das Ding an sich, so ist auch der Gebrauchswert jeder intersubjektiv verbindlichen Fassung bar; allein als Präsupposition von Erscheinung bzw. Tauschwert sind beide zu erschließen. Kategorial präsent aber dürfen nur Erscheinung und Tauschwert heißen, weil allein sie in regelgeleitete Funktionen eingelassen sind.

Ebenfalls keine Schwierigkeit hat Sohn-Rethels ncomarxistische Umschrift der kantischen Philosophie schließlich mit der philosophisch tabuisierten und in Anthropologie, Psychologie und Ethnologie ausgebürgerten Frage, die aus der Trennung von empirischem und transzentendalem

Ich erst resultiert: ob denn auch Kinder, und wenn nicht, ab wann, ob denn auch Irre, und wenn nicht, ab welchem Grad von Normalität, ob denn auch Wilde, und wenn nicht, ab welcher Zivilisationsstufe sie über die Einheit der transzendentalen Apperzeption verfügten? Läßt sich die Leistung, die die *Kritik der reinen Vernunft* verständigen Subjekten zuspricht, für Kaspar Hauser, Hans im Glück und Rousseaus Wilden reklamieren? Kaum, denn als vernünftig und verständig kann der Tauschgesellschaft nur derjenige gelten, der zu tauschen und über den der Tausch etwas vermag. Verstand und Tauschfähigkeit sind eins. Wie denn auch, per analogiam, das vielreklamierte Projekt einer Kritik der historischen Vernunft sich kategorial anders stellt, wenn man das Transzendentalsubjekt nicht als Voraussetzung aller weiteren sinnvollen Fragen, sondern selbst als Effekt einer Formation begreift, die Fragen nach Vereinheitlichungsprinzipien privilegiert, weil sie im universalen Äquivalententausch selbst das verdeckte Synthesisprinzip schlechthin eingeführt hat. Die kantianisch nur zu skandalisierende Perspektive einer »historischen Transzendentalität«[192] – von eben den Frühromantikern wohl zuerst ins Spiel des Denkens gebracht, die Kant ökonomisch umzulesen versuchten[193] – macht eminenten Sinn, wenn man das Transzendentalsubjekt aus der historischen Späterscheinung der universalisierten Warenform entspringen läßt.

Und ebendies versucht systematisch erstmals das Luzerner Exposé von Alfred Sohn-Rethel. Ihm kommt deshalb die Irritationskraft zu, die den großen Schriften der 20er und 30er Jahre, die Lukács' *Geschichte und Klassenbewußtsein*, dem Jüngerschen *Arbeiter*, der Studie zum *Römerbrief* von Karl Barth und der *Politischen Theologie* Carl Schmitts eigentümlich ist: daß nach ihrer Lektüre nichts mehr selbstverständlich scheint. Von den genannten Texten aber unterscheidet sich der Sohn-Rethels zugleich gänzlich; denn er verdankt anders als jene seine Irritationskraft keiner Lust am Irrationalen – keiner Privilegierung einer erkenntnis- und entscheidungssicheren Partei, keiner Feier der Eigentlichkeit, keinem neuen Verhältnis zum Elementaren, keinem Kreuzesmysterium und keinem Souverän, der wunderbar über den Ausnahmezustand entscheidet. Ist das Projekt einer Rationalitätskritik die stille Gemeinsamkeit jener ansonsten hochgradig differenten Bücher, so sind doch Rationalitätsgenese und Rationalitätskritik selten rationaler vorgetragen worden als in Sohn-Rethels Exposé.

Dem scheint ein Widerspruch innezuwohnen, den schon Kritiker der späteren Arbeiten vermerkt haben. Wenn Rationalität so abkünftig, wenn elementare Formen des Denkens bloße Epiphänomene des entfalteten Äquivalententausches sind – wie soll dann eine Kritik dieser Rationalität durch ebendiese Rationalität möglich sein? Verwickelt sich Sohn-Rethels Projekt nicht in ein Dilemma, das dem Kants nicht unähnlich ist, der seltsam unaufgeklärten Rechtsprozeduren anhängt, wenn er Vernunft vor den Richtstuhl der Vernunft zitiert und also Angeklagten, Zeugen und Richter zusammenfallen läßt? Ist diese Zirkularität schon des kantischen Titels *Kritik der reinen Vernunft*, der mit der Ambivalenz von genitivus objectivus und genitivus subjectivus spielt, nicht auch eine Zirkularität in Sohn-Rethels Unterfangen, Kant marxistisch umzuschreiben? Es gehört zur Überzeugungskraft des Luzerner Exposés, daß es diese Fragen entschiedener als Sohn-Rethels spätere Arbeiten beantwortet. Ausdrücklich ist es das Selbstverständnis dieser Schrift, »auf dem gültigen Boden der Erkenntnis die Blindheit aufzuheben, die sie als gültige Erkenntnis hat«, und damit »die Bedingung [...] für den Zugang zum wirklichen Sein des Menschen« zu gewinnen.

Dieser Anspruch wird einlösbar, weil Sohn-Rethel hier strikter noch als in seinen sonstigen Arbeiten daran festhält, eine Kritik der reinen Vernunft als Kritik der unreinen politischen Ökonomie et vice versa zu schreiben und derart schlechte Zirkel zu vermeiden. Denn so kann allein deutlich werden, daß gültiges Erkennen im Rahmen eines gesellschaftlichen Funktionszusammenhanges und Verkennen des eigentlichen Sachverhaltes eins sein können, ja daß ein »Verdeckungszusammenhang [...] das Konstitutionsverhältnis der Erkenntnis« ist. Verdeckt aber wird durch den Tausch von Äquivalenten, daß die getauschten Dinge eben nicht gleich und schon gar nicht identisch sind. Rationalitätskritik kann deshalb zirkelfrei als Entfaltung des Widerspruchs in der Ware selbst verfahren. Setzt der Tausch doch – wie schon Marx in offener Anspielung auf Fichte ausführt – die Dinge und Werte gleich, die dann nicht mehr als mannigfaltig differente erfahren werden, deren Widersprüchlichkeit aber gleichsam an die getilgte Differenz erinnert. Eine Standardkritik an Sohn-Rethel und Adorno will beide in ein logisches Propädeutikum schicken, in dem sie zu lernen hätten, daß A = A sei. Und in der Tat ist der von den Kritischen Theoretikern entwickelte Begriff der Identität so polyvalent wie interessant.[194] »Identität« meint nämlich bei Sohn-Rethel und Adorno nicht nur die logische Tautologie, analytische Sätze und allenfalls noch Adäquanzen, sondern darüber hinaus auch Äquivalenzen sowie personale und soziale Identität.

Nichts aber ist in diesem Zusammenhang unsinniger, als die Tauschtheorie zum begriffsstutzigen Opfer von Äquivokationen zu erklären und etwa zu beklagen, daß Adorno (im Anschluß an Sohn-Rethel) »nie zwischen ›Etwas identifizieren als ...‹ und ›Etwas identifizieren mit ...‹ unterscheidet«.[195] Denn die Kritik an der Kraft dieser statthabenden Äquivokation ist ja gerade die Pointe der Kritischen Theorie selbst. Sie kritisiert diesen einen Sachverhalt, daß die mannigfaltigen Weisen möglicher Verhältnisse von Dingen und Personen zu sich und anderen nach dem einen Bilde des Tausches formiert werden, sofern sie verbindliche Gültigkeit haben sollen. Der Tausch aber identifiziert eine Sache als diese eine Sache, indem er sie als von einer anderen unterschieden und gleichwohl mit einer anderen als wertgleich identifiziert (Äquivalenz). Zugleich sorgt er damit für die Identität (Adäquanz) zwischen Denk- und Funktionskategorien. Und er verantwortet, daß ein Tauschender jene personale Identität ausbildet, die sich intersubjektiv bewährt: ich bin derjenige, der x hat und y nicht hat, während jener y hat und x nicht hat. Die Universalisierung dieser schlichten Funktion sorgt zugleich für die Konstitution der Identität (Einheit) einer Gesellschaft von Tauschenden, die über dieselben Kategorien oder über dieselben Verbindlichkeiten verfügen. Im Tausch werden wie die mannigfaltigen Dinge so auch die mannigfaltigen Subjekte zu dem einen Gesellschaftszusammenhang synthetisiert. Diese Äquivokationen im Identitätsbegriff sind demnach eben nicht Produkte willkürlicher Begriffsverwirrung, sondern vielmehr in Verdinglichungsphänomenen gründende Gleichklänge.

Äquivokationen aber sind sie gleichwohl. Das macht die konsequenzenreiche Pointe des Luzerner Exposés aus: Es weist die universal identitätsstiftende Macht des Tausches als blendende und täuschende aus. Der Tausch funktioniert blendend, aber seine Macht bleibt eine erschlichene. Denn er macht aus dem, was er in seinen Zusammenhang bringt, etwas, was es zuvor weder war noch per se werden

wollte. Durch ihn wird der Gebrauchswert zum Tauschwert, das je einzelne Ding zum kompatiblen Äquivalent,
das polymorphe Subjekt zum rationalen Funktionsträ-
ger und die discurrierende Gemeinschaft zu der einen Gesellschaft, die deshalb unter universalem Beziehungswahn
steht. Ist nicht ein Gesellschaftssystem elementar von dou-
ble-bind-Strukturen geprägt, das im Tauschvorgang und
somit in einem Individuationsvollzug sui generis zugleich
die Grundfigur verbindlicher Intersubjektivität organisiert?

Nirgends wird das Gewaltsame des Tausches systematisch deutlicher als in der anhaltenden Krisenanfälligkeit
des Versuchs, Arbeit und somit noch das an sich selbst
Nichtidentische zur identischen Ware Arbeitskraft zu verhalten. Der dumpfe Verdacht, man werde getäuscht, wenn
man seine Arbeitskraft zu tauschen genötigt sei, ist offenbar nicht auf Dauer auszutreiben. Denn nachhaltig »macht
die Seinswirklichkeit der Produktion sich gegen die Wert-
form durch den Widerspruch des Mehrwerts geltend«, wie
Sohn-Rethel im Exposé formuliert. Damit ist ein roter
Faden des Luzerner Exposés aufgenommen. Er führt in
ein Spannungsfeld, das mit dem Namenspaar Hegel und
Kant etikettiert werden kann. Das heißt: Sohn-Rethels erkenntniskritische Reformulierung Kantscher Theorie bezieht sich allein auf die Sphäre der Erscheinungen. In ihr
herrscht ein äquivalenzbezogenes System von Funktionen,
die ihre Elemente von ihren genuinen Orten und Kontexten systematisch entfremden. In der verkehrten Welt des
Kapitals ist die Aneignung oder der Tausch und somit die
Sphäre des Scheins in jeder Weise gewichtiger als die der
Produktion und des Seins, die einer Hegelschen Wider-
spruchslogik entsprechen. Diesen machtvollen Schein des
Tauschs bringen allerdings mit eigentümlicher Regelmä-

ßigkeit Krisen in Verlegenheit. Sie verweisen darauf, daß die Verhältnisse so ausgeglichen nicht sind, wie der Schein vom gerechten Tausch der Äquivalente es suggeriert. In gesellschaftlichen Krisen revoltieren die Differenzen, die den Dingen, der Arbeit und den dissoziierten Subjekten innewohnen, gegen den Bann der Tauschidentität. In Krisen manifestiert sich ein Widerspruch gegen den Identitätszwang der Tauschabstraktion.[196] Ein Bewußtsein, das den gegenwärtigen gesellschaftlichen Krisen angemessen wäre, dürfte keines mehr sein, das sich vom Tausch herleiten und also täuschen ließe.

Sohn-Rethels große Theorie ist angesichts der globalen Krisenerfahrungen der 20er Jahre entworfen worden. Größere empirische Evidenz als die durch die Krisenerfahrungen auf dem Finanz-, Arbeits- und Globalisierungsmarkt seit den 70er Jahren könnte ihr nicht zuteil werden. Es ist freilich eine Evidenz ex negativo, an der die Theorie von der erkenntniskonstitutiven Kraft des Tauschs sich bewährt: Mit der Gesellschaft, die den Schein vom gerechten Tausch der Äquivalente noch aufrechterhalten konnte, zerfallen die kantianischen Subjekte. Die Manager des Großkonzerns, der wegen seiner Überschuldung nicht mehr Bankrott erklären kann, der Scheck- und Computerbetrüger, der nicht einzusehen vermag, warum Zahlenkolonnen auf Monitoren noch realen Vorgängen adäquat sein sollten, der Schizo aus der Alternativ- oder Schattenökonomie, der zum Naturalientausch oder gar zum Potlatch zurückfindet, und der Terrorist, der Gott gegen Geld ausspielt, haben wenig, aber doch dieses gemeinsam: Der Glaube an den Tausch von Äquivalenten ist ihnen wie der Glaube an die eine verbindliche Vernunft abhanden gekommen. Es beginnt das Abenteuer einer Postmoderne, in der Kategorien wie Äquivalenz, Adäquanz und Identität so verwahrlosen wie der Tausch, nach dessen Bild sie formiert waren.

Anhang: Lebendes und tötendes Geld –
Pierre Klossowskis raunende Studie über die
Geheimnisse des Geldes

Nicht nur Blut ist ein ganz besonderer Saft. Auch Geld, dessen Kreislauf häufig mit dem des Blutes verglichen wird, kann beleben, töten, faszinieren und ausgetauscht, umkämpft, verausgabt oder geopfert werden. Nachdem die spätere Kritische Theorie der Habermas-Schule das gewichtige Thema zugunsten von Kommunikationstheorie fast völlig aus den Augen verloren hat, hat das Geldmedium in den letzten Jahrzehnten vor allem die Pariser Intellektuellen (und in Deutschland Niklas Luhmann) fasziniert. Angemessen rezipiert worden ist die geldtheoretische Obsession der sog. Poststrukturalisten kaum. Wohl deshalb, weil sie nicht zum unsinnigen Feindbild paßte, die »neueren Franzosen« seien irrational, soziologisch desinteressiert und neokonservativ.

Der Psychoanalytiker Lacan, der wilde Liquidationspraktiken pflegte, hat das Geld als den »annihilierendsten Signifikanten«, also als das Zeichen charakterisiert, das am wenigsten um das bekümmert ist, was es bezeichnet. Foucault hat in seinem Hauptwerk *Die Ordnung der Dinge* Geld als das Zeichenmedium analysiert, das früher als jede strukturalistische Zeichentheorie auf der Höhe der funktionalistischen Moderne ist. Derrida, dessen Denken unablässig um das Thema Geben/Nehmen kreist, hat sein Projekt der Dekonstruktion vermeintlich fester metaphysischer oder konsensueller Zeichenordnungen schon früh (im wenig gelesenen Essay *Economimesis*) und dann später erneut am Paradigma des Falschgeldes entwickelt: Jedes Geld, das an sich wertvoll zu sein vorgibt, ist falsch. Lyotard hat eine Libido-Ökonomie geschrieben, die, darin dem gewaltigen Anti-Ödipus-Projekt von Deleuze und Guattari ähnlich, den nicht nur in der Advents- und Schlußverkaufszeit fast schon allzu evidenten perversen Besetzungen der Geld- und Warenströme nachdenkt. Und Baudrillard hat seine Theorie des Zeitalters omnipräsenter Simulakra tauschtheoretisch entwickelt. Geld läßt sich eben, wie schon Goethes Faust weiß, »in alles wandeln«, weil es nichts und alles ist.

Endlich liegt nun der ungemein dichte und hochanregende Essay in deutscher Übersetzung vor, den Pierre Klossowski 1970 unter dem Titel *La monnaie vivante* publizierte. Die deutsche Übersetzung (von Martin Burckhardt) lautet *Die lebende Münze*.[197] »Lebendiges Geld« wäre ebenso angemessen. Sonderlich klar ist Klossowskis Diktion nicht. Lacan ist im Vergleich zu ihm ein Volksredner. Trotz aller Lust an kryptischen Formulierungen ist die These des 1905 geborenen Denkers, der in jungen Jahren dem Dominikanerorden beitrat, sich dann als Interpret de Sades und Nietzsches einen Namen machte und schließlich seine Leser überlebte, suggestiv: Schlechthin alles (incl. einmaliger Kunstwerke) ist tauschbar. Und Geld ist das perverse, weil allen religiösen und kulturellen Zentren gegenüber indifferente Medium der allgemeinen Äquivalenz. Ein plausibler und ebendeshalb häufig anzutreffender geldanalytischer Gedanke. Klossowski aber treibt ihn nun an eine Grenzlinie – die des schlechthin Nichttauschbaren. Alles, was wir in dem Sinne unabdingbar besitzen, daß wir es einfach nicht tauschen können, ist der Körper, der ich bin bzw.

den ich habe. Sofern ich mein Körper bin und meinen Körper habe, ist der Körper mein Komplize und bin ich sein Komplize. Ebendeshalb kreist (siehe de Sade, Fourier, Nietzsche) das wollüstigste Phantasma um die exzentrischen, erotisch-thanatologischen Erfahrungen, in denen ich glühend bin, ohne mich zu haben. In Klossowskis Worten: »Ein Impuls, den wir nur deswegen pervertiert nennen, weil er sich dem Herdentrieb der individuellen Einheit, also der Fortpflanzungsfunktion des Individuums verweigert, bietet sich in seiner Intensität an als das, was nicht austauschbar, und deswegen unerschwinglich ist.«

Klossowskis Pointe ist es nun, die gängige Entgegensetzung von ökonomisch-monetärer Rationalität und Selbstverausgabungsexzeß zu verweigern. Denn Geld ist beides: das kalte, rationale Medium der Äquivalenz, und das heißt eben der Gleich-Gültigkeit, der alles Jacke wie Hose ist – zugleich aber auch das verrückte lebendige Medium, das Zinsen abwirft, sich vermehrt und in diesem präzisen Sinne eben gerade nicht das Medium toter, dinglicher Äquivalenz ist. Klossowski konfrontiert also »die phantasmatische Seite des Geldes« mit der »vermittelnden Funktion des Geldes«. »Während das Geld das, was existiert, repräsentiert und garantiert, wird es um so verläßlicher zum Zeichen dessen, was nicht existiert, das heißt: des Phantasmas, als die Normüberschreitung sich in der integralen Monstrosität als eine fortschreitende Eroberung des Inexistenten darbietet: das heißt des Möglichen.« In den späten Industriegesellschaften tritt kraß in Erscheinung, daß »Todestrieb und Lebensfunktion [...] nicht voneinander zu trennen« sind. Ist es doch das »Prinzip unserer modernen Ökonomie«, die »Produktion-bis-zum-äußersten« mit dem Vernichtungs-»Konsum-bis-zum-äußersten« zu verschränken. Danach ist das rational-choice-Prinzip nicht etwa das

Gegenprinzip zur Orgie – die Rationalität der Ökonomie bzw. die Ökonomie der Rationalität ist selbst die Orgie. Georges Bataille und in Deutschland der dissidente Psychoanalytiker und »Pathognostiker« Rudolf Heinz – auch er kein Volksredner und deshalb zu wenig gelesen – haben ähnliche Überlegungen vorgetragen. Geld übt die »Funktion einer Transsubstantiation« aus. Es schafft, was es opfert; es opfert, was es schafft. In stets sich beschleunigendem Taumel. »Es ist an sich selbst nichts als ein Phantasma, das einem Phantasma antwortet.« Noch in der genuin modernen Vermittlungsfigur zwischen Exzeß und Vernunft sieht Klossowski die lebende Münze am Werk. Die Wollust immer erneut aufzuschieben, die Vorlust vor der Lust zu privilegieren – das ist die monetäre Wollust selbst. Um mit einem *Faust*-Zitat für Klossowski-Lektüre zu werben: »So taumle ich von Begierde zu Genuß / Und im Genuß verschmacht ich nach Begierde.« Eine Begierde, über die Nietzsche ein böses Wort verliert: »keiner will sie geschenkt, sie muß sich also verkaufen.«

Michel Foucault hat Klossowskis Essay mit seltsam überschwenglichen Worten kommentiert: »Dies ist das größte Werk unserer Epoche. [...] Eben das mußte gedacht werden: Begehren, Wert und Simulakrum – ein Dreieck, das uns beherrscht.« Auch wenn man nüchterner bleibt und sich wünscht, von Klossowski nicht nur große Theoriechecks, sondern auch nach(er)zählbares Kleingeld zu bekommen – Klossowski wie Bataille haben den ebenso unreinen wie unheimlichen Wahlverwandtschaften von Rationalität und Exzeß nachgedacht.

5
Das Kapital der Kunst oder die
Kunst des Kapitals
Strukturen einer Affaire

Schon vor hundert Jahren kursierte in aufgeklärten Kunst-
und Finanzkreisen das Bonmot eines erfolgreichen Künstlers: Wenn ich handfest über Geld und Finanzen reden
will, treffe ich mich mit meinen Künstlerkollegen; wenn
ich geistreich über Kunst sprechen möchte, verabrede ich
mich mit meinem Banker. In der Tat und gegen wohlfeile
Behauptungen, zwischen Kunst und Kapital herrsche Zwist
und Feindschaft, gilt: Kunst und Geld (gerade auch viel
Geld, großes Kapital) unterhalten ein intimes Verhältnis.
Nichts ist in diesen Zusammenhängen weniger zutreffend,
als in klischeeverhafteter Tradition unüberwindbare Abgründe oder auch nur hartnäckige Abneigung zwischen
Kunst und Kapital zu behaupten. Der im Sommer 2006
verstorbene Robert Gernhardt hat in seinem an Pointen
reichen Gedicht *Der Künstler und das Geld* gegen solche Kli-
schees angedacht und sich Reime auf die Wahlverwandtschaft von Geld, Geist und Kunst gemacht:

>(…)
>
>2
>Der Künstler sagt zum Geld:
>Geld ist doch nicht die Welt.
>Da sagt das Geld: mein Gott!
>Das hab ich ja noch nie gehört,
>ein solcher Satz ist Goldes wert –
>verkaufst du mir den Schrott?

(...)

4
Groß sind des Künstlers Leiden.
Das Geld fragt ihn: Wie wär's mit uns beiden?
Mit uns wird das nie was, erwidert er knapp,
hängt sich beim Geld ein und zieht mit ihm ab.

(...)

7
Geschlecht, Gefühl, Natur und Kunst
verwandelst du in Waren,
klagt der Künstler.
Mein Handeln diente immer schon
dem Schönen, Guten, Baren,
lacht das Geld.[198]

Die verbreitete Behauptung, zwischen Kunst und Geld
herrsche ein abgrundtiefer Zwist, ist nicht nur auf der
biographisch-anekdotischen Ebene unzutreffend. Auch
und gerade kapitalismuskritisch gestimmte und gesinnte
Künstler entwickeln häufig ein entspanntes Verhältnis zu
den Freuden und Freiheiten, die Kapital, Wohlstand und
Besitz nun einmal gewähren. Nur ein Beispiel: Bertolt
Brecht ließ sich von einem befremdlichen Feudalstaat, der
sich sozialistisch nannte, ein wunderbares Theater in be-
ster Hauptstadtlage mitsamt MitarbeiterInnen schenken.
Dieses Geschenk erwies sich übrigens als eine der besten
Investitionen, die die DDR je getätigt hat. Brachte es ihr
doch Anerkennung und Devisen, also Werte ein, mit denen sie ansonsten nicht gesegnet war. Das Geld, das mit der
Verleihung des Stalin-Preises verbunden war, legte Brecht

114

Carl Spitzweg: *Der arme Poet*, undatiert

zügig bei seiner Schweizer Bank an. Der Mann hatte eben
Durchblick; er stammte aus einer etablierten Augsburger
Familie und hatte es spätestens seit dem Mega-Erfolg der
Dreigroschenoper, also schon mit knapp dreißig Jahren, zu fi-
nanzieller Unabhängigkeit gebracht. Er hat diese Unab-
hängigkeit produktiv genutzt.

Hinweise auf den Wohlstand, den auflagenstarke Schriftsteller und mehr noch erfolgreiche bildende Künstler ge-
nießen, führen häufig zu seltsam gereizten Reaktionen.
Denn sie sind weder mit dem biographischen Klischee
vom verelendeten Dichter bzw. Künstler, das in Spitzwegs
Bild *Der arme Poet* seinen populärsten Ausdruck gefunden
hat, noch mit dem strukturellen Topos von der Feindschaft zwischen Geld und Geist bzw. Kapital und Kunst
vereinbar. Unbestreitbar gibt es einige verkannte, verarm-

te, verelendete Künstlergenies wie van Gogh, die (anders als z. B. Picasso) zu Lebzeiten nicht den ihnen »eigentlich« zukommenden Ruhm und das damit verbundene Kapital akkumulieren konnten. Es gibt aber auch sehr viele Studenten der Betriebswirtschaft, die ihr Karriereziel, Vorstandsvorsitzende eines Großunternehmens zu werden, nicht erreichen, obwohl auch sie das Zeug dazu hätten.

Solche biographischen Daten sind nun allerdings (obwohl gerade Künstler in aller Regel ihre Lebensläufe hochaufschlußreich finden – müssen!) nur Indices, die auf eine strukturelle Wahlverwandtschaft von Kapital und Kunst verweisen. Kunst geht nicht nur nach Brot, Kunst geht nach Kapital. Und das eben nicht nur, weil Ausnahme-Künstler in der Lust am guten, am sehr guten, am rauschhaft guten Leben ihren weniger begabten Zeitgenossen am engsten verwandt sind. Sondern vor allem deshalb, weil Kapital ohne Kunst kein Kapital wäre et vice versa. Wie alle intimen Verhältnisse ist natürlich auch das von Kunst und Kapital nicht frei von Spannungen. Gegensätze ziehen sich in eben dem Maße an, wie die eine Seite eines Gegensatzes in ihrer anderen Seite die Wahrheit über sich selbst entdeckt.

Joseph Beuys, der gerade als Zeichner ein bedeutender Künstler war, dem man aber nicht zu nahe tritt, wenn man behauptet, daß er es deshalb nicht gleich auch noch mit bedeutenden Intellektuellen aufnehmen konnte, hat bekanntlich mit der Identifikationsformel Kunst = Kapital Furore gemacht. Der kompakte Sinn der knappen Formel hat sich schnell erschlossen und, obwohl als Provokation gedacht, ebenso schnell Zustimmung gefunden: Kunst ist der Inbegriff des Produktiven, Kunst ist Reichtum an Ausdrucksmöglichkeiten, Kunst schafft Werte, Kunst gestaltet,

Kunst ist von Menschen für Menschen gemacht, jeder Mensch ist ein Künstler, jeder Mensch ist wertvoll, jeder spürt das Bedürfnis und hat die kapitale Möglichkeit, sich künstlerisch auszudrücken, Kunst ist Kapital. Das ist so korrekt wie einigermaßen konventionell gedacht. Großes analytisches Potential, also ihr Kapital, entfaltet die Formel erst dann, wenn man sie unkonventionell (also künstlerisch!) auflöst. Ist es doch die Eigenschaft mathematischer Gleichungen, daß sie sich umkehren und nach beiden Seiten hin auflösen lassen. $X = y$ heißt immer auch: $y = x$. Obwohl beide Auflösungen einer Gleichung dasselbe bedeuten, überrascht häufig die eine Auflösung mehr als die andere. Das gilt auch für die Beuyssche Identifikationsformel Kunst = Kapital. Ihre Umkehrung ist seltsamerweise viel provokanter und erhellender als die gängige Version. Kapital schlagen läßt sich aus der Formel Kunst = Kapital, wenn man sie zur Kapitalseite hin auflöst. Wenn Kunst = Kapital ist, dann gilt auch: Kapital = Kunst.

*

Mit dem Begriff »Kapital« ist es schon in philologischer Hinsicht bemerkenswert bestellt. Das lateinische Wort »capitalis« ist vom Substantiv »caput« (Haupt) abgeleitet und meint so viel wie »hauptsächlich«, »durchschlagend«, »eigentlich bestimmend«. Noch heute sprechen wir ja von einem kapitalen Erlebnis, Ereignis oder Erfolg (»ein kapitaler Schuß!«), wenn wir ausdrücken wollen, daß da etwas Folgenreiches, Bedeutendes und Wichtiges geschehen ist. Auch der ökonomische Kapitalbegriff ist dieser Haupt- und Kopf-Semantik verpflichtet. Das Kapital ist der Kopf eines Unternehmens; es ist dieser kapitale Kopf, der den arbeitenden Gliedern einer Korporation Impulse gibt. Kapitalismus heißt dann nichts anderes als dies: daß das Kapital nicht nur Produkte und Sachwerte (wie Geräte und Immobilien), sondern noch seine Gegenseite, nämlich den Faktor Arbeit, als Ware behandelt. Aus Arbeit wird dann die vom Kapital bezahlte, kaufbare Ware Arbeitskraft. Kapital versteht sich in der Tat als Hauptsache: Es ist die gestaltende Leitinstanz, die ihrerseits den Faktor Arbeit finanziert; das Kapital fungiert deshalb auch nomenklatorisch als Arbeitgeber – obwohl es sich die Arbeit »nimmt«, sie bezahlt und sich so zu eigen macht. Einsprüche gegen dieses künstlerische, auf seine Gestaltungskraft verweisende Selbstverständnis des Kapitals sind deshalb gewissermaßen selbstverständlich. Das Kapital, so lautet die klassische marxistische Argumentation, sei nichts anderes als sein Gegenteil, als akkumulierte Arbeit. Ohne Arbeit gäbe es kein Kapital. Denn es ist der Faktor Arbeit, der die Werte (abgesehen vom schlicht Vorfindlichen wie Land, Sonnenenergie und selbstwachsende Früchte) allererst schafft. Kapital ist also nichts anderes als sein Anderes, als Arbeit: Kapital = Arbeit.

Es gibt, wie man schnell sieht, Gleichungen, die riskant und systematisch umstritten sind. Diesen Gleichungen Aufmerksamkeit zu leihen ist (um vorzugreifen, dazu gleich mehr) eine, wenn nicht die genuine Leistung von Kunst. Zwei Faktoren gleichzusetzen lohnt sich ja nur dann, wenn sie unterschiedlich sind. Die Gleichung $a = a$ (etwa: dieser Stein ist dieser Stein) ist tautologisch und also ein analytisch anspruchsloser Fall. Zwei unterschiedliche Faktoren in eine Funktionsgleichung zu bringen ist hingegen intellektuell auf- und anregend: $x = y$. Das heißt: so habe ich das bislang nicht gesehen, mir war nicht klar, daß x und y in einer bestimmten Hinsicht identisch bzw. äquivalent sind, obwohl sie doch völlig unterschiedlich sind bzw. scheinen.

118

Zum Beispiel (und es handelt sich um mehr als nur um ein beliebiges Beispiel): So unterschiedliche Dinge wie ein Gemälde und ein Sportwagen können im Hinblick auf ihren Wert äquivalent sein: x = y.

Etwas ist mit seinem anderen gleich(wertig), obwohl es doch etwas ganz anderes zu sein scheint. Solche verdeckten Identitäten offenzulegen ist der Reiz analytischer, intellektueller und eben auch künstlerischer Arbeit. Das gilt gerade auch im Hinblick auf die spannungsreiche Gleichung von Kapital und Arbeit bzw. Kapital und Kunst. Denn Kapital ist nichts anderes als Arbeit und zugleich das Andere der Arbeit; Kapital ist nichts anderes als Kunst und zugleich das Andere der Kunst. Wenn Arbeit so produktiv ist, daß sie deutlich mehr (Lebensmittel, Kleidung, Konsumgüter, Infrastruktur, Wohnraum etc.) schafft, als zum überlebensnotwendigen Konsum erforderlich ist, schafft sie kapitale und überflüssige Güter und Werte – eben disponibles Kapital, mit dem man dies oder eben auch anderes anstellen kann, das man in dieses oder in ein alternatives Projekt investieren kann, das man z. B. auch dafür verwenden kann, Arbeitswillige zu bezahlen. Damit aber entwertet sich Arbeit zumindest teilweise selbst. Sie bringt hervor, was ihr überlegen ist – nämlich Kapital bzw. Kunst.

Kapital und Kunst sind demnach gleichursprünglich. Sie sind Überflußphänomene. Geld und Kunstwerke kann man nicht essen; mit ihnen kann man sich nicht einkleiden; sie haben keinen Gebrauchswert. Geld und Kunstwerke sind, wenn man den strengen Maßstab der Frage »Was ist überlebensnotwendig?« anlegt, überflüssig. Und als Überflußphänomene sind sie, wie sofort einsichtig, für Gesellschaften und Kulturen, die sich auch nur ansatzweise aus einer Logik schierer Zwänge und Notwendigkeiten emanzipieren wollen, schlechterdings notwendig. Kapital und Kunst sind ein notwendiger Überfluß für auch nur einigermaßen komplexe Gesellschaften und Kulturen. Das ist schon daran zu erkennen, daß sowohl Geld als auch Kunstwerke immer zumindest zwei Registern zugehören: einem »fast« notwendigen und einem luxurierenden. Was schlicht heißt: Auch Kapitalismuskritiker bezweifeln nur selten, daß die Funktion des Geldes, den Tausch zu vereinfachen, begrüßenswert oder zumindest billigend in Kauf zu nehmen ist. Auch sozialistische, staatlich-zentral gelenkte Wirtschaften haben (von katastrophalen Ausnahmen wie Kambodscha unter Pol Pot abgesehen) das Geld zumindest als Tauschmedium zugelassen. Denn es käme einfach allzu teuer zu stehen, wenn man den Tausch von Gütern und Dienstleistungen anders als über das Medium Geld organisieren wollte – etwa über Naturalientausch oder über wechselseitige Geschenke. Ohne Geldtransaktionen an die wertvollen Güter des Anderen zu gelangen heißt in der Regel, sich auf Diebstahl, Betrug und Raub einzulassen. Man muß dafür büßen bzw. einen hohen Preis dafür zahlen, wenn man das Tauschmedium Geld verwirft.

Weil das unmittelbar einsichtig ist, billigen fast alle Geldkritiker die Tauschfunktion des Geldes, um um so entschiedener seine Wertaufbewahrungs-, also seine im engeren Sinne Kapitalfunktion zu verwerfen. Die Analogie zu gängigen Formen der Kunstkritik liegt nahe: Auch Leute, die Kunst als dekadentes Luxusphänomen verdächtigen und dem schlichten Bewertungsschema Künstlichkeit vs. Natürlichkeit verpflichtet sind, goutieren es in aller Regel, wenn Gebrauchsgegenstände wohlgeformt sind. Nützliche sog. Volks- und Gebrauchskunst ist der Favorit solcher Kritiker. Kleidungsstücke, Teller, Messer und Gabel können einfach deshalb, weil sie immer auch anders aussehen könnten, nicht ganz unästhetisch sein.

So lassen sich aufschlußreiche Strukturanalogien zwischen Kapital und Kunst erschließen. Kapital ist Arbeit und zugleich das überflüssige Andere der (zur Reproduktion notwendigen) Arbeit; Kunst ist Kapital und zugleich das überflüssige Andere des (zur Selbstreproduktion eines Mehrwert schaffenden Wirtschaftssystems notwendigen) Kapitals; und: Kapital ist Kunst und zugleich das notwendige Andere der notwendig-überflüssigen Kunst. Kapital scheint aus bestimmten Perspektiven ein problematischer, weil überflüssiger Faktor zu sein und hat doch eine elementare Funktion: nämlich Optionen im Wirtschaftssystem offenzuhalten. Man kann, so man denn über Kapital verfügt, eine Summe investieren oder nicht investieren, in dieses oder jenes Projekt, jetzt oder später. Eine Bank kann sich z. B. für oder gegen den Ankauf eines Gemäldes entscheiden. In beiden Fällen hat sie eine kapitale Entscheidung getroffen. Man kann gerade angesichts der Optionsmöglichkeiten, die durch Kapital im Wirtschaftssystem offengehalten werden, nicht nicht entscheiden. Geldkapital ist einem digitalen Code verschrieben: kaufen/nicht-kaufen. Kunst heißt hingegen nichts anderes als: dem Überflußphänomen Kapital, dem Kunst seine Existenz verdankt, zum Überfluß zu verhelfen, sich gegen Entscheidungen zu entscheiden und so noch jenseits der Optionsfreiheiten, die das Kapital erschließt, weitere Freiheiten offenzuhalten – nämlich Freiheiten jenseits ökonomischer Zwänge selbst.

*

Kapital ist Kunst. Nämlich die Kunst, die Welt anders zu sehen und zu gestalten, als sie ist. Aus der Sicht von Kapital wie Kunst könnte alles ganz anders sein, als es ist. Beide, Kapital wie Kunst, bearbeiten Kontingenz, also alternative

Möglichkeiten. Sie tun dies jedoch, indem sie unterschiedlichen Codes folgen und auf unterschiedliche Probleme reagieren. Gerade weil die Gleichung von Kunst und Kapital analytisch ergiebig ist, lohnt es sich, zwischen der Kunst des Kapitals und dem Kapital der Kunst zu unterscheiden. Das Problem, mit dem Kapital umgehen muß, ist das der Knappheit. Weil Güter und Dienstleistungen »natürlich« knapp sind, muß ein zweites Medium der künstlichen Knappheit den friedlichen Zugang zu knappen Ressourcen ermöglichen. Geld ist dieses zweite Medium der künstlichen Knappheit. Geld muß, um wirklich Geld zu sein, knapp sein, sonst ist es, wie Hyperinflationen zeigen, kein »richtiges« Geld, sondern von Altpapier nur schwer zu unterscheiden. Geld ist deshalb einem digitalen Code verpflichtet: Wer dies und nicht jenes kauft, ist dafür diese Summe Geld los. Man kann nicht beides haben: die Geldsumme und das Gut, für das man diese Geldsumme ausgegeben hat. Man kann Kapital so oder so investieren und damit für diese oder eben für andere Effekte sorgen. Die Kunst des Kapitals besteht darin, zu erkennen, wieviel künstlerische Gestaltungsmöglichkeiten im Kapital stecken, und dennoch »realistisch« zu bleiben, also stets zu bedenken, daß der Code des Kapitals ein digitaler ist: kaufen/nicht-kaufen; investieren/nicht-investieren; anlegen/nicht-anlegen.

Das Kapital der Kunst besteht darin, nicht auf das Problem der Knappheit zu reagieren und dem digitalen entweder-oder-Code des Kapitals seinerseits eine Alternative entgegenzusetzen. Das Problem, auf das Kunst reagiert, ist nicht das der Knappheit, sondern das des Reichtums und des Überflusses – an Bedeutungen, an Deutungen, an Sinn, an Alternativen, an Wahrnehmungen, aber eben auch an Seiendem: Das alles gibt es, achtet darauf! Und jetzt gibt es noch etwas zusätzlich, nämlich ein neues Kunstwerk. Eine Brücke auf einem Van-Gogh-Gemälde ist eben nicht nur eine Brücke, sondern zugleich viel mehr als »nur« eine Brücke: ein Weg ans andere Ufer und eine Überschreitung, ein Abgrund und die Überwindung eines Abgrunds, ein technischer Betrug an der Natur und ein Kunstgriff der Naturwesen, die da Menschen heißen. Überdies gilt (Magrittes Epochenbild *Ceci n'est pas une pipe* hat auf diese ein wenig zu offensichtliche und ebendeshalb häufig ausgeblendete Evidenz hingewiesen): Die Brücke auf dem Gemälde ist keine Brücke, sondern eine Konfiguration von Ölfarbspuren auf Leinwand, etwas, was zu einem schon Vorhandenen hinzutritt, ein buchstäblicher Mehrwert.

Das Kapital der Kunst besteht darin, die Kunst des Kapitals zu konterkarieren. Und das heißt: einer Semantik der Knappheit mit einer Semantik des Überflusses zu begegnen. Wenn die Kunst des Kapitals und das Kapital der Kunst ein Rendezvous haben, können sich überraschend produktive Perspektivwechsel einstellen. Ein solches Rendezvous von Kunst und Kapital legt z. B. die Frage nahe, ob die Kunst des Kapitals nicht genau darin besteht, durch das »realistische« Insistieren auf Knappheitsperspektiven Knappheiten – knapp werden zu lassen. Das Kapital der Kunst läßt erkennbar werden, daß die Kunst des Kapitals das Seltene selten werden läßt. Wirtschaftslogiken, die auf das systematisch knappe Steuermedium Geld setzen, sind von bemerkenswerter Produktivität. Nicht umsonst gibt es in prosperierenden kapitalistischen Gesellschaften von vielem (zu) viel (von Lebensmitteln über Konsumgüter bis hin zu Immobilien). Solch eine Knappheit an Knappheit, solch ein Überfluß an wertvollen Gütern sensibilisiert für das eigentlich Knappe. Man kann dann feststellen, daß es z. B. zu wenig frische Luft und zu wenig sauberes Wasser, aber eben auch zu wenig Sinn oder zu wenig Liebe gibt. Man kann sich, wenn Knappheit an überlebensnotwendigen Gütern knapp wird, auch den Luxus leisten festzustellen, daß sich Überfluß und Knappheit in eine Funktionsgleichung bringen lassen: prosperierende Ökonomie kann krisenhafte Ökologie, ein Überangebot an Waren kann eine Knappheit an Arbeitsplätzen bedingen.

Der Inbegriff des Seltenen ist Kunst. Nicht jeder Mensch ist ein Leonardo da Vinci, nicht jeder kann wie Vermeer malen, nicht jeder ist ein Genie wie Picasso. Die großen Kunstwerke dieser unvergleichlichen Genies sind das, wozu es kein Äquivalent gibt. Sie sind inkommensurabel. Sich ein Geldäquivalent für ein inkommensurables Kunstwerk auszudenken grenzt deshalb fast an Frevel (fast: denn der Frevel hat nun mal seine spezifischen Reize). Die *Mona Lisa* ist einmalig, sie steht nicht zum Verkauf. Aber genau das erschüttert die Menge, die täglich bewundernd an diesem Kunstwerk vorbeidefiliert. Große Kunst ist nun eben einmalig – so lautet der common sense all derer, die nicht Banausen sein wollen. Als inkommensurabel und einmalig aber gilt Kunst erst, seitdem es Kapital und kapitalistisches Wirtschaften gibt. Kein mittelalterlicher Maler, der einer Handwerkszunft zugehörte, wäre auf die Idee gekommen, sein Werk als unvergleichlich anzusehen. Erst mit der frühen Renaissance und also erst zu der Epoche, da sich ein Banksektor ausdifferenziert, gibt es Künstler, die in einem sehr präzisen Sinne freie Künstler sind. Also Künstler, die nicht mehr als Hofmaler in einem verbindlichen Treueverhältnis zu einem Fürsten stehen oder die nicht mehr an Aufträge seitens der Kirche gebunden sind.[199] Künstler, die sich als Genies verstehen, die die göttliche Genesis um das ergänzen, was sie selbst generieren.

Die Paradoxie ist unübersehbar: Gerade zu der Zeit, in

der die Idee des göttlichen, genialen, inkommensurablen Kunstwerks aufkommt, entsteht ein Kunstmarkt, der das Inkommensurable mit Preisen versieht. Daß gerade noch abwegig scheinende Investitionen in Kunstwerke ökonomisch lohnend sein können, hat nicht nur und wider Willen der bayerische Märchenkönig Ludwig II. vorgeführt. Die Begegnung von Kunst und Kapital ist immer wieder für jene Überraschungen gut, die sich einstellen, wenn Ungleiche ihre Gleichheit erkennen. Aber genau dies ist die kapitale Leistung, die Kunst erbringt: Sie macht sichtbar, was sonst nicht wahrgenommen würde – daß alles anders ist oder zumindest doch anders wahrgenommen werden kann, als es zu sein scheint.

*

Nach diesen abstraktionslastigen Überlegungen lohnt ein zweiter Anlauf und ein Innehalten, nämlich ein längerer Blick auf zwei Gemälde, die sich vom Thema Geld und Kunst faszinieren lassen. Doch auch diesmal bedarf es einiger Vorüberlegungen.

Geld ist ein kapitales Thema nicht nur der Literatur, sondern auch der bildenden Kunst. Bilder, die Geld-, Finanz-, Tausch- und Handelsszenen darstellen, würden in einem Motivkatalog der Kunstgeschichte seit der frühen Neuzeit einen der oberen Ränge belegen. Zwar rangierten sie nicht unter den ersten drei Plätzen. Die kämen allzu offensichtlichen Kandidaten wie Porträts, Landschaften und Stilleben zu. In dem Maße jedoch, in dem man nicht weitgespannte Genre-, sondern spezifische Motivkriterien geltend macht, fällt auf, wie intensiv sich die neuzeitliche Malerei von Geldmotiven hat faszinieren lassen. Nicht erst Joseph Beuys und Andy Warhol, sondern schon Lucas Cranach und Baldung Grien, Hans Holbein und Jan Vermeer van Delft, Pieter Bruegel und Rembrandt, Peter Paul Rubens und William Hogarth (um stellvertretend nur diese Namen zu nennen) stehen im Bann der Rätsel, die der Sphäre des Geldes, des Wertes und des Tausches zu eigen sind.

Die Gründe für diese Faszination liegen vor Augen und sind doch der Analyse wert. Die vorrangige Gemeinsamkeit von Kunstwerken und Geld ist aber gewissermaßen zu offensichtlich, um eigens wahrgenommen zu werden. Beide, große Kunstwerke wie Geld, sind knapp und ebendeshalb wertvoll. Geld, das in inflationärer Überfülle bereitläge, hätte seinen eigentlichen Sinn verfehlt (incl. seinen Wortsinn: »Geld« leitet sich etymologisch von »Geltung« her). Es wäre geltungslos und könnte seine elementare Funktion, einen geregelten und einigermaßen friedlichen Zugriff auf knappe und wertvolle Güter (z. B. einmalige Kunstwerke) zu ermöglichen, nicht erfüllen. Knappheit ist aber nicht nur das Leitwort der ökonomischen, sondern (in kultursoziologischer Perspektive) auch das der ästhetischen Sphäre. Joseph Beuys mag mit seinem bekannten Satz »Jeder Mensch ist ein Künstler« recht haben; denn dieser Satz vermeidet ja bewußt die Wendung »Jeder Mensch ist ein großer und bedeutender Künstler«. Große Kunstwerke sind einmalig, also extrem knapp und deshalb besonders wertvoll. Was nicht ausschließt, daß große Kunst gegen die ökonomische Logik der Knappheit an die reizvolle Fülle und den schönen Überfluß von Welt und Dasein erinnert.

Wer so (nämlich auf Knappheit fokussiert) argumentiert und empfindet, weist sich als Zeitgenosse von Neuzeit und Moderne, also von jenen Epochen aus, die Geld zu ihrem Leit- und Steuermedium gemacht haben. In vorneuzeitlichen Epochen galt zwar auch das Korrelationsgesetz von

Wert und Knappheit. Aber dieses Gesetz wurde, um es in der nüchternen Sprache der Systemtheorie auszudrücken, weitgehend invisibilisiert, also ausgeblendet. Auf die Frage nach der Herkunft von Werten gab es eine kaum kritisch zu befragende theologische Standardantwort: Das eigentlich Wertvolle gehöre Gott zu und nicht den Menschen. Der Herr gibt und nimmt; er sorgt für die zeitlichen und zumal für die ewigen Werte. Mit dem Bild vom Genie, das singuläre Werke und damit höchste Werte schafft, ist eine solche Theologie inkompatibel – nicht aber die neuzeitliche Ökonomie, die auf Geld als Leitmedium setzt.

Die vorneuzeitliche Kunstsphäre war denn auch nicht auf den Typus des genialen, unvergleichliche Werke und Werte hervorbringenden Künstler-Individuums fixiert. Vielmehr galt die bildende Kunst als ein erlernbares Handwerk; Maler gehörten einer Zunft an; wer besonders gut kopieren konnte, genoß hohe Anerkennung; zwischen dem Meister und seinen Werkstattgesellen herrschte nicht die Genie-/Nicht-Genie-Unterscheidung, sondern eben die »zünftige« zwischen Handwerksmeister und Gesellen. Herausragende, bedeutende Künstler konnten zwar die Grenzen solcher handwerklichen Zunftzugehörigkeit sprengen. Aber eben nicht, indem sie sich als autonome Genies erfuhren, die auf eigene Verantwortung und Rechnung für den (Kunst-)Markt[200] produzierten, sondern indem sie als Hofkünstler[201] die Protektion, Gunsterweise und Zuwendungen etwa eines Königs, Fürsten, Bischofs oder einer Mäzenin wie Maria dei Medici genossen. Als guter Künstler galt, wer die im besten Sinne konventionellen Erwartungen erfüllte, nämlich die, die der Konvention und Tradition entsprachen: So und nicht anders hatte ein Fürstenporträt, so eine Landschaft, so eine Pietà und so ein Stilleben auszusehen.

Kunsthistorisch auffallend und aufschlußreich ist es, daß sich Geldmotive in der bildenden Kunst eben zu Beginn der Neuzeit häufen, in der sich langsam, aber deutlich der Typus des Malergenies herausbildet. Eines von vielen Beispielen dafür ist das großformatige Gemälde *Die glückliche Regierung* aus dem Maria-Medici-Zyklus, den Peter Paul Rubens (1577–1640) im Auftrag der Regentin (ihr königlicher Gemahl Heinrich IV. war gestorben, ihr Sohn Ludwig XIII. war noch unmündig) zwischen 1622 und 1625 malte.

Die Bildmotivik dieses pompösen Gemäldes erschließt sich schnell und ist doch von geheimen und geistreichen Pointen nicht frei. Maria dei Medici thront, eine Waage und somit das altehrwürdige Symbol der Gerechtigkeit in ihrer rechten Hand haltend, eben nicht in der Bildmitte, sondern deutlich darüber. Sie schwebt über den Dingen und zahlt dafür einen Preis: Sie steht nicht im Zentrum. Ihr gelten die bewundernden und dankbaren Blicke der Figuren auf der linken Bildhälfte. Unter ihr tummeln sich Kinder- und Puttengestalten, die, wie die Requisiten Panflöte und Pinsel ausweisen, die Künste allegorisieren. Zu Marias linker Hand, genauer: in unmittelbarer Nähe zu der symbolischen Hand, die ihre linke Hand, auf eine Weltkugel gestützt, hält, also in der rechten Bildhälfte, sehen wir die Figur der Großzügigkeit. Abundantias Füllhorn spendet, guter Tradition entsprechend, reichlich Früchte. Bemerkenswert aber ist, daß die Freigebigkeit ein Double hat. Und zwar ein spezifisch neuzeitliches Doppel, das keine Naturalien, sondern Münzen über die kunstsinnigen Putten streut. Diese Münzen sind genau im Bildzentrum plaziert. Den Münzen und nicht etwa der Regentin gelten denn auch (mit Ausnahme Minervas) die Blicke der Gestalten, die auf der rechten Bildseite versammelt sind.

Das ist mehr als nur eine kleine Provokation in einem Hul-

Peter Paul Rubens (1577-1640): *Die glückliche Regierung* (aus dem *Medici-Zyklus*)

digungsbild: In seinem Mittelpunkt steht nicht etwa die Gestalt, der gehuldigt wird, sondern das Medium, das eine glückliche Regierung ermöglicht: Geld. Geld, das der Kunst gewährt wird, Geld, dem ein Lorbeerkranz beigesellt ist. Ruhm, Aufmerksamkeit und Geld bilden so eine fruchtbare Konstellation. Auffallend ist dabei, daß wohl die Herrscherin, nicht aber die Putten, die die Kunst bedeuten, individuelle Züge tragen. Das Bild huldigt einer Herrscherin und ihrem Namen sowie zwei namenlosen Funktionen: der Kunst und dem Geld. Dieser Umstand mag das Rätsel begründen, daß weniger Personen als vielmehr ein auffallend häufig exponierter Körperteil von Personen so etwas wie das exzentrische Zentrum des Gemäldes ausmacht. Das Bild könnte nämlich, wie schnell ersichtlich, auch einen anderen Titel tragen und statt *Die glückliche Regierung*

Die glückliche Hand bzw. *Die glücklichen Hände* heißen. Den Händen kommt in diesem Gemälde eine exponierte Funktion zu: greifenden, nehmenden, gebenden, umfassenden, Kleider schürzenden, eine Waage haltenden, Pinsel umfassenden, Trompeten umgreifenden, nach Geld langenden Händen. Und einer ganz besonderen Hand, der schon erwähnten, weit hinfassenden, körperjenseitigen, aber die Körperschaft schlechthin symbolisierenden Hand am Stock nämlich, die Maria dei Medici ihrerseits in ihrer linken Hand hält. Es handelt sich bei diesem Requisit nicht etwa um ein klassisches Zepter, sondern um ein Sinnbild der öffentlichen Hand. Glücklich agiert, man ist versucht zu formulieren: glücklich manipuliert die Hand, die Geld produktiv einsetzt.

Daß die zentrale Rolle des Geldes in diesem Gemälde eindeutig positiv dargestellt wird, ist so selbstverständlich nicht. Über lange Zeiträume hinweg nämlich hatten es Münzen, Geld und Kapital in der Tradition christlicher Kunstgeschichte schwer, bild(ikono)logisch geadelt zu werden. Der Grund dafür ist schnell genannt und wird von zahlreichen Bildern bezeugt. Geld galt in christlicher Tradition als heikles, wenn nicht gar als satanisches Medium. Jesus treibt die Händler aus dem Tempel; er predigt wirkungsmächtig, es sei leichter, daß ein Kamel durch ein Nadelöhr gehe, als daß ein Reicher in den Himmel komme; und Judas empfängt den Verräterlohn der dreißig Silbertaler: drei besonders populäre von vielen geldkritischen Szenen aus dem Neuen Testament. Auf ihrer Folie ist es extrem erklärungsbedürftig, daß das religiös und theologisch geächtete Geld neuzeitlich einen rasanten Kursgewinn erfährt – gerade auch in der bildenden Kunst. Rubens behauptet und gestaltet nicht weniger als eine intime Beziehung zwischen Geld und Kunst.

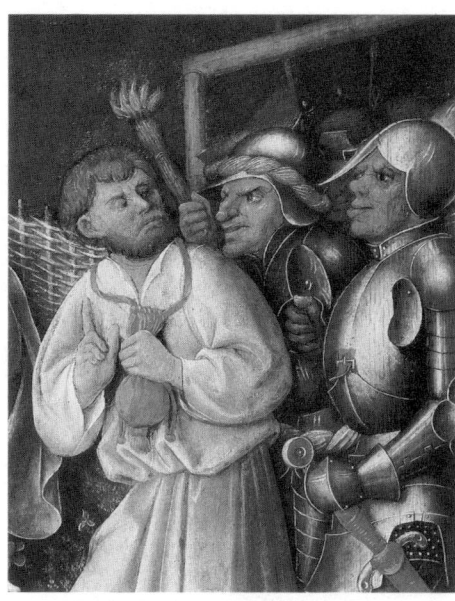

Meister der Tegern-
seer Tabula Magna
(1445/46): *Judas
führt die Knechte
der hohen Priester*,
Ausschnitt aus
einem Tegernseer
Altarbild

Um das zu verdeutlichen, genügt ein Vergleich zwischen
zwei prototypischen Gemälden. Das erste entstand um
1445, also noch in vorreformatorischer Zeit, in der Werk-
statt des Meisters der Tegernseer Tabula Magna. Es trägt
den Titel *Judas führt die Knechte der hohen Priester*.

Die drei Gestalten, die auf diesem Altarbild gezeigt werden, sind keine Sympathieträger. Zwei Soldaten folgen,
mordlüsternen Blicks und in sicheren Harnisch gepreßt,
dem sofort als Verräter erkennbaren rothaarigen Judas. Er
schlägt die Augen nieder, nicht wissend, welch welthistori-
sches, ja mehr als das: welch heilsgeschichtliches Ereignis
er da einleitet. Seine linke Hand umfaßt fest den prallen
Mammonbeutel, der von seinem Herzen Besitz ergriffen
hat, seine rechte befiehlt hingegen Aufmerksamkeit für
die Dinge, die sich da ereignen werden. Das zweite Gemäl-

131

Julius Schnorr von Carolsfeld (1794–1872): *Das Gleichnis vom Zinsgroschen*

de entstand etwa vierhundert Jahre später. Julius Schnorr von Carolsfeld (1794–1872) führt in *Das Gleichnis vom Zinsgroschen* die Szene vor Augen, in der Jesus positiv vom Geld handelt (Matthäus 25,24–30).

Man solle, so die christliche Botschaft, die von Gott anvertrauten Güter und Fähigkeiten produktiv nutzen, wer da habe, dem solle gegeben werden, wer aber ein »unnützer Knecht« sei, verdiene Heulen und Zähneklappern. Man solle, heißt es in einer weiteren Geld-Rede Jesu (Lukas 20,21–26), dem Kaiser geben, was des Kaisers ist, und Gott, was Gottes ist. Das ist rhetorisch einprägsam formuliert und doch so etwas wie eine Vorwegnahme funktionalistischer Einsichten, die in der theoretischen Sphäre erst zweitausend Jahre später formuliert werden: Ökonomie und Theologie sind demnach unterschiedlich funktionierende Systeme mit unterschiedlichen Leitcodes (im Fall der Ökonomie lautet dieser binäre Code: zahlen/nichtzahlen; im Fall der Theologie: immanent/transzendent). Beide Codes lassen sich nicht zur Deckung bringen. Um so verblüffender ist es, daß Schnorr von Carolsfeld dennoch pointiert ein solches Überschneidungsverhältnis in die Logik seines Gemäldes einbaut. Christus hält die Münze (fast!) so, wie ein Priester die geweihte Hostie zwischen seinen Fingern hält. Die Münze befindet sich zwischen dem gespreizten Zeige- und Mittelfinger seiner rechten Hand. Sie korrespondiert mit dem Heiligenschein, der sein Haupt umgibt. Zwischen der Hostie und der Münze, zwischen der Ökonomie und der Theologie herrschen in der Tat ebenso erhellende wie irritierende Korrespondenzen.[202] Nicht umsonst ist die Sprache der Finanzen durch und durch theologisch geprägt: Schuldner und Gläubiger, Kredit und Erlös, Messe und Offenbarungseid, (Lob-)Preis und (Schulden-)Tilgung sind unüberhörbar Begriffe, die der religiösen wie der pekuniären Sphäre gleichermaßen zugehören. Münze und Hostie sind demselben Design verpflichtet, nicht jeder darf sie emittieren. Auch die Begriffe Mission/emittieren gehören in das clair-obscur des Zwischenreiches von Religion und Ökonomie.

Schnorr von Carolsfeld gestaltet, mit welchem Grad von analytischem Bewußtsein auch immer, in seinem so traditionsverbunden scheinenden Gemälde genau die spezifische tiefenstrukturelle Entwicklungslogik der Neuzeit: Sie stellt von religiöser auf ökonomische Leitorientierung um. Die Münze wird zum funktionalen Äquivalent der Hostie. Eine Konversion, die die Kunst aufmerksam beobachtet (NB: »Konversion« ist wohl der aufschlußreichste, weil mächtigste der Begriffe, die die Theologie mit der Ökonomie verbindet: konvertieren wir doch Konfessionen, Währungen und Medien-Software[203]). Bekanntlich aber hat alles hienieden seinen Preis. Das gilt auch für die überwältigenden und durchschlagenden Gewinne der Neuzeit. Die Hörer der Rede Jesu signalisieren mimisch nicht gerade enthusiastische Zustimmung, vielmehr blicken sie einigermaßen indigniert drein. Sie scheinen zumindest zu ahnen, daß die Neuzeit nicht nur für ungeahnte Reichtümer sorgt, sondern ihren Zeitgenossen auch das metaphysisch zumutungsreiche Gefühl der »transzendentalen Obdachlosigkeit« (Georg Lukács) beschert. Drei der Zuhörer Christi halten Schriftstücke in den Händen. Nur eines dieser Schriftstücke ist eindeutig als Buch zu identifizieren, von dem dahinsteht, ob es frommen oder profanen Inhalts ist; die beiden anderen ähneln eher einer Schuldverschreibung oder einer Rechentafel. So treffen in der romantischen Darbietung der christlichen Gleichnisrede das Erzählen und das Zählen, die religiöse Gleichnisrede, ihre künstlerische Gestaltung und das Kalkulationsmedium Geld aufeinander. Religion, Kunst und Geld bilden in der Neuzeit eine spannungsreiche Konstellation – welcher dieser drei Größen die größte Verehrung gelten soll: das steht heute wieder so scharf zur Diskussion, als hätten wir Neuzeit und Moderne nicht hinter, sondern vor uns.

II
Sprechen

1

Das doppelte Subjekt
Die Kontroverse zwischen Hegel und
Schelling im Lichte des Neostrukturalismus

Ein Gerücht ging und geht noch immer um in den neueren humanwissenschaftlichen Debatten: Französische Theoretiker hätten in seltsamen Diskursen den Tod des Subjekts ausgerufen. Und wenn sie noch auf dessen letzte Zuckungen stießen, verlangten sie unbarmherzig seine endgültige und irreversible Abschaffung. Dieses Gerücht war und ist unzutreffend. Es gibt keinen Satz, der aus der Feder von Lacan, Foucault, Derrida oder Deleuze geflossen wäre und die Inexistenz von Subjektivität, also der Möglichkeit der Erfahrung und der (unheimlichen) Vertrautheit mit sich, ernsthaft behauptete. Wohl aber gibt es zahlreiche französische Wendungen, Nachweise, Indiziensammlungen und Argumente, die den im vielfachen Sinn peripheren, epiphänomenalen und in jedem Wortsinne ex-zentrischen Status von Subjektivität problematisieren. Noch das unstreitig entschiedenste unter den »poststrukturalistischen« französischen Büchern, der *Anti-Ödipus* von Deleuze und Guattari, leugnet nicht, daß Subjektivität vorhanden sei: am Rande der Maschine freilich und nicht im Zentrum von Seins-, Sinn-, Bedeutungs- und Bewußtseinskonstitution überhaupt. »Um den Kreis herum, aus dessen Zentrum das Ich desertiert ist, breitet sich das Subjekt aus.«[204]

Humanwissenschaften, die nicht ausschließlich in Form etwa von Kant- und Fichte-Rekonstruktionen prozedieren wollen, haben nicht erst, seitdem Debatten um die Willensfreiheit wieder modisch sind, suggestive Gründe für die

Annahme, Subjektivität sei buchstäblich exzentrisch. Daß ein einzelnes Subjekt die Größe ist, die die Welt im Innersten zusammenhält, wird Subjektivitätstheorie heute seriöserweise nicht mehr behaupten. Die venia regia erfolgreicher empirischer, etwa psychologischer, politologischer oder soziologischer Forschungsmethoden führt zu der Einsicht, daß das Subjekt nicht Herr ist im eigenen Haus, geschweige denn in System, Umwelt und Kosmos. Gleichwohl aber ist es vorhanden – jenes eigentümliche Oszillationsphänomen, danach man mit sich vertraut ist, danach man weiß, daß dieses Selbsterkennen, welches vom Selbstverkennen meist nur schwer unterscheidbar ist, mich betrifft, daß dieser Wunsch, dieser Blick oder dieser Schmerz je meiner ist. Zu scharfer Konturierung gelangt solche elementare Vertrautheit mit sich – und Vertrautheit kann wie Vertrauen von (Ent-)Täuschungen nicht verläßlich freigehalten werden – allerdings allein im Zeichen der Krisen, die sie in Frage stellen.

Selbst Kant hat einsichtigerweise nirgends beschworen, daß das Subjekt seiner selbst unausgesetzt eingedenk sein müsse. Das gibt schon der berühmteste Satz der *Kritik der reinen Vernunft* zu erkennen. »Das: ich denke muß alle meine Vorstellungen begleiten können«[205] – und eben nicht müssen. Es ist diese charmante Laxheit, die das kantische Subjekt von den Widersprüchlichkeiten reinen Selbstbezugs und lähmender Überstrapazierung bewahrt. Bewahren aber kann das Subjekt sich nur, wenn es sich nicht ständig als Subjekt im Sinne von tragendem Grund bewahren will.

Zu wissen, dieser Blick sei ausschließlich der meiner Augen, ist das eine – ihn selbst erblicken oder sich ohne Zuhilfenahme eines Spiegels selbst auf den Kopf sehen zu wollen, ist das struktural ausgeschlossene andere. Die intensivierte Selbsterfahrung im Schmerz oder im Wunsch kann so verzehrend werden, daß der Erfahrende seine Durchstreichung erfährt: in schierer Besinnungslosigkeit oder im Tod. Und auch die reflexive Selbsterkennung noch der vorherigen Selbstverkennung kann so tödlich enden, wie es Goethes Bildungsroman *Wilhelm Meisters Lehrjahre* am Schicksal des Harfners beschrieb: »Man erfuhr nicht ohne Mühe und nur nach und nach, daß, als er bei der unglücklichen Dislokation des Grafen [einer neuen Zimmerverteilung in den Räumen der Turmgesellschaft, J. H.] in ein Zimmer mit dem Abbé versetzt worden, er das Manuskript und darin seine Geschichte gefunden habe; sein Entsetzen sei ohnegleichen gewesen, und er habe sich nun überzeugt, daß er nicht länger leben dürfe; sogleich habe er seine gewöhnliche Zuflucht zum Opium genommen.«[206] Der vollends über sich selbst Aufgeklärte mag nicht länger leben. Das Subjekt des Lesens fällt aus, wenn es mit dem Subjekt des Gelesenen in eins fällt: »Den andern Morgen fand man Augustinen tot in seinem Bette; er hatte die Aufmerksamkeit seiner Wärter durch eine scheinbare Ruhe betrogen, den Verband still aufgelöst und sich verblutet.«[207] Noch dieses Ereignis werden die Archive der Turmgesellschaft aufzeichnen. Das verzeichnete Subjekt aber wird diese Eintragung nicht mehr lesen können. Das Subjekt des Ausgesagten ist wie das des Geschriebenen logisch und chronologisch früher und später als das des Aussagens und des Niederschreibens.

So tödlich paradox wie dem Harfner kann es Subjekten ergehen, denen eine aufklärungsversessene Turmgesellschaft humanistisch verweigert, unterliegendes sub-jectum zu sein. Goethes Wink an subjektzentrische Philosophen hat die große Karriere und das überragende Prestige transzendentalphilosophischer Theoriebildungen nicht verhindern können. Sie verkennen, daß die Abdankung des Subjekts von seinem Königsplatz eins sein könnte mit seiner Rettung. Wer abdankt, ist nicht tot. Es soll Kaiser, Könige und Kanzler gegeben haben, die erst nach ihrer freiwilligen oder auch erzwungenen Abdankung befreit, lohnend und gut gelebt haben. Vieles spricht dafür, daß die neueren französischen Theorien, von denen seltsamerweise nicht auszumachen ist, ob sie neo- oder aber poststrukturalistisch heißen sollen, eher Partisanen einer Rettung des Subjekts sind als die wohlarmierten deutschen Verteidiger der reinen Vernunft, der Kraft des besseren Arguments und der Unhintergehbarkeit von Individualität. Dafür spricht nicht zuletzt der Stil jener divergenten Theorien. Wissen doch Franzosen zumal: Le style c'est l'homme même.

Eigenartige Paradoxie: Wahrhaft individuiert, unverwechselbar schreiben Lacan, Foucault, Derrida und Deleuze, die doch verdächtigt werden, Subjektivität zu leugnen oder gar theoretisch liquidieren zu wollen. In grausiger Allgemeinheit aber kommen die Hypostasen etwa von Habermas daher, die im Namen der Vernunft, der jedermann nach angemessener Diskussion muß zustimmen und die jeder muß vernehmen können, Subjekten jede Individualität austreiben. Die Stillosigkeit solcher Prosa verrät ihr sachliches Dilemma: das Prinzip herrschaftsfreier Zustimmung oder Ablehnung selbst unter Zustimmungszwang zu stellen. Auch die reformierte Transzendentalphilosophie erliegt dem Paradox ihrer Vorlage: die Vernunft vor den Richterstuhl der Vernunft zu bringen und so jede Form von heterologer Erfahrung auszuschließen.

Das ist die Dialektik einer Subjektivität, die zum unhintergehbaren Prinzip verallgemeinert wird: Sie verliert sich im Maße ihres Siegeszuges. Dem Spannungsverhältnis von individuierter Tugend und allgemeinem Weltlauf haben Lessing und Hegel wohl zuerst diese Dialektik abgelesen.[208] Wer den Weltlauf nach dem (Vor-)Bild der Tugend organisieren will, wird die Tugend Mimikry an den Weltlauf treiben lassen müssen. Hegel ist es denn auch gewesen, der als erster angesichts der Französischen Revolution und eingedenk einer gerade zwei Jahrzehnte alten florierenden Transzendentalphilosophie, die sich als deren theoretische Entsprechung verstand, mit dem Denken autarker und irreduzibler Subjektivität gebrochen hat – im Interesse ihrer Rettung auf einem anderen, auf einem verschobenen, auf einem deplazierten Schauplatz. Die berühmte Dialektik des Satzes, die er in der Vorrede der *Phänomenologie des Geistes* entfaltet, endet in einer Deplazierung des in jeder Weise selbstbewußten Subjekts. Angesichts der transsubjektiven Gewalt symbolischer Ordnungen vermag es seinen vermeinten Königsplatz nicht zu bewahren. Sich selbst bewahren – und sese conservare ist der Fetisch der Moderne, die Selbsterhaltung so fraglich werden ließ wie keine Epoche zuvor – aber kann das Subjekt sich allein um den Preis seiner Deplazierung. Daß es ein Epiphänomen ist und es sich als solches anerkennen kann, sichert ihm seine Existenz.

Hegels im folgenden zu rekonstruierende Theorie eines Subjekts, das sich als Doppel, als double, als simulacrum[209] erfahren muß, ist poststrukturalistischen Theorien exzentrischer Subjektivität erstaunlich affin.[210] Angesichts der intensiven Wirkung der Vorlesungen *Introduction à la lecture de Hegel*, die Alexandre Kojève[211] in den 30er Jahren des 20. Jahrhunderts in Paris hielt, stellt diese Affinität kein philologisches Rätsel dar. Dennoch soll hier nicht der alten Lust des Philologen nachgegeben werden, revolutionäre (Schreib-)Ereignisse evolutionär umzuschreiben. Hegels

These vom gedoppelten und deplazierten Subjekt, das gleichermaßen Element einer ihm überlegenen und vorausgehenden Ordnung wie Schauplatz dieser Ordnung selbst ist, verdient ebenso wie Schellings Kritik dieser Konzeption sachliches und nicht nur ideengeschichtliches Interesse. Geht es doch um nichts Geringeres als um die Möglichkeit des Glücks, seiner selbst exzentrisch und gleichwohl ohne tödlichen Schrecken inne zu werden.

*

In der Vorrede zur *Phänomenologie des Geistes* entfaltet Hegel im Anschluß an und in Konkurrenz zu Kants Satz, Sein sei kein reales Prädikat,[212] die parmenideische These, »daß das Sein Denken ist« (53).[213] Diese vorsokratische »Einsicht« ging mit der aristotelischen Fassung des Identitätssatzes verloren, dem zufolge dasselbe demselben in derselben Hinsicht nicht zugleich zukommen und nicht zukommen kann (etwas kann z. B. nicht zugleich rund und eckig oder am selben Punkt schwarz und weiß sein).[214] Die Weisheit eines Denkens, das Widerspruchsstrukturen nicht per se verwirft, pflegt nach Hegels schöner Formulierung dem »gewöhnlichen begriffslosen Sprechen [...] abzugehen« (53), das sich ans Identitäts- und Gleichheitsdenken gewöhnt hat. Deshalb versucht Hegel, seine zuvor nur als These artikulierte »antizipierte Versicherung« (55) durch einen Verweis auf die Dialektik des Satzes plausibel zu machen, die sich noch, ja gerade in der profanen, alltäglichen Rede bewährt. Er polemisiert dabei zugleich esoterisch gegen vier um 1800 gängige Subjektivitätstheorien, die sich aufgrund argumentativer und stilistischer Parallelen in der Hegelschen *Geschichte der Philosophie* genau identifizieren lassen. So kritisieren die zur Dialektik des Satzes überleitenden Bemerkungen erstens Kants »Gewohnheit, an Vorstellungen fortzulaufen« (56), die er, in »psychologischer Ansicht und empirischer Manier eingeschlossen«[215] bleibend, als faktische auffindet und »so [...] her erzählt«.[216]

Während es Kant dieser Bemerkung zufolge »sauer ankommt« (56), vom »zufälligen«, da an kontingente Faktizität empirisch gebundenen Bewußtsein zum »Selbst dieses Bewußtseins« zu gelangen, macht der zweite Adressat der Hegelschen Kritik, nämlich die frühromantische Form des Räsonierens, wie Friedrich Schlegel sie repräsentierte, den umgekehrten Fehler. Weil das frühromantisch konzipierte Selbst sich seinen Inhalten gegenüber völlig frei dünkt, verfällt es einem Diskurs der »Eitelkeit« (56).[217] Damit verkennt es den »immanenten Rhythmus der Begriffe« (56), den es »willkürlich« beherrschen zu können meint. So begibt es sich der Möglichkeit, jene »Bewegung [der transsubjektiv gültigen Begriffe, J. H.] zu betrachten« (56), die diesem seinem Selbst vorausliegt und es allererst trägt.

Damit radikalisiert die frühromantische Reflexion das zentrale Motiv Fichtes. Ihn charakterisiert Hegel nun (drittens) als denjenigen, der die »Reflexion in das leere Ich, die Eitelkeit seines Wissens« (56) propagiert. Fichte, so Hegels Vorwurf, macht wie aus der Pistole geschossen mit der Größe den Anfang, der sinnvoll allenfalls Resultatcharakter zuzuschreiben wäre: mit selbstbezüglicher Subjektivität. »Dadurch, daß diese Reflexion ihre Negativität selbst nicht zum Inhalte gewinnt, ist sie überhaupt nicht in der Sache, sondern immer darüber hinaus; sie bildet sich deswegen ein, mit der Behauptung der Leere immer weiter zu sein als eine inhaltsreiche Einsicht.« (57) Polemisch heruntergespielter Adressat der Kritik Hegels aber ist viertens auch jene Diskursform, die er als vorbegrifflich verfahrende nicht einmal unter dem Titel »Wissenschaft« figurieren läßt – die Theorieform Schellings nämlich, die aus dem »Schreine des inneren göttlichen Anschauens« (55) sich legitimieren zu können glaubt, aber nichts anderes ist als die überhebliche Behauptung philosophierender »Sonntagskinder«[218].

Gegen diese vier Fehlformen im »Studium der Wissenschaften« (56) vom Menschen, denen das Theoriedesign, mit unmittelbar hypostasierter bzw. allgöttlich gegebener (Fichte, Schlegel, Schelling) oder empirisch »hererzählter« (Kant) Subjektivität zu beginnen, gemeinsam ist, optiert Hegel für ein »begreifendes Denken« (56 u. 57), das »sich des eigenen Einfallens in den immanenten Rhythmus der Begriffe« (56) methodisch enthält. Ausdrücklich also versteht sich der von Hegel intendierte Reflexionsduktus als einer, der reflektierende oder intellektuell anschauende Subjektivität zugunsten des »immanenten Rhythmus der [transsubjektiven, J. H.] Begriffe« dezentriert.

Phänomenologisch angezeigt und nicht etwa wissenschaftlich entfaltet wird die Gültigkeit von Hegels These, daß das Sein Denken und Denken und Sein eines ist, im Nachweis der transsubjektiven Gültigkeit der Dialektik des Satzes. Wie später Schellings Ausführung über Identität und Copula,[219] argumentiert auch Hegels beginnende Darstellung der Dialektik des Satzes in eindeutiger Absetzung von Spinozas Substanz-Akzidens-Theorie: »Indem der Begriff das eigene Selbst des Gegenstandes ist, das sich als sein Werden darstellt, ist es nicht ein ruhendes Subjekt, das unbewegt die Akzidenzen trägt, sondern der sich bewegende und seine Bestimmungen in sich zurücknehmende Begriff.« (57) Eine ersichtlich komplizierte, aber sich doch lichtende Argumentation: Wer denkend etwas (eine »Sache«, einen Gegenstand, einen Sachverhalt) begreifen will,

will begreifen, was diesen Sachverhalt eigentlich ausmacht. Das aber kann er nur, wenn er nichts auf den Gegenstand projiziert, sondern vielmehr den Begriff der Sache aus der Sache selbst heraus entfaltet, die damit deutlich macht, inwiefern sie widerständiger, schwer zu begreifender Gegenstand ist. Ausdrücklich spricht Hegel von der »merkwürdigen Natur« (57) eines »begreifenden Denkens« – muß es sich doch, da es nur dann Bestand haben kann, wenn es sich selbst als etwas begreift, das aus seinem Gegenstand resultiert, als dessen »eigenes Selbst« und somit als dessen Wahrheit begreifen.

Im Prozeß des Begreifens, der immer ein Prozeß des Übergreifens aus der Sphäre des Denkens in die des Seins resp. des Seienden ist, kommt es somit zu bemerkenswerten Machtverschiebungen. Ein Begreifen, das sich dem zu begreifenden Gegenstand anschmiegt, erweist sich als mächtiger denn ein Denken, das sich souverän seiner Sache sicher meint. Eine Argumentationsfigur, die Hegel alsbald auf die grammatische Struktur des Satzes anwendet. Sie wird von den zur Zeit Hegels noch mächtigen traditionellen aristotelisch-scholastischen Grammatiktheorien so verstanden, daß das Subjekt als Fundament, antecedens und Grundlegung gilt, dem das Prädikat als consequens bzw. als das, was das Fundament mit Attributen anreichert, nachgeordnet ist. Hegels Pointe ist leicht nachzuvollziehen: Im Übergang vom Subjekt zum Prädikat, der den Satz konstituiert, gerät das vermeintlich »ruhende« (57), Akzidenzen tragende Subjekt ins »Schwanken«, es erlebt in diesem Übergang den Untergang seines fundamentalistischen Status, weil es sein »Selbst« einzig im Prädikat hat. Denn erst in dem, was vom Subjekt prädiziert wird, erst im Prädikat oder in den Prädikaten wird die »Zerstreutheit des Inhalts« (58), der dem Subjekt zukommt, derart »gebunden«, daß das schwankende, aber dennoch als autonome Größe verstandene Subjekt zugrunde geht, sofern es das Prädikat als seinen »Grund« anerkennen muß. Ein als Substanz (miß-)verstandenes Subjekt gerät ins Schwanken und wird vom Zugrundegehen bedroht, weil es die »Zerstreutheit [seines] Inhalts« (das Subjekt ist a, b, c …) nicht autonom zu der Einheit, die es zu sein vorgibt, zu binden weiß. Und also geht das Subjekt in seinen Grund, das Prädikat, zurück. Indem das Prädikat benennt, was die Substantialität des Subjekts allererst ausmacht, wird es zur »Substanz selbst« (58). Umgekehrt sieht das Subjekt sein Selbst in seinen prädikativen Grund verlegt. Und allein um den Preis seiner Dezentrierung vermag es sich vor der Bedrohung irreversiblen Zugrundegehens zu bewahren. Denn als Prädizierendes und »Substanz selbst« greift das Prädikat auf das Subjekt über, um es, das doch Integral des Satzes zu sein schien, zu seinem bloßen Moment zu depotenzieren.

So kann das Subjekt nicht länger als »das gegenständliche fixe Selbst« (58) gelten, zu dem es durch eine geradezu alltäglich gewordene philosophische Denktradition verdinglicht wurde. Und umgekehrt fungiert das Prädikat nicht länger als unabhängige Prädikation von etwas ihm unverfügbar Vorauf- und Vorangehendem (antecedens). Zur »ganzen und selbständigen Masse geworden« (58) oder – präziser – angesichts der grammatologischen Destruktion des substantialistischen Geltungsanspruchs des Subjekts seiner übergreifenden Macht inne werdend,[220] ist das Prädikat die Totalität des Satzes geworden, dessen untergeordnetes, vom Subjekt als eigentlichem Satzträger abhängiges Moment es zu sein schien. Dennoch ist die Differenz von Subjekt und Prädikat nicht schlicht »vernichtet« (59). Vielmehr »soll« – so Hegels aufregende und elegante, konkurrierende Subjektivitätstheorie überwindende These – »auch im philosophischen Satz die Identität des Subjekts und Prädikats den Unterschied derselben, den die Form des Satzes ausdrückt, nicht vernichten, sondern ihre Einheit [soll] als eine Harmonie hervorgehen.« (59) Das aus der transsubjektiven Dialektik des Satzes Hervorgegangene, Resultierende und von ihm Produzierte aber ist kein anderes als »das wissende Ich« (58). Es tritt nunmehr an die Stelle »jenes« von der Problematik bewußter Subjektivität unabhängig thematisierten grammatischen Subjekts, sofern es »das Verknüpfen der Prädikate und das sie haltende Subjekt« (58), also das Ganze des de(kon)struierten Satzes ist.

Einwände gegen eine solche Argumentation liegen nahe: Es handle sich um ein schlichtes und schlechtes Wortspiel, das auf der mutwilligen Verwechslung des grammatischen und des selbstbewußtseinstheoretischen Subjektbegriffs beruhe, also um einen schnell aufzuklärenden Kategorienfehler. Hegel liest hingegen die Homophonie des grammatischen und des bewußten Subjekts offensiv als Indiz einer ursprünglichen, durch und durch unreinen Verschränkung zwischen allgemeiner Grammatologie und Selbstbewußtseinstheorie. Um zeigen zu können, daß die Homophonie von grammatischem und bewußtem Subjekt eben nicht nur ein scheinhafter Gleichklang ist, der zu einer rhetorischen Erschleichung (ver-)führt, bedarf es eines zusätzlichen Arguments. Es lautet: Die terminologische Äquivokation des logisch-grammatischen und des bewußtseinstheoretischen Subjektbegriffs ist sachlich und phänomenologisch gerechtfertigt; denn ihr entspricht die Selbst-»Übersetzung« einer transsubjektiven (= grammatischen, sprachlichen) in eine subjektive (bewußtseinsphänomenologische) Struktur. Diese Annahme ist für Hegels

Denken paradigmatisch. Es schließt nämlich geradezu regelmäßig von den Inkonsistenzen der übergeordneten Struktur auf die Möglichkeitsbedingungen der nachgeordneten und veranlaßt so beider Selbstverständnis zu einer Revision: Weil der fundamentalistische Anspruch des grammatischen Subjekts im überindividuellen Medium Sprache zugrunde geht bzw. in seinen Grund, das Prädikat, zurückgeht, wird das bewußtseinsphilosophische Subjekt freigesetzt.

Den Mangel am substantialistisch gedachten Satz-Subjekt, der sich in seinem prädikativen Zugrundegehen erweist, versteht Hegel demnach als diejenige Produktivität, die Subjektivität freisetzt.[221] Wenn der Satz, dessen Struktur intersubjektive Verbindlichkeit beansprucht, sich deshalb den »eitlen« Intentionen vereinzelter Subjektivität überlegen zeigt und dennoch an sich selbst seine De(kon)-struktion erfahren muß, so sorgt er dafür, daß »an die Stelle« seines Mangels, »an die Stelle jenes [grammatischen, J.H.] Subjekts das wissende Ich« tritt (58). Hegel konzipiert bzw. rekonstruiert so etwas wie einen inversen linguistic turn: Individuiertes Subjekt-Bewußtsein emergiert aus Inkonsistenzen der Satzstrukturen bzw. des intersubjektiven Mediums Sprache. So wird das bewußte, wissende, denkende Subjekt zur Größe, die »das Verknüpfen der Prädikate und das sie haltende Subjekt« (58) leistet, so wird aus einer vermeintlichen Substanz eine Funktion, so wird aus dem Subjekt des Ausgesagten das Subjekt des Aussagens.

Weil sie die Verknüpfungsinstanz der Prädikate und also das sub-jectum ist, an dem die Prädikate sich »halten« und auf dem sie gründen, kommt der Subjektivität ein paradoxer Titel zu: gewordene Totalität zu sein. Dem »Selbst seines Inhalts« (59) gegenüber aber ist ein derart verstandenes »wissendes Ich« – anders als die drei kritisierten post-kantischen Varianten seines Verständnisses es wollen – nicht unabhängig. Vielmehr trägt »das zweite (= Bewußt-seins-)Subjekt« als »Resultierendes« die Male seiner Ent-stehungsgeschichte, die zugleich die Geschichte der De-(kon)struktion und der Deplazierung seines Anderen, des »ersten (= grammatischen) Subjekts«, ist, an sich. »Indem aber jenes erste Subjekt in die Bestimmungen selbst ein-geht und ihre Seele ist, findet das zweite Subjekt, nämlich das wissende, jenes, mit dem es schon fertig sein und wor-über hinaus es in sich zurückgehen will, noch im Prädikate vor, und statt in dem Bewegen des Prädikats das Tuende – als Räsonieren, ob jenem dies oder jenes Prädikat überle-gen wäre – sein zu können, hat es vielmehr mit dem Selbst des Inhalts noch zu tun, soll nicht für sich, sondern mit die-sem zusammen sein.« (58 sq.)

Wenn Subjektivität demnach ihre Genese dem Mangel ihres Anderen, dem Mangel nämlich der ihr uneinholbar vorausliegenden Symbolordnung verdankt, so bleibt sie der Negativität dieses in jeder Weise großen Anderen (La-can) verpflichtet. Diese Angewiesenheit des wissenden Ich auf die Destruktionslogik seiner Genese bezeichnet Hegel als »logische Notwendigkeit« (58). Und allein in ihrem Na-men kann er für seine Rekonstruktion der Pathogenese von Subjektivität Verbindlichkeit verlangen. Ihre Form-bestimmung aber erhält diese »logische Notwendigkeit« durch »das einheimische (von seinem teleologischen Re-sultat: Subjektivität absehenden, J. H.) Werden des konkre-ten Inhalts selbst« (55), der, wenn überhaupt, einzig durch das »listige« (53) Verhalten von Subjektivität zu ihrem In-halt wird.

»List« ist Hegels kryptischer Titel fürs Erfolgsprinzip bürgerlichen Denkens: Es orientiert sich am listenreichen

Odysseus und entscheidet sich dafür, bescheiden auf hypostasierte Sachnotwendigkeiten Rücksicht zu nehmen, um
sich dann um so entschiedener zum Herrn der berücksich-
tigten Sache machen zu können. List also beweist Subjektivität dann, wenn sie sich dem Inhalt, dem Gegenstand ihrer Intentionen gegenüber nicht willkürlich verhält. Weil
das wissende Ich sich selbst will,[222] muß es sein Anderes in
der Weise wollen, daß es auf dessen Selbstabschaffung, die
eins mit seiner Erschaffung ist, vertraut. Und weil es die
Möglichkeitsbedingungen seiner eigenen Genese nur af-
firmieren kann, läßt es sein Anderes gewähren, um »zuzu-
sehen«, wie dieses vermeintlich Ganze sich »zum Momente
des Ganzen« verkehrt. »Indem das Wissen den Inhalt in
seine eigene Innerlichkeit zurückgehen sieht, ist seine Tätigkeit vielmehr sowohl versenkt in ihn, denn sie ist das
immanente Selbst des Inhalts, als zugleich in sich zurück-
gekehrt, denn sie ist die reine Sichselbstgleichheit im An-
derssein; so ist sie die List, die, der Tätigkeit sich zu enthalten scheinend, zusieht, wie die Bestimmtheit und ihr kon-
kretes Leben darin eben, daß es seine Selbsterhaltung und
besonderes Interesse zu treiben vermeint, das Verkehrte,
sich selbst auflösendes und zum Momente des Ganzen ma-
chendes Tun ist.« (53 sq.)
   Da das Resultat der transsubjektiven Dialektik des Satzes,
nämlich Subjektivität, seine grammatische Entstehungsge-
schichte übergreift, macht das bewußte Subjekt sein Anderes, Sprache, zum »Momente des Ganzen«, das es als spre-
chend-bewußtes Subjekt derweil geworden ist. So begreift
bzw. übergreift das Hervorgebrachte das ihm Vorausge-
hende, das antecedens, um die Überlegenheit seines bloßen Resultatcharakters zu erfahren:[223] das Tun des Einen
ist das Tun des Anderen; das »grammatische Subjekt« wird
zum bewußten Subjekt und also zum Anderen seiner selbst;

und das Verhältnis beider bestimmt sich als das einer Identität von Identität und Differenz.

Hegel hat damit keine neue Kritik der reinen Vernunft, er hat vielmehr Grundzüge einer Kritik der durch und durch unreinen Vernunft entworfen. Unrein darf, nein, muß sie heißen, weil sie (wie später Luhmanns verblüffend dialektische Systemtheorie) ausschließlich an Differenzen und an Grenzgängen oder Über-Setzungen zwischen Differenzen interessiert ist: an den Differenzen zwischen Grammatologie und Bewußtsein, zwischen Grund und Begründetem, zwischen Subjekt des Ausgesagten und des Aussagens. Eigentümlich verflüchtigt hat sich im Gang seiner Argumentation hingegen die philosophiegeschichtlich traditionsreiche Differenz zwischen »Sein und Denken«, die doch den Ausgangspunkt der Dialektik des Satzes markierte. Hegel hat, auch darin der Unreinheit von Vernunft nachdenkend, Sein ausschließlich als thematisiertes Sein thematisiert. Ein substanzlogisch begriffenes »grammatisches« Subjekt sollte semiologisch auffangen, was in der ursprünglichen Frage nach dem Verhältnis von Denken und Sein zumindest auch ontologisch zu analysieren aufgegeben war. Hegel hat offenbar eine stillschweigende Voraussetzung gemacht, der sich die Eleganz noch oder gerade der unreinen Vernunft verdankt: daß es kein prädiskursives Sein gibt und Ontosemiologie deshalb die Wahrheit über scheiternde Ontologie ist.

Es war Schelling, der die weitreichenden Implikationen der Hegelschen Übersetzung von Ontologie in Semiologie wohl zuerst bemerkte und sogleich kritisch kommentierte. Hegels konsequenzenreiche Dekonstruktion von Grundannahmen der traditionellen Logik hat Schelling sichtlich irritiert. Nach der Lektüre der *Phänomenologie des Geistes*[224] gilt deshalb sein vorrangiges Interesse einer Rehabilitierung der von Hegel verabschiedeten Priorität des Seins vor dem Denken,[225] der »Übermacht des Seyns über den Menschen«,[226] dem Nachweis, »das Reale sei natura prius, das Ideale posterius«.[227] Schellings Äußerungen aus der Zeit der *Freiheits*-Schrift betreiben durchgängig eine Umdeutung der eigenen Frühschriften, die in dem Interpretament ihr Ziel findet, der intellektuellen Anschauung sei die Abwertung des Begriffs zugunsten des Seins immanent; sie verhalte sich zu ihm ebenso mimetisch wie die Dialektik des Satzes zur übergreifenden Struktur des Denkens bewußter Subjektivität. Hegel waren Schellings Versuche einer Abwertung der Leistung des Begriffs »mit Grund besonders verhaßt. Sie verrieten, worum es ihm am meisten ging, den Traum von der Wahrheit der Sache selbst, an eine intellektuelle Anschauung, die nicht über dem Begriff ist, sondern unter ihm, und die gerade, indem sie dessen Objektivität usurpiert, in die Subjektivität bloßen Meinens zurückschlagt. Kaum gegen irgend etwas ist der philosophische Gedanke empfindlicher als gegen das ihm Nächste, das ihn kompromittiert, indem es die Differenz ums Ganze in der unmerklichen Nuance versteckt.«[228]

Undurchschautes Motiv von Schellings beginnender Polemik gegen die Ansprüche »negativer Philosophie« dürfte die zunehmende bürgerliche Zurichtung des Seins durch »listige« (Inter-)Subjektivität sein. Angesichts des »völligen Todtschlags der Natur«[229], als dessen Agenten er symptomatischerweise Fichte selbst und nicht den Prozeß, den die *Wissenschaftslehre* auf den formalen Begriff bringt, namhaft macht, artikuliert Schellings Philosophie den »Hunger nach dem Seyn«[230], das durch instrumentelles Denken zum bearbeitbaren Gegenstand depotenziert wird. Eben weil Schelling Hegels Rekonstruktion der Genesis der Einheit von Denken und Sein, die Denken als »machthaben-

de« Identität seiner selbst mit seiner Differenz, Sein, ausweist, nicht nachvollzieht, blieb ihm ein geschichtsphilosophisch symptomatisierendes Selbstverständnis seines Denkens versagt. Anders als Hegel vermag es Schelling deshalb
nicht, seine Philosophie als seine Zeit, in Gedanken gefaßt,
zu verstehen, weil die Einheit von »Logik« und Realphilo-
sophie, die etwa die Rechtsphilosophie auf Argumente der
Wissenschaft der Logik et vice versa zu beziehen erlaubt, nur
auf dem Hintergrund der Entfaltung von Parmenides'
These plausibel sein kann.

Der Parmenides-These, Denken und Sein seien eins,
und militanter noch ihrer Hegelschen Umschrift gilt die
Kritik einer Textsequenz aus Schellings *Freiheits*-Schrift
(pp. 341–343), die Heidegger als »eine wesentliche Grundlage für die ganze Abhandlung«[231] begreift. In ihr versucht
Schelling sich am philosophischen Kunststück, angesichts
der implizit anerkannten Stringenz von Hegels Dementi
des tradierten Identitätsdenkens doch der ontosemiologi-
schen Entfaltung des parmenideischen Satzes zu widersprechen. So konzediert dieser Text einen Minimalkonsens
mit Hegel, wenn er davon ausgeht, daß »die Identität des
Subjekts mit dem Prädikat« (341) weder deren »Einerlei-
heit« noch einen »unvermittelten Zusammenhang dieser
beiden« behaupte. Denn offensichtlich meinen z. B. die
Wörter »Körper« und »blau« ebensowenig einerlei, und
auch ihre Zusammenstellung kann schon aufgrund alter-
nativer Synthesen – die von »Körper« mit »rund«, »salzig«,
»grün« u. a. wäre vorgängig gleichermaßen plausibel – kein
unmittelbarer und zumal kein analytischer sein. Soweit
folgt Schelling Hegel. Gegen ihn aber argumentiert er,
wenn er seine Überlegungen nicht auf den satzkonstitu-
tiven Übergang vom Subjekt zum Prädikat, sondern auf
den »Sinn der Copula im Urtheil« (341) fokussiert.

Diese Copula wohnt auch Sätzen, die aufs Hilfsverb »sein« verzichten, als Existenzpräsupposition inne – wer »Das Pferd frißt Heu« sagt, setzt mit der Äußerung dieses Satzes die Existenz des Pferdes voraus. Die Copula versteht Schelling nun als jene widerspruchsfreie Identität, die die differierenden Bestimmungen von Subjekt und Prädikat allererst trägt: ohne »Sein« keine Differenz von Subjekt und Prädikat. So indiziert die Copula für Schelling sprachlich wie vorsprachlich die – sich aus der Selbstreferentialität von Subjektivität zurückhaltende – Präsenz des »außer und über allem Gegensatz Liegenden« (416) im Geschehen des Gegensätzlichen. »Hinter allem Leben« hypostasiert Schellings auffällig topographisches Sprachspiel »gleichsam als beständigen Hintergrund das Widerspruchslose«.[232] Diese Lektüre erlaubt, Sein gegen Kant als ultrareales Prädikat zu rehabilitieren:[233] mit der »alten tiefsinnigen Logik« (342), die Hegel – noch tiefsinniger als diese – zu dekonstruieren versuchte, behauptet Schelling, ein am Sein teilhabendes Subjekt sei ein sich durchhaltendes und demnach nicht in seinem Grund, dem Prädikat, zugrundegehendes antecedens aller ihm folgenden und nachgeordneten Attribute. Als Vorausgehendes ist das Subjekt, mit dem sich die Copula untergründig solidarisiert, irreduzible »Seinsmöglichkeit«[234] und Grund des Prädikats, das nur auf seinem schlechthin Anderen zu stehen kommt und bestehen kann.

Schelling besteht nachdrücklich darauf, daß es »dieses vor dem Erkennen vermuthete Seyn« (385) tatsächlich gibt. Aber er bringt dieses »Seyn« um seine mögliche Attraktivität – Intentionslosigkeit, argumentative Unerreichbarkeit –, wenn er es instrumentalisiert und zur Rehabilitierung der Unterscheidung von antecedens und consequens (342) einsetzt. So haftet der Einsicht, die ihn von

Hegel absetzen sollte, das Odium des Harmlosen an. In einem *Weltalter*-Fragment kommt die tendenzielle Banalität des nicht zufällig »cum emphasi«[235] artikulierten »Es ist«-Arguments von Schelling zum Ausdruck: »A ist B heißt: A ist Subjekt von B. Darin liegt zweierlei: 1) A ist für sich etwas, auch ohne B, es könnte also auch etwas anderes seyn als B; nur sofern es auch eines Seyns für sich, und also auch des nicht = B seyns, fähig ist, sagen wir cum emphasi: es ist B. Z. B. diese Pflanze macht sich mir sichtbar oder fühlbar am Ende nur dadurch, daß sie Materie ist, denn ohne Materie gibt es weder Farbe noch Geruch noch etwas Palpables.«[236] »In der letzten Instanz« (342) – eine Formel, die Engels später Schelling entlehnen und positivistisch überstrapazieren sollte – erweist sich die existential immer schon vorausgesetzte Copula als Indiz dafür, daß Sein nicht auf Reflexion reduzierbar ist. Angesichts der systematischen wie geschichtsphilosophischen Brisanz der Hegelschen Gegenführung zur traditionellen Privilegierung ontologischer gegenüber semiologisch-reflexiver Potenzen scheint sich Schellings Überlegung als philosophischer Anachronismus[237] zu richten, der seine sympathische, aber hilflose Motivation aus »lebensweltlichem Bedarf«[238] in Formeln wie der vom »völligen Todtschlag der Natur« auch kaum verrätselt.

Betreibt Schellings »cum emphasi« artikuliertes *Weltalter*-Fragment durch die Annäherung der Begriffe »Sein«, »Natur« und »Materie« gleichsam eine karikierende Selbstinterpretation seiner authentischen Einsicht, so vermeidet er in der *Freiheits*-Schrift die Dilemmata purer Seins-Emphase – freilich um den Preis, Hegels Argumentationsgang auch terminologisch weitgehende Gültigkeit zu konzedieren. Wenn auch unumstrittenerweise vereinzeltes Seiendes (= a, b, c ...) nicht mit der unendlichen Substanz (= A) in eins fällt, sondern nur als Moment ihrer unendlichen Folge fungieren kann, so gilt für Schelling dennoch ein privilegiertes Moment dieser Folge, nämlich »der erzeugte Gedanke« (347), als »unabhängige«, von ihrem Grund nicht dependierende »Macht« (347). Hegel hat aus dieser Einsicht eine radikale Konsequenz gezogen und eine Theorie vom Übergreifen des Produkts auf seine Produktion, des Begründeten auf seinen Grund, des Sekundären auf das vermeintlich Primäre entwickelt. Schelling argumentiert umgekehrt: das Prädizierende, das »zweite Subjekt«, übertreibt, wenn es im Zerfall der Geltungsansprüche des ersten Subjekts seine eigene Macht erblickt. Das vermeintlich hintergründig Widerspruchslose besinnt sich gleichsam seiner ambivalenten Semantik und unterscheidet sich an sich selbst in ein schlechthin Identisches und ein »deriviertes Absolutes«. Angesichts der von ihm »unabhängigen« Macht« des »erzeugten Gedankens« differenziert sich »die Bedingung«, die der Mensch »nie in seine Gewalt [bekommt]« (399), in ein Unverfügbares (Absolutes) und jene »derivierte Absolutheit« (347), deren »Göttlichkeit« Schelling eindeutig der »Natur« zuspricht.

Die Natur mag, so legt Schelling nahe, der sich an diesem Hegelschen Thema merkwürdig uninteressiert zeigt, vom Denken übergriffen werden, nicht aber »Seyn« selbst. Denn dieses ist unverfügbar, es ist Bedingung des der Subjektivität wesenhaften Denkens: »dieses vor dem Erkennen vermuthete Seyn ist aber kein Seyn, wenn es gleich kein Erkennen ist; es ist reales Selbstsetzen, es ist ein Ur- und Grundwollen, das sich zu etwas macht und der Grund und die Basis aller Wesenheit ist.« (385)[239] Weil Schelling alternativ zu Hegel die Copula als Wink der »unergreiflichen Basis der Realität, de[s] nie aufgehende[n] Rest[s] [dessen], was sich mit der größten Anstrengung nicht im Ver-

stand auflösen läßt, sondem ewig im Grunde bleibt« (360),
deutet und sie so außerhalb jeder Dialektik des Satzes fal-
lenläßt, erklärt er »Seyn« implizit für theorieunfähig. Im
Selbstvollzug des reflexiven Anderen von »Seyn« kann dieses nicht übergriffen werden, weil es sich dem Übergreifenden selbst entzieht – ist es doch dessen uneinholbare
Grundlage. Damit aber bringt Schelling sein systematisch-
theoretisches Selbstverständnis in eine später auch ein-
gestandene Krise. Wenn Subjektivität Selbstbeziehung ist,
(reflexive, semiotische) Selbstbeziehung aber gerade die
Einsicht in basale und begründende (ontologische) Strukturen verschließt, dann ist Systemphilosophie gescheitert,
weil sie nur in der Weise der Verkennung ihres Grundes
sein kann. An dieser Aporie – nicht an der abgeleiteten von
Freiheit und Notwendigkeit – geht Schellings Intention,
Hegel verbindlich zu opponieren, zugrunde.[240] Denn dieser kennt kein »Jenseits«[241] des Satzes und der Aussage.
Vielmehr vertraut er die sich stets neu entziehende Präsenz und die Beherrschung der umgreifenden Struktur
von Sein und Denken einem ihrer Momente, dem Prädikat oder dem Prädizierenden, an. Ein ebenso schlichtes
wie tiefgründiges Motiv: Ob das Verhältnis zwischen Aussage und Ausgesagtem oder zwischen Denken und Sein angemessen ist, kann eben nur auf der Seite der Aussage bzw.
des Denkens entschieden werden.
   Während Schellings suggestive und für einen phi-
losophiegeschichtlichen »Bruch«[242] mit idealistischen
und selbstbewußtseinstheoretischen Konzepten sorgende
Überlegung, der Vollzug von »Selbstheit« (389) sei nur als
Entzug ihres begründenden Anderen möglich, seine Versicherung zurücknimmt, er wolle sich nicht »durch Ab-
schwörung der Vernunft aus dem Handel ziehn« (338),
hat Hegel das Wahrheitsmoment dieser Einsicht mit dem

Nachweis der Unhintergehbarkeit von (transsubjektiver) Vernunft zu vermitteln gesucht. Unhintergehbar darf sie heißen, eben weil sie seiende Vernunft oder Vernunft des Seins ist, das Denken ist. Der skandalverdächtige und skandalträchtige Satz aus der Vorrede von Hegels *Rechtsphilosophie* »Was vernünftig ist, das ist wirklich; und was wirklich ist, das ist vernünftig« hat allein deshalb Geltung, weil auch Sein selbst, wie alles, was ihm zugehört, gleichsam unter Relationszwang steht und also so schlechthin widerspruchslos und unerreichbar hintergründig nicht ist, wie Schelling meint.

Metakritisch und esoterisch antwortet denn auch der Beginn der Hegelschen *Logik* auf Schellings Kritik an der Dialektik des Satzes – ihr erster systematischer Satz ist keiner: »Sein, reines Sein, ohne alle weitere Bestimmung.«[243] Der Mangel des Verbs, mit dem die Hegelsche *Logik* ihren voraussetzungslosen Anfang macht, ist eine hintergründige Hommage an Schelling, der die Copula zum Jenseits der Dialektik von Subjekt und Prädikat erklärte. Hintergründig[244] ist dieser Bezug, weil er mit Schelling gegen Schelling vorgeht. Wohl ist »Seyn« die Voraussetzung von Denken und Sprache, aber so, daß Denken und Sprache sich »Seyn« vorausgesetzt haben. Und das ist allein deshalb möglich, weil auch Sein immer schon in das Andere seiner selbst übergegangen ist: in »Denken«. Solcher Relationszwang ist bedeutsam, und bedeutsam ist Sein, weil es als Zeit verfaßt ist und also unausgesetzt relationiert wird. Hegel hat dafür in der *Phänomenologie des Geistes* eine großartige Formel gefunden: »Die Zeit ist der Begriff selbst, der da ist.«[245] Wenn nämlich gezeigt werden kann, daß das Wesen die Wahrheit des Seins ist, weil Unmittelbarkeit unumkehrbar als Resultat der Selbstbewegung von Mittelbarkeit gedacht werden kann,[246] so ist noch das vermeintlich der

»Selbstheit« von Denken sich Entziehende als dessen Moment oder Resultat ausgewiesen. Schellings langes Schweigen nach der Publikation der *Freiheits*-Schrift ist selbst bedeutsam: Dieses Schweigen unterstreicht still die Gültigkeit des Diktums, bei Option für Vernunft sei nach Hegel nur eines schwieriger, als Hegelianer zu sein: keiner zu sein.

*

Im Lichte reiner Vernunftkritik und analytischer Philosophie muß Hegels Dialektik des Satzes als abschreckendes Musterbeispiel übelster Kategorienfehler[247] erscheinen. Beruht sie doch nicht nur auf systematischer Inanspruchnahme der leicht aufzuklärenden Doppeldeutigkeit im Subjektbegriff, sondern auch auf dem schnellen Wechsel der Themen, Methoden und Disziplinen. Was mit der Behauptung, Denken und Sein seien eines, als spekulative Anknüpfung an Traditionen des vorsokratischen Tiefsinns begann, wurde schnell in eine Untersuchung der Grundstruktur des Aussagesatzes überführt. Der Analyse des Ausgesagten folgte, ohne daß dieser Einschnitt ausdrücklich benannt wurde, die des aussagenden Subjekts, das mit dem vorangehenden Thema des grammatischen Subjekts vorerst nur den Namen gemein zu haben scheint. Seinen Horizont fand dieser schnelle Wechsel selbst der grundlegenden thematischen Bezüge schließlich in einer wiederum hochspekulativen Tiefsinnigkeit, in der Vermutung nämlich, das Phänomen der Bedeutsamkeit überhaupt (der Verschränkung von »Sein und Denken«) danke sich dem der Zeitlichkeit. So wurde aus Philosophiegeschichte Spekulation, aus Spekulation Sprachanalyse, aus Sprachanalyse Bewußtseins- und Subjektivitätstheorie, aus Subjektivitätstheorie Philosophie der Zeitlichkeit und aus Philosophie der Zeitlichkeit Ontosemiologie: die These, daß die Verschränkung von Sein und Zeit das Phänomen der Bedeutsamkeit allererst entspringen lasse.

Theorien, die so verfahren, haben in den Wissenschaften einen heiklen Ruf. Keine zweite Philosophie ist denn auch so entschieden kritisiert, ja denunziert worden wie die Hegels:»die größte Frechheit im Auftischen baren Unsinns, im Zusammenschmieren sinnleerer, rasender Wortgeflechte, wie man sie bis dahin nur in Tollhäusern vernommen hatte«, so wenig gelassen äußerte sich bekanntlich Schopenhauer über seinen Berliner Kollegen, und ähnlich denken über Hegels Denken seitdem fast alle, die ans Paradigma reiner Vernunft glauben. Daß Vernunft und ihr privilegierter Schauplatz, Subjektivität, durch und durch unrein sind, weil sie sich einer Pathogenese verdanken – diese heute wohl vom Neostrukturalismus am entschiedensten vertretene These ist nach Hegel, Nietzsche, Freud, Bataille und Adorno kaum mehr neu zu nennen; sie ruft aber trotz oder wegen ihrer realphilosophischen Plausibilität nach wie vor die Wut derer hervor, die darin ihren irrationalen Glauben in die Kraft von Rationalität gekränkt sehen.

Dabei ist es gerade analytisch produktiv, in Hegelscher und neostrukturalistischer Perspektive vom Phänomen gedoppelter Subjektivität auszugehen, und das heißt, sie zugleich als Element einer ihr in jeder Weise vorausgehenden Struktur und als in jedem Wortsinn selbstbewußten und ereignishaften Schauplatz ebendieser Struktur zu begreifen. Jede komplexere Theorie macht mit solchen Phänomenen der Zugehörigkeit zu doppelten (oder mehrfachen) Registern den Anfang: mit dem Problem, daß/ob Subjekte Bewußtsein/Selbstbewußtsein sind und/oder haben; daß sie Körper sind und/oder haben; daß man Geschwister nur sein kann, wenn man welche hat; daß man Subjekt des Aussagens nur sein kann, wenn man zuvor auch das des Ausgesagten war; daß man nur als Begehrter Begehrender und als Erwarteter Erwartender sein kann etc. Und jede komplexere Theorie weiß, daß noch solche schematischen Problemformulierungen geradezu abenteuerlich vereinfachen, weil sie die doppelte Zugehörigkeit doppelter Zugehörigkeit zu unterschiedlichen Registern unterschlagen. Daß z. B. der von A begehrte B ein C Begehrender ist, betrifft die Register und Dispositive des Begehrens, der Rede, des Bewußtseins, der Intersubjektivität, möglicherweise auch die der Erziehung, der Verwaltung, der Therapieinstitutionen etc.

Als Effekt solcher vielfachen Zugehörigkeit und ihrer Differenzen findet Subjektivität ihren oszillierenden Platz, nicht aber als deren Apriori und Konstitutionsprinzip. Die Selbstreferenz, die Subjektivität ausmacht, kommt systematisch zu spät: Sie ist Resultat der Selbstreferenzen, die Systeme und Strukturen über Differenzen zueinander ausbilden, und deren – mit Hegel zu sprechen – »immanenter Rhythmus« macht sich auch innerhalb der Sphäre selbstbezüglicher Subjektivität bemerkbar. Dies sorgt dafür, daß subjektive Selbstbezüglichkeit niemals rein sein kann, sondern stets und immer schon mit Fremdreferenz gemischt ist. Hohen indikatorischen Wert hat in diesem Zusammenhang die begriffsgeschichtliche Feststellung, daß der Begriff »Subjektivität« als Ausgleich für den aufklärungsbedingten Gewißheitsverfall theologischer Fremdreferenz konzipiert wurde und so seine Karriere machte. Diesen Prozeß hat Niklas Luhmann eindringlich beschrieben:

»Nach der hochriskanten Ablehnung aller religiösen oder metaphysisch-kosmischen Instituierung von Erkenntnis konnte man nicht sogleich den nächsten Schritt tun und jeden Gedanken an eine letztgewisse Außenfundierung fahren lassen. Man kam diesen Schritt so weit wie möglich entgegen und verlegte das, was die Funktion einer Außenfundierung hatte, in das Bewußtsein. Dazu mußte Bewußtsein als ein über Empirizitäten hinausgehender ›transzendentaler‹ Sachverhalt, als ›Subjekt‹ der Welt begriffen werden. So konnte die Selbstreferenz des Bewußtseins, Subjekt genannt, als Quelle der Erkenntnis und als Quelle der Erkenntnis der Bedingungen der Erkenntnis zugleich in Anspruch genommen werden. Eine im Erkenntnisprozeß nicht mehr disponible Ebene kontrollierbarer Bedingungen war denkbar gemacht, und zugleich war jedem, der an Erkenntnis teilnehmen wollte, zugemutet, sie in sich selbst als unumstößliche Gewißheit zu erfahren. – Ein genialer, höchst erfolgreicher, merkwürdiger Kompromiß zwischen Zugeständnis und Ablehnung von Selbstreferenz. Ein Apriori in Begründungsfunktion, als ob nicht schon das ein Widerspruch in sich selbst wäre. Die Überlieferung hat diesen Gedanken bewahrt, ausgebeutet und wiederholt revitalisiert. Er ist in der Tat, wenn man das Problem ernst nimmt, das er sich stellt, nicht zu überbieten. Aber der Plausibilitätsentzug schreitet unaufhaltsam fort. Man findet heute wohl kaum noch jemanden, der authentisch so denkt. Wer transzendentales Denken vertritt – und man kann das natürlich, wenn man Bücher schreibt oder Kongreßreferate hält – begründet dies historisch mit Theoriewissen: mit Kant.«[248]

Hochgradig unplausibel ist das Konzept begründender Subjektivität in der Tat – nicht aber das einer abgründig begründeten Subjektivität. Hegel ist der erste gewesen, der es in Absetzung vom Transzendentalismus entwickelt hat. Seine Theorie nimmt den Vorwurf methodischer Kategorienfehler in Kauf, weil sie Gründe zu der Vermutung hat,

Subjektivität sei Effekt von Struktur- und Systemdifferenzen und also ein Produkt von »Kategorienfehlern«, ja, sei selbst ein Kategorienfehler. Sie ist ein Resultat der Krise transsubjektiver Strukturen (etwa der Struktur von Sprache und Kommunikation), ein Produkt pathogenetischer Systembildungsprozesse (der Autopoiesis moderner Gesellschaftsformen), ein Überschußphänomen (weil Strukturen und Systeme im Interesse ihrer Kontinuierung Redundanzen ausbilden müssen), ein Abfall in jedem Wortsinn: »Ohne ›noise‹ kein System.«[249] »Soziale Systeme entstehen auf Grund der Geräusche, die psychische Systeme erzeugen bei ihren Versuchen zu kommunizieren.«[250]

Moderne Gesellschaften nobilitieren in Zeiten der Prosperität die Geräusche, denen sie ihre Genese verdanken, indem sie ihnen nicht verwehren, sich als Subjekt zu (v)erkennen. Diese Subjekte sind Abfälle. Aber wissen nicht zumindest Kinder und Künstler, daß Abfall interessanter, lustvoller und beständiger sein kann als jede Reinheit?

Herrscherwort, Geld und geltende Sätze
Adornos Aktualisierung
der Frühromantik

In *Faust – Der Tragödie zweiter Teil* entströmt dem Munde der
»schönsten Frau«[251], von der es heißt: »Nie wird sie mün-
dig«[252], eine epische Rede, die nur ein Thema kennt: »des
Herren [...] Herrscherwort«.[253] Unmündig berichtet Helena von männlicher Rede, die über »Ruf und Schicksal«
derjenigen entscheidet, deren »Gemahl« entweder »kein
erquicklich Wort«[254] oder aber »wie vom Gott bewegt«[255]
spricht. Das verbindet Helena mit Iphigenie, die gleichermaßen feststellt: »Zu Haus und in dem Kriege herrscht der
Mann«[256], um hingegen später zu betonen: »Allein dem
harten Worte, / Dem rauhen Ausspruch eines Mannes
mich / Zu fügen, lernt ich weder dort noch hier«[257]: weder
im Hause der Eltern noch im Tempel einer Gottheit. Wenn
Helena und Iphigenie, weniger Akteure als Opfer in – wie
Adorno erkannte – »Zivilisationsdramen«[258], gleichwohl
sagen können »Ich habe nichts als Worte, und es ziemt /
Dem edlen Mann, der Frauen Wort zu achten«[259], so danken sie die Möglichkeit weiblicher Einsprache gegen des
»Herren Herrscherwort« dem Umstand, daß diesem nicht
nur eine verbindliche göttliche Stimme, sondern eine
schöne Pluralität von Unsterblichen souffliert.

Goethe und mit ihm die Frühromantiker haben die pa-
thogenen Konsequenzen erkannt, die sich aus der christlich monotheistischen Überwindung einer olympischen
Diskurspluralität ergeben, die Götter und Göttinnen als
Sprechende zuläßt. Nachdem nicht länger mehr, wie Nova-

lis in den *Hymnen an die Nacht* dichterisch die christliche Monopolisierung mannigfaltiger antiker Reden verdichtete, »himmlische Schaaren / in fröhlicher Lust« mit »befreundeten / fröhlichen Menschen«[260] verkehren, tritt mit den Göttern auch die menschliche Gattung in den Bann »Nur Ein[es] Gedanke[ns]«.[261] Eines tödlich bannenden Gedankens: »Es war der Tod«[262], über den »selbst die Götter keinen Rath«[263] wußten, den aber der Eine, der von sich behauptet, Weg, Wahrheit und Leben zu sein, angemessen zu deuten verspricht. Der Preis, den dieses Versprechen forderte, war die Preisgabe jener spezifisch antiken Zweideutigkeit,[264] die der Unsterblichen widersprüchliche Reden mit sich brachten und die den Sterblichen nach der Maxime zu leben und zu sprechen ermöglichten, die Goethes Iphigenie ausspricht: »Mit seltner Kunst flichst du der Götter Rat / Und deine Wünsche klug in eins zusammen.«[265]

Daß nach der christlichen Vertreibung der olympischen Göttervielzahl hinter des Herren Herrscherwort keine weiteren Reden mehr zu vernehmen waren, hat viele okzidentale Diskurse einer gemeinsamen Grundstruktur unterworfen, und das heißt: hat sie ständig restriktiver und zentrierter werden lassen. Den olympischen Göttern, deren Kosmos Schauplatz der großen Dramen Goethes ist, schien, wie Nietzsches Zarathustra und somit die antichristliche Figur schlechthin erzählt, der Anspruch einer verbindlichen Wahrheit über zahllose Geschichten so befremdlich, daß sie sich darüber zu Tode lachten: »Mit den alten Göttern ging es ja lange schon zu Ende: – und wahrlich, ein gutes fröhliches Götter-Ende hatten sie! / Sie ›dämmerten‹ sich nicht zu Tode – das lügt man wohl! Vielmehr: sie haben sich selber einmal zu Tode – gelacht! / Das geschah, als das gottloseste Wort von einem Gotte selber ausging – das Wort: ›Es ist ein Gott! Du sollst keinen andern Gott haben neben mir!‹ – / – ein alter Grimm-Bart von Gott, ein eifersüchtiger, vergaß sich also: – / Und alle Götter lachten damals und wackelten auf ihren Stühlen und riefen: ›Ist das nicht eben Göttlichkeit, daß es Götter, aber keinen Gott gibt?‹«[266]

Nietzsche kann mit diesen Worten an keinen Geringeren als den Evangelisten Johannes anknüpfen. Als der für Phänomene objektiver Sprachgewalt sensibelste unter den Evangelisten gibt nämlich Johannes untergründig zu verstehen, daß die Geschichte des christlichen Diskurszentralismus die Geschichte einer diskursiven Nachlässigkeit ist. Dem »gottlosesten Wort«, das eine hypostasierte Verbindlichkeit an die Stelle zahlloser Metamorphosen-Diskurse setzt, entspricht das identitätsfixierte Sprachverständnis des hohen römischen Verwaltungsbeamten Pontius Pilatus. Er etabliert Aug in Aug mit dem gekreuzigten Gleichniserzähler, hintersinnigen Redner und pointensicheren Prediger eine Tautologie und reduziert eine hochkomplexe Diskursgeschichte auf eine knappe Behauptung: »PJlatus aber schreib eine Vberschrifft / vnd setzte sie auff das Creutze / vnd war geschrieben / JHESUS VON NAZARETH DER JÜDEN KÖNIG. Diese Vberschrifft lasen viel Jüden / denn die stete war nahe bey der Stad / das Jhesus gecreutziget ist. Vnd es war geschrieben auff Ebreisch / Griechisch / vnd Latinische sprach. Da sprachen die Hohenpriester der Jüden zu Pilato / Schreib nicht der Jüden König / Sondern das er gesaget habe / Ich bin der Jüden König. Pilatus antwortet / Was ich geschrieben hab / das hab ich geschrieben.«[267] Die von Pilatus veranlaßte Inschrift läßt, wie schriftgelehrte Hohepriester sofort konsterniert und philologisch kompetent feststellen, statt der Geschichte einer ungeheuren und umstrittenen Behauptung nur ebendiese Behauptung zu Wort kommen – eine weitreichende Reduktion, die durch die selbstrekursive Weise ihrer (Nicht-)Begründung abgeschlossen wird:»Was ich geschrieben hab / das hab ich geschrieben.«

Solche exzentrischen und peripheren Geschichten wie die von Goethe, Novalis, Nietzsche oder auch Pontius Pilatus erzählen von der Pathogenese okzidentaler Rationalität, die ihre Geltung auch der ungeheuren Kraft des Vergessens verdankt. Geschichtsphilosophische Aphasie ist das Opfer, das die spezifisch abendländische Vernunft, die nicht zufällig in zeitlos selbstrekursiven Wendungen ihrer selbst inne zu werden versuchte, überhaupt erst funktionieren ließ. Sie ist auf die Tilgung des »Drangs, Vergangenes als Lebendiges zu erretten«[268], verwiesen. Auch die von Kritischer Theorie als Urszene okzidentaler Aufklärung verstandene Vorbeifahrt des Odysseus am Sirenengesang handelt von der Unterdrückung einer schönen Stimmenpluralität durch ein listiges »Herrscherwort«. Odysseus, der seiner Mannschaft zu ertauben befiehlt, erhebt sich zum Herrn des Diskurses, der allein noch die »Verlockung [...] des sich Verlierens im Vergangenen«[269] spürt, ihr aber nicht nachgibt und den Gefährten den unvergleichlichen Hörgenuß versagt. Zugleich allegorisiert er selbst den hohen Preis dieser despotischen Diskursordnung. Auf eigene Veranlassung ohnmächtig an den Mast gebunden, treibt das seine Vorwelt überwindende Subjekt seinen genuinen Wunsch aus: den Wunsch, kein Subjekt mehr sein zu müssen.

Die Frühromantiker Friedrich Schlegel und Novalis haben diesen Wunsch mitsamt seiner Vorgeschichte zu einem Zeitpunkt wiederentdeckt, da die Erkenntnis- und Subjektivitätstheorie Kants und Fichtes sich anschickte, die letzten Spuren der Pathogenese von Selbstheit zu tilgen. Transzendentalphilosophie steht in einem polemischen Verhältnis zu einer Geschichtsschreibung, die genealogische Fragen wie diese stellt: Wie kommt es, daß man um 1800 in einer kleinen Weltecke eine Selbstbewußtseinsstruktur entdeckt, von der man (ziemlich isoliert!) behauptet, sie sei universal? Die frühromantische Antwort, daß die Karriere dieser Selbstbeschreibung sich der realgeschichtlich wahr gewordenen Herrschaft von Subjektivität über »Natur« und über sich selbst verdanke, wird erst viel später Gehör finden. Ihre ästhetische Opposition gegen die systemphilosophische Verweigerung gattungsgeschichtlichen Eingedenkens teilen aber Novalis und Friedrich Schlegel u. a. mit Hölderlin und Jean Paul, die ihrerseits an die Spätfolgen der christlichen Monopolisierung göttlicher Diskurse erinnern:

> Darum, o Göttlicher! sei gegenwärtig,
> Und schöner, wie sonst, o sei
> Versöhnender nun versöhnt daß wir des Abends
> Mit den Freunden dich nennen, und singen
> Von den Hohen, und neben dir noch andere sein.[270]

Anders als Hölderlin, der den Göttlichen »schöner wie sonst« und also »mit den Freunden« und den »anderen« versöhnt zu sein bittet, artikuliert Jean Pauls *Vorschule der Ästhetik* nicht eine Bitte oder einen Wunsch, sondern eine bündige Diagnose, die ersichtlich Überlegungen aus Schillers Epochengedicht *Die Götter Griechenlands* aufnimmt: »Das Christentum vertilgte, wie ein Jüngster Tag, die ganze Sinnenwelt mit allen ihren Reizen, drückte sie zu einem Grabeshügel [...] zusammen und setzte eine neue Geister-Welt an die Stelle.«[271] Avancierte Köpfe erinnern um 1800 an das, was die systemphilosophische Verklärung identifizierender Synthesis ausblenden muß. Sie verschreiben sich

damit jener »philosophischen Archäologie«[272], die ausgerechnet der späte Kant mit treffsicherer Formulierung als
Desiderat von Transzendentalphilosophie erkannte – ein
Programm, das er selbst nicht mehr ausfüllte. Und ebendieser Gestus einer »philosophischen Archäologie«, die
die untergründigen Strukturen und Zwangszusammen-
hänge der Selbst(v)erkennung von Subjektivität namhaft
macht, ist es, der die frühen Kritischen Theoretiker so interessiert die frühromantischen Schriften lesen hieß. Daß
die *Ästhetische Theorie* Adornos nicht nur eine Formel des
frühen Schlegel zu ihrem Titel wählte,[273] sondern auch als
eine spätmodern umgeschriebene frühromantische Ästhetik verstanden werden kann, gibt sie freilich nur verrätselt
zu verstehen. Damit entspricht sie der in Adornos gesam-
tem Œuvre virtuos gepflegten Geste esoterischer Anspielung. Diese ist so wenig willkürlich, wie sie sich der alexan-
drinischen Tradition einer schamhaften Verweigerung des
unmittelbaren Ausdrucks metaphysischer Intentionen verpflichtet weiß. »Für den Alexandrinismus, die auslegende
Versenkung in überlieferte Schriften«[274], optieren die
Frühromantiker wie Adorno, um Denken vor der Verblendung durch vermeintlich autarke Optionen zu bewahren.
Alexandrinisch ist freilich auch Adornos Kunst der Ausspa-
rung von Verweisen auf übernommene Motive. Immerhin
sollte ein Aphorismus Friedrich Schlegels – »In dem, was
man Philosophie der Kunst nennt, fehlt gewöhnlich eins
von beiden; entweder die Philosophie oder die Kunst« –
der *Ästhetischen Theorie* als Motto voranstehen.[275]

Adornos besondere Hochschätzung von Friedrich Schlegel und Novalis unter den dissidenten Geistern um 1800
hat philosophiegeschichtliche und sachliche Gründe. Die
Geschichte der Kritischen Theorie wie des Neomarxismus
überhaupt ist die Geschichte der Renaissance und der

marxistischen Anverwandlung frühromantischer Einsichten. Blochs *Geist der Utopie* folgt in zentralen Passagen wie der über das Bild zu Sais[276] Deutungen Hardenbergs; Lukács' frühe Essaysammlung *Die Seele und die Formen* versteht sich ebenso wie seine *Theorie des Romans* als eine Wiederbelebung der »Ästhetiker der Frühromantik«[277]; Herbert Marcuses Arbeit *Der deutsche Künstlerroman* (Diss. 1922) begreift Hardenbergs Roman *Heinrich von Ofterdingen* als vollendetes Paradigma des romantischen Projekts poetischer Rationalitätskritik;[278] und Walter Benjamins epochale Dissertation *Der Begriff der Kunstkritik in der deutschen Romantik* versammelt bereits jene Motive und Denkmodelle, die für ihn selbst wie für die Kritische Theorie überhaupt bestimmend wurden. Daß um 1920 jene Theoretiker, deren Namen später um die Begriffe »ästhetischer Neomarxismus« oder »Kritische Theorie« konstelliert sind, sich gleichzeitig und unabhängig voneinander den fast vergessenen Texten der frühen Romantik zuwendeten, ist durch geschichtsphilosophische Affinitäten motiviert: Die frühromantische wie die neomarxistische Ästhetik reagieren hochkomplex auf die Erfahrung scheiternder Revolution. Sind, wie Schlegel anmerkt, »Revoluzion [...] [und] kritische Philosophie [...] uno actu entstanden«[279], so verstehen sich die frühromantische und die neomarxistische Kritik von (kantisch-fichtescher bzw. neukantianischer) Subjektivitätsphilosophie als trauerndes Eingedenken des Umstands, daß verfehlt wurde, was 1789 oder 1917/18 »an der Zeit«[280] war.

Frühromantische und Kritische Theorie sind beide postrevolutionären Ursprungs, ja, sie sind so unzeitgemäß wie die postrevolutionären Zustände selbst, die das Vertrauen in die Gleichung von aufgeklärter Rationalität und befreitem Leben verdarben. »Philosophie, die einmal überholt schien, erhält sich am Leben, weil der Augenblick ihrer Verwirklichung versäumt ward.«[281] Der Initialsatz der *Negativen Dialektik* zitiert nicht nur affine Formulierungen der Frühromantiker, sondern rechtfertigt auch die Anknüpfung an vergessene Traditionen ästhetischer Kritik reflektierender Subjektivität. Als »philosophische Archäologie« liest Adornos Œuvre die Texte der Frühromantiker, die große Subjektivitätsphilosophie »archäologisch« begreifen, um Subjektivität vom Bann verdinglichender Reflexionsfixierung, die Befreiung verstellte, zu befreien. So erklärt sich philosophiegeschichtlich wie geschichtsphilosophisch die Wiederkehr zentraler frühromantischer Reflexionsfiguren in der *Ästhetischen Theorie*. Die Kritik rationalitätsfetischistischer Subjektivität, die archäologische Rekonstruktion ihrer Genese aus der Tauschabstraktion, die Erinnerung an die Entstehung des »Herrscherworts« und die ästhetische Wendung subjektzentrischen Denkens sind die gemeinsamen Motive Adornos und der Frühromantiker, die dem »Alp [der Geschichte, der] auf dem Gehirne der Lebenden«[282] lastet, durch eine Subversion »geltender Sätze« wehren wollen.

*

Im Frühjahr 1961 trug Adorno zentrale Passagen der entstehenden *Negativen Dialektik* am Collège de France in Paris vor. Eine reizvolle Phantasie und wohl mehr als nur eine Phantasie, sich sein damaliges Publikum als eine Versammlung der später so genannten und damals noch jungen Poststrukturalisten vorzustellen. Diesem Publikum (wie wird es auf Adornos Rhetorik reagiert haben?) teilte der neoromantische Cheftheoretiker aus Frankfurt einiges von der ihm zentral scheinenden »Aufgabe« mit, »mit der

Kraft des Subjekts den Trug konstitutiver Subjektivität zu durchbrechen«.[283] Affinität und Differenz von Kritischer Theorie und Poststrukturalismus sind mittlerweile unübersehbar geworden. Jenseits der Frage nach philologischen Abhängigkeiten ist es auffallend und buchenswert, daß sowohl Adorno als auch die Pariser Intellektuellen der Nach-Sartre-Zeit daran arbeiten, die Genealogie von »Herrscherworten« und »geltenden Sätzen« zu rekonstruieren, nachdem deutlich wurde, daß der Bann über die Möglichkeit rechten Lebens durch eine bloße Kritik der politischen Ökonomie nicht zu brechen ist.

Das geschichtsphilosophische Dilemma des Subjekts, »um der Unbedingtheit der eigenen Herrschaft willen die objektiven Bestimmungen seiner selbst verleugn[en]« zu müssen,[284] haben die Frühromantiker am damals entwikkeltsten Begriff von Subjektivitäts- und Selbstbewußtseinstheorie demonstriert. Gegen Fichtes frühe Hypostasierung von reiner Subjektivität als ursprünglicher Identitätsgleichung (»Ich = Ich«) verwiesen sie auf die »Urgeschichte des Subjekts«.[285] Ebendiese seine Urgeschichte aber verdrängt ein transzendentalphilosophisch verstandenes Subjekt, wenn es sich im »unvermeidlichen Cirkel«[286] selbstrekursiven »Ich = Ich«-Sagens um das Eingedenken seiner Genese bringt. »Philosophie ist von Grund aus antihistorisch.«[287]

Die aus Fichtes Ich-Thematik exkommunizierte Frage nach der Genese eines mit sich selbst identischen Ichs widersetzt sich, wie die Frühromantiker gewahrten, ihrer Verdrängung. Ja, es gibt so etwas wie eine Wiederkehr des Verdrängten in Form eines starken, logischen, strukturellen Widerspruchs. Kommt doch das »Ich« in Fichtes berühmter Gleichung nicht nur doppelt, sondern dreifach vor. Es ist erstens das wissende Ich (das Ich links des Gleich-

heitszeichens), zweitens das gewußte Ich (rechts des Gleich-
heitszeichens) und drittens qua Selbstbewußtsein die iden-
tifikatorische Leistung (das Gleichheitszeichen) selbst: Ich
weiß mich als Ich, ich bin Selbstbewußtsein in dem Sinne,
daß Ich mich als Ich weiß. Ist nämlich das Ich Wissendes,
Gewußtes und der Identifikationsvollzug beider identisch-
differenten Größen zugleich und in derselben Hinsicht, so
dementiert diese Ich-Struktur, was sie doch gerade garantieren soll: Identität. »Reines Ich ist nie Ganzes«, argumentiert deshalb Novalis im Interesse der Befreiung des Subjekts vom Identitätszwang. »Es ist nur Theil, wenn es Theil
ist – Es sezt aber einen Theil, folglich muß es Theil und
Theilendes – also Ganzes und Theil zugleich seyn.«[288] Sich
als setzende Totalitätsstruktur (als Menge alles Wissens, aller Bewußtseinsakte) und zugleich als gesetzter »Theil«
(nämlich als Gegenstand seiner Bewußtseinsakte) verstehend, verwickelt sich ein transzendentalphilosophisch verstandenes Ich in einen sein Selbstverständnis destruieren-
den »Widerspruch«.[289] Dieser hat zum Effekt, daß »jeder
Mensch [...] nur ein Stück von sich selbst [ist]«.[290] Was am
transzendentalphilosophischen Begriff des Selbst nicht
aufgeht, ist die das Subjekt gleichermaßen spaltende wie
konstituierende Widerspruchsstruktur, die allein durch
seine Herrschaft über anderes wie über sich selbst domesti-
ziert werden kann. Dem identitätstheoretischen Subjektbegriff wohnt Gewalt inne. Ohne gewaltsame Übergriffe
ist der selbstbezügliche Ich-Begriff und ein sich als sich
begreifendes Ich nicht zu haben. Fichtes euphemistische
Wendung vom Primat praktischer über theoretische Philosophie[291] gibt das latent zu verstehen. Nur wenn das
Subjekt seinen genuinen Widerspruch, den der Selbstreferenz, zur Einheit seiner selbst gewaltsam synthetisiert,
vermag es, sein Anderes zu beherrschen. »Ratio wird zur

irrationalen Autorität«[292], wenn sie ihrem Anderen ihre Überlegenheit demonstrieren muß, um sie selbst zu sein. Weil Transzendentalphilosophie ihre Utopie – ein Subjektverständnis, das jedem (um eine emphatische Formel Fichtes zu verwenden) erlaubte, »Niemandes Herren und Niemandes Knechte zu seyn«[293] – preisgibt, sobald sie das Subjekt unter den Oktroi von Zwangsidentität stellt, arbeiten die Frühromantiker an einer Sabotage des Identitätsbegriffs. Ihnen wurde an dem, was reflektierende Subjekte sich selbst und anderen antun, einsichtig, daß der »Satz des Widerspruchs […] ein Widerspruch des Satzes [ist] […]. Der Satz des Widerspruchs [ist] nicht wahr, oder er widerspricht seiner Antithese – alles widerspricht sich, gilt eben so gut.«[294] In der bündigen aphoristischen Rhetorik des Novalis: »Den Satz des Widerspruchs zu vernichten ist vielleicht die höchste Aufgabe der höhern Logik.«[295] Daß ausgerechnet das mit sich selbst identische Subjekt zugleich sich selbst widerspricht, verweist auf ein Problem der »pragmatischen Geschichte des menschlichen Geistes«[296], das Fichte wohl registrierte, aber sogleich wieder in die instantane Selbstreferenz des Geistes zurückführte. Hingegen haben die Frühromantiker diesen Wink zur These radikalisiert, »elementar [sei] das Historisch Transcendentale«.[297] Nur wenn »das Transcendentale […] historisirt«[298] werde, sei der Bann über das Subjekt zu brechen. Dem frühromantischen Projekt einer Historisierung des Transzendentalen, das Kant als notwendig apriorisch und also zeitvorgängig charakterisiert hatte, wurde eine aufregende Einsicht zuteil: Novalis und Friedrich Schlegel dechiffrieren, wie etwa eineinhalb Jahrhunderte später erst wieder die Kritische Theorie, die Synthesisleistung der Vernunft als Deckfigur der Synthesisleistung des Warentausches und des Geldes. Die seiner subversiven Lektüre der *Wissenschaftslehre* sich verdankende divinatorische Formulierung des Novalis, der seine poetischen und philosophischen mit ökonomischen Interessen und einer mittleren Managementtätigkeit verband, könnte verblüffender nicht sein:»Die Wissenschaftslehre oder die reine Philosophie ist das Relationsschema der Wissenschaften überhaupt. / Sie entsteht aus dem Einfall statt würcklicher nahmhafter, individueller Dinge – allgemeiner Dinge, denen jedes Ding substituirt werden kann (vid. Begriff von Geld) […] Constructions oder Verhältnißformeln wurden – allgemein Geltende Sätze. / […] Diese Erscheinung entsteht aus der Behandlung dieser Gegenstände, als Waaren.«[299]

Damit nimmt Novalis eine Argumentationsfigur vorweg, die zur subjektkritischen Schlüsselattitude Adornos wurde. Sie beruht auf dem Nachweis, daß geltende Sätze nicht etwa auf eine autonome, reine und verbindliche Vernunftstruktur, sondern vielmehr auf den geldvermittelten Äquivalententausch zurückzuführen sind. Es ist der »Einfall« des allgemeinen, substituierbaren Warendinges (von Marx später als »Tauschwert« bezeichnet) in eine Welt individueller Namen und Dinge, der Abstraktion überhaupt erst freisetzt und zugleich das Denken auf Abstraktion verpflichtet. Wenn »Gegenstände« als »Waaren« behandelt werden, die ihrer offensichtlichen Unterschiedlichkeit zum Trotz durchs allgemeine Äquivalent Geld gleichgesetzt werden, so wird, wie Novalis und später Adorno im Anschluß an Sohn-Rethel und Lukács[300] gezeigt haben, real wie reflexiv von den individuellen Qualitäten sinnlicher Mannigfaltigkeit abstrahiert. Nicht umsonst heißt abstrahieren wegsehen, absehen von ….

Das Geheimnis des Tausches könnte profaner nicht sein. Der Tausch setzt gleich, was nicht gleich ist. Und so setzt und behauptet er eine anspruchsvolle, nicht-triviale, von allen Einzelaspekten absehende, eben abstrahierende Identität, die immer eine von nichtidentischen Dingen (bzw. Dienstleistungen) ist: Diese Schuhputz-Leistung und dieses Speiseeis haben miteinander schier nichts zu tun – außer ebendies: wertidentisch zu sein. Dem Äquivalententausch wohnt eine ungeheure Abstraktionsleistung inne, eine Kraft, die die transzendentalphilosophisch aufgeklärte Vernunft sich selbst als genuine reine Leistung zuzurechnen verblendet genug ist. Vernunft und Verstand nämlich stehen, wie schon die frühromantischen Kant-Leser erkannten, im Bann des »Waarentheaters«[301], dessen Regisseur den universellen Namen des »annihilierendsten Signifikanten«[302] trägt: Geld. So notiert Friedrich Schlegel in seinen *Philosophischen Lehrjahren* bündig: »Menschen, die das Geld nicht kennen, sind unstreitig von dem alten Stamm der Tradition in Asien und Europa stets entfernt geblieben.«[303] Mit dem Geld und der inflationären Ausbreitung des Äquivalententauschs wurde, wie George Thomson[304] gezeigt hat, jene spezifisch okzidentale Denkform gültig und (je nach Bewertungsperspektive) erschreckend bzw. faszinierend produktiv, die Novalis als »Petrificirten und Petrificirenden Verstand«[305], Friedrich Schlegel als »Gedankenversteinerung«[306] und Adorno als Effekt einer Dialektik der Aufklärung namhaft machten. Sie sozialisiert die Subjekte im Namen des Identitätszwangs, der als Implikat des Äquivalententauschs die Antwort auf die Rätselfrage ist, wie das transzendentale Ich, das »kein persönliches« ist, mit dem »transzendentalen Wir«[307] eins sein könne. Im Tausch verpflichten sich die Subjekte, ohne sich dessen bewußt sein zu müssen, auf die Anerkennung der Identitätskategorie, die dieser realabstrakt den Tauschenden wie den getauschten Waren oktroyiert. »Der Handelsgeist ist der Geist der Welt. Er ist der großartige Geist schlechthin. Er setzt alles in Bewegung und verbindet alles« und eben noch die Menschen, die sich Geist und reine Vernunft attestieren.[308] Marx, mit Freud und nach den Frühromantikern Entdecker der unbewußten Momente des Regelsystems, das da »Geist« heißt und sich den Subjekten um so zwanghafter einbildet, je verbissener diese auf ihrer Autonomie insistieren, kann deshalb formulieren: »Sie [die Tauschenden, J. H.] wissen es [das Geheimnis von Gleichsetzung, J. H.] nicht, aber sie tun es.«[309]

Adorno hat das Wort von Marx aufgegriffen und frühromantisch radikalisiert. »Die universale Herrschaft des Tauschwerts über die Menschen, die den Subjekten a priori versagt, Subjekte zu sein, Subjektivität selber zum bloßen Objekt erniedrigt, relegiert jenes Allgemeinheitsprinzip, das behauptet, es stifte die Vorherrschaft des Subjekts, zur Unwahrheit.«[310] Doch nicht nur die Geste einer subversiven Lektüre von großen Texten der »reinen Philosophie« und von Systemen »geltender Sätze« hat Adorno den Frühromantikern abgelesen. Auch den Impuls einer ästhetischen Rettung reflexionslogisch verblendeter Subjektivität teilt er mit Novalis und Friedrich Schlegel. Der »Begierde des Rettens«[311] zerfallender Subjektivität, die die frühromantischen und Adornos Texte umtreibt, liegt die Einsicht zugrunde, daß transzendentale Subjektivität zum anderen Schauplatz des Warentauschs depotenziert wurde. Was am »Ich = Ich«-sagenden Subjekt als Selbstwiderspruch erscheint, ist Reflex des tauschkonstitutiven Widerspruchs, das Nichtgleiche gleichzusetzen; die instantane Selbstidentifikation des wissenden mit dem gewußten Ich entspricht der vom Tausch supponierten Zeitlosigkeit der zu tauschenden Dinge; und hinter der »durchgängigen Identität des Selbstbewußtseins«[312] über mannigfaltige Ich-Zustände scheint das synthetisierende Allgemeinäquivalent Geld durch.[313]

Obwohl das Abstraktionsmedium Geld despotisch wie des »Herren Herrscherwort« sein kann, wird es weniger zum Herrn des Diskurses als vielmehr zum Strukturierungsprinzip der herrschenden Diskurse, denen intersubjektive Verbindlichkeit ohne die Anonymität »geltender Sätze« kaum zukäme. Der transzendentalphilosophischen Zentrierung von Individualität als Konstitutionsort geltender Sätze entspricht deren fortschreitende Abstraktion. Individualität wird in ebendem Maße, wie Philosophie sie fetischisiert, zur denkbar allgemeinsten, also am wenigsten individuierten Struktur. Während Systemphilosophie im Bann dieser Paradoxie steht und vom »paranoischen Eifer«[314] getrieben wird, sich vor der Erfahrung des Nichtidentischen zu immunisieren, entäußert sich das frühromantische wie Adornos Denken an den »Schmerz« der Individuationsprozesse, den Transzendentalphilosophie systematisch vergißt. Dieser anamnetische Gestus feit ästhetische Theorie, in die Geistphilosophie, die ihrer selbst inne wird, sich notwendig verwandelt, vor den Verkennungen zentrischer und vor allem: subjekt-zentrischer Systeme. Deckt sie an diesen uneingestandene, da selbstdestruktive Widersprüche auf, so wird Theorie im Augenblick des Eingedenkens der dem Selbst eingeschriebenen Schmerzen ästhetisch. Reine Vernunft erfährt dann ihr unreines somatisches Substrat: »Sollte einfaches Selbstgefühl – Schmerz seyn […]. Teleologie des Schmerzes. Die Realität des Schmerzes ist die Realität des gemeinen, rohen Bewußtseins.«[315]

So entdeckt die Frühromantik das Leiden als das eigentliche principium individuationis und als das »Geheimniß der Individualität«[316], das Transzendentalphilosophie nur um den Preis verdecken kann, sich in uneingestandene Widersprüchlichkeiten verwickeln zu müssen. Dieser Schmerz der Individuation rührt her von den zwanghaften Momenten einer oktroyierten Zwangsidentität, die sich als apriorische Vernunftstruktur ausgibt und doch auf die »geltenden Sätze« transsubjektiver Tauschregeln zurückführbar ist. Sie zu unterlaufen und außer Kraft zu setzen ist der Impuls der frühromantischen »Ideenparadiese«[317] und der Modellensemblen Adornos, die daran erinnern, daß das »ächte Individuum [...] das ächte Dividuum«[318] ist. Der Geschichte der Transformation von Dividuen in Individuen ist einzig ästhetisch gerecht zu werden – ist sie doch eben Geschichte und keine irreduzible Struktur. Enthüllt sich, wenn die Frühromantiker die Transzendentalphilosophie dissident lesen, die »Realitaet [...] [als] Schein«[319], der sich den Subjekten verbindlicher, als Realität je es vermöchte, einschreibt, so muß »der Philosoph zum Dichter«[320] werden, der von der Pathogenese des Subjekts erzählt. »Das rechtfertigt den Übergang von Philosophie an Deutung, die weder das Gedeutete noch das Symbol zum Absoluten erhöht, sondern, was wahr sei, dort sucht, wo der Gedanke das unwiederbringliche Urbild heiliger Texte säkularisiert.«[321]

Die Deutung heilig schöner Texte im Interesse ihrer Säkularisierung gilt den Frühromantikern wie Adorno als unabdingbare Voraussetzung des Versuchs, Subjektivität vom Bann der Identitätskategorie zu befreien. Denn »Schönheit ist der Bann über den Bann«[322], den die Tauschabstraktion um die Subjekte legt. In ihren zentralen Passagen nimmt Adornos *Ästhetische Theorie* das Theorem von der tauschabstraktiven Soziogenese des Subjekts wieder auf,[323] um Kunst als Medium der Subversion des universalen Äquivalententauschs zu bestimmen. »Kunstwerke sind die

Statthalter der nicht länger vom Tausch verunstalteten Dinge.«[324] Ihnen ist, wie schon die Frühromantiker gewahrten, die enigmatische Kraft eigen, noch im Rahmen von gänzlich identitätsfixierten Denk- und Verkehrsformen den Widerspruch (in seiner striktesten Form: der des mengentheoretischen Dilemmas) nicht vorschnell auszutreiben, sondern vielmehr auszuhalten. Die »Ästhetik ist die Wurzel der Dialektik«[325], also des Denkens von Widerspruchsstrukturen, weil das Schöne als das schlechthin Nutz- und Funktionslose sich dem bannenden Zugriff der Tauschabstraktion entzieht. »Imago von nicht Vertauschbarem«[326] ist Kunst dank der ihr eigentümlichen »Funktionslosigkeit«.[327] Verlor sie mit der Transformation archaisch-magischer in tauschrationale Vergesellschaftungsweisen ihre soziale Funktion, so wurde sie mit der Universalisierung des Äquivalententauschs zum a-sozialen Überfluß schlechthin. »Das Asoziale der Kunst«[328], das den Knaben Lenker in *Faust II* »Bin die Verschwendung, bin die Poesie«[329] sprechen heißt, verweist nicht nur auf die Unmöglichkeit, Kunst restlos den distributionslogischen Kategorien des Warentauschs zu unterstellen. Es indiziert und affiziert auch das asozial Nichtidentische des Subjekts – dessen Wunsch, keines zu sein.

Als »höchsten Satz aller Wissenschaft und Kunst« hat Novalis die Un- und Wunschgleichung »Ich = Nicht-Ich«[330] charakterisiert. Während der Identitätszwang der Tauschabstraktion diesen Wunsch nach Alterität vertreibt, leiht Kunst ihre spezifische, nämlich soma-, paradoxie- und widerspruchssensible Sprache den Subjekten, die durch den »Terror des Idealismus«[331] ihren Wunsch aus der Sprache ausgetrieben haben. »Nicht für sich, dem Bewußtsein nach, jedoch an sich will, was ist, das Andere, und das Kunstwerk ist die Sprache solchen Willens.«[332] Dem um seinen

Wunsch betrogenen Subjekt dient der romantische Poet wie der kritische Theoretiker als »transcendentaler Arzt«, der die Verblendung des Identitätsdenkens bannt. Die Frühromantiker haben dafür eindringliche Formulierungen gefunden. »Poesie ist die große Kunst der Construction der transcendentalen Gesundheit.«[333] »Vollständiges Ich zu seyn, ist eine Kunst.«[334] Solange das Verständnis des Ichs im Banne des »Princips des Centralen [...], [des] Geld[es]«[335] steht, ist nach frühromantischer wie nach Adornos weitreichender These allein Kunst in der Lage, dem verstümmelten Subjekt rettend zu soufflieren, seine Utopie sei seine »opferlose Nichtidentität«.[336]

*

Wie die Frühromantiker und die Kritische Theorie analysiert auch der dissidente Strukturalismus von Lacan, Derrida, Foucault und Deleuze »die gesamte Sphäre der Individuation [...] als Epiphänomen«[337] transsubjektiver Regelsysteme. Nicht nur am italienischen Titel des *Don Giovanni* – *Il dissoluto* –, sondern an großer Kunst überhaupt, die den Wunsch aus ihrer Sprache noch nicht exkommuniziert hat,[338] wurde Adorno des von den Frühromantikern zur Sprache gebrachten Subjektwunsches inne: der »Auflösung der begränzten Ichheit«.[339] Um diesen Wunsch gleichsam archäologisch wieder freizulegen, verfährt auch die strukturalistische Subversion des Subjekts reflexionskritisch. Mit den Frühromantikern und Adorno ist ihr die Geste einer Dechiffrierung imaginär sich verkennender Subjektivität gemeinsam. Die frühromantische Fichtekritik, Adornos Kant-, Hegel- und Husserldeutung und die strukturalistische Relektüre von Descartes' und Husserls Schriften treffen sich in der Feststellung, »Denken

[sei] eine besondre verkehrte Gestalt der Ichheit« – also nicht der Modus, in dem Subjekte sich selbst genuin begegnen.[340] Es dürfte auf die üblichen Rituale akademischer Identitätsgewinnung durch Proklamation exklusiver Gruppen- und Schulzugehörigkeit zurückzuführen sein, daß selbst die offensichtlichsten Affinitäten von Kritischer Theorie und Poststrukturalismus so häufig verkannt wurden und noch werden.[341] Beiden Theorieformen gilt der transzendentalphilosophische Subjektbegriff als Effekt einer systematischen Selbst-Verkennung; beide bilden imaginäre Selbstverständnisformen auf tiefenstrukturale Kodierungen und Semiotechniken (familiale Sozialisation, Tauschregeln, pädagogische Einschreibungen, Biopolitiken etc.) ab; beide setzen methodisch auf die Verbindungen zwischen unterschiedlichen Disziplinen wie Marxismus, Psychoanalyse, Ethnologie, Phänomenologie, Kulturtheorie und Semiologie; beide versuchen archäologisch, die Spuren onto- wie philogenetisch verdrängter Zwänge zu dechiffrieren; beide sind an exzentrischen, häretischen oder peripheren Texten und Reden, an jenem »obstinaten Gemurmel einer Sprache«[342] interessiert, das die herrschenden Reden begleitet und unterminiert; und beide fragen nach den vom szientistischen Diskurs tabuisierten Verschränkungen von Wunsch, Wahrheit, Wirklichkeit und Sprache. Beschreiben Kritische Theorie und Poststrukturalismus demnach gleichermaßen »jenen anderen Schauplatz der sinnvorgängigen Sinnproduktion«[343], so sind ihre Beschreibungsgesten doch denkbar different. Dem depressiven Gestus Kritischer Theorie kontrastiert der »fröhliche Positivismus«[344] nicht nur Foucaults um so greller, als in motivlich-thematischer Hinsicht Wahlverwandtschaften zwischen Kritischer Theorie und Poststrukturalismus auszumachen sind. Zwar weiß auch die *Negative Dialek-*

tik Adornos: »Philosophie ist das Allerernsteste, aber so ernst wieder auch nicht«[345]; dennoch scheint ihr die häretische Tradition einer »fröhlichen Wissenschaft«, an die die Frühromantiker anknüpften[346] und die der Poststrukturalismus fortzusetzen versucht, nach der Einsicht in das »Mißlingen der Kultur«[347] und in das geschichtsbestimmende »Gesetz des Verhängnisses«[348] kaum mehr akzeptabel.

Hingegen betreibt der fröhliche Positivismus der neueren französischen Theoriebildungen ab und an eine zumindest latente Identifikation mit dem Aggressor von Subjektivität, wenn er jedes Programm und Projekt einer Außerkraftsetzung von transsubjektiven Symbolordnungen als phantasmatisch charakterisiert. Lacan und Derrida gilt das Subjekt so sehr als sub-jectum der ihm heteronomen Ordnungen des Sprechens, Begehrens und Tauschens, daß Widerstand gegen die Gesetze zweiter Natur a priori gescheitert scheint. Und die antiödipale Widerstandslist von Deleuze' und Guattaris Schizo ist zu todverfallen, um glückend subversiv sein zu können. »Die Sehnsucht des objektiv geschwächten Subjekts nach heteronomer Ordnung« ist nicht länger nur »ein Hauptstück deutscher Ideologie«.[349] Ein rätselhafter Masochismus (ist Masochismus nicht die psychologische Wahrheit über jeden Positivismus?) durchzieht zentrale Theoreme der französischen Semiologie. Deleuze hat in seiner bedeutenden Einleitung zu Sacher-Masochs Roman *Venus im Pelz* dem rätselhaften Phänomen des Masochismus eine so überraschende wie bündige Deutung zuteil werden lassen. Danach spürt der Masochist illusionslos die überwertige Präsenz des Anderen im Selbst und bittet paradox ebendiesen Anderen, ihn brutal aus sich herauszutreiben, zu exorzieren, das Selbst sich schmerzvoll spüren zu lassen. Deleuze' Masochismus-

Deutung ist ersichtlich nicht nur eine individualpsychologische, sondern auch eine epochentypische. Die Moderne wird demnach in eben dem Maße von verstärkten Fremdzwängen geprägt, wie sie auf Autonomiephantasmen fixiert ist.

Die von vielen deutschen Kritikern als irritierend bis skandalös empfundene Preisgabe klassisch-aufklärerischer Attituden im Umfeld poststrukturalistischer Theorien entspricht somit dem vermutlichen »masochistischen« Stand der menschlichen Gattungsgeschichte. Ernüchtert muß sie feststellen, daß es auch nach allen neuzeitlich-modernen Versuchen, Gesellschaft, Geschichte und Strukturen zu »konstituieren«, und das heißt, alles Vorgegebene machtvoll in ein »Gemachtes« zu transformieren, nach wie vor kein Gattungssubjekt gibt, daß aber statt dessen ein Übergewicht an Destrudo- gegenüber Libido-Potentialen dessen Funktion einzunehmen droht. Offen anachronistisch halten die Frühromantiker und Adorno angesichts dieser Epochendiagnose dem schieren Wunsch, zu sein und Dasein schön zu deuten, die Treue, nachdem sie seiner Bedrohung durch die »geltenden Sätze«, die Subjektivität verstummen lassen, inne geworden sind. Ist »das wunderbarste [...] Phaenomen, [...] das eigene Daseyn«[350], durch »Herrscherworte« und »geltende Sätze« um die Möglichkeit seines Ausdrucks gebracht, so schreibt die frühromantische wie Adornos ästhetische Theorie die »Nothwendigkeit aller Kunstwercke«[351] dem Umstand zu, daß einzig das Schöne den Wunsch zu sein nicht immer schon zum Begehren logifiziert und verstümmelt hat. Kunst allein vermag, erschrockenen Kindern gleich, diesen Wunsch sprechen oder stammeln zu lassen: »Unbewußtes Wissen flüstert den Kindern zu, was da von der zivilisatorischen Erziehung verdrängt wird, darum ginge es: die armselige physische Existenz zündet ins oberste Interesse, das kaum weniger verdrängt wird, ins Was ist das und Wohin geht es. Wem gelänge, auf das sich zu besinnen, was ihn einmal aus den Worten Luderbach und Schweinstiege ansprang, wäre wohl näher am absoluten Wissen als das Hegelsche Kapitel, das es dem Leser verspricht, um es ihm überlegen zu versagen.«[352] Anders als der Strukturalismus hat Kritische Theorie in ästhetischer Theorie ihr Telos. Sie lauscht den Kunstwerken flüsternde Wünsche ab und vertraut so auf die Möglichkeit einer schönen Subversion jener sprachlichen Exzentrierung des Wunsches, die die Semiologie für unabwendbar erklärt. Das Regelsystem Sprache ist kaum, der Äquivalententausch aber ist durchaus negierbar (allerdings ist die Frage schwer zu vermeiden »in welchem Umkreis und zu welchem Preis?«). Daß die Subjektivitätskritik des Poststrukturalismus primär im Namen der Sprache, die der Kritischen Theorie aber primär unter Verweis aufs Tauschgesetz ergeht, begründet ihre gestische Differenz. Kritische Theorie verzweifelt, weil die zweite Natur hypostasierter Gewalten wohl abschaffbar ist, nicht aber – etwa zugunsten des Potlatch, der den Äquivalententausch erlösen könnte – abgeschafft wurde. Der Poststrukturalismus aber wird fröhlich positivistisch, weil ihm die Unterscheidung erster und zweiter Natur und mit ihr die Möglichkeit, ästhetisch das Imaginäre real werden zu lassen, obsolet wurde. Versöhnt wären beide, wenn der Kinderwunsch und das absolute Wissen, der Mangel und der Überfluß, Transzendenz und Immanenz eins würden.

3
Objektive Interpretation
des schönen Scheins
Walter Benjamins
absonderliche Ideenlehre

Objektive Interpretationen sind das Phantasma des Hermeneuten. Um sie zu erreichen, ist der, der alles verstehen will, gar bereit, sich preiszugeben, sich zu unterwerfen, sich zu sub-jectivieren und mit transsubjektiven Horizonten zu verschmelzen. Das Geschäft der Auslegung nämlich gilt der Hermeneutik dann nicht länger als eine Kunst,[353] die wie jede Kunst den krisenanfälligen Status »subjektiver Allgemeingültigkeit«[354] hat, wenn es einem schriftlichen Werk gilt, das – Dilthey zufolge – »einer vollständigen und objektiven Interpretation fähig«[355] ist. Solche Werke aber können nur kanonische sein. »Das Werk eines großen Dichters oder Entdeckers, eines religiösen Genius oder eines echten Philosophen kann immer nur der wahre Ausdruck seines Seelenlebens sein; in dieser von Lüge erfüllten menschlichen Gesellschaft ist ein solches Werk immer wahr.«[356] Gadamer hat die offensichtlichen Implikationen dieser Apodiktik Diltheys benannt, als er für die »Rehabilitierung von Autorität und Tradition«[357] plädierte. Objektive Interpretationen – das gibt die Hermeneutik nur vornehmer als ihr schärfster Kritiker Nietzsche zu verstehen – sind »Form[en] des Willens zur Macht«.[358] Denn angesichts von Macht, die transsubjektiv verbindlich reglementiert, wie zu interpretieren sei, erscheint »der Fokus der Subjektivität [als] Zerrspiegel« und »die Selbstbestim-

186

mung des Individuums (als) ... Flackern im geschlossenen Stromkreis des geschichtlichen Lebens«.[359]

Der Hermeneutik muß nun aber ihr latenter Fetischbegriff – objektive Interpretation – zur Quelle nie versiegender Irritation, ja zum Trauma geraten.[360] Sofern sie nämlich beides will: ein sublim-artistisch verstehendes Subjekt und die Objektivität des von diesem interpretierten Werkes, gerät sie in ihre schon in begriffsgeschichtlicher Hinsicht nicht sehr produktive Krise: zwischen Subjektivismus und Objektivismus oszillieren zu müssen. Von charakteristischen Ambivalenzen sind die großen Entwürfe einer anspruchsvollen philosophischen Hermeneutik denn auch geprägt. Sie überführen das hermeneutische Verständnis objektiver Interpretationen als das Oxymoron, das ein gewitzter Alltagsverstand, der Macht und verständige Liberalität als ineinander verschränkte Größen zu erfahren gewohnt ist, in diesem Begriff eh vermutet. Schleiermacher bestimmt Verstehen als individuierende Divination des spezifischen Sinns einer unverwechselbar singulären Rede, die aber gleichwohl von allgemeinen Regeln der Syntax, Semantik und Pragmatik geprägt ist[361] und in Sprache selbst ihre objektive Allgemeinheit hat.[362] Dilthey verschärft, ohne Vermittlungen noch seriös vorschlagen zu können, den schon von Schleiermacher fokussierten internen Konflikt eines individuellen Allgemeinen zu der Paradoxie, »daß das Verstehen auf einer besonderen persönlichen Genialität beruht«[363] und dennoch den »festen Regeln«[364] sprachlich verbürgter und institutionalisierter Intersubjektivität folgen soll. Und Gadamer mag schließlich die romantische Tradition einer subjektivitätstheoretisch begründeten Hermeneutik nicht vollends suspendieren und tut dies dennoch, wenn er, ohne methodische Konsequenzen daraus zu ziehen, Hermeneutik an die

Grenze ihrer Macht führt: »Wo wir wirklich den anderen als Individualität im Auge haben, z. B. im therapeutischen Gespräch oder im Verhör des Angeklagten, ist die Situation der Verständigung gar nicht wahrhaft gegeben.«[365]

Nun hat aber eine Theorie, die in »Sprachunbewußtheit [...] die eigentliche Seinsweise des Sprechens«[366] vermutet, Hermeneutik zu sein aufgehört, sofern gelingende und den Sprechenden zugängliche Verständigung noch irgendein zentraler Begriff dieser Disziplin sein soll. Daß Gadamer gegen seine besten, von Heidegger inspirierten Einsichten dennoch an dieser regulativen Idee festhält, gibt seine phonozentrische Fixierung zu verstehen. Sie verkennt »alles Schriftliche [als] [...] eine Art entfremdete Rede« und verspricht die Möglichkeit methodischer »Rückverwandlung der [Schrift-]Zeichen in Rede und in Sinn«.[367] Walter Benjamin zählt zu den ersten Kritikern einer Ausrichtung aller Verständigungsbemühungen auf Rede, Sinn und Gegenwart,[368] deren methodischer Effekt die Hermeneutik ist. Schon eine seiner frühen Arbeiten, die *Metaphysik der Jugend,* dankt ihr eigentümliches Pathos der entschiedenen Feststellung: »Immer bleibt der Sprechende von der Gegenwart besessen. Also ist er verflucht: nie das Vergangene zu sagen, das er doch meint.« (GS II, 1, p. 93)[369] Mit der hermeneutischen Hochschätzung einer Logologie der Präsenz verfällt auch die gängige Korrelation von Sinn und Verstehen der frühen Kritik Benjamins. In ihr eine Antizipation von Derridas Diagnose, der abendländische Sokratismus sei »phallogozentrisch«[370] zu erkennen, ist kaum ein modischer Versuch, alles mit allem in Beziehung zu setzen – spricht Benjamin doch von der »Erektion des Wissens« (GS II,1, p. 131 – *Sokrates*), die Sokrates' Fragetechnik über die versammelten Dinge und Diskurse herrschen läßt, und denkt er doch wie Nietzsche

und Derrida, der in Benjamins Schriften einen wahlver-
wandten Duktus entdeckte,[371] die Wahrheit als Frau,[372]
wenn er schreibt: »Jede Frau [...] behütet [...] den Sinn
vor dem Verstehen, sie wehrt dem Mißbrauch der Worte«
(ibid.), von welchem Mißbrauch hingegen umgekehrt der
Hermeneut zehrt, wenn er vergangene Worte in präsenti-
sche rückverwandelt.

In der *Erkenntniskritischen Vorrede* zu seinem Trauerspielbuch hat Walter Benjamin den antihermeneutischen Impuls seiner frühen Schriften nochmals verschärft. Diese
hintersinnig so genannte Vor-Rede will das schier Antiher-
meneutische – sie will nämlich Sinn und Wahrheit vor dem
Verstehen hüten. Erkenntniskritik treibt dieser buchstäblich erratische Text nicht kantisch als jene juristisch skandalöse Prozedur, die Erkenntnis über sich selbst so zu
Gericht sitzen läßt, wie es Kleists Dorfrichter Adam widerfährt (cf. die Einleitung zu diesem Band). Kritik der Erkenntnis ist für Benjamin nicht länger als jenes Double von
genitivus objectivus und subjectivus lesbar, über das schon
Kleists Lustspiel *Der zerbrochene Krug* scherzte, das den Dorfrichter Adam über sich selbst so zu Gericht sitzen läßt, wie
die reine Vernunft es vorexerziert – die *Vorrede* macht vielmehr der Erkenntnis selbst einen Prozeß, der nicht wiederum im Namen von Erkenntnis ergeht. Dem liegt eine
ebenso bündige wie weitreichende Einsicht zugrunde: Erkenntnis ist wie Verstehen ein relationaler Begriff (nur
Wendungen wie »Erkenntnis« oder Verstehen von »etwas«
sind grammatisch funktional); Sinn[373] und Wahrheit sind
hingegen positional, also nicht relational verwendbar. Zielt
demnach Erkenntnis auf Wahrheit, so kann diese deren intentionale Erfüllung nur um den Preis ihrer Destruktion
sein. Die Geschichte des Sokratismus und seiner neuzeitlichen cartesianischen Radikalisierung zumal gilt Benjamin

deshalb als Geschichte der verkennenden Mortifikation von Wahrheit. Ihr zu wehren – nein: sie zu erlösen ist die Aufgabe einer objektiven Interpretation, welcher Begriff deshalb auch im konstellierenden Zentrum der *Erkenntniskritischen Vorrede* steht.

Sicherlich hat Winfried Menninghaus recht, wenn er feststellt: »Die prinzipiell grenzenlose ›Quellen-Forschung‹ zu einzelnen Worten und Wendungen der ›Erkenntniskritischen Vorrede‹ schafft mehr neue Fragen als daß sie alte löst.«[374] Dennoch mag der Hinweis auf den Umstand, daß der gute Dilthey-Kenner Benjamin dessen Begriff der objektiven Interpretation seinem hermeneutischen Kontext entwendete,[375] aufschlußreich sein. Denn er belegt nicht nur Benjamins Kunst, subtil auf andere Texte anzuspielen und sie aleatorisch erklingen zu lassen. Er belegt auch Benjamins Begierde, Traditionen, die sich selbst verkennen, rettend zu kritisieren. Wenn nämlich seine basale These einer unmöglichen Korrelation von Wahrheit und Erkenntnis zutrifft, muß Verkennung die einzig mögliche Gestalt von Wahrheitserkenntnis sein, deren Subjekte fähig sein können. Und dieser Einsicht ist die Hermeneutik, die Auslegung, Verstehen und Interpretation zu ihren zentralen Begriffen zählt, scheiternd gleichwohl näher als etwa neukantische oder logische Wahrheitstheorien. Gerade der labile Status dieser Begriffe verrät untergründiges Bewußtsein von der notwendigen Krise jeder Theorie, die positionale Wahrheit prädikabel machen möchte. Die extreme Wahrheitsferne von Verstehen, Auslegen und Interpretieren hat Goethe denn auch in dem Wissen aussagen können, daß Wahrheit selbst struktural nicht aussagbar ist: »Im Auslegen seid frisch und munter, / Legt ihr's nicht aus so legt was unter.« Oder: »›Manches können wir nicht verstehn.‹ / Lebt nur fort, es wird schon gehen.«[376]

In Blochs schönstem Buch, den *Spuren*, findet sich ein Text, der von der Not des Nicht-Verstehens und daraus resultierender »Unterlegung« berichtet, der aber dennoch oder deshalb an der Idee einer objektiven Interpretation festhält. Der Wiener Schauspieler Girardi erzählt darin vom nächtlichen Heimweg durch eine Gasse, in der junge Mädchen ihre Liebesdienste anbieten. Aus einem auffallend schmalen Haus beugt sich ein besonders hübsches Mädchen und bietet ihm Liebe auf mexikanische Art an. Girardi geht weiter, kehrt dann aber wieder um, getrieben von der Neugier, was unter mexikanischer Liebe zu verstehen sei. Zurück in der Gasse, sind das schmale Haus und das hübsche Mädchen verschwunden. Am nächsten Tag löst ihm eine Erleuchtung das rätselhafte Erlebnis auf. Das Mädchen im Haus war ein Engel, der nicht mit ansehen kann, wie die Menschen im Irrtum leben. Alle hundert Jahre erscheint er auf Erden als Hure, die mit den Worten »Schau, i mach' Dir's mexikanisch« einem Vorübergehenden ein ganz anderes Glück verspricht. Hört niemand auf diesen Ruf, verschwindet er für weitere hundert Jahre – und vielleicht verschwindet er irgendwann einmal für immer, weil es die Menschen nicht besser verdient haben.[377]

Zur Zeit des intensiven Umgangs zwischen Bloch und Benjamin entstanden, unterhält diese wundersame Erzählung die intimste Korrespondenz zum Ideal des Problems der *Erkenntniskritischen Vorrede*: der Nichtkommunizierbarkeit von Wahrheit. Der »Bereich der Wahrheit, den die Sprachen meinen« (GS II,1, p. 207), ist so wenig erfrag- und verstehbar wie Blochs Engel der Erlösung. Die platonischen Reminiszenzen der Vorrede umspielen, ohne ihn unmittelbar zu bemühen, den »schönen Satz« Menons, der dem Techniker des Erfragens, Sokrates, zuwider sein muß. »MENON: Und auf welche Weise willst du denn dasjenige suchen, Sokrates, wovon du überhaupt gar nicht weißt, was es ist? Denn als welches Besondere von allem, was du nicht weißt, willst du es dir denn vorlegen und so suchen? Oder wenn du es doch noch so gut träfest, wie willst du denn erkennen, daß es dieses ist, was du nicht wußtest? / SOKRATES: Ich verstehe, was du sagen willst, Menon! Siehst du, was für einen streitsüchtigen Satz du uns herbringst? Daß nämlich ein Mensch unmöglich suchen kann, weder was er weiß, noch was er nicht weiß. Nämlich weder was er weiß, kann er suchen, denn er weiß es ja, und es bedarf dafür keines Suchens weiter; noch was er nicht weiß, denn er weiß ja dann auch nicht, was er suchen soll. / MENON: Scheint dir das nicht ein schöner Satz zu sein, Sokrates? / SOKRATES: Mir gar nicht.«[378]

Benjamin hat den platonischen Sophismus zur Ernsthaftigkeit radikalisiert, indem er die Dialektik von Gesuchtem und Gewußtem von der Ebene der Erfragung des Vereinzelten, die kontexttheoretisch und differenzlogisch angehbar ist, zum Problem der Erfragung einer Einheit umformuliert, die auch den Fragenden umgreift. Als solche seiende, nicht aber prädikative Einheit ist Wahrheit – soll sie nicht mit ihrem intimsten Gegner, Richtigkeit, verwechselt werden – bestimmt. Und »als Einheit im Sein und nicht als Einheit im Begriff ist die Wahrheit außer aller Frage«. (210) Denn eine Frage, die Erkenntnis heischt, verfehlt Wahrheit aus strukturalen Gründen gleich doppelt. Zum einen ist Erkenntnis relational strukturiert,[379] sie »ist ein Haben« (209): Ich habe, ich besitze eine Erkenntnis. Wahrheit ist hingegen positional und also schlechthin anders als Erkenntnis verfaßt: Sie ist Sein; sie ist, »so daß der Gegenstand der Erkenntnis sich nicht deckt mit der Wahrheit« (209). Wenn aber Wahrheit Einheit ist, dann kann sie (zweiter Grund bzw. Abgrund dafür, daß Erkenntnis und

Wahrheit nicht zueinanderfinden können) nicht von einer Position außerhalb ihrer erfragt werden. Wäre die integrale Einheit im Wesen der Wahrheit erfragbar, so müßte jede Antwort auf jene Frage, die wahr wäre, allein die Einheit der Wahrheit sein. Die Zweiteiligkeit von Frage und Antwort hätte dann aber diese Einheit uno actu zerstükkelt.

So »entgeht [...] die Wahrheit [...] jeder wie immer gearteten Projektion in den Erkenntnisbereich«. (209) Denn sie ist keine Funktion erkenntniskonstitutiver Begriffe. Prädikationslogische, adäquationstheoretische oder kommunikationsfixierte Wahrheitsmodelle erliegen demnach Kategorienfehlern. Sind sie doch in Sätzen einer Urteilssprache formuliert, die nicht nur Index, sondern auch Grund des Sündenfalls ist, weil das Urteil als Prädikation über etwas a priori den Urteilenden aus der Einheit der Wahrheit exkommuniziert. Diese Überlegung war Benjamin ein Selbstzitat wert. In seinem Aufsatz *Über die Sprache überhaupt und über die Sprache des Menschen* heißt es wie später im Trauerspielbuch: »Die abstrakten Sprachelemente aber wurzeln [...] im richtenden Worte, im Urteil.« (GS II, 1, p. 154/407)[380] »Die Unmittelbarkeit (das ist aber die sprachliche Wurzel)«, so fährt der frühe Aufsatz fort, dessen Motivfolge dem Wahrheitstraktat der Vorrede detailliert entspricht, »die Unmittelbarkeit [...] der Mitteilbarkeit der Abstraktion ist im richterlichen Urteil gelegen. Diese Unmittelbarkeit in der Mitteilung der Abstraktion stellte sich richtend ein, als im Sündenfall der Mensch die Unmittelbarkeit in der Mitteilung des Konkreten, den Namen, verließ und in den Abgrund der Mittelbarkeit aller Mitteilung des Wortes als Mittel, des eitlen Wortes, verfiel.« (GS II,1, p. 154) Urteil, Mitteilbarkeit und Mittelbarkeit sind kaum zufällig assonante Begriffe.[381] Sie gehören vielmehr einer diskursiven Formation an: der der vollendeten Sündhaftigkeit.

Signatur dieses sündhaften Zeitalters ist der Mangel an »Demut der Interpreten« (GS II,1, p. 347). Der romantische Hermeneut – nicht aber der frühromantische Fragmentkünstler – leistet so wenig demütigen »Verzicht auf den unabgesetzten Lauf der Intention« (208) wie seine bewußtseinstheoretische Entsprechung, das kantische Subjekt. Beiden ist die »Antizipation [der Wahrheit] im System« (ibid.) Garant des »Besitzcharakters« (209) von Erkenntnis. Im Namen der Gegenwart von der Vergangenheit verstehend Besitz zu ergreifen ist das eigentlich hermeneutische Begehren. Ihm fällt die Selbstdarstellung der Wahrheit zum Opfer, ist ihre Verkennung doch Möglichkeitsbedingung der Hermeneutik. Daß aber Wahrheit sich selbst darstelle – das eben meint die Idee der »objektiven Interpretation«. Sie ist das Schibboleth der *Erkenntniskritischen Vorrede*,[382] denn ihr ist die Lösung des Dilemmas anvertraut, wie intentionslose Wahrheit sich gleichwohl soll darstellen können. Ist die Darstellung der Wahrheit fragend nämlich nur verkennbar, nicht aber erzwingbar, so sucht Benjamin nach der »Gestalt der unkonstruierbaren Frage«[383], die seiende Wahrheit in Erscheinung treten läßt. Mit der Formulierung »Gestalt der unkonstruierbaren Frage« hatte Blochs *Geist der Utopie* das Frage-Paradoxon zu bannen gesucht, um »mögliche Orte des Löseworts«[384] in der athetischen, also auch nicht disjungierenden Kraft des Schönen, der Musik zumal, zu suchen. Hieran knüpft Benjamin offensichtlich an. Nicht aber das namenlose Medium der Musik, sondern vielmehr die weitgehend urteils- und informationslose poetische Sprache ist es, in der Benjamin die Selbstdarstellung der Wahrheit vermutet.

Sprachliche Kunstwerke allein vermögen »objektive Interpretationen« intentionsloser Wahrheit zu sein. Denn »es erfordert die Struktur der Wahrheit ein Sein, das an Intentionslosigkeit dem schlichten der Dinge gleicht, an Bestandhaftigkeit aber ihm überlegen wäre. Nicht als ein Meinen, welches durch die Empirie seine Bestimmung fände, sondern als die das Wesen dieser Empirie erst prägende Gewalt besteht die Wahrheit. Das aller Phänomenalität entrückte Sein, dem allein diese Gewalt eignet, ist das des Namens. Es bestimmt die Gegebenheit der Ideen. Gegeben aber sind sie nicht sowohl in einer Ursprache, denn in einem Urvernehmen, in welchem die Worte ihren benennenden Adel unverloren an die erkennende Bedeutung besitzen.« (216)

Diese Erfordernis erfüllt allein das poetische Medium. Seine Intentionslosigkeit ist spätestens seit Kants Definition des Schönen als Gegenstand und Element interesselosen Wohlgefallens ein Topos; seine Bestandhaftigkeit hat sich nicht nur den Dingen, sondern auch der Rede von seinem Ende überlegen erwiesen; und seine Struktur, sprachlicher Verfaßtheit zum Trotz schlechthin unfähig zur Kommunikation »erkennender Bedeutung« zu sein, gilt seit Platons *Ion*-Dialog als anhaltender Skandal. Indem Benjamin derart die paradoxe Idee des poetischen Mediums umkreist, präzisiert und variiert er die Überzeugung, die »[s]eine literarischen Versuche [...] leitet«, nämlich die »Überzeugung, daß jede Wahrheit ihr Haus, ihren angestammten Palast, in der Sprache hat, daß er aus den ältesten logoi errichtet ist und daß der so gegründeten Wahrheit gegenüber die Einsichten der Einzelwissenschaften subaltern bleiben, solange sie gleichsam nomadisierend sich behelfen [...], befangen in jener Anschauung vom Zeichencharakter der Sprache, der ihrer Terminologie die verantwortungslose Willkür aufprägt.«[385]

195

Beide Argumentationen, die wahrheitstheoretische der *Vorrede* und die sprachtheoretische des frühen Aufsatzes wie des Briefes an Hofmannsthal, beruhen auf homologen Begründungen. Denn Benjamin bestimmt Wahrheit als Sprache und Sprache als Wahrheit. Die darin angelegte Paradoxie nimmt Benjamin offensiv in Kauf: Sprache gilt ihm primär nicht als Medium von Kommunikation und Mitteilung. Nur als positional-intentionslose findet Wahrheit in mitteilungsloser (Namen-)Sprache ihre Sphäre; nur eine Sprache, der es – um es frühromantisch mit Worten aus dem *Monolog* von Novalis zu formulieren – einzig »um sich selbst geht«[386], kann Medium von Wahrheit sein. Intentionslose Wahrheit aber ist anders denn als positionales, relationsloses Sein kaum bestimmbar. Und so ist es fast eine analytische Implikation der Benjaminschen Verschränkung des Wahrheits- und des Sprachbegriffs, daß er Sein als an sich selbst sprachlich verfaßt denkt. Das ist das offenbar-geheime Zentrum des Denkens Benjamins. »Wahrheit tritt nie in eine Relation und insbesondere in keine intentionale. Der Gegenstand der Erkenntnis als ein in der Begriffsintention bestimmter ist nicht die Wahrheit. Die Wahrheit ist ein aus Ideen gebildetes intentionsloses Sein. Das ihr gemäße Verhalten ist demnach nicht ein Meinen im Erkennen, sondern ein in sie Eingehen und Verschwinden.« (216) Wenn Sein Sprache ist, ist es dennoch nicht in gemäßer Rede kommunizierbar. Denn jede Kommunikation von Sein würde dessen Intentionslosigkeit verraten.

Gerade Sein, das nicht verstanden werden kann, ist Sprache.[387] Um dem Dilemma der Nichtkommunizierbarkeit von Wahrheit zu entraten, denkt Benjamin die Ideen als die objektive Interpretation der Phänomene, nicht des Seins.[388] Kommunizierbar nämlich ist Sein nur als zerstükkeltes; zugänglich und erreichbar ist Sein allenfalls auf sei-

nem anderen Schauplatz, dem der versammelten Phänomene. Eine Erkenntnis oder Interpretation der Phänomene selbst aber würde nur die Verkennung fortsetzen, die
der Begriffssprache eigentümlich ist. »Daher ist es falsch,
die allgemeinsten Verweisungen der Sprache als Begriffe
zu verstehen, anstatt sie als Ideen zu erkennen.« (215)

Benjamins Wendung könnte kaum irritierender sein.
Die ungeheure Intensität der *Vorrede* macht terminologische Nachlässigkeiten unwahrscheinlich – um so verwun-
derlicher, daß der zuvor desavouierte Erkenntnisbegriff
seine Rehabilitation erfährt, sofern er die Erkenntnis von
Ideen, nicht aber die der Wahrheit meint.[389] Die Ideen
nämlich sind die »objektive Interpretation der Phänomene« (215) und somit der »Elemente«, in die die Einheit der
Wahrheit sich zerstreut, sobald sie mit dem Sündenfall
dem Relationszwang unterworfen wird. Denn sie sind die
»Teile der Wahrheit« (GS I,1, p. 933), die eben als Teile
der Wahrheit anders als deren Einheit erkennbar, nicht
aber verstehbar sind, da verstehen, dem hermeneutischen
Zirkel zufolge, Antizipation von Einheit voraussetzt.

Die »echte Einheit des Wahren ist nicht mehr auflösbar
in Elemente sondern einzig zerlegbar in Teile. Diese Teile,
die Ideen, aber sind von jener sonderbaren Beschaffenheit, welche zunächst gleichnisweise angedeutet werden
mag in einer Legende. Sie handelt von den Steinen, welche den Sinai bedecken. Diese trügen, wie Salomon Mai-
mon berichtet, die Zeichnung eines Blattes (Baumes) ein-
geprägt, dessen sonderbare Natur es sei, alsobald auf jedem Steinstück sich herzustellen, welches abgesprengt von
einem großen Blocke sei und so ins Unendliche fort. Die
Ideen sind dergleichen Teile der Wahrheit in welche allein
[die] Regel derselben, unversehrt, wenn auch noch so win-
zig sich geprägt findet.« (GS I,3, p. 934) Objektive Inter-

pretation also sind die Ideen, weil sie einzig den »Schein«
(213) phänomenaler Empirie darstellen, in dem zerstreu-
te Wahrheit sich spiegelt. Das dürfte Benjamins Vergleich
des Verhältnisses von Ideen und Dingen mit dem von
Sternbildern und Sternen avisieren.[390] Sternbilder spie-
geln nur die »Sonne der Offenbarung«[391], deren unmittelbare Erscheinung den Sehenden blendet und seinem Blick
schwarze Flecken einbildet. Objektive Interpretation aber
sind die Ideen, weil die Sphäre des Scheins die irreduzible
Formbestimmung der Selbstdarstellung von Wahrheit und
nicht etwa Resultat subjektiver Kunstproduktion ist.

Diese Überlegung verweist auf das ästhetische, genauer:
auf das poetische Medium. Denn es allein hat ein parado-
xes Bewußtsein davon, kein Bewußtsein von Wahrheit sein
zu können und zu dürfen. Athetisch verfaßte poetische
Sprache verzichtet deshalb gänzlich auf Urteilssätze.[392]
Wahrheit ist für Dichtung kein intentionales Korrelat ihrer
Urteile, vielmehr ist das Medium der Poesie dasjenige
intentionslose Rätsel, das der Wahrheit einzig entspricht.
Wer sich der Form, nicht dem Gehalt des schönen poetischen Scheins anvertraut, wird von ihr dämonisch an den
»Altar der Wahrheit« (211) ent- und sodann verführt. Denn
»Methode [...] ist für die Wahrheit Darstellung ihrer selbst
und daher als Form mit ihr gegeben«. (209) Die Form der
Schönheit – Schein – ist auch methodisch die Form sich
selbst darstellender Wahrheit und verbürgt so deren Objektivität. Das Medium des Scheins ist deshalb ungleich re-
lativitätsferner als alle konkurrierenden Medien und Diskurse. Diese nämlich funktionieren allein dann, wenn es
ihnen gelingt, sich zu relationieren, indem sie auf anderes
als sich selbst verweisen, gerade darin aber dieses andere
sich assimilieren.

Hingegen entäußert sich eine poetische Sprache, die gegen die »profane Bedeutung« der Worte ihre »mehr oder weniger verborgene symbolische Seite« (216) in Erinnerung bringt, an den Schein, in dem das Sein der Wahrheit oder die Wahrheit des Seins sich selbst darstellt. Wahrheit ist so der »Wesensgehalt des Schönen« (210). Und zu diesem ihrem Wesensgehalt entführt das Schöne denjenigen, der Wahrheit sucht, statt sie erkennen oder gar konstituieren zu wollen. Denn »schön ist [die Wahrheit] nicht sowohl an sich als für den der sie sucht. Haftet ein Hauch von Relativität dem an, so ist nicht im entferntesten darum die Schönheit, die der Wahrheit eignen soll, ein metaphorisches Epitheton geworden. Das Wesen der Wahrheit als des sich darstellenden Ideenreiches verbürgt vielmehr, daß niemals die Rede von der Schönheit des Wahren beeinträchtigt werden kann. In der Wahrheit ist jenes darstellende Moment das Refugium der Schönheit überhaupt. So lange nämlich bleibt das Schöne scheinhaft, antastbar, als es sich frank und frei als solches einbekennt. Sein Scheinen, das verführt, solange es nichts will als scheinen, zieht die Verfolgung des Verstandes nach und läßt seine Unschuld einzig da erkennen, wo es an den Altar der Wahrheit flüchtet.« (211)

Wahrheitsfähig darf demgemäß nur ein Verstand heißen, der interpretierend ans Schöne sich preiszugeben bereit ist, nachdem seine analytisch-begriffliche Kraft die Phänomene derart in ihre »Elemente« aufgeteilt hat, daß die atomisierten Phänomene es an Intentionslosigkeit der des Seins gleichtun und also durch und in die Idee »gerettet« werden können. (213 sq.) »Daß alles menschliche Wissen, wenn es sich soll verantworten können, die Form der Interpretation haben muß und keine andere und daß die Ideen die Handhaben feststellender Interpretation sind«[393], hielt Benjamin denn auch für seine genuine

»Einsicht«. Seine eigenen Interpretationen sind immer Interpretationen der objektiven Interpretation der Ideen, als welche Wahrheit im schönen Schein der Kunstwerke, die eigentlich Sterne sind,[394] sich sprachlich darstellt. »Mag [...] Dichtung wie immer dunkel und sinnlos erscheinen, das Studium ihrer Sprachform erhellt sie.« (GS III, 87) Denn die Sprachform der Dichtung ist nicht von der »profanen Bedeutung«, sondern vom »symbolischen Charakter des Wortes [geprägt], in welchem die Idee zur Selbstverständigung kommt, die das Gegenteil aller nach außen gerichteten Mitteilung ist«. (217) Nie geht es Benjamins Interpretationen um das Verständnis einzelner Themen und Motive, um so besessener aber versuchen sie die Form des Schönen, den Schein, als objektive Interpretation der Wahrheit festzustellen. In der Idee nämlich »ruht prästabiliert die Repräsentation der Phänomene als in deren objektiver Interpretation«. (228)

Benjamins esoterische Lehre von der Wahrheit und ihrer Selbstdarstellung in objektiver Interpretation aber hat drei eigentümliche Implikationen, wenn sie auch nur in etwa stimmig sein soll. Die *Vorrede* selbst verschweigt diese Implikationen, der Tradition häretischer Theologie gemäß, um periphere Stellen des Werkes auf sie verweisen zu lassen. Die *Erkenntniskritische Vorrede* ist erstens Vor-Rede im buchstäblichen Sinn. Sie, die sich selbst im theologiespezifischen Modus der Bescheidenheit als Traktat charakterisiert, spricht nämlich kraft und im Namen einer »Autorität«, die ihre eigene nicht sein kann. (208) Dies aber tun nur heilige Texte; und die *Vorrede* ist ein heiliger Text, weil sie im Zeitalter, da die Offenbarung der Wahrheit noch aussteht, von der nicht-prädikablen Wahrheit gleichwohl spricht. Ihre notwendigen Paradoxien wären erst dann keine mehr, wenn die *Vorrede* durch die Rede der sich nicht länger darstellenden, sondern offenbarenden Wahrheit selbst erlöst wäre. Wenn – zweitens – die Form des schönen Scheins die objektive Interpretation der sich nicht offenbarenden Wahrheit ist, so deshalb, weil Negation dem Schein wesentlich ist. »Der Schein, in dem das Nichts erscheint, ist […] der eigentliche.« (GS I,3, p. 831) Schönen Schein als objektive Interpretation der Wahrheit zu bestimmen ist demnach von abgründiger Ambivalenz. Denn diese Wendung kann auch heißen, daß schöner Schein, in dem das Nichts erscheint, die Wahrheit der Wahrheit – ihre »Regel« (GS I,1, p. 195) – ist. Die Formulierung aus dem Allegorie-Kapitel des Trauerspielbuchs, der zufolge »am tiefsten der Tod die zackige Demarkationslinie zwischen Physis und Bedeutung eingräbt« (343), gibt zu verstehen, daß die Wahrheit entweder zeit- und also auch bedeutungslos oder aber die Zeitlichkeit das strukturelle Prinzip – eben die »Regel« – noch der Wahrheit sein muß. Sind Nichts und Tod die Möglichkeitsbedingung, die Grund- bzw. Abgrundfigur von Bedeutsamkeit, so sind sie gleichermaßen die objektive Interpretation des Scheins, der sich – einziges Thema barocker Trauerspiele – als Zeitlichkeit darstellt. Objektiv aber dürfen Interpretationen heißen, die durch nicht suspendierbare Strukturen verbürgt sind – und nicht endende Zeit ist diese Struktur. Das macht schöner Schein einsichtig.

Auf eine dem korrespondierende Ambivalenz verweist – drittens – Benjamins Satz, »die Aufgabe der Interpretation [sei]: das creatürliche Leben in die Idee zu versammeln. Festzustellen.«[395] Gehört der Schein als Darstellungsform der Zeit dem »creatürlichen Leben« wesentlich zu, so wäre die objektive Interpretation aber gerade nicht als Darstellung intentionsloser Wahrheit, sondern als Repräsentationsfigur der »realen Welt« zu begreifen. Intentionslos dürfte dann eine Wahrheit heißen, die Reales nicht länger bannt, indem sie ihm Erlösung, Eingehen ins Reich der Wahrheit, verspricht, sondern das Kreatürliche von der Fixierung auf Erlösung erlöst. Diese Erlösung ließe »Geschichte […] als den farbenen Rand einer kristallinen Simultaneität« (218) erscheinen, die als Differenzbestimmung zu Schein nicht etwa Sein, sondern nur wieder die Binnenstrukturierung von Schein kennt. Benjamins kryptische Formulierung, der Künstler »entwerfe ein Bildchen der Ideenwelt und eben darum, weil er es als Gleichnis entwirft, in jeder Gegenwart ein endgültiges« (212), umwirbt die Idee, die Endgültiges, Gleichnis und Endliches offenbar nicht länger in zwei unterschiedlichen Welten lokalisiert.

Im Zeichen einer quasi-platonischen Zweiweltenlehre aber stand die beginnende *Vorrede*. Sie ging davon aus, daß »die Ideen in der Welt der Phänomene nicht gegeben« seien. (215) Objektive Interpretation der Phänomene sind – dieser Konstruktion zufolge – die Ideen kraft ihrer allegorischen Repräsentativität. Sie repräsentieren, obwohl einem gänzlich anderen Bereich, eben dem der bedeutenden Wahrheit, angehörend, die physis, in welches bedeutungslose »Extrem« die Phänomene durch die Begriffe »zerteilt« wurden. Wie die Wahrheit, um bedeutungsvoll nicht nur zu sein, sondern auch zu erscheinen, in Ideen sich zerteilte, so zerteilen die Begriffe die Phänomene in Elemente, um als extreme »hemmungslosen Anteil an den Intentionen der Erlösung« haben zu können. (GS I,3, p. 827) »Die Einsammlung der Phänomene ist die Sache der Begriffe und die Zerteilung, die sich kraft des unterscheidenden Verstandes in ihnen vollzieht, ist um so bedeutungsvoller, als in einem und demselben Vollzuge sie ein Doppeltes vollendet: die Rettung der Phänomene und die Darstellung der Ideen.« (215) Erst ein Maximum an begrifflicher Verdinglichung, an Zerteilung und Zerstreuung der einen Wahrheit – so die extreme Hoffnung der Vor-Rede – vermöchte die »Einheit und Einzigkeit« der Wahrheit (213) zu retten[396] – auf ihrem anderen Schauplatz: dem der »realen Welt«.

Mit dieser Volte,[397] die die sakralen Eingangsüberlegungen nur um ein Geringes verschiebt und doch gänzlich profanisiert, leitet die *Vorrede* denn auch zum barocken Thema par excellence, der Identität von Sakralem und Profanem in der Vergänglichkeit, über: »So könnte denn wohl die reale Welt in dem Sinne Aufgabe sein, daß es gelte, derart tief in alles Wirkliche zu dringen, daß eine objektive Interpretation der Welt sich drin erschlösse.« (228) Das Theologumenon, die Elemente einer erlösten Welt seien in der realen bereits vorhanden und es bedürfe nur einer geringen Verschiebung, um sie zur klingenden Konfiguration zu erlösen,[398] brauchte Benjamin freilich keinem theologischen Traditionsbestand zu entnehmen. Findet es sich doch in aphoristischer Verdichtung in Goethes Roman *Wilhelm Meisters Wanderjahre*, also in einem Buch, das schönen Schein als Manifestation der »Regel« des Seins affirmiert und, selbst schöner Schein, die Idee einer objektiven Interpretation umwirbt: »Das höchste wäre: zu begreifen, daß alles Faktische schon Theorie ist. Die Bläue des Himmels offenbart uns das Grundgesetz der Chromatik. Man suche nur nichts hinter den Phänomenen: sie selbst sind die Lehre.«[399]

»Alles mystik, bei einer haltung gegen mystik« – so formulierte Brecht barsch nach der Kenntnisnahme einiger Denkmotive Benjamins. »Es ist ziemlich grauenhaft.«[400] Noch der materialistische Benjamin hat aber mit freundlicher Hartnäckigkeit an der grauenhaften Mystik seiner Anfänge festgehalten. Die »metaphysische Grundrichtung [s]einer Forschung«[401] schien ihm nämlich die einzige Alternative zu den zwei Theorien zu sein, die seriös einen gänzlich mundanen Begriff von objektiver Interpretation vorzustellen vermögen: Carl Schmitts Theorie der Souveränität und Sohn-Rethels erkenntniskritische Lektüre der Marxschen Theorie vom Warenfetischismus. Schmitts Souverän erkennt die Geschichte als Kontinuität der Katastrophe. Und die Katastrophe schlechthin ist, daß ihre objektive Interpretation ausbleibt, sofern die objektive Interpretation nur scheiternd auf nicht sich offenbarende Wahrheit verweist. Dem andauernden Ausnahmezustand aber ist nur mit der Macht zu wehren, die sich ihm verdankt. So ist – wie schon die Souveränitätsdeutung des Trauerspielbuchs vermerkt – die Gewalt, mit der der Souverän dem Ausnahmezustand wehrt, Konsequenz seiner Schwäche: der Schwäche, die »Regel« seiender Wahrheit, die sich nur in ihrem Entzug vernehmen läßt, nicht zu ertragen. Der Gewalt schlechthin – über die Todesstrafe verfügen zu können – hat Benjamins Aufsatz *Zur Theorie der Gewalt* die psychotische Dimensionierung einer Theorie abgelesen, die souveräne Macht als funktionales Äquivalent ausbleibender Offenbarungswahrheit begreift.[402]

Mit der entschiedensten marxistischen Lesart dessen, was materialistisch objektive Interpretation heißen darf, ist Benjamin frühzeitig vertraut gewesen. Auf Wunsch Adornos begutachtete er 1937 für Horkheimers Zeitschrift Sohn-Rethels bahnbrechenden Aufsatz zur *Kritischen Liquidierung des Apriorismus*.[403] (Cf. die Beiträge im ersten Teil dieses Bandes.) Von Sohn-Rethels These, daß der geldvermittelte Warenaustausch gleichermaßen eine Denk- wie Realabstraktion betreibe und so den Tauschenden unbewußt die basalen und intersubjektiv verbindlichen Denkformen einbilde, die dann als objektive Interpretation fungieren, war Benjamin offensichtlich fasziniert.[404] Interessiert aber war er einzig an Formen der Subversion eines universalen und also objektiven Warenfetischismus: Snob, Flaneur und Bettler gelten seinen späten Arbeiten als die Figuren, die dem blendenden Glanz zu tauschender und täuschender Waren so sehr erliegen, daß die Verdinglichung ihres Bewußtseins die Rede von ihrem Bewußtsein überhaupt illegitim werden läßt. Extreme Verdinglichung aber nähert sich dem Extrem »creatürlichen Lebens« an, das in der Idee zu versammeln »die Aufgabe der Interpretation von Kunstwerken ist«.[405] Deshalb kann Benjamin auch Sohn-Rethels Aufweis des Identitätszwangs, der aus der Tauschabstraktion resultiert, mit der frappanten Marginalie versehen: »Und wenn ich ein Buch lese?«[406]

Die Interpretation objektiver Interpretation wird – einem von Benjamin übernommenen Theologumenon zufolge – so lange Aufgabe sein, wie die Erlösung ausbleibt. Index der Erlösung aber wäre, daß die Welt ohne jenen schönen Schein auskäme, der Gleichnisse und deren Deutung notwendig macht. Gleichnisse wären dann allerdings nicht mehr als Gleichnisse identifizierbar, wenn nur Gleichnisse wären und nichts mehr sich ausmachen ließe, worauf sie verweisen könnten denn auf sich selbst.[407] Bis zu dem kairologischen, also translogischen Zeitpunkt, da diese Ambivalenz sich entschieden hat oder aber diese Unentschiedenheit als die entscheidende Struktur der Wahrheit selbst plausibel geworden sein wird, sieht sich der demütige Interpret auf die Maxime des traumdeutenden Joseph verwiesen: »Auslegen gehöret Gott zu / doch erzelet mirs.«[408]

4
Der satanische Engel und das Glück
Die Namen Walter Benjamins

Große Werke sorgen häufig durch ihr bloßes Prestige dafür, daß die exzentrischen, ja abstrusen Aspekte ihrer Themen und Thesen nicht wahrgenommen werden. Zumal die Ausbildung von Denk- und Theorieschulen dient dazu, hochgradig unplausible Theorien vor der Kritik heiliger Nüchternheit zu immunisieren. Darin liegt zweifellos auch ihre Produktivität, wäre anders doch das unwahrscheinlich und abwegig Scheinende ohne jede Aussicht auf Durchsetzung oder auch nur Anerkennung. Mit dem nur unplausibel Scheinenden aber kann sich unter dem Schutz auratischer Autorennamen und treuer Schulbildung auch das tatsächlich Abwegige dauerhaft etablieren. Ob Brot und Wein sich wirklich eucharistisch in Christi Leib und Blut wandeln, ob Selbstbezüglichkeit ein ursprüngliches Datum des Subjekts ist und ob es den gerechten Tausch und die »invisible hand« des Marktes wirklich gibt, ist höchst problematisch, wird aber von Thomas von Aquin, Kant und Adam Smith so kanonisch beglaubigt, daß Scholastiker, Transzendentalphilosophen und Wirtschaftsliberale nach dem Bild solcher Theorien Kirchen, Fakultäten und Volkswirtschaften einrichten. Die Geschichte der realen Effekte theoretischer Verkennungen ist noch zu schreiben.[409]

In seinem Dialog *Der Lügenfreund oder der Ungläubige* hat Lucian schon vor zwei Jahrtausenden die Rituale solcher Beglaubigungen eindringlich beschrieben. Auch sie folgen dem Gesetz der Gesetze, danach gilt: auctoritas, non veritas facit legem. Es erfordert, so die einsame Erfahrung von

Lucians Protagonisten Tychiades, nicht bloß Verstand, sondern auch Kraft, um der Lügenerzählung des hochangesehenen Arignotus nicht zu verfallen und sich »weder von seinem Pythagoräischen Haarkopfe noch von seinem Ruf aus der Fassung bringen zu lassen«.[410] Im Namen des »kräftigen Gegengiftes« zu »hohlen und windichten Hirngespinsten«, im Namen der »gesunden Vernunft«[411] weigert sich Tychiades denn auch konsequent, auf den möglichen Hintersinn von Arignotus' Lügengeschichte einzugehen: schildert sie doch eine Gespenster- und Geisteraustreibung durch die Anrufung eben von Gespenstern und Geistern.

Damit hat Lucian eine der ältesten und bis heute heikelsten denktypologischen Kontroversen überhaupt exponiert. Denn es ist strittig seit jeher, ob die aufgeklärte, »gesunde Vernunft« sich auf die Kategorien des Kritisierten auch um den Preis ihrer möglichen Infektion, ihrer Verunreinigung einlassen soll und darf. Lehnt sie dies ab, wird sie so beeindruckend nüchtern bleiben wie der Aufklärer Tychiades und – so folgenlos. Vertraut Vernunft aber dem homerischen Satz, nur der Speer, der die Wunde schlug, könne sie auch wieder heilen, so wird sie, da sie dann mit dem Kritisierten die Kategorien teilt, nicht an den enthusiastischen Unvernünftigen vorbeireden, Effekte erzielen und – sich bis zur Selbstaufgabe auf die unvernünftigen Abenteuer von Listen, Magien und Geistergeschichten einlassen.

Es gehört zu den Eigentümlichkeiten der Benjamin-Rezeption, daß sie sich auf dieses schlichte Elementarstück der Dialektik von Aufklärung kaum eingelassen hat. Dabei ist es für Benjamins »kleine Schreibfabrik«[412] selbst ganz offenbar entscheidend. Abwegigeres, Widersprüchlicheres und Befremdlicheres wird in den Gefilden der Theoriebildung nicht produziert worden sein als in jener herrlich anachronistischen Manufaktur, die später um jeden Preis Fabrik sein wollte. Und es dürfte allein der Aura und der Autorität seines Namens zu verdanken sein, wenn sich nicht häufiger Erstaunen, Kopfschütteln und Entsetzen einstellt bei der Lektüre und Rekapitulation von Benjamins Texten. Steht in ihnen doch u. a. zu lesen, daß Sterne unser Schicksal entscheiden, daß dieses dem Vogelflug sich ablesen läßt, daß Bücher und Prostituierte viel gemeinsam haben, daß der Abfall kapitalismustheoretisch relevanter sei als die Produktion, daß »Allegorie« zu den soziologischen Grundbegriffen zähle, daß sich Novalis im Vergleich zu einem kaum bekannten romantischen Naturspekulanten wie ein Volksredner ausnehme, daß *Die Wahlverwandtschaften* kein Eheroman sei und Brecht eigentlich Theologie betreibe etc.

Verwunderlich ist, daß über dergleichen nicht mehr Verwunderung herrscht. Kann doch kaum ein ernsthafter Zweifel daran bestehen, daß Benjamin sich wie kein zweiter unter seinen linksintellektuellen Zeitgenossen auf Abwegiges, ja Obskures eingelassen hat. Nun ist es ein Benjamin wohlbekanntes Motiv esoterischen Denkens überhaupt, methodisch den Umweg[413], ja den Ab- oder Holzweg der Hauptstraße vorzuziehen. Denn der intentio obliqua werden gerade um der abwegigen Entfernung von einer deutlichen Problemlage willen Einsichten zuteil, die der intentio recta systematisch verwehrt sind. Die Nebenwege führen, um eine von Paul Klee zum Rätselbild[414] gestaltete Bibelwendung aufzunehmen, eher zur Erlösung als der geradlinige Hauptweg; und das Jesuswort (Joh. 14,6), er sei der Weg, die Wahrheit und das Leben, sofern niemand zum Vater komme denn durch ihn, hat den Umweg geradezu zur neutestamentarischen Methode selbst erklärt.

Solcher Methode ist Benjamin gerade dann verpflichtet, wenn er zentrale Motive seines Denkens kunstvoll verrätselt. Weiß er doch, daß »das Werk die Totenmaske seiner Konzeption« (IV, 107)[415] ist. Eines der zentralen, wenn nicht das zentrale und ebendeshalb stets erneut allegorisch verrätselte Denkmotiv Walter Benjamins ist das des Glücks. Es ist dem für sein Denken gleichermaßen zentralen Motiv des Namens wahlverwandt. Intensiver, ja verzehrender dürfte im 20. Jahrhundert keiner dem Glück nachgedacht haben als derjenige, dessen Namen gleich doppelt, nein: vielfach Glück verheißt. Ein Glück freilich, das dem trostlosen Unglück gespenstisch naheliegt.

Mit dem Namen Benjamin bedachte der biblische Jacob den jüngeren Sohn aus seiner Ehe mit Rahel, aus der auch Joseph hervorgegangen war. Der Name meint, so hat es schon Luther angemessen in seinen Bibel-Marginalien kommentiert, den »rechten Sohn«, den Sohn der Rechten (der rechten Ehefrau) oder eben auch den Sohn des Glücks. Dieser Name ist nun allerdings ein väterlicher Gegenname zur vorausgegangenen mütterlichen Benennung, die aus dem Geist des Unglücks erfolgte. Rahel, die nach der schweren Geburt starb, hatte ihren Sohn BenOni (Sohn der/meiner Schmerzen) genannt: »Vnd sie [Jacobs Familie, J. H.] zogen von BethEl / Vnd dan noch ein Feldwegs war von Ephrath / da gebar Rahel / Vnd es kam sie hart an vber der geburt. Da es jr aber so sawr ward in der geburt / sprach die Wehmuner zu jr / Fürchte dich nicht, denn diesen Son wirstu auch haben. Da jr aber die Seele ausgieng / das sie sterben muste / hies sie jn BenOni / Aber sein Vater hies jn BenJamin.«[416]

Daß die Eltern Walter Benjamins – mit welchem Grad an Lucidität auch immer – an diese alttestamentarische Szene dachten, als sie nach einem Namen für ihren Sohn suchten, ist hochwahrscheinlich. Schon die Wahl des Vornamens Walter legt die Vermutung nahe, daß die Eltern wünschten, Glück möge über dem Lebensweg ihres Sohnes walten.[417] Und die hohe Sensibilität der Eltern bei der Namenswahl hat eine der wenigen autobiographischen Aufzeichnungen Walter Benjamins gleich in den Anfangssätzen herausgestellt. Sie ist in zwei Versionen[418] am 12. bzw. 13. August 1933 auf Ibiza entstanden und trägt jeweils die rätselhafte Überschrift *Agesilaus Santander.* Die ersten Sätze der zweiten und endgültigen Version lauten: »Als ich geboren wurde, kam meinen Eltern der Gedanke, ich könnte vielleicht Schriftsteller werden. Dann sei es gut, wenn nicht gleich jeder merke, daß ich Jude sei. Darum gaben sie mir außer meinem Rufnamen noch zwei weitere, ausgefallene, an denen man weder sehen konnte, daß ein Jude sie trug, noch daß sie ihm als Vornamen gehörten. Weitblickender konnte vor vierzig Jahren ein Elternpaar sich nicht erweisen. Was es nur entfernt für möglich hielt, ist eingetroffen. Nur die Vorkehrungen, mit denen es hatte dem Schicksal begegnen wollen, setzte der, den es betraf, beiseite. Anstatt ihn nämlich mit den Schriften, die er verfaßte, öffentlich zu machen, hielt er es wie die Juden mit dem zusätzlichen ihrer Kinder, der geheim verbleibt. Ja diesen selber teilen sie ihnen erst mit, wenn sie mannbar werden. Weil sich nun aber dieses Mannbarwerden im Leben mehr als einmal ereignen kann, vielleicht auch der geheime Name gleich und unverwandelt nur dem Frommen bleibt, so kann dem, der es nicht ist, dessen Wandel sich wohl mit einem neuen Mannbarwerden mit einem Schlage offenbaren. So mir. Er bleibt darum nicht minder der Name, der die Lebenskräfte in der strengsten Bindung aneinanderschließt und vor den Unberufenen zu hüten ist.«

Gershom Scholem, der diesen Text edierte, hat die Eingangswendung von den zwei ausgefallenen Geheimnamen, die der Sohn von den Eltern erhielt, für eine »Fiktion« gehalten und die Namen der Textüberschrift *Agesilaus Santander* für die selbstgewählten des Schriftstellers erklärt. Wenn auch frei gewählt – überdeterminiert sind sie gewiß. Agesilaus II. war der Name eines Spartanerkönigs (ca. 444–360 v. Chr.), der bereits im Altertum sprichwörtlich wurde. Denn er, der siegreiche Feldherr, lahmte, und von ihm wird wohl deshalb auch ein Ausspruch überliefert, den er gegenüber König Agis getan haben soll: »Ich scheine dir Ameise, aber ich werde einmal Löwe sein.« In seiner Benjamin wohlbekannten Schrift über den *Achtzehnten Brumaire des Louis Bonaparte* hat Marx diesen Ausspruch zitiert[419] und auf den Machtkampf von 1851 zwischen Bonaparte und dem Parlament bezogen. Der Sinn dieser Anspielung ist eindeutig und trifft sich mit Tendenzen anderer, noch drastischerer Formulierungen bei Marx, die trotzdem von der marxistischen Fortschrittsorthodoxie hartnäckig überhört, von Benjamin hingegen entschieden aufgegriffen wurden: Historische Prozesse tendieren eben in dem Maße zum unglücklichen Ausgang, in dem die insistent wiederkehrende Kraft des Verdrängten, Gestürzten, Erlahmten und vermeintlich endgültig Überwundenen unterschätzt oder gar schlicht ignoriert wird – zentrales Motiv von Benjamins *Passagen-Werk*, das unermüdlich der Resurrektionskraft des Abgelebten nachfragt.

Aber damit ist die Wahl des ersten Namens in der zweiteiligen Überschrift noch keineswegs hinreichend motiviert. Benjamin sah sich geradezu rituell dem Vorwurf linksintellektueller Freunde – Brecht voran – ausgesetzt, seine Arbeiten seien abwegig, verstiegen und politisch schlechthin irrelevant. Er konnte dagegen die rezeptionsgeschichtlich wohlbegründete Hoffnung setzen, gerade das Periphere, eben ameisenhaft gering Scheinende möge sich als stark erweisen. Wer etwa unter marxistischen Theoretikern hätte es außer Benjamin und Bloch nach Marxens Verdikt über den »toten Hund« Religion noch für möglich gehalten, daß die Idee der Theokratie sich in so unterschiedlichen Zusammenhängen so machtvoll entfaltet wie in Israel, im Iran und in Irland?

Doch damit nicht genug. Die Wahl des Namens Agesilaus kennt weitere Motive; Motive, wie sie profaner und sakraler kaum sein könnten. Das profane Motiv: Benjamin lahmte eben zu der Zeit, als er seinen rätselhaften Text verfaßte.[420] Und er spielt in diesem Text ganz zweifellos auf einen großartigen lahmenden Kämpfer an, der wahrhaft als die sakrale Komplementärfigur zum profanen Agesilaus charakterisiert werden darf: auf Benjamins Vater Jacob, der am Jabbok mit keinem Geringeren als einem Engel, vielleicht gar mit Gott selbst um dessen Segen rang.[421] Vorbereitet aber ist das Glück des errungenen göttlichen Segens durch die weltliche Versöhnung mit dem unglücklichen Bruder Esau. Als Jacob mit seiner großen Familie hinter seinen Hirten herzieht, die Esaus Zorn mit großzügigen Geschenken[422] versöhnen sollen, bleibt er unvermittelt allein zurück. »Da rang ein Man mit jm bis die morgenröte anbrach. Vnd da er sahe / das er jn nicht vbermocht / rüret er das Gelenck sein hüfft an / Vnd das gelenck seiner hüfft ward vber dem ringen mit jm / verrenckt. Vnd er sprach / Las mich gehen / denn die morgenröte bricht an / Aber er antwortet / ich las dich nicht du segenest mich denn. Er sprach / Wie heisses tu? Er antwortet / Jacob. Er sprach / Du solt nicht mehr Jacob heissen / sondern JsraEl / Denn du hast mit Gott vnd mit Menschen gekempfft / vnd bist obgelegen.«[423]

Zwei der gewichtigsten Motive in jeder Diskussion über

Glück verschränken sich hier ineinander. (1.) Seit jeher gilt es als fraglich, ob Glück durch äußerste Entschlossenheit errungen werden könne, und die pseudoweise Standardantwort lautet, daß dem nicht so sei. »Denn alle rennen nach dem Glück, das Glück rennt hinterher«[424], dichtet Brechts saloppe Weisheit; und Schiller konstatiert in klassischstem Versmaß: »Groß zwar nenn ich den Mann, der, sein eigner Bildner und Schöpfer, / Durch der Tugend Gewalt selber die Parze bezwingt. / Aber nicht erringt er das Glück, und was ihm die Charis / Neidisch geweigert, erringt nimmer der strebende Mut.«[425] Die Jacobs-Geschichte der Thora weiß es anders: »Ich las dich nicht / du segenest mich denn.« Als Zeichen des erlösenden göttlichen Segens aber wird Jacob ein neuer Name zuteil: Israel, »daß heisset kempffen und vberweltigen«, wie Luther angemessen kommentiert. Wie denn überhaupt (2.) das Motiv des Segens und spezifischer das der Konversion mit dem des Namenswandels eng verbunden ist. So wurde, um nur einige der prominentesten Beispiele zu nennen, aus Saulus Paulus, aus Luder Eleutherius (griech.-lat. »der Freie«) und dann Luther, aus Uljanow Lenin, aus Joseph Ratzinger Benedikt XVI. Der Assoziationsraum für Benjamins wandelnde und waltende Namen ist hingegen rein alttestamentarisch. Aus BenOni wurde BenJamin, aus Jacob Israel, aus Walter Benjamin Walter Agesilaus Santander Benjamin.

Doch mit dieser schon so recht komplexen Namensreihe hat das tiefe Motiv des Namenswandels, das durchweg den Wandel von Schmerz in Glück, von Niederlage in Sieg oder von Verdammung in Segen umspielt, sein Ende noch nicht gefunden. Denn zusammen mit dem zweiten der geheimen Kunstnamen – Santander – erhöht sich die semantische Kombinatorik der Namen, in deren Zeichen Benjamins Leben antrat oder aber sich selbst einrückte, noch beträchtlich. Santander nämlich ist der Name einer altkastilischen Provinz und ihrer Hauptstadt. Ihr Hafen war schon im Mittelalter bedeutend in jedem Wortsinn. Denn er war nicht nur ökonomisch, sondern auch theologisch gewichtig. Trug er doch den Beinamen »Portus Sancti Emetherii« – Hafen oder Zufluchtsort der heiligen Wanderer. Und als leidenschaftlicher Reisender auf der Suche nach dem Heil und dem Ort, da Dasein glücken kann, hat sich Benjamin, dessen Agesilaus-Santander-Text ja auch in Spanien entstand, zeitlebens selbst gedeutet.[426]

Darauf verweist auch das Anagramm, das in der seltsamen Namensfolge versteckt ist. Agesilaus Santander läßt sich leicht, so hat es schon der Editor Scholem demonstriert, permutieren in »Der Angelus Satanas«.[427] Eine immerhin hochirritierende Selbstbezeichnung, deren Abgründigkeit Scholem denn auch elegant ignoriert.[428] Zwar macht er nachdrücklich auf die Valenz des Engelmotivs für Benjamins Denken aufmerksam. Unter den Titel »Angelus Novus« wollte Benjamin seine geplante Zeitschrift stellen; und *Angelus Novus* lautet auch der Titel, den Paul Klee seinem Rätselbild mitgab, das Benjamin kurz nach der Entstehung 1921 erwarb.[429]

In der neunten seiner *Thesen über den Begriff der Geschichte* hat Benjamin dieses kleinformatige Aquarell als geschichtsphilosophisches Emblem über den unglücklichen Stand der Moderne beschworen: »Es gibt ein Bild von Klee, das Angelus Novus heißt. Ein Engel ist darauf dargestellt, der aussieht, als wäre er im Begriff sich von etwas zu entfernen, worauf er starrt. Seine Augen sind aufgerissen, sein Mund steht offen und seine Flügel sind ausgespannt. Der Engel der Geschichte muß so aussehen. Er hat das Antlitz der Vergangenheit zugewendet. Wo eine Kette von Be-

Paul Klee: *Angelus Novus*, 1920

gebenheiten vor uns erscheint, da sieht er eine einzige Katastrophe, die unablässig Trümmer auf Trümmer häuft und sie ihm vor die Füße schleudert. Er möchte wohl verweilen, die Toten wecken und das Zerschlagene zusammenfügen. Aber ein Sturm weht vom Paradiese her, der sich in seinen Flügeln verfangen hat und so stark ist, daß der Engel sie nicht mehr schließen kann. Dieser Sturm treibt ihn unaufhaltsam in die Zukunft, der er den Rücken kehrt, während der Trümmerhaufen vor ihm zum Himmel wächst. Das, was wir den Fortschritt nennen, ist dieser Sturm.«[430]

Zu dieser gattungsgeschichtlichen Deutung steht die individualgeschichtliche, wie sie Benjamins autobiographischer Text gibt, in einem Komplementaritätsverhältnis. Seine Phantasmagorie scheut nämlich vor der Überlegung

215

nicht zurück, durch seine privatesten Glücksanstrengungen den Neuen Engel seiner genuinen Aufgabe entfremdet zu haben. »Im Zimmer, das ich in Berlin bewohnte, hat jener [geheime anagrammatische Name[431], J.H.], ehe er aus meinem Namen gerüstet und geschient ans Licht trat, sein Bild an der Wand befestigt: Neuer Engel. Die Kabbala erzählt, daß Gott in jedem Nu eine Unzahl neuer Engel schafft, die jeder nur bestimmt sind, ehe sie ins Nichts zergehen, einen Augenblick das Lob von Gott vor seinem Thron zu singen. Als solchen Engel gab der Neue sich aus ehe er sich nennen wollte. Nur fürchte ich, daß ich ihn ungebührlich lange seiner Hymne entzogen habe.« Vielfaches, wenn auch ironisch abgefedertes Schuldgefühl: Wie Benjamin ein großes Bild der Öffentlichkeit entzog, um es zum geheimen Denkbild werden zu lassen, so hat er sich auch allen Anmutungen entzogen, durch unmittelbar öffentlich-politische Aktivitäten das Glück der großen Zahl zu fördern, ja überhaupt in der humanistisch aufgeklärten Tradition des Guten und Wahren zu denken, zu handeln und zu leben – Benjamin als Angelus Satanas. Ein satanischer Engel wird im Korintherbrief 12,7 ausdrücklich erwähnt, ist aber eher unter seinem metaphorisch verwandelten Namen berühmt geworden – als jener »Pfahl im Fleische«, »der mich mit Feusten schlage / auff das ich mich nicht vberhebe«.

Dem Motiv des satanischen Engels, der die hochgemute Tradition des edlen und guten Denkens und Handelns mit Fäusten schlägt, galt zeitlebens Benjamins Aufmerksamkeit. Und es verdient in der Tat Interesse um der Hartnäckigkeit willen, mit der es von Gutmeinenden vernachlässigt wird. Denn auffallend ist immerhin, daß seit der humanistisch aufgeklärten Zeit, da sich so gut wie alle, die öffentlich handeln, selbst als tugendhaft, gut und vernünf-

tig bezeichnen,[432] die unglücklich trostlosen Katastrophen
sich häufen. Angesichts dieser Komplementarität von Gutwilligkeit und Katastrophe hat Benjamin sich des theolo-
gisch-ästhetischen Motivs entsinnt, das Mephisto – auch er
ein Angelus Satanas – auf die bündige Formel bringt, er sei
»ein Teil von jener Kraft, / die stets das Böse will und stets
das Gute schafft«. Ein »Rätselwort«, das in der Literatur zu
Goethes *Faust* kaum je, von Benjamin aber entschieden
ernstgenommen wurde. Es hat übrigens eine lange, wenn-
gleich unterdrückte Tradition. Schon Paulus wagt die Vermutung, der Wille zum Bösen könne besser sein als der
zum Guten, nur vorzutragen, wenn sie mit einem Fragezei-
chen versehen ist: »Lasset uns vbel thun / auff das gutes
daraus komme?«[433] Auch das orthodoxe Judentum hat die
vom Kabbalisten Sabbatai Zwi im 17. Jahrhundert wohl am
radikalsten vorgetragene Idee immer erneut verworfen,
danach Verbote Index der nachparadiesischen Welt und
ihre böse Übertretung deshalb messianisch geboten sei.[434]
Wahlverwandte Überlegungen ließen Novalis eine »Poetik
des Übels« skizzieren. Sie findet ihren Ausgang in der
Beobachtung eines »bedeutenden Zug[s] in vielen Märchen [:] daß wenn ein Unmögliches möglich wird – zugleich ein anderes Unmögliches unerwartet möglich wird –
daß wenn der Mensch sich selbst überwindet, er auch die
Natur zugleich überwindet – und ein Wunder vorgeht, daß
ihm das entgegengesetzte Angenehme gewährt in dem Augenblicke als ihm das entgegengesetzte Unangenehme angenehm ward. Die Zauberbedingungen z.B. die Verwandlung des Bären in einen Prinzen, in dem Augenblicke, als
der Bär geliebt wurde etc. [...] Vielleicht geschähe eine
ähnliche Verwandlung, wenn der Mensch das Übel in der
Welt liebgewänne.«[435]

Der literarische Satanismus des 19. Jahrhunderts[436] war

dieser eigentümlichen Idee verpflichtet: Das Böse zu lieben könne eher das Gute schaffen heißen, als es der aufgeklärten Gutwilligkeit träume. Die frühe Verwerfung dieser
Idee durch den englischen Literaten R. Southy, der 1821
im Vorwort seines Gedichtes *The Vision of Judgement* mit seinen erfolgreichen Konkurrenten Byron, Shelley und Keats
abrechnete und sie wegen ihrer Mitgliedschaft in der »Sa-
tanic school« anklagte, hat ihren Erfolg nicht verhindert.
Denn genau in dem Maße, wie die Dialektik der Aufklärung historisch sinnfällig wurde, erwies sich eine Kritik der
gutwilligen und humanistischen Vernunft als unausweich-
lich. Im *Passagen-Werk* hat Benjamin Elemente einer solchen Kritik der gutwilligen Vernunft entfaltet. Das *Passagen*-Werk hat tatsächlich einen Angelus Satanas zum Autor.
Und als Unfrommen hatte Benjamin sich selbst in seiner
Namensskizze ja auch ausdrücklich charakterisiert. Der an-
gelisch-satanische Autor, dessen »geheimer Name« sich
mit jedem neuen »Mannbarwerden« wandelt und »mit einem Schlage offenbart«, rezipiert zustimmend die Einsichten des französischen Satanisten Baudelaire; er rekonstruiert seine »Theorie des satanischen Gelächters« über die
bösen Folgen der Gutwilligkeit, seine Hochschätzung des
Verbrechens als »einziger Luxus«, die »sadistische Inspira-
tion« seines Werks und seine Ansicht vom »Selbstmord als
der Quintessenz der Moderne«.[437]
   All dies mag, ja soll und muß befremden. Daß aber der
Glückssohn Walter Benjamin sich selbst analytisch die Mas-
ke des Angelus Satanas aufzieht, dankt sich seiner grund-
sätzlichen Einsicht in die Paradoxien des Glücks. Hat es
doch so Anteil am unglücklichen Anderen seiner selbst,
wie der göttliche Engel am satanisch abgefallenen Engel
sein alter ego findet. Die Geschichte Hiobs hat diese alttestamentarische Idee eindringlich illustriert. Der drastisch

extreme Kontrast von Glück und Unglück, Heiligem und Profanem, Erlösung und Verwerfung kennzeichnet – wie die Spannung zwischen den Namen Benjamin/BenOni, dem heidnischen Agesilaus und dem frommen Ort Santander, dem Angelus und dem Satanas – auch die letzte Ebene des ebenso tiefsinnigen wie frivolen Spiels, das der rätselhafte Autor mit seinem Namen veranstaltete. Die autobiographische Mitteilung, seine Eltern hätten ihm »außer [s]einem Rufnamen noch zwei weitere, ausgefallene [mitgegeben], an denen man weder sehen konnte, daß ein Jude sie trug, noch daß sie ihm als Vornamen gehörten«, ist nämlich keineswegs, wie Scholem unterstellte, eine »Fiktion«[438], sondern die buchstäbliche Wahrheit. Das ist seit der Entdeckung der Ausbürgerungspapiere Benjamins durch seinen Biographen Werner Fuld unbestreitbar. In diesem Dokument vom 23.2.1939 hielt die Gestapo nach Einblick in Benjamins Geburtsurkunde als durchaus offizielle Vornamen fest: Walter Benedix Schönflies.[439]

Die Beziehung des ersten dieser beiden geheimen Namen zum vorher Erörterten läßt sich unschwer herstellen: Der Name Benedix (der Gesegnete) gehört präzise dem Wort- und Überlieferungsraum der alttestamentarischen Erzählung von Jacob/Israel und BenOni/Benjamin zu. Daß er überdies seine drei Anfangsbuchstaben mit dem Nachnamen teilt und daß der Name Benedix auch den benennt, der gut und angemessen zu reden versteht, verdichtet das eh schon überkomplexe Bezugsfeld noch einmal.[440] Wie auch schon zuvor bereitet die angemessene Deutung des zweiten Namens (Santander, Satanas) größere Schwierigkeiten. Nun ist Schönflies schlicht der Mädchenname von Benjamins Mutter, der beim Sohn vom Nach- zum Vornamen avancierte – und ein sprechender Name zumal: der Gebenedeite, der schön zerfließt, der sich schön auflöst und wie andere Identitäten so andere Namen annimmt. Doch es gibt wiederum noch eine weitere Bedeutungskomponente, die auch Ebachs Diktum widerlegt, Benjamin habe seine, wenn das Oxymoron erlaubt ist, offiziellen Geheimnamen »nirgends gebraucht«.[441] Tatsächlich nämlich hat Benjamin an einer durchaus prominenten Stelle seines Werkes den Namen Schönflies/ß verwandt: an eben der Passage seines *Wahlverwandtschaften*-Aufsatzes, der den Begriff des Ausdruckslosen für jene Größe einführt, die dem »Schein Einhalt gebietet, die Bewegung bannt und der Harmonie ins Wort fällt« (1,181). Mit dem Verstummen der scheinverfallenen Ottilie hat Benjamin die Kategorie des Ausdruckslosen, das in harmonisch bewegtes Leben hereinragt, bebildert. Ottiliens Verstummen, ihr buchstäbliches Entsagen, ihr Redeverzicht verweist auf das Element der »Zweideutigkeit« schlechthin: auf das stille, tiefe Wasser, dem die nymphenverwandte Gestalt der Ottilie eigentlich zugehört.

Diese Zusammenhänge kommentierend, zitiert Walter Benjamin recht unverwandt eine Passage aus Julius Walters *Geschichte der Ästhetik im Altertum*, die Ottilie als eine der den »Göttern des Meeres [entstammenden] schönfüßigen Töchter« ausweisen soll.[442] Eine Deutung von schöner Gewaltsamkeit – erfolgt sie doch um eines, um seines Namens willen: »In dem Elemente, dem die Göttin [Aphrodite, J.H.] entstieg, scheint die Schönheit recht eigentlich heimisch zu sein. An strömenden Flüssen und Quellen wird sie gepriesen; Schönfließ heißt eine der Okeaniden.« (1,183) So hält sich die Spannung zwischen den jeweiligen Geheimnamen auch hier durch. Steht doch auch hier ein religiös bedeutender einem heidnisch ausdruckslosen Namen gegenüber: Benedix Schönflies. Und Benjamins entschiedener Wille scheut vor der Mutwilligkeit nicht zurück,

seinen Namen dem der verliebt interpretierten Gestalt an-
zugleichen, ja vielleicht gar Ottiliens Namen in seinen eigenen matrilinearen Namen hineinzuholen.

Alle Namen aber, die in Benjamins rätselhaftem Text ab-
sent-präsent sind, verweisen auf eine tiefe Zweideutigkeit
in der Erfahrung von Glück: auf den Widerstreit zwischen
dem Glück, das dem Gesegneten (Benedix), dem Engel
(Angelus) und dem geliebten Sohn (Benjamin) erlösend
widerfährt, und dem Glück, das der Entschlossene (heiße
er Agesilaus, Jacob-Israel oder Satanas) erringen will. Eine
Zweideutigkeit, die der des Namens wahlverwandt ist.
Denn auch der Name wird – Grundfigur semantischer Heterologie – dem sprachlosen Kind unbefragt verliehen.
Welch strukturelle Fremdbestimmtheit dieses Kind nicht
von dem narzißtischen Wunsch abbringen muß, sich einen
Namen zu machen, bei dem es um seines Namens willen
gerufen werden kann. Das Geheimnis des Glücks entspricht dem des Namens. Beide, der Name und das Glück,
muten demjenigen, dem sie begegnen, das Paradox an, zu
werden, was er ist; sich den Namen zu machen, den er hat;
das Glück zu erringen, das ihm zuteil wurde, und also das
Gesetz zu errichten, nach dem er angetreten.

Solche Paradoxien tendieren ins Ausdruckslose, weil das
Ausdruckslose die Kontinuität der Intention uneinholbar
unterbricht. Ausdruckslos in diesem Sinne darf auch die
rätselhafte Schlußwendung von Benjamins Skizze heißen.
Sie aber beglaubigt, wie immer sie, die kaum verständli-
che, auch gedeutet werden mag, daß Glück das geheime
und sich nunmehr offenbarend entziehende Zentrum von
Benjamins Namens-Phantasmagorie ist. In deutlicher Analogie zum »Engel der Geschichte« aus der später entstandenen neunten These *Über den Begriff der Geschichte* evoziert
Benjamins endende Namensphantasie den Engel, den er

seinem Namen anglich. »Er, [der Engel, J.H.] faßt ihn [den Benannten/Benennenden, J.H.] fest ins Auge – lange Zeit, dann weicht er stoßweis, aber unerbittlich zurück. Warum? Um ihn sich nachzuziehen, auf jenem Weg in die Zukunft, auf dem er kam und den er so gut kennt, daß er ihn durchmißt ohne sich zu wenden und den, den er gewählt hat, aus dem Blick zu lassen. Er will das Glück: den Widerstreit, in dem die Verzückung des Einmaligen, Neuen, noch Ungelebten mit jener Seligkeit des Nocheinmal, des Wiederhabens, des Gelebten liegt.«

Rätselhafte Schlußwendung: Subjekt der Glückserfahrung ist danach nicht der Autor der Aufzeichnung, der zuvor schon vom Ich des Aussagens zum »Er« des Ausgesagten wechselte. Glück widerfährt demnach vielmehr demjenigen, der durch die Versenkung in seinen Namen den Widerstreit von Benennen und Benanntsein, von Namen-Haben und Namen-Machen erfuhr, nur in einer Weise: von einem Glückswillen jenseits des Menschen betroffen zu sein. Und solches Betroffensein findet in der Heterologie des Namens, gegen die der Benannte streitet, seinen beredten Ausdruck. Glück gibt es demnach einzig in der Weise der Paradoxie. Schuldet doch auch Benjamins berühmte Definition des Glücks ihre Faszination einer Paradoxie: »Glücklich sein heißt ohne Schrecken seiner selbst innewerden können.« (IV, 113) Da es aber eine schiere Paradoxie ist, sich selbst auf den Namen zu taufen, auf den man zuvor schon getauft wurde und im Innewerden seiner selbst des Anderen im Selbst zu gewahren, gilt die Glücksparadoxie Benjamins als Index der Erlösungsbedürftigkeit des Menschen. »Es schwirrt [...] in der Vorstellung von Glück [...] die Vorstellung der Erlösung mit.« (V, 600) Zweideutig muß auch diese Wendung heißen. Läßt sie doch unentschieden, ob wir, die wir für uns und in unse-

rem Namen Glück erhoffen, damit immer schon die Vorstellung der Erlösung mitschwingen lassen oder ob die Erlösung es ist, die sich uns als Glückliche vorstellt.

5
Gedichte nach Auschwitz
Überlegungen zu einem berühmten Diktum
Theodor W. Adornos

»Nach Auschwitz ein Gedicht zu schreiben, ist barbarisch.« So heißt es apodiktisch am Schluß von Adornos Essay *Kulturkritik und Gesellschaft*, der 1949 geschrieben und 1951 in der Festschrift zum 75. Geburtstag des Soziologen Leopold von Wiese zuerst publiziert wurde. Zusammen mit dem aus den *Minima Moralia* stammenden Aphorismus »Es gibt kein richtiges Leben im falschen« zählt er zu den meistzitierten und meistdiskutierten Sätzen Adornos[443]. Geradezu obligatorisch wurde und wird er bemüht und diskutiert, wenn es um Themen wie »Lyrik heute« geht. Starke, kontraintuitive und wirkungsmächtige Sätze bedürfen der Begründung. Wer sich Adornos emphatischem Diktum analytisch »kalt« nähert, wird drei Begründungsgänge unterscheiden können: erstens eine sehr esoterische, aber ins Zentrum von Adornos Denken dringende verdinglichungstheoretische, zweitens eine suggestive sozialpsychologische und drittens eine kryptotheologische Begründung. Es lohnt sich, philologisch zu beginnen und die Passagen zu sichten, in denen Adorno auf das Thema »Gedichte nach Auschwitz« zu sprechen kam.

Die Argumentation, die Adorno seinem abgründigen Satz, nach Auschwitz ein Gedicht zu schreiben sei barbarisch, mitgegeben hat, ist erstaunlich. Hat sie doch (erstens) mit Adornos obsessivem Thema der universalen Verdinglichung aller Sphären (u. a. der Reflexion, der zwischenmenschlichen Beziehungen, der metaphysischen

Sphäre und noch der Kunst und der Kunstkritik) viel, mit dem industriell organisierten Massenmord im Vernichtungslager Auschwitz jedoch nur insofern zu tun, als Adorno in Auschwitz das schwarze Telos »totaler« bzw. »absoluter« Verdinglichung erblickt: »Je totaler die Gesellschaft, um so verdinglichter auch der Geist und um so paradoxer sein Beginnen, der Verdinglichung aus eigenem sich zu entwinden. Noch das äußerste Bewußtsein vom Verhängnis droht zum Geschwätz zu entarten. Kulturkritik findet sich der letzten Stufe der Dialektik von Kultur und Barbarei gegenüber: nach Auschwitz ein Gedicht zu schreiben, ist barbarisch, und das frißt auch die Erkenntnis an, die ausspricht, warum es unmöglich ward, heute Gedichte zu schreiben. Der absoluten Verdinglichung, die den Fortschritt des Geistes als eines ihrer Elemente voraussetzte und die ihn heute gänzlich aufzusaugen sich anschickt, ist der kritische Geist nicht gewachsen, solange er bei sich bleibt in selbstgenügsamer Kontemplation.«[444]

Absolute Verdinglichung – die Wendung hat bei Adorno eine hochpräzise, wenn auch nicht bei jeder Begriffsverwendung definitorisch angeführte Bedeutung[445]. Verdinglichung: das meint, daß noch das, worauf Menschen zumeist am stolzesten sind, ihr »Geist«, nichts anderes ist als ein Epiphänomen des geldvermittelten Äquivalententauschs. Geist haben heißt: abstrahieren können. Und abstrahieren, reflektieren, analysieren können wir, weil das Medium Geld geistreich (aus kritischer Perspektive: so effektiv wie geistlos) die Abstraktionsleistung schlechthin vollbringt, nämlich Nichtgleiches im Hinblick auf seinen Wert gleichzusetzen, uns buchstäblich gleichgültig gegenüber den Dingen, den Werten, den (meisten) Mitmenschen zu machen. Geld induziert Abstraktion = Geist und damit die Fähigkeit, wegzusehen, Differenzen zu übersehen, zu nivellieren, gleichzusetzen, noch Menschen und ihre Arbeitskraft wie Warendinge zu behandeln, also »alles« zu verdinglichen. Als absolut bezeichnet Adorno die Verdinglichung, weil noch ihre Kritiker ihren Prinzipien verpflichtet sein müssen. Denn auch der »kritische Geist« ist abstrakter, verdinglichter Geist. Und auch die irrationale Alternative zum rationalen, gleichsetzenden, gleichgültigen, abstrahierenden Geist bleibt im Zauberbann der Verdinglichung. Denn sie ist ja selbst irrational, sofern sie Nichtgleiches einander gleichsetzt.

Es gibt kein Außen, es gibt kein Entrinnen aus der Immanenz der verdinglichten Gesellschaft, es gibt kein richtiges Leben im falschen. Wer nach Auschwitz, der totalen und totalitären Verdinglichungsstätte schlechthin, faszinierend schöne oder auch faszinierend schreckliche Gedichte schreibt, arbeitet mit am trügerischen Schein, es gebe ein Jenseits der Verdinglichung, und handelt deshalb (undurchschaut) barbarisch. Adorno hat diese These auch in seinen späteren Werken durchgehalten. So heißt es in seinem 1966 erschienenen Hauptwerk *Negative Dialektik*: »Alle Kultur nach Auschwitz, samt der dringlichen Kritik daran, ist Müll. Indem sie sich restaurierte nach dem, was in ihrer Landschaft ohne Widerstand sich zutrug, ist sie gänzlich zu der Ideologie geworden, die sie potentiell war, seitdem sie, in Opposition zur materiellen Existenz, dieser das Licht einzuhauchen sich anmaßte, das die Trennung des Geistes von körperlicher Arbeit ihr vorenthielt. Wer für Erhaltung der radikal schuldigen und schäbigen Kultur plädiert, macht sich zum Helfershelfer, während, wer der Kultur sich verweigert, unmittelbar die Barbarei befördert, als welche die Kultur sich enthüllte. Nicht einmal Schweigen kommt aus dem Zirkel heraus; es rationalisiert einzig die eigene subjektive Unfähigkeit mit dem Stand der objektiven Wahrheit und entwürdigt dadurch diese abermals zur Lüge.«[446]

Daß sein Wort, nach Auschwitz Gedichte zu schreiben sei barbarisch, neben dem komplexen verdinglichungs-theoretischen Hauptsinn zweitens auch einen suggestiven fundamentalpsychologischen Nebensinn hat (den die meisten seiner Rezipienten in den Mittelpunkt stellen und der die Prominenz des Diktums erklärt), hat Adorno nicht überhört. Doch dies ist eben ein Nebensinn, wie Adornos selbstkritische Korrekturen in seinem Essay *Engagement* und in der *Negativen Dialektik* zu erkennen geben: »Den Satz, nach Auschwitz noch Lyrik zu schreiben, sei barbarisch, möchte ich nicht mildern; negativ ist darin der Impuls ausgesprochen, der die engagierte Dichtung beseelt. [...] Aber wahr bleibt auch Enzensbergers Entgegnung, die Dichtung müsse eben diesem Verdikt standhalten, so also sein, daß sie nicht durch ihre bloße Existenz nach Auschwitz dem Zynismus sich überantworte. [...] Aber jenes Leiden, nach Hegels Wort das Bewußtsein von Nöten, erheischt auch die Fortdauer von Kunst, die es verbietet; kaum wo anders findet das Leiden noch seine eigene Stimme, den Trost, der es nicht sogleich verriete. Die bedeutendsten Künstler der Epoche sind dem gefolgt. Der kompromißlose Radikalismus ihrer Werke, gerade die als formalistisch verfemten Momente, verleiht ihnen die schreckhafte Kraft, welche hilflosen Gedichten auf die Opfer abgeht.«[447] Hier schwingt das alte von Homer bis Richard Wagner belegbare Motiv mit, danach nur der Speer die Wunde zu heilen vermag, der sie schlug – allenfalls eine verdinglichte, formalistische, kompromißlos radikale Kunst vermag dem Stand der verdinglichten Welt zu trotzen. Ähnlich argumentiert die *Negative Dialektik*: »Das perennierende Leiden hat soviel Recht auf Ausdruck wie der

Gemarterte zu brüllen; darum mag falsch gewesen sein, nach Auschwitz ließe kein Gedicht mehr sich schreiben. Nicht falsch aber ist die minder kulturelle Frage, ob nach Auschwitz noch sich leben lasse, ob vollends es dürfe, wer zufällig entrann und rechtens hätte umgebracht werden müssen. Sein Weiterleben bedarf schon der Kälte, des Grundprinzips der bürgerlichen Subjektivität, ohne das Auschwitz nicht möglich gewesen wäre: drastische Schuld des Verschonten.«[448] Mit dieser Wendung von der Kälte als dem der Verdinglichung geschuldeten Grundprinzip bürgerlicher Subjektivität ist Adorno bereits wieder beim Hauptmotiv seiner Theorie angekommen – mit einer übrigens ungeheuren, weil gnostisch dimensionierten These: was und wer auch immer sich überhaupt aufs Leben in modernen, verdinglichten Zeiten einläßt (und sei es als Überlebender aus KZs und Ghettos), macht sich schuldig. Das gilt gerade auch von Kunst nach Auschwitz.[449]

Gnosis: Weltverwerfung. Damit ist die Klippe bezeichnet, auf der Adornos Denken seinen Ort, seinen topos noetos hat. Womit der dritte, der kryptotheologische Aspekt seines berühmten Diktums angesprochen ist. Es ist kein anderer als der des Theodizee-Problems. In den Überlegungen der *Negativen Dialektik* heißt es im unmittelbaren Kontext der erneuten Erörterung von Kunst nach Auschwitz: »Das Erdbeben von Lissabon reichte hin, Voltaire von der Leibniz'schen Theodizee zu kurieren, und die überschaubare Katastrophe der ersten Natur war unbeträchtlich, verglichen mit der zweiten, gesellschaftlichen, die der menschlichen Imagination sich entzieht, indem sie die reale Hölle aus dem menschlich Bösen bereitete. Gelähmt ist die Fähigkeit zur Metaphysik, weil, was geschah, dem spekulativen metaphysischen Gedanken die Basis seiner Vereinbarkeit mit der Erfahrung zerschlug. Noch einmal triumphiert, unsäglich, das dialektische Motiv des Umschlags von Quantität in Qualität.«[450] Man muß sich nicht auf Adornos Reflexionsniveau begeben, um dieses Motiv nachvollziehen zu können. Nach Auschwitz ist es – je nach Beurteilungsperspektive – heikel, kühn, frivol, pervers, satanisch, zynisch oder schlicht frömmelnd-dumm, weiterhin an einen Gott zu glauben, der sowohl gut als auch allmächtig ist. Wer aber Gott, Transzendenz, Erlösung, das ganz Andere aus besten bzw. übelsten Gründen nicht beglaubigen kann, hat keine Alternative zu diesem Leben und dieser Welt hier. Und diese Welt steht ausgerechnet in ihren fortschrittlichen und aufgeklärten Breiten im Zeichen der totalen Verdinglichungsstätte Auschwitz.

Ende des knappen philologischen Teils. Wir sind im Zentrum des Themas Religion und Dichtung angelangt. Denn auch für Adorno haben Gedichte eine kryptotheologische Funktion. Was nichts anderes heißt als dies: Nach dem Ende einer Theologie, die noch glauben konnte, wissenschaftlichen Argumentationsmaßstäben zu genügen, also, um präziser zu datieren, spätestens nach Kants Destruktion des ontologischen Gottesbeweises besetzen Gedichte in prekärer Weise den leer gewordenen Platz der Theologie. Zwischen Metaphern und Metaphysik herrscht ein enges wahlverwandtschaftliches Verhältnis – beide lassen sich auf riskante Überschreitungen und Grenzverletzungen ein (bei Metaphern: von verläßlichen Bedeutungen, bei Metaphysik: von verläßlichen Argumenten). Metaphernoffene, formal überdeterminierte, semantische Verdichtungen offensiv suchende Gedichte (wie auch in anderer Weise Kunstwerke anderer Gattungen) können den Identitätsfixierungen verdinglichten Denkens ein wenig entkommen – weil sie sich der Logik des Werts, der Gleichgültigkeit, der Äquivalenz entziehen. Sie sagen (»bedeuten«) immer und systematisch mehr, als sie aussagen. Große Kunstwerke sind in einer spezifischen Weise irrational, nämlich unverdinglicht, buchstäblich unvergleichlich, also ohne mögliches Äquivalent. Und ebendeshalb können sie tatsächlich (fast!) leisten, was die Theologie nur zu leisten versprach: nämlich »das Ganze« in den Blick zu bekommen und zu thematisieren.

Der traditionelle Kandidat für die (Beobachter-)Position jenseits der Welt, der Gesellschaft und der (immer kontingenten) Kultur ist die transzendente Sphäre. Für sie sind Religion und Theologie (als System der Reflexion von Religion) zuständig. Nun braucht man kein an Hegel, Adorno oder Luhmann geschulter Kopf zu sein, um zu erkennen, daß Religion und Theologie so außerweltlich nun wiederum auch nicht sind. Und das nicht nur, weil auch Pfarrer, Theologieprofessoren und Bischöfe alimentiert werden wollen, Kirchen Geld kosten und Brot und Wein innerweltlich gebacken und gekeltert werden müssen. Sondern auch deshalb, weil gerade dem theologischen Geschäft a priori etwas Ruchloses innewohnt: wer Theologie betreibt, unterwirft Gott einer Logik. Er beobachtet den, von dem er doch annimmt, daß ER, der HERR, der letzte Beobachter sei. Transzendenz ist ein Begriff, der immanent verwandt wird – wie auch sonst? Nun sind solche theologiekritischen Einwürfe und Hinweise zwar noch immer nicht ganz ohne Stachel für eine mehr oder weniger traditionsbewußte (vor allem: katholische) Theologie. Der dialektischen Theologie des Protestantismus seit der Romantik und zumal im 20. Jahrhundert aber sind sie geläufig und weitgehend akzeptiert – obwohl oder weil sie das theologische Kerngeschäft, die Logik Gottes zu rekonstruieren, konterkarieren.[451]

Ohne knirschende Paradoxien ist zumal die christliche

Theologie nicht zu haben. Kecke Fragen wie die, ob ein Gott denn allmächtig sein könne, der anders als Sterbliche nicht zu sterben vermag, finden in der Christologie eine faszinierende Antwort: in seinem Sohn macht der dreieinige Gott die Erfahrung der Sterblichkeit (weshalb der Karfreitag tiefsinniger ist als der Ostersonntag, der nur das vertraute theologische Oppositionsdesign Endlichkeit vs. Ewigkeit bzw. Immanenz vs. Transzendenz wiederherstellt). Der am Kreuz gestorbene Gott(essohn) eröffnet innertheologisch hochriskante und hochproduktive Perspektiven auf eine Theologie nach dem Tode Gottes. Nicht »nur« logisch bzw. theologisch, sondern psychologisch hochriskant sind bislang immer noch stark tabuisierte, aber kaum zu vermeidende Fragen wie die, ob ein Gott wirklich die Anrede »lieber Gott« verdiene, der seinem eigenen Sohn solche Folter- und Kreuzestod-Qualen zumute. Kein Pfarrer wird in dieser Hinsicht ohne gewaltiges Zögern Eltern empfehlen, sich an diesem göttlichen Vater zu orientieren. Nur zwei von vielen Paradoxien, die eine aufgeklärte Theologie nicht umgehen kann.

Theologie versucht vernünftig über das zu sprechen, was höher ist denn alle Vernunft. Und höher denn alle Vernunft ist, um die nüchterne Sprache der Systemtheorie zu bemühen, die absolute Kontingenz: Warum überhaupt Seiendes ist und nicht vielmehr nichts oder warum ich überhaupt und dann noch in diese raumzeitliche Konstellation hineingeboren wurde, das kann mir keine vernünftige psychologische, historische, physikalische, biologische, neurophysiologische etc. Rede erklären. Wohl aber kann ich mir einen raunenden Reim darauf machen und zu deuten versuchen, was ich nicht erklären und auch nicht eigentlich verstehen kann. Lyrik spricht unvernünftig und paradox (nämlich »inhaltlich« dunkel und semantisch unterbestimmt, formal aber überdeterminiert) über das, was höher ist denn alle Vernunft. So wie es, militanten Mystikern der analytischen Philosophie zum Trotz, keine metaphernfreie Sprache geben kann, so kann es auch kein metaphysikfreies Denken geben – ist doch spätestens seit Gödels Unvollständigkeitstheorem beweisbar, daß Wahrheit ein stärkerer Begriff ist als Beweisbarkeit.

Vernünftige Theologie und unvernünftige Lyrik stehen nun allerdings selbst in einem zwischen (um noch einmal Adorno zu bemühen) verdinglichter Vernunft und Vernunftjenseitigkeit oszillierenden Verhältnis, das seinerseits von Paradoxien nicht frei ist. Denn die unvernünftige und ebendeshalb gegen Verdinglichung revoltierende Lyrik ist zumindest in einer Hinsicht vernünftiger als die vernünftige Rede der Theologie, die das, was höher ist denn alle Vernunft, logisch zugänglich machen möchte. Vernünftige Theologie ist, das ist nun einmal ihr Leitcode, auf die Unterscheidung von Immanenz und Transzendenz angewiesen. Unvernünftige Lyrik unterläuft hingegen diese Unterscheidung und begreift sie nach Art des Möbiusbandes, das beide Seiten einer Unterscheidung ineinander zurückbiegt: das Immanente ist das Transzendente et vice versa.

Christologisch gesprochen: Gott ist ganz sterblicher Mensch geworden. Große Gedichte sind zu schön, um wahr zu sein. In der falschen Welt gibt es zumindest die richtigen Gedichte, die diese Welt als falsche verständlich machen. Dann aber kann diese Welt, in der es so schöne, faszinierende, bedeutende Gedichte und überdies den Aufstieg der Violinen, welcher höher ist denn alle Vernunft, gibt, nicht nur falsch sein. Nun leuchtet ein, warum Adorno Gedichte nach Auschwitz als ein barbarisches Phänomen ansah. Der Barbar kann anders als der Kultivierte gerade auch die gründlich mißratene, die posttraumatische Welt akzeptieren. Der unter Transzendenzverzicht lebende Barbar muß nicht einmal weniger tiefsinnig sein als der Kultivierte. Walter Benjamin hat die viel zu denken veranlassende Formel vom »positiven Barbarentum« geprägt, an der Adorno sich immer gestoßen hat.

Gedichte (und Kunst) nach Auschwitz müssen theodizee-jenseitig und also barbarisch (innerweltlich) sein. Das ist der heiße Kern des Verhältnisses zwischen christlicher Religion und moderner Kunst. Kunst akzentuiert geradezu systematisch die Immanenzseite der Transzendenz/Immanenz-Unterscheidung, Theologie muß das Gegenteil tun – sonst ist sie keine mehr. Kulturprotestantismus meint in dieser Hinsicht dann nichts anderes als dies: die Immanenz/Transzendenz-Unterscheidung als Möbiusschleife zu begreifen. Subtile Überlegungen wie die, die Adorno vorgetragen hat, befreien von der Nötigung, Klartext zu sprechen. Enden wir mit den schrecklichen Vereinfachungen, die zumindest den Vorteil haben, falsche Ehrfurcht vor überkomplexen Verhältnissen abzubauen. Christliche Theologie ist gerade in ihrer protestantischen, dialektischen, karfreitagsreligiösen Ausgestaltung die einzige Theologie, die, man verzeihe die technische Formulierung, ein kühnes Design kennt: Gott ist ganz Mensch geworden, es gibt möglicherweise nur dieses eine Leben in dieser einen zeitlichen Welt hier und jetzt; sollte es nicht ein wenig, sondern unendlich viel mehr sein, wird die Freude unendlich sein, aber schon so gibt oder gäbe es genug Grund zur Daseins-Dankbarkeit – wenn nicht satanische Schwersttraumatisierungen wie Auschwitz wären.

Gerade wenn man Leben theologisch so versteht, gewinnt es einen einzigartigen Wert. Ist fromm, wer Gott verflucht, weil und wenn er nicht mehr zu bieten hat, als dieses eine Leben hienieden mit all seinen Leiden, Zumutungen, Traumatisierungen, Freuden, Glückserfahrungen und Hoffnungsmomenten? Oder ist wahrhaft fromm, wer dieses Leben als Geschenk begreift, mit dem dankbar umzugehen geboten ist, gerade wenn und weil dies schon »alles« ist? Religionen und Theologien neigen schon aus immanent-diskurslogischen Gründen zu einer gewissen Großmäuligkeit und einem ziemlich unbescheidenen Anspruchsniveau; unter ewigem Leben und Paradies tun sie es nicht. Kunstwerke versprechen weniger: daß, wer sie wahrnimmt, sich hier und jetzt seines Daseins freut – gerade wenn er illusionslos zur Kenntnis nimmt, was alles dagegen spricht. Adornos Denken legt solche Überlegungen nahe, es würde sie jedoch in dieser Zuspitzung entschieden verwerfen. Formuliert aber hat Adorno selbst immerhin die antignostische Paradoxie, daß »die Welt den eigenen Untergang überlebt hat«. Ebenso unheimlich wie Auschwitz ist, daß »es« nach Auschwitz weitergeht, in nicht ganz unbeträchtlichen Teilen der Welt sogar massenhedonistisch weitergeht. Könnte es nicht sein, daß dies theologisch zu bedenken eine ähnlich abgründige Aufgabe ist, wie angemessen über Auschwitz zu sprechen? »Der Begriff einer nach Auschwitz auferstandenen Kultur ist scheinhaft und widersinnig, und dafür hat jedes Gebilde, das überhaupt noch entsteht, den bitteren Preis zu bezahlen. Weil jedoch die Welt den eigenen Untergang überlebt hat, bedarf sie gleichwohl der Kunst als ihrer bewußtlosen Geschichtsschreibung. Die authentischen Künstler der Gegenwart sind die, in deren Werken das äußerste Grauen nachzittert.«[452]

Nicht nur das Leben, auch eine recht verstandene Spaßgesellschaft ist besser als ihr unter ernsten Köpfen selbstredend notorisch schlechter Ruf. »Ihr liebt das Leben, wir lieben den Tod«, sagen, nein schreien haßerfüllt Leute, denen man alles mögliche vorwerfen kann, kaum aber dies, daß sie unfromm und transzendenzvergessen sind. Nach 9/11 lesen sich auch Adorno-Worte anders als zuvor – z. B. dieses: »Kein vom Hohen getöntes Wort, auch kein theologisches, hat unverwandelt nach Auschwitz ein Recht.«[453] Es sind zu Beginn des dritten Jahrtausends noch Lieder zu singen und Gedichte zu schreiben jenseits des Menschen und diesseits Gottes. Etwa diese heiklen Zeilen aus der Feder des bedeutendsten Repräsentanten der Neuen Frankfurter Schule, Robert Gernhardt:

FRAGE

Kann man nach zwei verlorenen Kriegen,
Nach blutigen Schlachten, schrecklichen Siegen,

Nach all dem Morden, all dem Vernichten,
Kann man nach diesen Zeiten noch dichten?

Die Antwort kann nur folgende sein:
Dreimal NEIN![454]

III
Begehren

1

Die Mutterbrust, der Vatermund
und die Logik
Zu Philippine Knigges
Logic für Frauenzimmer

»Meine Mutter wollte mich kaum entfernen; / Möchte
gern was Rechts hieraußen lernen.« So spricht in der Stu-
dierzimmer-Szene des *Faust* der Schüler zu Mephisto, der,
wie es in der Regieanweisung beziehungsreich heißt, »in
Fausts langes Kleid« gewandet ist. In »lange Kleider« sind
Männer, die ihr Leben bedeutenden Institutionen und
Ideen geweiht haben, häufig gehüllt. Wer der Mutter Kirche dient und den Tisch des Herrn bereitet (also eine prototypisch mütterliche Aufgabe wahrnimmt), trägt eine Sou-
tane; und wer sich in Diensten der Alma mater (was ja
nichts anderes heißt als: »nährende Mutter«) darum bemüht, die tiefsten Weisheitsgründe zu erforschen, trägt einen Talar.[455] Sonderlich männlich sind beide Kleidungsstücke gewiß nicht. Homogen männlich aber ist bis weit in
unser Jahrhundert hinein die Dienerschar dieser beiden
Institutionen Kirche und Universität, die sich so erstaunlich frank und frei als »Mütter« – eben als Mutter Kirche
und als Alma mater – zu erkennen geben.

Mephisto macht es ersichtlich Spaß, in das lange Kleid
des gelehrten Doktor Faust zu schlüpfen und dem fragenden Schüler eine schlüpfrige Antwort auf sein Wissensbe-
gehren zu geben. Aus seiner homosexuellen Disposition
macht Fausts diabolischer Begleiter übrigens kein großes
Geheimnis. Mephistos Schlußverse kann man durchaus
und ohne Bedenken davor, allzu neumodisch zu sein, als

Coming-out charakterisieren: »Ich mag sie gerne sehn, die allerliebsten Jungen«[456], so wendet er sich an die Engelschar, um dann fortzufahren: »Dich langer Bursche, dich mag ich am liebsten leiden, / Die Pfaffenmiene will dich gar nicht kleiden, / So sieh mich doch ein wenig lüstern an! / Auch könntet ihr anständig-nackter gehen, / Das lange Faltenhemd ist übersittlich – Sie wenden sich – von hinten anzusehen! – / Die Racker sind doch gar zu appetitlich!«[457]

Auch dem jungen Schüler in Fausts Studierzimmer wendet sich Mephisto gerne zu. Seine Antwort auf dessen Orientierungsfrage fällt verblüffend eindeutig aus. »Mein teurer Freund, ich rat' Euch drum / Zuerst Collegium Logicum.« Was, beim Himmel oder zur Hölle, hat die Entfernung von der Mutter mit Logik zu tun? In der Perspektive von Goethes *Faust*-Drama offenbar sehr viel. Ersichtlich liegt dem Text nicht nur daran, die Bezeichnung »langes Kleid« und nicht etwa das doch viel näherliegende Wort »Talar« zu bringen, sondern auch daran, beim Thema Mutter, von der sich der angehende Student kaum entfernt hat, zu verweilen. Bevor er dem Schüler den konkreten Ratschlag gibt, zuerst Logik zu studieren, sagt Mephisto: »Da seid Ihr eben recht am Ort.« Dem kann der angehende Studiosus aber nicht zustimmen.

> Aufrichtig, möchte schon wieder fort:
> In diesen Mauern, diesen Hallen
> Will es mir keineswegs gefallen.
> Es ist ein gar beschränkter Raum,
> Man sieht nichts Grünes, keinen Baum,
> Und in den Sälen auf den Bänken,
> Vergeht mir Hören, Sehn und Denken.[458]

Klassische Einwände gegen allzu abstraktes Denken und ein Leben, das nur dem reinen Geist geweiht ist. »Reiner Geist« und »reine Vernunft« sind Modetermini in den Jahren nach der Publikation von Kants *Kritik der reinen Vernunft*. Wie rein Geist und Vernunft sind, steht in Goethes *Faust*-Drama aber eben zur Diskussion. Auf die Einwände des Schülers gegen das allzu Reine und Sterile hat Mephisto natürlich eine passende Gegenrede parat. Und die kreist wiederum, obwohl oder eben weil es um die Initiation in die Wissenschaft geht, um die »unreinen« Motive »Mutter«, »Brust« und »Lust«.

> Das kommt nur auf Gewohnheit an.
> So nimmt ein Kind der Mutter Brust
> Nicht gleich im Anfang willig an,
> Doch bald ernährt es sich mit Lust.
> So wird's Euch an der Weisheit Brüsten
> Mit jedem Tage mehr gelüsten.[459]

Dieser lustbetonte Zugang zu der Weisheit Brüsten leuchtet dem Schüler ein. »An ihrem Hals will ich mit Freuden hangen; / Doch sagt mir nur, wie kann ich hingelangen?« Eben durch einen Cursus der Logik – so die schon zitierte Antwort. Diese Motiv-Zusammenstellung ist befremdlich: Mutter-Logik. Daß er von Mutter entfernt ist – »hierauß« will der Schüler etwas lernen. Und indem er zuerst »Collegium Logicum« belegt, soll er mit Strukturen des Denkens, Schließens und Argumentierens so vertraut werden wie ein Kind, das »der Mutter Brust« annimmt. Ziel des Entfernungs- und Wiederannäherungsprojekts von der bzw. an die Mutter aber ist, daß dem Schüler »an [nicht »nach«] der Weisheit Brüsten / Mit jedem Tage mehr gelüsten« wird. Aus dem Initianden, der vor der Kälte und Leblosigkeit der Abstraktion zurückscheut, ist dann der Student geworden, der eben gerade die »graue Theorie« libidinös besetzen kann.

*

Goethe hat seine tiefsinnige Wissenschaftssatire erst 1808 publiziert. Geschrieben aber hat er sie schon viel früher. Die Schülerszene findet sich bereits im *Urfaust*; überarbeitet hat Goethe sie Ende der 80er Jahre. Und das war eben zu der Zeit, in der die 1775 geborene Tochter des berühmten Freiherrn Adolph von Knigge von ihrem Vater einen so gründlichen Unterricht in Logik erhielt, daß sie sich ermutigt fühlte, 1789, und also im Jahr der Französischen Revolution, eine Schrift unter dem Titel *Versuch einer Logic für Frauenzimmer* herauszugeben. »Im August 1789« steht unter dem Vorwort des Mädchens, das sich darin für ein Jahr älter erklärt (»ein Mädchen von funfzehn Jahren«), als es ist, und das also entweder schlecht rechnen kann oder aber von seiner auffallenden intellektuellen Frühreife ein wenig ablenken möchte.

»Detmold, im August 1789«: Die Nachricht von den Ereignissen in Paris am 14. Juli wird auch die Stadt Detmold erreicht haben, wo Philippine, »getrennt von [ihren] Eltern«, wie sie im Vorwort vermerkt, sich die Stunden »versüßt«, indem sie aufzeichnet bzw. »herausgibt«, was ihr Vater ihr an Einsichten in die Logik zukommen ließ. Die Revolution hat die Familienstrukturen in Deutschland noch nicht erreicht. Gerade in Philippines Logik-Büchlein wird ein patriarchalisches Familienverständnis deutlich, das (in heutiger Sicht) alle Anforderungen an ein intaktes Feindbild erfüllt. Philippine: was für ein Vorname! Unüberhörbar ist er das weibliche Derivat des männlichen Vornamens

242

»Philipp«. Im Banne eines berühmten Mannes steht das junge, kluge und bei aller affektiven Bescheidenheit (»Moralisch gewiß ist es, daß dies Buch nicht das beste seyn wird, das je in der Welt geschrieben worden«[460]) gleichwohl selbstbewußte Mädchen. Ist ihr Vater doch kein anderer als der 1752 geborene Freiherr von Knigge, der gerade ein Jahr zuvor, also 1788, seine zweibändige, alsbald zum Bestseller avancierende Abhandlung *Über den Umgang mit Menschen* vorgelegt hatte (schon zwei Jahre später war die dritte Auflage fällig). Adolph von Knigge war ganz und gar den Ideen der Menschenrechte und der Aufklärung verpflichtet. Durch seine ausgedehnten Aktivitäten für den Illuminatenorden verlor der Sohn einer Familie von niedrigem Adel die Protektion seiner Gönner (er war zuvor u. a. Hofjunker in Kassel) und sein kleines Vermögen, aber er gewann dadurch auch Zeit für ausgedehnte schriftstellerische Tätigkeiten – und für die ehrgeizige Ausbildung seines einzigen Kindes.

Ob die ungewöhnlich gründliche Ausbildung, die Philippine erfuhr, ihr Lebensglück mehrte, ist fraglich. »Philippine wurde schon als Kind zum Dichten und Uebersetzen gezwungen«, heißt es in selten eindeutiger Diktion in der *Allgemeinen Deutschen Biographie* von 1888. So übersetzte sie Thomas Sheridans Biographie über Jonathan Swift aus dem Englischen (erschienen 1795). Auch nach ihrer Heirat (1796) mit dem Hannoverschen Oberst W. F. von Reden blieb sie schriftstellerisch aktiv – und ersichtlich ihrem Vater verpflichtet. Vergleichsweise hohe Auflagen erzielte das Werk, das den *Umgang mit Menschen* fortspann: *Lebensregeln aus den besten ältern und neuern Schriftstellern gesammelt* (2 Bde. Leipzig 1799/1800). Zwei Impulsen ihres frühen Werks *Logic für Frauenzimmer* blieb Philippine von Knigge auch in ihrem weiteren Schreiben treu. Sie wendet sich gerne ausdrücklich an ihre Geschlechtsgenossinnen, und sie legt wenig Wert auf genialische Selbständigkeit. *Lebensregeln, Winke des guten Tons und der feinen Gesellschaft für Jungfrauen und Mädchen [...], nebst einigen Erzählungen und Anekdoten (nach dem Französischen frei bearbeitet)* – so lautet der umfängliche Titel ihres Buches aus dem Jahr 1826; *Seelenspiegel für junge Damen* ist der Titel eines 1830 erschienenen Buches aus ihrer Feder. 1841 ist Philippine von Knigge gestorben.

Autorinnen vor und um 1800 sind seltene Exemplare. Wenn Frauen in dieser Epoche überhaupt schreiben, so schreiben sie Romane. Nicht aber, wie Philippine von Knigge, theoretische Werke. Und schon gar nicht Bücher über Logik. Die jugendliche Autorin resp. »Herausgeberin« der väterlichen Vorlesungen ist sich dieses Umstandes durchaus bewußt. Deshalb beginnt Philippines Büchlein hochbescheiden. »Versuch« ist das erste Wort des Titels. Die Vorrede beginnt sodann mit einer Negation: »Es hat gewiß nicht die Eitelkeit, als Schriftstellerinn glänzen zu wollen, Antheil an Herausgabe dieses kleinen Werks.« Mehrfache, wenn auch z.T. implizite Negationen stehen am Anfang dieses »kleinen Werks«: Philippine ist nicht männlichen Geschlechts, sie heißt eben nicht Philipp, sondern Philippine; sie ist auch nicht Autorin, sondern Herausgeberin; sie wird nicht von Autoren-Eitelkeit getrieben; und das Werk, das sie herausgibt, ist nicht bedeutend, sondern eben »dieses kleine Werk«.

Klein mag das Werk sein. Etwas Besonderes stellt es dennoch dar. Bricht es doch durch seine bloße Existenz die Konvention, danach schreibende und lesende Frauen dem Genre Belletristik zuzuordnen sind. »Die Uebersicht dieser Tabelle, dieses trockenen Stammbaums der philosophischen Wissenschaften, mag wohl freylich für manche Leserinn nicht so interessant seyn, als ein Capittel aus irgend einem schönen Roman; allein ich muß bitten, zu überlegen, daß nicht alle ernsthafte Gegenstände sich in ein lustiges Gewand hüllen lassen.«[461] Dennoch, so Philippines engagiertes Plädoyer, lohnt es sich auch, ja gerade für Frauen, mit Grundbegriffen und Grundoperationen der Logik vertraut zu werden.

Und ebendies ist dann das Ziel ihrer Darstellung. Philippine von Knigge führt, den Ausführungen ihres Vaters folgend, durchweg auf dem Niveau der damaligen Wissenschaft, in das ein, was um 1800 als »Logik« etikettiert wurde. Sie macht in hochgradig sachlich-kühler Diktion, so als wolle sie schon stilistisch zeigen, daß es für Männer und Frauen nur eine Logik gibt, mit Aspekten, die auch heute noch in Logik-Einführungen zu finden sind, vertraut (u. a. mit Definitionslehre, Grundformen des Schließens und Urteilens, Satz des ausgeschlossenen Widerspruchs, Satz des zureichenden Grundes, Funktion der Negationen, Ansätze der Modallogik). Was also ist das spezifisch Weibliche dieser »Logic«, die ja ausdrücklich eine »für Frauenzimmer« ist? Logik ist Logik. Es gibt eben keine spezifische Logik für Männer und keine für Frauen. Man darf es wiederholen: Die *Logic für Frauenzimmer* ist, wie die Nicht-Verfasserin zu erinnern nicht müde wird, von einer Männerstimme diktiert worden. Aber eben auch von einer Mädchenhand variiert, moduliert, herausgegeben worden.

Gleichwohl: Es gibt nur eine geschlechtsindifferente Logik. Das weiß auch Philippine von Knigge. Doch sie weiß ebenso, daß »Logik«, abstraktes Denken und kalte Vernunft als Bereiche gelten, die Männern leichter zugänglich sind als Frauen. Frauen sind, so das gängige Urteil (nur um 1800? Wie hoch ist heute der Frauenanteil in Fächern wie Mathematik?), eher zu anderem als zu Mathematik und

Logik disponiert. Sie stellen sich zumeist schweigend die Frage, die Philippine, gewissermaßen selbst erstaunt über ihr auffallendes Bemühen um funktionale Begriffsdefinitionen, ausdrücklich stellt: »Wozu nützt dann dieser pedantische Wortkram?«[462] Er nützt, so die Antwort, gerade den Frauen, die doch im Verdacht stehen, sich leichter von Phantasiegebilden und Hirngespinsten verleiten zu lassen als Männer. Wer »seinen Ideen-Gang nicht nach gewissen Regeln ordnet, sondern schnell dahin fährt, wohin ihn sein erster Gedanke, nicht selten die unsichtbare Hand der Phantasie leitet«[463], kann alsbald auf Abwege aller Art gelangen. Für das Personalpronomen »ihn« darf man getrost »sie« einsetzen: ist der Vorwurf, sich von der Phantasie treiben zu lassen, doch ein mysogyner Topos über den losen Charakter von Frauen. Gegen »Verwirrung« und »Irrthümer« aber ist nicht gefeit, wer nicht logisch zu denken und die Bedeutung von Begriffen zu prüfen vermag. »Er wird die reizenden Bilder einer wärmern Phantasie nicht von den reinen Vorstellungen der kalten Vernunft absondern. [...] Er wird den losen Schwätzer nicht entlarven können.«[464]

Das lose und sinnlose Geschwätz (eines Romans?) ist Philippines Gegner. Gefährlich an diesem Geschwätz ist sein rhetorischer Glanz, der ihm häufig genug Punktgewinn einbringt. Dagegen hilft nur, der ratio verpflichtet zu bleiben und sich nicht blenden zu lassen. Gerade Frauen haben Grund, bei der Logik ihr Heil vor den Versuchungen der Phantasie zu suchen. »So lehrt die Logic, dies Uebergewicht nicht zu scheuen [und] mitten durch die magischen Verschanzungen des Witzes hindurchzudringen.«[465] Nicht ohne Grund sind die Beispiele des Buches durchweg von aufklärerischen Impulsen getragen. So auch dieses: »Vom Geschlechte [im Sinne von genus, J. H.] darf man auf alle Gattungen [im Sinne von species, J. H.] im Ganzen schließen. Z. B. ›Hat Gott allen Menschen Verstand und Willen gegeben; so haben die Lappländer, Feuerländer und Irokesen, im Ganzen genommen, Verstand und Willen.‹«[466] Der naheliegenden Versuchung, hier nicht von Lappländern und Irokesen, sondern von Männern und Frauen zu handeln, die gleichermaßen zum Geschlecht resp. genus Verstandeswesen gehören, widersteht Philippine.

Doch dieser Verdrängung des Naheliegenden folgt seine Wiederkehr. Aufregend und das Gender-setting »diktierender Vater – mitschreibende Tochter« ausdrücklich ansprechend, ist nämlich das nächste Beispiel für die Kunst rationalen Argumentierens, in die die vorliegende »Logic« eigentlich initiieren will. Es soll »die Art« von Regeln illustrieren, deren Befolgung hilft, in komplexen Kontexten »seine Gedanken zu ordnen«. Das Beispiel nun, das Philippine wählt, darf man getrost atemberaubend nennen. Denn es ist auf geradezu subversive Weise überangepaßt. »›Da mein Vater wünscht, daß ich ihm durch Erwerbung aller derjenigen guten Eigenschaften Freude machen möge, die zu einem gebildeten Frauenzimmer gehören; so will ich mich bestreben, eine wohlschmeckende Mahlzeit zubereiten zu lernen, und sollte mir auch dies Studium so viel Zeit wegnehmen, daß ich darüber weniger gelehrt würde.‹ Der abstracte Gedanke, von welchem ich hier ausgehe, ist der von allen guten Eigenschaften eines gebildeten Frauenzimmers. Ich zergliedere ihn und finde, daß ein Frauenzimmer entweder mehr Fleiß auf die Cultur ihres Geistes verwenden, oder aber diese Anstrengung dem Verlangen, in häuslichen Geschäften geschickt zu werden, unterordnen kann. Ich bestimme mich für das Letztere, und wenn es weiter keines Beweises bedarf, daß der Beruf unsers Geschlechts zu häuslichen Geschäften größer, als es der zur Gelehrsamkeit ist; so kann ich doch noch die nähere Bestimmung hinzufügen, daß dies grade mit den Grundsätzen meines lieben Vaters, dem ich gern Freude machen möchte, übereinstimmt.«[467]

Seltsames Beispiel! Denn Philippine hat, als sie dieses schrieb, nicht für ihren Vater gekocht, sondern ihren »Fleiß auf die Cultur ihres Geistes verwendet«; und sie hat ja auch kein Kochbuch, sondern eine *Logic für Frauenzimmer* geschrieben. Heute nennt man dergleichen Paradoxien »pragmatischer Selbstwiderspruch«. Wer sucht, findet weitere Passagen, in denen sich so etwas wie Sand im argumentativen Getriebe findet, das junge Frauen zu männlicher Vernunft emanzipieren soll. So ist an einer und nur an einer Stelle nicht von dem Vater/Tochter-Paar, sondern von »Mutter und Tochter«[468] die Rede. Und so hat die schreibende Tochter ganz offenbar Gefallen daran, die »barbarische[n] dreysilbige[n] Wörter, die übrigens keinen Sinn«[469] haben, einigermaßen ausführlich durchzupermutieren – jene sinnlosen Wörter, die die Tradition der Logik verwandte, um die gängigen Schlußformen zu bezeichnen. An ihnen hat die Vierzehnjährige ersichtlich ihre Freude, sie übersetzt die sinnlosen Silben aber auch in sinnvolle »teutsche Wörter«. Die Grenzen des Sinns aber hat Philippine mit ihren Beispielen immerhin gestreift.

*

Philippine von Knigges Buch hat ein durchaus pragmatisches Ziel: Es will Frauen ans Wissen der Männer anschließen – bzw. ins Wissen der Männer einschließen. Es ist »für Frauenzimmer« geschrieben – was einen Mann nicht davon abhält, es mit einem Nachwort zu versehen. Die Frage, die Goethes *Faust* und Philippines Buch aufgeworfen haben, hat in den letzten Jahren unseres Jahrtausends dramatisch an Relevanz gewonnen: ob es ein geschlechtsspezifisches Wissen, ob es ein spezifisch »weibliches Schreiben«, ob es gar eine geschlechtsspezifische Mathematik und Logik gibt. Viele Gründe sprechen dafür, mit einer bejahenden Antwort auf diese Frage zu zögern. Nicht zuletzt dieser, daß sich extrem relativistische Positionen immer wieder blamieren.

Ein Beispiel dafür hat in der Wissenschaftsszene des endenden zweiten Jahrtausends zu Recht für Hohn und Spott gesorgt. Der amerikanische Physiker Alan Sokal hatte 1997 in der amerikanischen, dekonstruktivistisch-vernunftkritisch-feministisch orientierten Zeitschrift *Social Text* einen Essay mit dem hübschen Titel *Grenzüberschreitung: Für eine transformative Hermeneutik der quantitativen Gravität* eingereicht. Er wurde zum Druck angenommen – obwohl er offen Unsinniges wie z. B. »die Historizität von Pi« behauptete. Die Zahl, die das Verhältnis von Kreisumfang zu Kreisdurchmesser angibt (3,1415...), ist nun aber einmal nicht nur seit Jahrtausenden, sondern von Ewigkeit zu Ewigkeit dieselbe. Wenig spricht dafür, daß sie sich im nächsten Jahrtausend ändern wird (allerdings werden Computer weitere Stellen hinter dem Komma errechnen können). Sie dürfte sich auch dann nicht ändern, wenn nicht nur »Lappländer und Irokesen«, sondern Marsmenschen sie berechnen. Und im Mathematikunterricht sollten Mädchen wie Jungen koedukativ lernen, diese Zahl dem feststehenden Wissenbestand im vergänglichen Fluß der Zeit zuzurechnen.

Der renommierte und in politisch-sozialer Hinsicht durchaus »progressiv« eingestellte Physiker Alan Sokal hat sich aus leicht nachvollziehbaren Gründen die Genugtuung nicht nehmen lassen, nach der Offenlegung der Blamage nach Kräften gegen alle psychoanalytisch-vernunft-kritisch-feministisch-dekonstruktiven Positionen zu polemisieren, die nicht aufschrecken, wenn z. B. von der »Historizität von Pi« geschwätzt wird. Solch absolut berechtigte »konservative« Argumentation schließt aber jenseits der Fragen, auf wieviel Stellen nach dem Komma künftige Computerprogramme die Zahl Pi berechnen können, kulturanthropologische Fragestellungen nicht aus. Wie z. B. diese: warum bestimmte Kulturen sich frühzeitig mit Arithmetik, Geometrie, Logik und der Zahl Pi beschäftigen, andere hingegen nicht; welche unreinen erotischen Assoziationen nicht nur kleine Kinder, sondern auch Mephisto und der junge Student haben, wenn sie bestimmte Zahlen, Kreise oder Dreiecke zeichnen; und eben auch diese Gretchenfrage: wie es Männer und Frauen mit »logischem Denken« halten?

Männer und Frauen – welch unangemessene Generalisierung! Und doch (nun gilt es, ganz vorsichtig zu formulieren): Ist nicht etwas »dran« an der Vermutung, daß die grundsätzliche Einstellung von Männern und Frauen zu »logischem« Denken unterschiedlich ist? Schwer zu bestreiten ist, daß Mädchen und Frauen im Schnitt einen höheren Intelligenzquotienten haben als Jungen und Männer und daß Abiturientinnen und Studentinnen bessere Abschlußnoten vorweisen können als ihre männlichen Altersgenossen. Dennoch spricht einiges dafür, daß Männer (je nach Beobachtungs- und Bewertungsperspektive) in der Regel »logischer«, »abstrakter«, »kälter« oder »perverser« denken als Frauen. Ca. 70 Jahre nachdem Philippine von Knigge ihr *Logic für Frauenzimmer*-Büchlein vorgelegt hat, hat ein durchaus nicht kulturrevolutionär gesinnter Basler Professor einen Wälzer vorgelegt, der den Gründen für diese unterschiedliche Disposition nachging.

In seinem monumentalen Werk *Das Mutterrecht* (1861) hat Johann Jacob Bachofen eine aufregende, bis heute wohl beachtete, zumeist aber zur Seite geschobene und also nicht hinlänglich diskutierte These zur Genese »logischen« Denkens vorgestellt. Sie lautet: Die nicht nur für frühe Gesellschaftsformen so elementare und überlebenswichtige Mutterschaft ist ein sinnlich gewisses Datum. Jede unter Schmerzen gebärende Mutter weiß und erfährt in einer an Intensität schwerlich zu überbietenden Körperlichkeit, daß sie die Mutter dieses Kindes ist. Und wenn sie vor Schmerzen besinnungslos ist, werden Geburtshelfer bestätigen können, daß dieses Kind aus jenem Leib kam. Vaterschaft ist hingegen eine »logisch-abstrakte« Zuschreibung. Zwischen der Zeugung und der Geburt eines Kindes liegen in der Regel neun Monate. Es ist ein Geltungspostulat und eben nicht eine auf sinnlicher Gewißheit beruhende Evidenz, daß dieser Mann der Vater dieses Kindes ist. »Pater semper incertus« – wie das römische Recht klassisch formuliert. Hingegen gilt: mater certissima est. Die Folgen dieser schlichten Einsicht sind weitreichend. Das Verhältnis von Männern zur Welt, zur Materie, zur mater ist deshalb ein abstraktes. Matriarchalische Ordnungen finden ein Ende, wenn Männer »argumentativ« und »logisch« plausibel machen können, daß sie Väter sind. Männer sind gewissermaßen zur Abstraktion und zum logischen Denken verdammt. Daß abnehmende Kinderzahl, Rationalitätskritik und Feminismus in ein und dieselbe Epoche fallen, ist deshalb »logisch«. In Zeiten, da dank der Möglichkeiten von Genanalyse der alte Satz »pater semper incertus« nicht mehr gilt, wird es Zeit, eine neue »Logik für Männer« zu schreiben.

2

Angstlust
Lacan mit Heidegger

Salvador Dalís *Die Beharrlichkeit der Erinnerung* präsentiert
auf einem kleinen Format (24×33 cm) eine großflächige,
ebenso hyper- wie surrealistisch gemalte abendliche Kü-
stenlandschaft. Die Strahlen der schon hinter den Horizont geschwundenen Sonne erhellen noch das gänzlich ru-
hige Wasser und die steilen Felsen, die im rechten Bildteil
aufragen. Hingegen liegt der öde Strand, der – den Regeln
des goldenen Schnitts folgend – zwei Drittel der Bildfläche
einnimmt, zum Betrachter hin im immer stärker sich ver-
düsternden Schatten. Im Bann dieses Schattens ruht, nein:
verwest ein Gebilde, das rettungslos überkodiert ist. Erinnert es doch ebenso an den verendeten Pferdeleib aus Bu-
ñuels und Dalís Film *Der andalusische Hund* wie an das Gesicht des *Großen Masturbators*, das Dalí 1929 zeichnete.[470]
Und ist es doch von einer erschlaffenden Taschenuhr bedeckt, die im linken Bildteil zwei Entsprechungen findet.
Mit den beiden Uhren aber, die gleichermaßen deformiert
auf einem Kubus und über einem verdorrten Ast liegen,
bildet die erste ein fast regelmäßiges Dreieck. Dessen zer-
fließende Eckpunkte, die durchaus unterschiedliche Zeiten anzeigenden Uhren, warten darauf, so zu Aas zu werden, wie die vierte verschlossene und von Ameisen befalle-
ne Taschenuhr im linken unteren Bildrand außerhalb der
klassischen Triangel.

So geht von der Peripherie des Bildes eine Bedrohung
seines eigentümlich ruhigen Zentrums aus: Das schlafende
oder verstorbene Gesicht wird zum Opfer dessen werden,

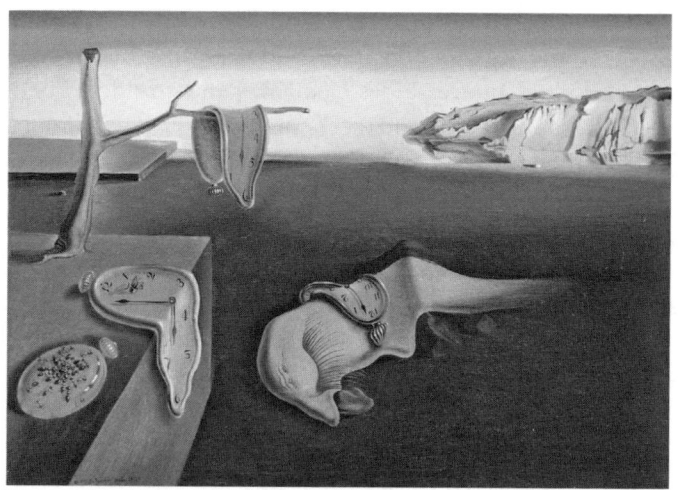

Salvador Dalí: *The Persistence of Memory*, 1931

was Menschen am intensivsten fürchten – Insekten. Dalí
entwirft das Bild einer Welt ohne Menschen. Foucault mag
an dieses Bild gedacht haben, als er *Les mots et les choses* mit
dem berühmten Satz abschloß: »On peut bien parier que
l'homme s'effacerait, comme à la limite de la mer un visa-
ge de sable« – eine Wette, deren Ausgang der Wettsieger
nicht mehr erleben würde. Zum Schwinden gebracht aber
wird das, was zuvor einmal Mensch hieß und sich ins Zentrum des Kosmos denken konnte, durch eine Macht, über
die Menschen mitunter herrschen zu können glauben. Die
durch Uhren verfügbar gemachte Zeit, der Traumschlaf
hinter den geschlossenen Augen des deformierten Ge-
sichts und die Angst, die die Schönheit einholt, sind jene
entbundenen Mächte, die cartesianisch aufgeklärten Köpfen als domestizierbar galten. Nun sind die Zeit, der Traum
und die Angst in den Jahren um und nach 1900 gänzlich

253

neu thematisiert worden. Den Einfluß von Einsteins Relativitätstheorie auf sein epochales Bild hat Dalí selbst hervorgehoben; das Interesse des Gemäldes an den Bilderfluchten des Traums, wie Freud es, ebenfalls um die Jahrhundertwende, thematisierte, ist unabweisbar; und die paranoische Angst, der seit dem von Nietzsche in den letzten Jahren des 19. Jahrhunderts verkündeten Tod Gottes keine verläßlichabsolute Struktur mehr wehrt, hat noch die in sich ruhende mediterrane Landschaft erreicht.

Dalís Denk- und Rätselbild kann somit als Emblem der Notwendigkeit gelten, nach Nietzsche, Freud und Einstein[471] die Position des Subjekts neu zu bestimmen. In ästhetischer Allianz mit diesen Diskursbegründern wirft es einen befremdeten Blick auf die eigene Kultur. Und es erblickt darin die eigentümliche Ungleichzeitigkeit eines Subjekts, das zu enden nicht endet. Das kryptohumane Gebilde im Bildzentrum ist verschieden, verendet, so am Ende[472] wie die stehengebliebenen Uhren, die keine verläßliche Aufzeichnung vermeintlich objektiver Zeitpunkte mehr gewähren. Hinter seinen verschlossenen Augen aber behauptet sich die Beharrlichkeit der Erinnerung. Anachronismus zählt zum lebensweltlichen Bedarf des Humanen:[473] Die Sonne geht dem lebensweltlichen Subjekt auch nach den Entdeckungen des Kopernikus noch auf und unter; der Kausalitätssatz behält auch nach dem Tod Gottes und dem Sieg der Quantenphysik noch seine alltägliche Geltung; der Kosmos ist diesem antiquierten Subjekt auch nach Einstein und Heisenberg noch ein dreidimensionales und scharf konturiertes Gebilde; die Sprache gilt ihm auch nach Saussure noch als Verständigungsinstrument und nicht als Algorithmus; und Träume wie Begehren erscheinen ihm auch nach Freud noch als seine und nicht als die des Anderen. Dieser Ungleichzeitigkeit –

Ernst Bloch hat ihre politischen, Günter Anders ihre geschichtsphilosophischen Effekte analysiert – verleiht Dalís
Bild Ausdruck: Mit traditionellsten realistischen Mitteln
und Konstruktionsprinzipien bebildert es die surrealen
Strukturen, die die Lebenswelt verrätseln. Vor ihnen muß
man sich verschließen: das (E)entscheidende v(V)erges-
sen – kraft dieser Fähigkeit lebt das Subjekt der Lebenswelt. Es wäre nicht ohne diese seine spezifische Dummheit.

Freud hat den neuzeitlich selbstbewußten Subjekten
ihre verdrängten Kränkungen vorgerechnet: Kopernikus,
Darwin und die Psychoanalyse haben das Subjekt aus dem
Zentrum des Kosmos, aus dem privilegierten Stand der
Schöpfung und noch aus der Täuschung, Herr im eigenen Haus zu sein, vertrieben. Die Namen Freuds und
Heideggers markieren die Werke, die ein Denken nach
diesen Vertreibungen versuchen. Beide haben, einander
nach Kräften wechselseitig ignorierend, die Lust an der
Verdrängung dieser traumatisierenden Vertreibungen aufgewiesen. Verkennung und Uneigentlichkeit sind die – bei
aller Divergenz – korrespondierenden Leitbegriffe, die ein
Licht auf die strukturale Ungleichzeitigkeit des Subjekts
werfen. Diese untergründige Korrespondenz findet in beider Interesse an der Begegnung zwischen Ödipus und
Sphinx einen Ausdruck: Freud wie Heidegger mißtrauen
einer Überlieferung, die suggeriert, Ödipus habe mit seiner subjektzentrischen Antwort auf die von erotischen
Evokationen nicht freie Rätselfrage des vorweltlichen Ge-
bildes die Sphinx tatsächlich überwunden: Was geht mor-
gens auf vier, mittags auf zwei und abends auf drei Beinen?
Der Mensch. Und beide, Freud wie Heidegger, knüpfen je
unterschiedlich an Schopenhauers Vermutung an, »das
Problem des Daseyns [...], das Räthsel der alten Sphinx«[474]

stelle sich nach der spezifisch modernen Verschiebung vom vorstellenden zum wollenden und gewollten Subjekt erneut und neu.

Die Sphinx aber ist zugleich ein tiermenschlich androgynes Erostier und eine verschlingende Todesfurie. Der französische Psychoanalytiker Jacques Lacan hat diese Ambivalenz in seinem Werk nicht verdrängt, sondern ausgetragen. Er hat, nomenklatorisch gesprochen, Freud und Heidegger oder Eros und Thanatos jenseits ihrer gängigen feuilletonistischen Zusammenstellung so konstelliert, wie Dalís Traumtod- und Todtraumbild es vorzeichnet.

Lacans Interesse an Heidegger ist vielfach belegbar. Immerhin erhält die programmatisch dem Thema Sprache gewidmete erste Nummer von Lacans Zeitschrift *La Psychoanalyse* 1956 Heideggers *Logos*-Aufsatz in der Übersetzung des Herausgebers Jacques Lacan[475] – ein Wink nicht nur für Philologen. Wenn die Reverenz des Psychoanalytikers an den Philosophen, der in Psychoanalyse und Anthropologie seine Angstgegner hatte, nicht noch deutlicher ausfiel, so dürfte das mit dem trostlosen Umstand zusammenhängen, daß Heideggers antimoderne, antiintellektuelle und antiurbane Impulse eben dem kunstgewerblichen Gerede des »man« verfielen, dessen Verkennungseffekte *Sein und Zeit* aufgewiesen hatte.[476] Der Pariser Intellektuelle und der Schwarzwald-Denker sind in kaum überbietbarer Weise Antitypen. Um so bemerkenswerter sind Gemeinsamkeiten ihres Denkens.

Lacans manifestes Interesse an Heidegger wird durch eine eigentümliche Ambivalenz im Freudschen Denken motiviert sein: Es ist thanatosfixiert und bestreitet doch die originäre psychische Präsenz von thanatologischen Effekten. Freud hatte über alle Stadien der Entwicklung seiner Theorie daran festgehalten, in der Todesangst und somit im phänomenologischen Schlüssel der Philosophie Heideggers nur eine »Verarbeitung der Kastrationsangst«[477] zu vermuten. »Der volltönende Satz: Jede Angst sei eigentlich Todesangst«[478] scheitere schon am klinischen Nachweis, daß das Todesbewußtsein nicht genuin infantilen Ursprungs sei. Daraus schlußfolgerte Freud: »Tod ist ein abstrakter Begriff von negativem Inhalt, für den eine unbewußte Entsprechung nicht zu finden ist.«[479] Am abgeleiteten Status der Todesangst hielt Freud diagnostisch noch dann fest, als er Thanatos bzw. den Todestrieb zur konstitutiven Kategorie der Metapsychologie promovierte.[480] Als wollte er metapsychologisch überkompensieren, was er differentialdiagnostisch versäumte, ließ Freud jenseits des Lustprinzips ebenjenen Todestrieb originär gelten, den er in der Domäne des Lustprinzips selbst für abkünftig erklärt hatte.

Quer zu diesem Erklärungsschema stehen nur zwei kleinere Arbeiten Freuds. Es handelt sich dabei kaum zufällig um Aufsätze, die von literarischen Themen und Motiven angeregt sind, gehört es doch in orphischer Tradition zum Selbstverständnis der Dichtung, so mit Thanatos und Hades vertraut zu sein wie kein zweiter Diskurs. Dichtung vermag deshalb noch darüber zu reden, wovon andere Reden nur schweigen können. In seinem 1913 geschriebenen Aufsatz *Das Motiv der Kästchenwahl* hatte Freud das Gesetz, demnach Tod und Sprache einander wechselseitig ausschließen und ebendeshalb aufeinander verweisen, an Stücken Shakespeares illustriert. König Lears dritte Tochter Cordelia verweigert schweigend die vom Vater verlangte Liebeserklärung und wird daraufhin von ihm im psychotischen Affekt verworfen. Denn ihre Stummheit, »im Traum eine gebräuchliche Darstellung des Todes«[481], weist sie zusammen mit anderen Anzeichen als letzte der drei

257

»Schicksalsschwestern, der Moiren oder Parzen oder Nornen [aus], deren dritte Atropos heißt: die Unerbittliche«.[482] Cordelias todesgöttliche Unerbittlichkeit kennt, obwohl oder gerade weil sie liebevolle Unerbittlichkeit ist, keine Urszene, von der sie ableitbar wäre. Als »Furie des Verschwindens« (Hegel) setzt Cordelia, die unerbittlich Schweigende, in Lear die einzige Angst frei, die wahrhaft Realangst heißen darf, eben weil sie keine »unbewußte Entsprechung« finden kann: die stumme Todesangst. Daran, daß er ein Kind hat, wird dem König unabweisbar, daß er kein Kind mehr ist. Vergänglichkeit verleiht Cordelia ihre verängstigende, nicht verdrängbare, sondern allenfalls verwerfbare Autorität; eine Autorität, die keine Repräsentanz, keine »Entsprechung« finden kann, weil sie die irreduzible Möglichkeitsbedingung von Repräsentanz selbst ist.

Dieses Motiv bildet auch das esoterische Zentrum eines Gesprächs, das Freud »in Gesellschaft eines schweigsamen Freundes« mit einem »jungen Dichter« führte. Bei einem »Spaziergang durch eine blühende Sommerlandschaft« beklagte dieser die »Hinfälligkeit alles Schönen und Vollkommenen«[483]. Freud hat seine Replik auf die standardisierte Melancholieklage 1916 in einem literarischen Sammelband mit dem Titel *Das Land Goethes* veröffentlicht; und an berühmte Goethe-Zeilen mag er gedacht haben, als er »dem pessimistischen Dichter bestritt, daß die Vergänglichkeit des Schönen eine Entwertung desselben mit sich bringe«.

Dauer im Wechsel

Hielte diesen frühen Segen,
Ach, nur eine Stunde fest!
Aber vollen Blütenregen
Schüttelt schon der laue West.
Soll ich mich des Grünen freuen,
Dem ich Schatten erst verdankt?
Bald wird Sturm auch das zerstreuen,
Wenn es falb im Herbst geschwankt.
[...]
Jene Hand, die gern und milde
Sich bewegte, wohlzutun,
Das gegliederte Gebilde,
Alles ist ein andres nun.
Und was sich an jener Stelle
Nun mit deinem Namen nennt,
Kam herbei wie eine Welle,
Und so eilt's zum Element.[484]

Goethe hat dieses Gedicht am 15. August 1803 Johann
Christian Reil, dem Autor der im selben Jahr erschienenen
*Rhapsodien über die Anwendung der psychischen Kurmethode
auf Geisteszerrüttungen*, zugesandt. Dem souveränen Goe-
the-Kenner Freud mag dieser Umstand vertraut gewesen
sein. Jedenfalls bildet die Antwort Freuds auf die Vergäng-
lichkeitsklage des »pessimistischen Dichters« Goethes Replik an den Experimentalpsychologen nach: Melancholie
über Vergängnis sei nicht kurbedürftig, sondern vielmehr
die Produktivkraft von Lebensintensität; Vergänglichkeit
sei keine »Entwertung«, sondern, »im Gegenteil, eine Wert-
steigerung! Der Vergänglichkeitswert ist ein Seltenheits-
wert in der Zeit.«[485] Zeitlichkeit und Vergänglichkeit näm-

lich dekomplettieren uneinholbar die Reihe der Jetzt-punkte – das instantane nunc gibt es nur als Traumzeit. Der unausgesetzte Entzug von Präsenz aber ist eins mit dem Vollzug der Verleihung von Bedeutsamkeit an ebendiese stets schwindende Präsenz. Diese Dialektik von Entzug und Vollzug konstituiert die Zeit der symbolischen Ordnung. Daß die Welt, wie immer auch, das Gewicht der Bedeutsam-keit trägt, dankt sie demnach dem Umstand, daß Sein als Zeit verfaßt ist.[486] Freuds kryptoästhetische Arbeiten legen diese mit Grundüberlegungen Heideggers affine Annah-men nahe, während seine psychologischen Arbeiten in be-wußter philosophischer Abstinenz an der psychologischen Ableitung der Todesangst und der Zeitvorstellung etwa aus der Kastrationsangst festhalten.[487]

Die Psychoanalyse Lacans hat und hatte auch zu Zeiten, da Anti-Philosophie chic war, keine Angst vor der Philoso-phie. Vielmehr hat sie einer Philosophie der Angst ihre Aufmerksamkeit geschenkt, ohne deshalb Freuds Diktum zu vergessen, daß »eine Hysterie [...] ein Zerrbild einer Kunstschöpfung, eine Zwangsneurose ein Zerrbild einer Religion, ein paranoischer Wahn ein Zerrbild eines philo-sophischen Systems«[488] ist. Angst aber ist die Signatur ge-rade auch der Moderne, die alle möglichen Versicherungs-systeme erfindet. Denn Angst kennzeichnet nach Kier-kegaard und Nietzsche eine »Grundbefindlichkeit des Daseins«, das sich nicht mehr als ein in ontotheologisch verläßliche Seins- und Zeitstrukturen eingefügtes verste-hen kann. Heideggers Analyse dieser Angst und Lacans Analyse psychotischer Phänomene korrelieren miteinan-der. »Die Grundbefindlichkeit der Angst [macht] als eine ausgezeichnete Erschlossenheit des Daseins«[489] – so Hei-degger – dem ängstlich vereinzelten Dasein den Umstand unverborgen, daß Dasein ein Sein zum Tode ist. »Das Sein zum Tode ist wesenhaft Angst«[490]; es ist eine Angst, die »Dasein [als] Hineingehaltensein in das Nichts«[491] offenbart oder die, wie Heidegger später radikalisiert, ein Licht auf die zeitliche Verfassung des Seins wirft. »In der Angst liegt ein Zurückweichen vor [...], das freilich kein Fliehen mehr ist, sondern eine gebannte Ruhe. Dieses Zurück vor ... nimmt seinen Ausgang vom Nichts. Dieses zieht nicht auf sich, sondern ist wesenhaft abweisend. Die Abweisung von sich ist aber als solche das entgleitenlassende Verweisen auf das versinkende Seiende im Ganzen. Diese im Ganzen abweisende Verweisung auf das entgleitende Seiende im Ganzen, als welche das Nichts in der Angst das Dasein umdrängt, ist das Wesen des Nichts: die Nichtung. Sie ist weder eine Vernichtung des Seienden, noch entspringt sie einer Verneinung. Die Nichtung läßt sich auch nicht in Vernichtung und Verneinung aufrechnen. Das Nichts selbst nichtet.«[492]

»Diese im Ganzen abweisende Verweisung auf das entgleitende Seiende im Ganzen« macht den an Nietzsches geschichtsphilosophisches Diktum »Die Bedeutungslosigkeit naht sich«[493] erinnernden Satz aus *Sein und Zeit* plausibel, demnach in der Angst »die Welt [...] den Charakter völliger Unbedeutsamkeit« hat.[494] Denn in zeitlicher Nichtung ist nicht Bedeutsames, sondern die an sich selbst bedeutungslose ontologische Möglichkeitsbedingung von Bedeutsamkeit angelegt.[495] Diese Argumentation hat Lacan offenbar aufgegriffen, um sie psychoanalytisch zu spezifizieren. Auch ihm gilt Angst und gar psychotisch dimensionierte Angst als Schlüsselphänomen zur Erhellung des Unbewußten. Während nämlich der Neurotiker sich und die Welt systematisch verrätselt, legt der Psychotiker die unbewußten Strukturen verdrängungsfrei offen, die über Sein und Dasein bestimmen. Anders als der Neurotiker

ist der Psychotiker »ein geständiger Zeuge des Unbewußten«[496], weil er nicht über dessen Repräsentanten, den Va-
ternamen, grübelt, sondern ihn verwirft.

Diese Verwerfung des privilegierten Agenten der Symbolordnung aber läßt den Psychotiker Zugang zu jenen
Strukturen finden, über die der Neurotiker den Schleier
seiner symbolischen Verrätselungen wirft: die Strukturen
des Realen. Wo der Neurotiker dem Buchstaben (la lettre)
seiner eigenen Äußerung nachhört, hört der Psychotiker
das Sein (l'être) selbst sprechen. »Hören Sie denn nichts«,
so die klassische psychotische Frage des Dichters Lenz in
Büchners Erzählung,[497] »hören Sie denn nicht die entsetzliche Stimme, die um den ganzen Horizont schreit, und die
man gewöhnlich die Stille heißt?«

Die philosophisch ambitionierte Psychoanalyse Lacans
ist für die Homophonie von »lettre« (Buchstabe, Brief)
und »l'être« (das Sein) sensibilisiert; sie philosophiert,[498]
wie Nietzsche es forderte, mit dem Ohr, dem »Organ der
Furcht«[499], und hört die entsetzliche Stimme des stillen
Seins. Auf die strukturalistische Leitfrage »Qui parle?«
(Wer spricht?)[500], »Qui parle et à qui?« (Wer spricht und zu
wem?)[501] sind allerdings je nach Konstellation zahllose
Antworten möglich. Anders als Heidegger interessiert sich
die Psychoanalyse Lacans nicht für die Rede nur einer
Seinsgeschichte, sondern für die Reden zahlloser Daseins-
geschichten. Doch – und darin nähert Lacan sich Heidegger an – der sich wahrhaft Ängstigende hört das Sein selbst
sprechen, von dem Dasein gelassen wird. Denn »für ihn ist
alles Zeichen geworden«.[502] Daß aber alles Zeichen werden kann, hat in der Nichtung des Seins seine ontologische Möglichkeitsbedingung: Das ist die – Heidegger ausdrücklich verpflichtete[503] – These von Lacans Kommentar
zu Freuds Begriff der Verneinung. Danach hat das Phäno-

men diskursiver Verneinung in der zeitlichen Nichtung des Seins sein buchstäbliches fundamentum in re. Und daß dem so ist, erhellt das »être-pour-la-mort« (das Sein zum Tode).[504]

Der Mensch verendet nicht, er stirbt; und so lebt er im Zeitmodus der antizipierten Nachträglichkeit des futurum exactum: Ich werde gewesen sein, ich werde gelebt haben. Deshalb kann der Tod als jener konstitutive Grenzwert von Erfahrbarem gelten, der symbolfähige Erfahrung ermöglicht: »Der Tod legt uns die Frage danach nahe, was den Diskurs negiert, aber er legt auch zu wissen nahe, ob er [der Tod, J.H.] es ist, der in ihm [dem Diskurs, J.H.] die Negation einführt. Denn die Negativität des Diskurses, sofern sie in ihm das, was nicht ist, sein läßt, verweist uns auf die Frage zu wissen, was das Nicht-Sein, das sich in der symbolischen Ordnung manifestiert, der Realität des Todes verdankt.«[505]

Lacans Antwort auf Hyppolites Kommentar radikalisiert noch die These einer Verschränkung zwischen Tod, Verneinung und Symbolisierung, wenn sie bis in die Terminologie hinein Heideggers Satz vom aufblitzenden, kaum mehr zu denkenden »Wesensverhältnis zwischen Tod und Sprache«[506] umwirbt und spezifiziert. Vom Dasein wie vom Zeichen nämlich gilt, »daß es ek-sistiert, denn nichts existiert, es sei denn vor dem supponierten Hintergrund der Absenz. Alles existiert nur, sofern es nicht existiert.«[507] Daß dem Zeichen wie dem Dasein ein Mangel an Sein, ein »manque à être«, innewohnt, ist mehr als eine rätselhafte Analogie. Die Differentialität des Zeichens wie die Nicht-Selbst-Präsenz des Daseins haben nämlich in der Zeitigung des Seins ihren gemeinsamen Grund. Diese Zeitigung ist die »condition primordiale pour que du réel quelque chose vienne à s'offrir à la révelation de l'être, ou, pour employer le langage de Heidegger, soit laissé-être.« (Zeitigung ist die primordiale Möglichkeit dafür, daß sich etwas vom Realen zur Entbergung des Seins anbietet, oder, um die Sprache Heideggers zu verwenden, daß es sein-gelassen wird, übers. J. H.)[508]

Die eigentümliche Pointe dieser Lacanschen Ontosemiologie liegt darin, daß sie nicht zur Semontologie wird. Das unterscheidet sie von Heideggers Sprachontologie. Gerade an dem Punkt, an dem Lacans Überlegung dem späten Sprachdenken Heideggers am nächsten zu sein scheint, entfernt sie sich von ihrer Vorgabe. Zwar schließt sie von dem Umstand, daß »die erste, die primäre Symbolisierung sich dem Tod verdankt« auf »eine Weise der Verschränkung des Symbolischen und des Realen, die man unmittelbar nennen kann«.[509] Doch ist sie nicht bereit, sich in die Tradition spinozistisch-romantischer naturaloquitur-Topik einzureihen. Lacans Psychoanalyse kennt kein Lied, das in allen Dingen schläft, sondern nur besprochene und sprechende Subjekte, die vom nichtenden Sein gelassen werden. Denn anders als die romantische Tradition und der späte Heidegger geht Lacan mit dem frühen Heidegger davon aus, daß »die Welt [...] den Charakter völliger Unbedeutsamkeit trägt«.[510] Obwohl »die Realität insgesamt von symbolischer Nichtung/Verneinung (néantisation) markiert ist«[511], will dieser primordiale Signifikant – »néantisation« – nichts sagen, nichts bedeuten: »Qu'est-ce que veut dire le signifiant primordial? Il est clair que, très exactement, ça ne veut rien dire.«[512] Der Signifikant im Realen und in der Natur[513] ist so »blöde« (bête) wie jeder andere Signifikant[514] – d. h.: Bedeutsamkeit funktioniert, aber sie bedeutet selbst nichts; es gibt keine Bedeutung von Bedeutung. »Wie könnte wohl auch das, was sagen besagt, selbst etwas besagen?«[515]

Die bedeutungskonstitutive Verschränkung von Sein und Zeit, Tod und Sprache ist bedeutsam. Ja, sie ist die Möglichkeitsbedingung von Bedeutungen, aber in sich selbst in dem Sinne bedeutungslos, daß es keine Bedeutung von Bedeutung gibt. Gerade deshalb kann sie unterschiedliche Deutungen finden. Poesie, nach einer irritierend subjektzentrischen Definition Lacans eine »création d'un sujet assumant un nouvel ordre de relation symbolique au monde« (die Schöpfung eines Subjekts, die/das eine neue Ordnung des symbolischen Bezugs zur Welt auf sich nimmt, übers. J. H.)[516], kann als der Diskurs gelten, der angesichts bedeutungsloser Grundstrukturen die Lust, da zu sein, und die Angst, nicht zu sein, gleichwohl deutet. Dieser Angstlust[517], die Dalis fröhliche Paranoia immer erneut zum Bilde gebannt hat, hat Kleist einmal zum gültigen Ausdruck verholfen: »Mir leuchtet es immer mehr und mehr ein«, so schreibt er im November 1800 aus Würzburg an seine Braut, »daß die Bücher schlechte Sittenlehrer sind. Was wahr ist, sagen sie uns wohl, auch wohl, was GUT ist, aber es dringt in die Seele nicht ein. Einen Lehrer gibt es, der ist vortrefflich, wenn wir ihn verstehen; es ist DIE NATUR. / Ich will Dir das nicht durch ein langes Geschwätz beweisen, sondern lieber durch Beispiele zeigen, die wohl immer, besonders bei Weibern, die beste Wirkung tun möchten. / Ich ging an jenem Abend vor dem wichtigsten Tage meines Lebens in Würzburg spazieren. Als die Sonne herabsank war es mir als ob mein Glück unterginge. Mich schauerte wenn ich dachte, daß ich vielleicht von allem scheiden müßte, von allem, was mir teuer ist. / Da ging ich, in mich gekehrt, durch das gewölbte Tor, sinnend zurück in die Stadt. Warum, dachte ich, sinkt wohl das Gewölbe nicht ein, da es doch KEINE Stütze hat? Es steht, antwortete ich, WEIL ALLE STEINE AUF einmal EINSTÜRZEN WOLLEN.«[518]

Seinen Brief hat Kleist mit folgender Skizze illustriert:

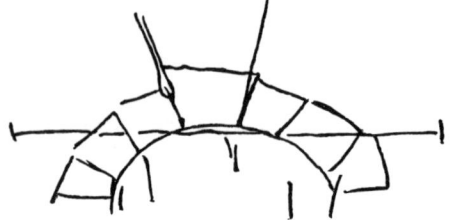

Zeichnung Hein-
rich von Kleists;
»Zusatz vom
30. Dez. 1800«
in einem Brief

3
Die Kunst der Theorie
Anmerkungen zum Design von
Niklas Luhmanns ästhetischer Theorie

»Theoriedesign« ist und bleibt ein irritierendes Wort. Aus gutem Grund. Denn es ist ein seltsames mixtum compositum. Kombiniert es doch einen der ehrwürdigsten, wenn nicht den ehrwürdigsten und haltbarsten Begriff der Geschichte des Denkens, eben das altgriechische Wort »Theorie«, mit einem offensiv neumodisch-angelsächsichen Wort, das gewissermaßen kokett seine Oberflächlichkeit einbekennt: »Design«. Theorie – das ist die in Begriffssprache konvertierte Schau der tiefen oder hohen Ideen, die alles fundieren oder an denen sich alles aufhängen läßt; Theorie will ergründen, was, wenn nicht die Welt, so doch das Gebiet, das sie analysiert, im Tiefsten und Innersten zusammenhält. Design – das meint hingegen die ansprechende Oberflächengestaltung all des Zeugs (ob Möbel oder Kleider, Dosenöffner oder Auto, Hifi-Anlage oder Aufzug), das uns den banalen Alltag zu bewältigen hilft.

Daß es überhaupt Design gibt und nicht vielmehr nicht, ist bereits ein aussagekräftiges Indiz dafür, daß großangelegte Theorien uns bei der Bewältigung der banalen Alltagsprobleme kaum weiterhelfen. Die vielbeschworene Gestalt der thrakischen Magd, die den Proto-Theoretiker Thales verlacht, weil er bei seiner von Erdenproblemen buchstäblich abstrahierenden Himmelsschau in den tiefen Brunnen stolpert, ist, wie Hans Blumenberg[519] gezeigt hat, nicht nur eine kompetente und dem Philosophen unerwünschte Zuschauerin bei den frühen griechischen Versuchen, Theorieprogramme zu starten. Sie wäre auch eine kompetente Beobachterin der postmodernen Ernüchterungserfahrungen mit Großtheorien. Um systemtheoretisch zu formulieren: Sie betreibt second-order-observation, wenn sie an anderen beobachtet, welche Folgen Beobachtungen anderer haben können. Luhmann hat die (Selbst-)Blockade tradierter Theoriemodelle in seinem ersten Hauptwerk *Soziale Systeme* präzis (und ebendeshalb mit hintersinnigen Wendungen) beschrieben. Klassische Großtheorie schreckt vor den Schwellen zurück, die die wissenschaftliche Theorie von Paradoxiezumutungen trennen. Ohne Paradoxiesensibilität aber läßt sich eine »fachuniversale Theorie«, die über »alles« (was Gesellschaft ausmacht) handeln will, nicht formulieren. »Diese Differenzen zum Fachüblichen machen vollauf verständlich, weshalb die Soziologie vor einer solchen Schwelle zurückstaut, schäumt und ohne klaren Duktus Komplexität ansammelt. Ein Weiterkommen ist jedoch nur möglich, wenn man in diesen Hinsichten [Universalismus, Zirkularität, Dezisionismus, J. H.] – und zwar in allen, denn sie hängen zusammen – ein andersartiges Theoriedesign anstrebt.«[520]

Niklas Luhmann hat nun in den letzten Jahrzehnten eine imponierend breit angelegte Großtheorie mit einem exquisiten Design vorgestellt. Sie hat einen klaren Duktus und schäumt nicht – eben weil sie ihre Einsichten nicht vor tradierten Theoriepostulaten zurückstaut, sondern die Schwellen überschreitet, die eine auf Paradoxiefreiheit abhebende Wissenschaftstheorie aufbaut. Alle Anzeichen sprechen dafür, daß Luhmanns Systemtheorie im Vergleich mit anderen kultur-, sozial- und humanwissenschaftlichen Theorien und Philosophien, die nach 1968 entwickelt und diskutiert wurden, die »winner-theory« ist. Ein Grund für diesen Erfolg ist schnell genannt: Die Gestalt der thrakischen Magd ist der Systemtheorie als Maskottchen mitgegeben. Im Umfeld einer Theorie, die den schwarzen Kern der Moderne fokussiert und dennoch als fröhlich-funktionale Wissenschaft prozediert, fühlt sie sich wohler als in anderen Gefilden. Denn die Thrakerin hat einfach mehr Gründe zu lachen, wenn sie – aus dieser Perspektive – andere als systemtheoretische Ansätze und Argumentationsschritte beobachtet.

Um nur einige zu nennen: Wenn sie etwa Habermas und Apel beim Argumentieren zugunsten von Konsenstheorien der Wahrheit zuhört, fällt ihr auf, daß Konsens nicht einmal die regulative Idee von Kommunikation sein kann – käme Kommunikation doch eben dann zum Erliegen, wenn Konsens erreicht wäre. Dissens bzw. Diskurs und nicht etwa Konsens haben systematisch das vorletzte Wort – weil es das transzendentalpragmatisch letzte Wort nicht gibt. Wenn sie Hermeneutikern beim Versuch, Texte zu verstehen, zusieht, fällt ihr auf, daß diese Texte produzieren, die eben nicht verständig in anderen Texten aufgehen oder gar mit ihnen verschmelzen, sondern daß sie neue Texte produzieren. Wenn sie analytischen Philosophen in ihrem steten Bemühen um Klarheit und Widerspruchsfreiheit begegnet, kann sie beobachten, daß diese auf Paradoxien auffallend häufig paranoisch reagieren, nicht gerne Gödel oder Spencer-Brown lesen und deshalb eine Welt, die ersichtlich paradox ist, mit zumindest einem weiteren Paradox beliefern – mit dem Paradox des Paradoxie- bzw. Mengendilemmaverbots. Wenn sie Transzendentalphilosophen und Selbstbewußtseinsfundamentalisten beobachtet, kann sie feststellen, daß diese systematisch mit einer petitio principii arbeiten und deren interne Paradoxalität ausblenden – nämlich die, daß das selbstbewußte Ich als Menge aller Bewußtseinsmengen sich selbst als Element enthalten muß. Die Ich=Ich-Gleichung ist, wie immer man ihre interne Verfassung expliziert, schon deshalb nicht unhintergehbar, weil sie sich selbst hintergeht. Das selbstbewußte Ich ist nämlich Element der Gesamtmenge, die es ist, also seines eigenen Selbstbewußtseins: klassisches mengentheoretisches Dilemma.

Die systemtheoretisch versierte thrakische Magd sieht, wohin sie auf dem weiten Feld der Theorie auch blickt, fast nur Strauchelnde, denen soeben noch der Aus- und Anspruch, ein unhintergehbares Fundament gefunden zu haben, über die Lippen gekommen ist. Der Grund für dieses Straucheln ist unschwer zu benennen. Je fester die Fundamente sein sollen, auf denen Theorien aufbauen, desto größer und schwerer sind notwendigerweise die Stolpersteine. Der Wille zum Ausschluß von Paradoxien führt besonders schnell in Paradoxien und Aporien. Das ist der Systemtheorie bewußt – ebenso wie der Dekonstruktion (Derrida, de Man), auf die sich Luhmann in seinen späteren Publikationen auffallend häufig bezieht.[521] Von einer Allianz zwischen Systemtheorie und Dekonstruktion wird man dennoch nicht sprechen können. Ist der Dekonstruktion doch die Geste der Verweigerung eines großangelegten Theoriedesigns eigentümlich. Ebendaran aber hält Luhmann ersichtlich fest. Ihm ist umgekehrt die Ethik genauester Lektüre, wie sie die Dekonstruktion entwickelt, ganz offenbar sympathisch, aber wohl auch ein wenig zu dysfunktional: Nicht immer rechtfertigen die Resultate dekonstruktiver Lektüren (das Standardresultat lautet bekanntlich, daß das Medium Sprache nicht sehr verläßlich ist) die Aufmerksamkeitsenergien, die sie erfordern. Paradoxie- und aporiebewußt wie sonst nur die Dekonstruktion, hat die Systemtheorie das Kunststück fertiggebracht, dennoch am Gestus der Großtheorie festzuhalten – ja ihn in einer Weise zu rehabilitieren, wie es nach dem Ende der Hegelschule nicht mehr möglich schien.

Daß dies: nämlich die Verbindung von Paradoxiesensibilität und Großtheorie, möglich ist, wird u. a. an sechs ganz äußerlich scheinenden Merkmalen des Luhmannschen Theoriedesigns deutlich. Luhmanns Systemtheorie ist erstens ironisch – aus Ernsthaftigkeit. Denn sie hat ein angemessenes Bewußtsein davon, daß auch Theoriediskurse ihre Semantik nicht vollendet kontrollieren können. Sie ist zweitens a-(nicht anti-)moralisch – aus Moral. Denn sie weiß, daß der moralische Code »gut/böse« in aller Regel sehr unoriginell eingesetzt wird: Die eigene Sache ist die gute, die des Feindes die böse. Moralische Kodierungen von Konflikten aber eskalieren ebendiese Konflikte und haben deshalb häufig genug »böse« Konsequenzen. Sie ist drittens konstruktivistisch – aus Realismus. Denn es ist ein Faktum der Vernunft, daß menschliche und maschinelle Intelligenz Wirklichkeit(en) unterschiedlich konstruieren. Sie ist viertens überabstrakt – aus dem Interesse an äußerster Konkretion. Welche Theorie thematisiert schon so handfeste Probleme wie dies, ob man die Pfarrerin der eigenen Gemeinde, der man unerwartet in feiner Gesellschaft begegnet, mit Handkuß begrüßen soll? Fünftens ist sie paradoxiesensibel – aus Lust an der Theoriekonsistenz. Und sechstens ist sie deduktiv – aus Induktionsfaszination. Es gibt Probleme – also gibt es Systeme. Es gibt Systeme – und die produzieren (schon im Interesse ihrer Autopoiesis) Probleme.

Dieser Duktus nun: ironisch, nicht-moralisch, konstruktivistisch, überabstrakt, paradoxiesensibel und in-deduktiv zu prozedieren, ermöglicht Luhmanns Theorie eine faszinierende Verbindung von verläßlicher Architektur und originellen bis überraschenden Einsichten. Jeder auch nur

halbwegs geübte Luhmann-Leser kann die deduktiv ange-
legten Anfangsüberlegungen und -unterscheidungen seiner Bücher durchdeklinieren: noise und System, Bifurkati-
on und re-entry, Form und Medium, Interpenetration und
Eigenkomplexität, Code und symbiotisches Medium, Autopoiesis und Struktur. Wer deshalb die Anfangsseiten von
Luhmanns Büchern rasch überblättert, wird allerdings be-
straft. Denn stets erneut gelingt es Luhmann, seine Leitbegriffe neu zu arrangieren – das heißt, ihnen ein neues
bereichsspezifisches Design zu geben. Nicht nur für Literaturwissenschaftler (wie den Autor dieser Zeilen) ist es nun
überraschend zu sehen, wie häufig, ja geradezu regelmäßig Luhmann auf schöne Literatur rekurriert, um seine
Grundbegrifflichkeit zu neuen Volten zu veranlassen.

Man kann Theorien nach vielen Kriterien unterscheiden. Ein Design-Kriterium wird aber von der Wissenschaftstheorie nur selten verwendet: ob Theoretiker bzw. Philosophen sog. schöner Literatur Erkenntnismöglichkeiten zu-
sprechen und sich also auf sie zu mehr als nur illustrativen
Zwecken beziehen oder eben nicht. Man kommt, wenn
man dieses Kriterium einsetzt, zu eigentümlichen Beobachtungen. Denn man kann etwa feststellen, daß Aristoteles und Kant, Fichte und Quine, Wittgenstein (trotz seiner
gewaltigen Spende für Trakl) und Habermas Literatur allenfalls zu illustrativen Zwecken einsetzen, während Plato
und Augustinus, Schelling und Nietzsche, Heidegger und
Adorno, Freud und Derrida, de Man und eben auch Luhmann ein erstaunlich weitgehendes Vertrauen in die Er-
kenntniskraft schöner Literatur haben. Anders als noch
Adornos *Ästhetische Theorie* verzichtet Luhmann zwar vollständig auf die Interpretation großer Werke. Wer, *Die Gesellschaft der Gesellschaft* oder auch *Die Kunst der Gesellschaft* le-
send, Analysen von Beethovens Sonate op. 111, von Paul

Klees Rätselbildern oder von Celan-Zeilen erwartet, wird enttäuscht. Um so auffallender aber ist es, wie regelmäßig, ausdauernd, kenntnisreich und geradezu hintersinnig-naiv Luhmann schöne Literatur liest (nicht aber bildende Kunst und Musik analysiert), um sachlich relevante Einsichten zu gewinnen.

Luhmanns Liebesbuch ist gewissermaßen nebenbei eine vorzügliche literaturwissenschaftliche Themen- und Motivgeschichte zum reizvollen Titelproblem: *Liebe als Passion*. Daß in diesem Buch wie in den Studien über *Gesellschaftsstruktur und Semantik* oder *Die Kunst der Gesellschaft* immer wieder schöne Literatur zitiert wird, ist nicht eigens erklärungsbedürftig. Daß Luhmann aber weit über die Themenspektren Liebe, gesellschaftliche Semantik und Kunst hinaus sich auf Literatur beruft, ist bemerkenswert. Der Grund dafür wird schnell ersichtlich. Luhmann will regelmäßig überraschen. Und ebendas leistet Literatur. Denn sie ist auf überraschende und abweichende Beobachtungen gewissermaßen geeicht. Warum das so ist? Auch für diese Frage hat Luhmann eine so regelgemäße wie überraschende Antwort bereit. Ohne Probleme keine Systeme: Das Problem, auf das das Literatursystem sich, durch antike Poetologien zur Einheit/Zweiheit von prodesse et delectare trainiert, neuzeitlich spezialisiert, ist das der irreduziblen Vieldeutigkeiten (Beispiel: »Liebe als Passion«). Sprachliche Kommunikation kann, auch und gerade dann, wenn sie schriftlich prozediert, nicht von allen kontextuellen und semantischen Unschärfen gereinigt werden. Literatur ist nun diejenige Kommunikation, die Vieldeutigkeiten und semantische Unschärfen nicht als beseitigungsbedürftigen Mangel, sondern vielmehr als ihre genuine Leistung bucht. Sie kann das nur, weil sie in eigentümlicher Weise semantische Vieldeutigkeit (also bewußt nicht nur in Kauf genommene, sondern regelrecht gesuchte »Dunkelheit« der Aussagen) mit formaler (stilistischer, rhetorischer, topologischer, metrischer, rhythmischer, assonanter etc.) Überstrukturierung kombiniert.

Das aber heißt: Das System Literatur prämiert um fast jeden Preis (siehe die stilistisch reizvollen Dunkelheiten etwa in den Texten von Hölderlin, Mallarmé, Joyce und Celan) formale Stimmigkeit. Und sie verzichtet in immer erneut provozierender Weise auf konventionelle Wahrheits- bzw. Richtigkeitsansprüche. Daß die Dichter lügen, ist schon seit Hesiod und Platon bekannt – und trotz der platonischen Dichtungskritik weitgehend akzeptiert. Denn offensichtlich lassen sich Lügen nicht mit Aussicht auf Erfolg verbieten, sondern allenfalls systematisieren und lizenzieren. Sie tragen dann eben den Titel »Literatur« – und später »Werbung«. Mit der Literatur teilt die Werbung die Zumutung, das zu loben, was nicht per se lobenswert ist: überflüssig bis bedrohlich scheinende Vieldeutigkeiten und Waren-Überfluß. Mit der Literatur aber teilt die Werbung auch ihre provokative Aufrichtigkeit. Literatur bekennt ein, daß ihre Sätze nicht sachlich gedeckt sind. Werbetexte bekennen ein, daß sie warenförmig sind und daß für sie gezahlt wurde. »Über das Ziel der Werbung, über das Mitteilungsmotiv [wird] nicht getäuscht.«[522] Werbung ist wie Literatur in spezifischer Weise aufrichtiger als ihre benachbarten Diskurse (Korrespondentenberichte, Meldungen von Nachrichtenagenturen, Berichte, Meinungen, Tagebucheintragungen, Theorien, Kommentare, Reportagen etc.).

Zur Akzeptabilität der systematischen Entlastung des literarischen Diskurses von allen sinnvollen und funktionalen Wahrheitsansprüchen trägt ihr formaler Glanz gewiß bei (auch hier bietet sich der Vergleich mit Werbetexten

274

an). Kurzum: Der Code der Literatur ist nicht »richtig/ falsch« und auch nicht »schön/häßlich«. Binär ist er (bei besonderer Sensibilität für re-entry-Probleme) dennoch: »stimmig/nicht stimmig«.[523] Für ihre interne Stimmigkeit geben Kunstwerke alle Ansprüche auf Adäquanz auf. Je moderner ein Kunstwerk, desto entschiedener ist zumeist seine Präferenz für interne Stimmigkeit und seine Distanz gegenüber allen »Richtigkeiten«. Die einschlägigen Anekdoten sind ja bereits kanonisch geworden: Dies ist kein blaues Pferd, sondern ein Bild, ceci n'est pas une pipe. Selbstredend kann auch das Häßliche und Dissonante in sich stimmig sein. Atonale Musik weiß ein Lied davon zu singen. Bei sprachlichen Kunstwerken aber wird anders als bei »bloßen« Tönen die Akzentuierung von interner Stimmigkeit besonders kraß erfahren: Steht sie doch in Kontrast zu der überwältigenden Evidenz, daß Sätze nicht nur klingen, sondern zuvor noch »etwas« aussagen. Auch Literatur beobachtet und beurteilt wie andere Diskurse Sachverhalte, Probleme und Themenkomplexe. Doch sie kommt gewissermaßen automatisch zu gänzlich anderen Beobachtungen als die fachspezifischen Diskurse. Juristen können sich angesichts der Kafkaschen Strafkolonie nur die Haare raufen und Ökonomen angesichts von Fausts Geldschöpfungstheorie nur die Köpfe schütteln. Danach können sie das literarische Beobachtungsangebot wahrnehmen und noch klüger werden, als sie es schon zuvor waren.

Kurzum: Weil Literatur sich im selben Schriftmedium bewegt wie andere Diskurse, dabei aber systematisch auf Stimmigkeit und nicht auf Sachangemessenheit setzt, bringt sie zuhauf abweichende Beobachtungen und Semantiken hervor. Und zwar solche, die sachlich-fachlich unnütz sind oder doch erst einmal scheinen. In *Die Gesell-*

schaft der Gesellschaft setzt Luhmann genau an diesem Punkt zu einer seiner atemberaubenden, weil regelmäßig überraschenden Volten an. Vergleicht er doch die Medien Geld und Kunst – mit dem überraschend absehbaren Ergebnis, daß sie zueinander im Verhältnis einer Differenz von Differenz und Identität stehen. In Luhmanns Worten: »Für die Konstellation, in der Alter handelt und Ego entsprechend erlebt, gibt es [neben dem Geld, J. H.] noch ein weiteres Medium, das, vielleicht wegen dieser Nähe zur Zurechnungsform des Geldes, besonderen Wert darauf legt, nicht als ›nützlich‹ zu erscheinen: die Kunst. Die Konstellation ist klar: der Künstler handelt und der Zuschauer wird dadurch zu einem bestimmten Erleben gebracht. Aber was ist das Problem? / Die alteuropäische Antwort war: Zweck des Kunstwerks sei es, Erstaunen und Bewunderung zu erregen, und dies im Sinne von Passionen, die keine Bezugnahme auf ihr Gegenteil zulassen. [...] Vielleicht hilft es, sehr viel radikaler anzusetzen und darauf zurückzugehen, daß jeder erlebte Sinn eine Überfülle von Möglichkeiten weiteren Erlebens anbietet, aus denen nur einige wenige realisiert werden können. Was man wahrnimmt, ist schon so und nicht anders. Was man tut, ist durch Zwecke dirigiert, und warum nicht durch andere oder durch gar keine? Was die Kunst erstrebt, könnte man deshalb als Reaktivierung ausgeschalteter Possibilitäten bezeichnen. Ihre Funktion ist es, Welt in der Welt erscheinen zu lassen, die Einheit in der Einheit darzustellen, sei es verbessert, sei es (wie heute vorzugsweise) verschlimmert.«[524]

Luhmanns Theorie hat entschieden dazu beigetragen, einige der klassischen und unlösbar scheinenden Fragestellungen der Kunst- und Literaturtheorie (Wozu Dichter in dürftiger Zeit? Welche Funktion hat Kunst? Was ist ihr spezifischer Code?) wenn nicht zu lösen, so doch viel präziser als bislang zu fokussieren. Daß Luhmann in den Literaturwissenschaften intensiv rezipiert zu werden beginnt, hat darüber hinaus aber wohl noch einen weiteren Grund. Es gibt nämlich tiefe Wahlverwandtschaften zwischen schöner Literatur und Luhmanns Systemtheorie. Beide kombinieren Regelmäßigkeit (bis zur Tickhaftigkeit) und Überraschung, beide setzen auf interne Stimmigkeit, beide sind paradoxie- und codesensibel, beide arbeiten mit Überraschungseffekten, und beide halten Vernunft für ein durch und durch unreines Medium. Luhmanns Gesellschaftstheorie ist auf hintersinnige Weise eine ästhetische Theorie. Beiden, der schönen Literatur wie der Systemtheorie, schwant überdies, daß sie an historischen Schwellen stehen, vor denen sie trotz ihrer Höhe nicht zurückschäumen wollen. Die Schwelle des Literatursystems ist schnell genannt: Die Weltgesellschaft wird weitgehend illiterat sein. AV-Medien und Computerprogramme ermöglichen eine neue Form des Analphabetismus auf Hightech-Niveau. Die Schwelle zum Jenseits der Systemtheorie hat Luhmann in seinen spätesten Publikationen visiert. Sie kennen ein Schreckenswort: Favelas. Favelas sind für die Systemtheorie, was der Analphabetismus für das Literatursystem ist. The horror, the horror. Sie lassen sich mit systemtheoretischen Begriffen kaum beschreiben. Die Wüste wächst. Aber noch das läßt sich sagen. L(iteratur) & L(uhmanns Systemtheorie) haben den Bereich des überraschenden und doch plausibel Sagbaren beträchtlich erweitert.

4
Wasser / Werke
Auslassungen über den reinen Körper
und den unreinen Geist

Vor gut 150 Jahren wurde in der Hansestadt Hamburg ein
für damalige Verhältnisse technisch hochavanciertes Wasserwerk errichtet. Natürlich ist es kein Zufall, sondern ein
hochwillkommenes Geschichtszeichen, daß die Hamburger Wasserwerke just in time, nämlich im bürgerlichen Re-
volutionsjahr 1848, gegründet wurden. Dadurch wurde es
möglich, Zuständen ein Ende zu machen, die buchstäblich
zum Himmel stanken. Denn allgemeine und gleiche Hygie-
ne und spezifischer: die Desodorisierung der olfaktorisch
zumutungsreichen Massen ist die sanitäre und darüber
hinaus die biopolitische Möglichkeitsbedingung bürgerlicher Demokratie. Um es weniger fremdwortlastig auszudrücken: ohne Wasserwerk keine Bürgerdemokratie. Wasserwerke sorgen für das leibliche, ja fleischliche Apriori
einer Konsensdemokratie. Mundgeruch und Stimmrecht
vertragen sich nicht. Daß eine so republikanisch-bürger-
lich-demokratische Stadt wie Hamburg präzis zur rechten
Zeit eine hochentwickelte Wasserversorgung einrichtete,
ist eine geschichtsphilosophisch in sich hochschlüssige An-
gelegenheit. Warum?
    Weil adelige Geselligkeit und Gesellschaftlichkeit nur
möglich war auf der Grundlage massiven Parfum-Einsat-
zes. Einer, der sich Parfums leisten konnte, konnte den,
der sich Parfums nicht leisten konnte, buchstäblich nicht
riechen. Ihm paßte die Nase des anderen nicht. Natürlich
ist es nun nicht möglich, nicht aus Patrick Süßkinds Er-

folgsnovelle *Das Parfum* zu zitieren: »Zu der Zeit, von der wir reden, herrschte in den Städten ein für uns moderne Menschen kaum vorstellbarer Gestank. Es stanken die Straßen nach Mist, es stanken die Hinterhöfe nach Urin, es stanken die Treppenhäuser nach fauligem Holz und nach Rattendreck, die Küchen nach verdorbenem Kohl und Hammelfett; die ungelüfteten Stuben stanken nach muffigem Staub, die Schlafzimmer nach fettigen Laken, nach feuchten Federbetten und nach dem stechend süßen Duft der Nachttöpfe. Aus den Kaminen stank der Schwefel, aus den Schlachthöfen stank geronnenes Blut. Die Menschen stanken nach Schweiß und nach ungewaschenen Kleidern; aus dem Mund stanken sie nach verrotteten Zähnen, aus ihren Mägen nach Zwiebelsaft und an den Körpern, wenn sie nicht mehr ganz jung waren, nach altem Käse und nach saurer Milch und nach Geschwulstkrankheiten. Es stanken die Flüsse, es stanken die Plätze, es stanken die Kirchen, es stank unter den Brücken und in den Palästen. [...] Denn der zersetzenden Aktivität der Bakterien war im achtzehnten Jahrhundert noch keine Grenze gesetzt, und so gab es keine menschliche Tätigkeit, keine aufbauende und keine zerstörende, keine Äußerung des aufkeimenden oder verfallenden Lebens, die nicht von Gestank begleitet gewesen wäre.«

Ein Höllenszenario voll infernalischen Gestanks. Im Zentrum dieser Hölle liegt die gottlose Großstadt Paris. Und im Zentrum dieses Zentrums wiederum liegt der stinkende Fischmarkt. »Hier nun, am allerstinkendsten Ort des gesamten Königreichs, wurde am 17. Juli 1738 Jean-Baptiste Grenouille geboren.« Also präzis 110 Jahre vor der Gründung der Hamburger Wasserwerke im Jahre 1848. Nach der traumatischen Brandkatastrophe von 1842 entschied sich die Stadt Hamburg auf Empfehlung und beeindruckt von den präzisen Planungen des englischen Ingenieurs Lindley 1848 für die Einführung einer technisch aufwendigen, teuren, für die Verbraucher dennoch preisgünstigen und ebendeshalb massenhaft Gebühreneinnahmen in den Haushalt einspülenden und schon nach drei Jahren Gewinn abwerfenden stadteigenen Anstalt – und damit auch für die Abkehr von den privaten sog. Wasserkünsten, die wohlhabende Haushalte schon zuvor für sehr viel Geld mit einem allerdings wenig effektiven Wasserrohrsystem versorgten.[525]

Weniger liquide Bürger mußten zuvor zusehen, wo und wie sie ihr Wasser herbekamen, wo und wie sie ihr verbrauchtes Wasser wieder los wurden und wo bzw. wie sie ihr Wasser abschlagen konnten. Für gar nicht mal wenig Geld konnten sie sich z. B. Wasser von Wasserträgern kaufen, die mit vollen Eimern von Straße zu Straße und von Haus zu Haus zogen. Jacob Wilhelm Benzen, genannt Hummel (1786–1854), war der bekannteste unter ihnen. Nach 1848 wäre er, wenn er sich nicht schon zuvor aus Altersgründen aus dem Geschäft des Wasserschleppens zurückgezogen hätte, bald arbeitslos geworden. Es gehört nicht viel Phantasie, sondern eben nur ein wenig Süßkind-Lektüre dazu, sich vorzustellen, wie sich vor 1848 der Geruch und die hygienischen Lebensbedingungen selbst in einer von der Natur in liquider Hinsicht so verwöhnten Stadt wie Hummel-Hummel ausnahmen. Wo Gefahr ist, wächst das Rettende auch: Die Brandkatastrophe von 1842 brachte den Willen zum Quantensprung. Wo aber Rettung ist, wächst die Gefahr auch. 1892, also genau ein halbes Jahrhundert nach der Brandkatastrophe, kam es in Hamburg zu einer verheerenden Choleraepidemie, die über die Wasserrohrleitungen verbreitet wurde. Genauer: Man hatte sich nicht an das Prinzip der Liquidität gehalten, sondern Wasservorratsbehälter in jeder Wohnung vorgesehen. Und dieses stehende Wasser bot den Cholerabakterien im heißen Sommer 1892 beste Nahrung. Eine Sandfilteranlage, wie die Wasserkunst in der von der Cholera verschonten Stadt Altona sie bereits aufwies, wurde nach der Katastrophe von 1892 unverzüglich eingerichtet.

Keine Frage: Grenouille ist 110 Jahre zu früh geboren. Er wird der Segnungen flächendeckender Wasserwerke noch nicht teilhaftig. Dabei ist Grenouille – zur Unzeit – schon das prototypisch hygienische Subjekt der Moderne. Denn er stinkt nicht. Er riecht allenfalls nach – nichts. Geboren oder geschöpft wird da ein unzeitgemäßes Monstrum. Den vollendet Geruchlosen aber darf es 1738 noch nicht geben. Und also ist Grenouille, wie seine erschrocken zum Priester laufende Amme sofort bemerkt – ein vom Teufel Besessener. Er, der nach nichts riecht, wird der unerreichte Meister der Duftkreationen. Grenouille ist die Inkarnation des Modernitätsverweigerers. Er ist seiner Zeit voraus und hält ebendies nicht aus. Und so schlägt sich dieser Duftlose im Zeitalter vor der wasserwerkverbürgten Universalhygiene auf die Seite des perversesten Adels vom Schlage eines Marquis de Sade. Er wird nicht zum Hygiene- und Komfort-Demokraten, sondern zum pathologischen Massenmörder. Denn seine unerhörten, nein: ungerochenen Duftkreationen bestehen aus dem Stoff, aus dem die Menschen sind.

Menschenleben mögen zur Zeit Grenouilles weniger wert gewesen sein als heute. Dennoch ist sein Parfum-Herstellungsverfahren auf die Dauer allzu teuer und aufwendig. Grenouille tötet – bevorzugt junge, noch wohlriechende Mädchen. Und ebendadurch, durch die Tötung von Menschen und durch seine sündhaft teuren Duftkreationen wird es dem Außenseiter-Monstrum möglich, Anschluß an feine Kreise der Gesellschaft zu finden. »Verkehren Sie in der Gesellschaft?« Das war in der Zeit vor der Ubiquität der segensreichen Wirkung von Wasserwerken eine vielleicht ein wenig indiskrete, nicht aber unsinnige Frage. Wer diese Frage getrost mit »ja« beantworten konnte, gab zu erkennen, daß er den richtigen Stallgeruch hatte – also den Schichten zugezählt wurde, die über die richtige Duftnote verfügten. Für die Soziologie des 20. Jahrhunderts ist die Frage, ob man in der Gesellschaft verkehre, geradezu unsinnig geworden. Man kann, seitdem es Wasserwerke, Demokratie und allgemeines Stimmrecht gibt, nicht nicht in der Gesellschaft verkehren. Vor dem Gesetz, vor der Wahlkabine und vor dem Wasserhahn sind alle Menschen gleich. Dank des Wasserhahns können alle ihren Mundgeruch bekämpfen, ihr Mitspracherecht in Anspruch nehmen und auf das allgemeine Stimmrecht vertrauen. Wir haben gelernt, einander riechen zu können – weil wir nicht mehr allzustark riechen. Demokratie ist schlicht unmöglich, wenn die Elemente, aus denen der demos besteht, einander nicht riechen können. Kein Land hat diesen Gedanken in so klare Formen gegossen wie das Land, das – selbstredend nach der Hansestadt Hamburg – zuerst, dann aber gleich im großen nationale Republik wurde: Frankreich.

In Frankreich wurde eben nicht »nur« die Ideentrias »liberté, égalité, fraternité« ausgebildet, sondern das Leib- und Hygiene-Apriori dieser Leitvorstellung sogleich infrastrukturell mitorganisiert. In der Republik geht es um die res publica. Und die öffentliche Sache schlechthin ist, daß wir einander, wenn wir uns öffentlich begegnen, wechselseitig ertragen. Auch dann, wenn die Bedingungen, unter denen dies geschieht, weniger angenehm sind als hier und jetzt. Zur Republik gehören deshalb die »services publiques«. Frankreich hat die Idee und Praxis der öffentlichen Versorgungsdienstleistungen besonders wirkungsmächtig ausgebildet. Ihr liegt eine erzrepublikanische und demokratische Maxime zugrunde: fraternité und égalité heißt zunächst einmal ganz elementar, daß alle Bürger zu gleichen Bedingungen mit Wasser, Strom, Transport- und Ausbildungsleistungen versorgt werden. Ohne Wasser-Leitungen keine Dienst-Leistungen. Man darf diese Leitmaxime nicht mit der Idee der sozialen Gleichmacherei verwechseln. Frankreich ist bekanntlich ein Staat, der bis heute noch größere Einkommens- und Vermögensunterschiede kennt als Deutschland. Es geht also nicht etwa um egalitäre Vermögensverteilung, sondern um egalitäre Grundversorgung.

Die Gewährleistung dieser Grundversorgung setzt einen Staat voraus, der als Garant einer egalitären Infrastruktur ein starker Staat ist. Und Hamburg war schon 1848 eine stark von Gemeinsinn geprägte und also starke Stadt. Stark aber können freie Städte und Staaten nur sein, solange sie liquide sind. Wasserwerke versorgen uns mit Liquidität im allerwörtlichsten Sinne. Nach ihrem Bilde sind die weiteren Grundversorgungen ins Werk gesetzt worden, ohne die der moderne Sozial- und Massendemokratiestaat nicht funktionsfähig wäre. Dem Leitungsnetz, das uns mit dem liquiden Element versorgt, folgte das Netz der Strom- und Gasversorgung. Inzwischen sind wir – nach dem ursprünglichen Bilde der Wasserwerke – vielfach mit Infrastrukturnetzen versehen und versorgt. Was aus diesen Leitungen quillt, wurde zunehmend immaterieller. Der Idee des Liquiden aber bleibt auch der Redestrom verpflichtet, der aus Telefonleitungen kommt. Radio- und Fernsehwellen spülen uns das Weltwissen zu, das wir brauchen, um im Ozean der Einzelereignisse eine Kompaß-Orientierung zu behalten. Ganz unironisch sprechen wir gerade im Hinblick auf fresh information von »Grundversorgung«. Und für die sind die öffentlich-rechtlichen und eben nicht die privaten Sendeanstalten da. Wer darüber hinaus Spezielles wissen will, mag im Internet surfen. Was aber hülfe es dem Menschen, wenn er wohl fresh information, nicht aber fresh money hätte? Und so quillt, auch hier dem großen Brudervorbild Wasserwerk folgend, seit geraumer Zeit aus dem bis heute wohl rätselhaftesten aller Netze die monetäre Liquidität, die wir so ungern vermissen. Seitdem es Bankautomaten gibt, ist die Rede vom Geldhahn, den man auf- und zudrehen kann bzw. (feiner, aber weitreichender Unterschied!) der einem auf- oder zugedreht wird, noch plausibler geworden.

Surfen und quellen, Leitungen und Sendewellen, Netz und Geldhahn, frisches Wasser und frisches Geld, die Informationsflut und die Ebbe in der Kasse, die sprudelnden Gebühren und die flüssigen Finanzen, die Geldspritze und die lange Leitung: Die Metaphorik, die all die Infrastrukturnetze so verwebt, daß sie zusammenhalten, ist die des Wassers. Wasser ist elementar in jedem Wortsinne. Wasser ist – worauf schon die biblischen Schöpfungsberichte, aber auch die griechische und römische Mythologie verweisen – das früheste und (wie schon Pindar weiß) das beste Element. Noch die Erzählungen von tiefen Schöpfungskrisen lassen dem Wasser den Vortritt: erst die Sintflut, dann der Weltenbrand.[526] Auch in der Geschichte der Netze, die uns mit jenem egalitären Komfort versehen, der uns demokratiefähig macht, hat das nasse Element seine Leitungsfunktion wahrgenommen. Es steht an erster Stelle – auch wenn Wasserwerke heute möglicherweise ein Imageproblem haben: ebendies, daß sie, all ihrer avancierten Gewinnungs-, Aufbereitungs- und Klärungstechnologie zum Trotz, nicht mehr ganz frisch aussehen.

Selbstbewußt anachronistisch ist ja schon der Name der Einrichtung – Wasserwerke: Einem Literaturwissenschaftler fällt, noch bevor er über Wasserwerke nachzudenken beginnt, natürlich gewissermaßen automatisch auf, wie hübsch alliterativ dieses Wort ist: »WasserWerke«, Wasser-Werke gar in HummelHummel. Nicht auszuschließen, daß Richard Wagner, als er sich 1848 ff. daranmachte, den *Ring des Nibelungen* zu komponieren und alliterationsselig zu dichten, das Rauschen des Hamburger Wasserwerks im Ohr hatte. »Winterstürme wichen dem Wonnemond« – Wasserwerk, Wasserwerk.

Hamburger Wasserwerke: Schon der Name strahlt große Seriosität aus. Es ist die Seriosität des klassischen 19. Jahrhunderts, das seine bewährte Technik systematisch generalüberholt und auf den neuesten Stand gebracht hat. Heute mag es, wie das modische Stichwort postindustrielle oder Informationsgesellschaft anzeigt, manchmal so scheinen, als ob die Infrastruktur, die noch Elementares transportiert, altbacken sei. Denn wir leben heute im Rausch eines seltsamen Immaterialitätskultes. Informationen lassen sich bekanntlich digitalisieren und in bits zerlegen, die fast mit Lichtgeschwindigkeit transportierbar sind. Wer deshalb schon an das Ende der klassischen Industriegesellschaft glaubt, verkennt, daß diese Formel schnell an das Ende ihrer Aussagekraft stößt. Denn uns verbleibt auch postindustriell bei aller Angewiesenheit auf Informationen ein Erdenrest, zu tragen peinlich – warum eigentlich peinlich und nicht fröhlich bis glücklich? Kurzum: Es ist nicht abzusehen, daß sich Materie und die elementaren Stoffe, auf die wir angewiesen sind, irgendwann so elegant digitalisieren und transportieren lassen wie Informationen.

Electronic money kann liquide und sekundenschnell

über den Atlantik oder Pazifik geschickt werden. Transatlantische oder transpazifische Warenströme brauchen etwas länger. Selbst eine so modisch-liebenswürdige Kleinigkeit wie eine Mini-Pizza kann man nicht in »pits« zerlegen und durchs Telefonnetz zum Kunden jagen, der sie dann mit Hilfe eines atomaren Mikrowellenherds aus ihren pits-Bestandteilen wieder zu einer Pizza zusammenbackt. Eine Gesellschaft, die sich aus plausiblen Gründen als Informationsgesellschaft begreift und beschreibt, läuft Gefahr, ihre elementaren Grundlagen zu vergessen. Um es auf eine Formel zu bringen: Das Internet macht das Wasserwerk nicht überflüssig. Aber es zieht so viel post-modern-modische Aufmerksamkeit auf sich, daß das 150 Jahre alte Wasserwerk gerade wegen seines verläßlichen Funktionierens in Vergessenheit zu geraten drohte.

Dabei haben das Internet und das Wasserwerk neben anderen Schnittmengen auch eine Gemeinsamkeit, die aller Aufmerksamkeit wert ist. Beide Leitungsnetze nämlich sind nicht privatisiert – jedenfalls noch nicht. Und beide Netze liefern bestes und anschaulichstes Belegmaterial für die These, daß es nicht nur sozial sinnvoll, sondern auch bemerkenswert technik- und innovationsfreundlich zugehen kann, wenn res publica und staatliches bzw. städtisches Wirtschaften zusammenfallen. Will heißen: Es könnte uns sehr teuer zu stehen kommen, wenn wir, allzu sorglos den Kräften der Marktmagie vertrauend, die republikanische Leitidee einer elementaren Grundversorgung mit Liquidität preisgeben. Die letzten Jahrzehnte haben gerade in den konservativ regierten Staaten Westeuropas und im Amerika der Reagan-Epoche eine bemerkenswerte Erosion staatlicher Macht mit sich gebracht. Sie dürfte jedem Anarchisten große Freude bereiten. Denn von der Müllabfuhr bis zu den Medien befindet sich die Idee eines starken

Staates auf dem kaum mehr geordnet zu nennenden Rückzug.

Ob dieser Rückzug immer zu günstigeren Preisen und besseren Produkten geführt hat, darf gerade im Hinblick auf den Sektor gründlich bezweifelt werden, der sowohl technologisch avanciert als auch radikal privatisiert worden ist: im Hinblick auf den Mediensektor, in dem nun seit Jahrzehnten öffentlich-rechtliche und private Sender um Einschaltquoten konkurrieren. Ob wir das nachmittägliche Gequassel, die abendlichen Blödelsendungen und die spätabendlichen »Liebesgrüße aus der Lederhose«-Filme als Qualitätsverbesserungen empfinden, sei jedem einzelnen zu beurteilen überlassen. Einigen jedenfalls wird ganz eigentümlich weh ums Herz, wenn sie eine alte Aufzeichnung einer »EWG«-Quizsendung mit Hans-Joachim Kulenkampff wiedersehen. Und solche sentimentalen Anwandlungen haben wohl nicht nur mit persönlich nostalgischen Erinnerungen an frühe Medienabende und einer daraus entsprießenden Tempi-passati-Stimmung zu tun – sie beruhen auch darauf, daß dazumal noch »alle« dieselben Sendungen rezipierten, dieselbe Liquidität genossen.

Um wieder sachlicher, und das heißt ja heute so gut wie immer: um wieder monetär zu argumentieren: Daß wir uns langsam, aber sicher an die Idee gewöhnen, für die Möglichkeit, Fußballspiele zu sehen, kräftig zahlen zu müssen, ist immerhin buchenswert. Man kann nicht nur, man muß lakonisch festhalten, daß elementare Produkte wie Sportübertragungen nach der Medien-Privatisierungswelle ungleich teurer sind als zuvor. Natürlich kann man (ob bei der Briefzustellung oder bei Telefonaten, bei der Ausbildung oder bei der Altersversorgung) systematisch darauf setzen, Gewinne zu privatisieren und Verluste zu sozialisieren. Aber das dürfte, schneller als von vielen erwartet, sehr vielen sehr teuer zu stehen kommen. Um plakativ zu sprechen: Auch Favelas ohne öffentlich geregelte Wasser-, Strom- und Postversorgung sind teuer. Sie treiben nicht nur die Preise für die Wohngebiete mit Wasseranschluß, sondern auch für Leistungen wie private Sicherheitsdienste in die Höhe.

Tendenzen zu einer Refeudalisierung unserer eben auch in diesem Sinne postmodernen Gesellschaft sind unübersehbar. In unseren Kontexten gibt es dafür ein handfestes Indiz. Nämlich kein anderes als den Parfumkult des letzten Jahrzehnts, der auch vor maskuliner Haut nicht mehr haltmacht. Postmoderner Parfumkult vs. frühdemokratische Wasserwerke: Die Konstellation von Hamburger Bürgerschaftssinn, von britisch-deutschem Ingenieurswissen, von angemessener Verarbeitung der traumatischen Erfahrungen mit der Brandkatastrophe von 1842, von umsichtiger Planung und von Entschlußfreudigkeit hat vor 150 Jahren den Hamburgern eine nach damaligen Verhältnissen vorzügliche Wasserversorgung beschert. Aber eben nicht »nur« das. Gewissermaßen kostenlos mitgeliefert wurde die republikanisch-demokratische Idee eines Gemeinwesens. Es ist eine kulturell, zivilisatorisch und politisch nicht geringzuschätzende Leistung, größere bis riesige Menschenansammlungen wie die in den neuzeitlichen Großstädten einigermaßen befriedet zusammenzuhalten.

Was die Welt im Innersten zusammenhält? Diese Frage hat schon die besten vorsokratischen Köpfe umgetrieben. Und viele dieser besten Köpfe, Thales und Pindar voran, hatten eine plausible Antwort bereit: das Element, das unseren Planeten so exklusiv macht – Wasser. Und was moderne Gesellschaften zusammenhält? Wasserwerke. Wasserwerke wohl nicht allein, aber Wasserwerke im Verbund mit den Leitideen (bzw. im Verbund mit den Leitungsideen), die sie bewässern. Was treibt Faust, worin findet er die Erfüllung all seines Strebens? Wir wissen es: im Traum nicht nur vom erfüllten Augenblick, sondern in der handfesten Arbeit an – der Entwicklung eines modernen Wasserwerks und einer liquiden Kulturwissenschaft, die weiß, wie ausgelassen unrein es um das Verhältnis zwischen Geist, Infrastruktur und Elementen bestellt ist.

5
Psychoanalyse als Kritik der unreinen Vernunft
Mit einem Exkurs zu Harry G. Frankfurts
Essay *Bullshit*

Sigmund Freud

Zu Sigmund Freud kam einst ein Mann, der ihm
einen seltsamen Traum mitteilte. Sein Es habe –
im Traum – Triebansprüche geäußert, das Über-
Ich habe sie zu unterdrücken versucht, das Ich
habe sie daraufhin sublimiert. / ›Haben Sie das
wirklich geträumt?‹ fragte Freud. ›Ja‹, entgegne-
te der Mann. / Freud überlegte einen Moment
und sagte dann: ›Die Erklärung des Traums ist
einfach. Ihr Es wird vom Über-Ich unterdrückt
und äußert Triebansprüche, die vom Ich…‹ ›Das
ist aber keine Erklärung, das ist mein Traum‹,
unterbrach ihn der Mann. / ›Wenn Sie nicht wollen, daß ich Ihnen Ihre Träume erkläre, brauchen Sie es mir nur zu sagen‹, antwortete Freud
schroff und entließ den Mann, den von Stund an
ein schrecklicher Minderwertigkeitskomplex be-
fiel.[527]

Robert Gernhardt

Dichter mögen sich mit dem Wahren, Schönen und Guten befassen. Sie tun dies aber auf einer ethisch zweifel-
haften Grundlage. Denn sie sprechen bzw. schreiben wahr-
heitsindifferent, vulgo: sie lügen, wie man seit Hesiod und
Platon wissen kann.[528] Ob sie lügen dürfen, ob und unter
welchen Bedingungen es sinnvoll ist, die wahrheitsindif-
ferenten und eigentümlich negationsimmunen Sätze der
schrecklich schönen Literatur zuzulassen oder nicht, steht

ständig zur Diskussion. Man muß sich diese traditionsreiche und dichte Diskussionslage vergegenwärtigen,[529] wenn man ermessen will, was es bedeutet, daß Freuds Psychoanalyse sich offensiv auf sachlich valide Erkenntnisse beruft, die in der Weltliteratur archiviert seien. Die gängige Kritik an der Psychoanalyse seit ihren Anfängen bestreitet denn auch ihren Anspruch, Wissenschaft zu sein. Die Datenmenge, auf der psychoanalytische Theoriebildung beruht, sei skandalös klein; jeweils nur eine Krankengeschichte vom kleinen Hans, von Dora oder vom Wolfsmann reiche selbst dann, wenn diese Novellen so gut geschrieben seien, daß ihr Autor zu Recht den Goethepreis erhalten habe, schlicht nicht hin, um ernsthaft belastbare Theorien von erheblicher Reichweite vorzuschlagen.

Freud hat dieses Problem natürlich gesehen. Und so erschließt sich leicht die Hochschätzung, die er dem Medium der schönen Literatur entgegenbrachte. Diese Hochachtung speist sich nicht (jedenfalls nicht nur) aus bildungsbürgerlichen Traditionen, sie hat vielmehr ihren handfesten Hintersinn. Das Prestige der Werke von Sophokles, Shakespeare und Goethe hat nämlich nicht nur eine ästhetische, sondern auch eine hohe wissenschaftsdramatische Funktion. Kann man doch leicht einen akademischen und sozialen Außenseiter wie Sigmund Freud, nicht aber ebenso leicht die Werke der ganz großen Weltliteratur kritisieren. Nach einem eindringlichen Wort von Walter Benjamin, das Freud seinerseits vollauf zustimmend zitieren könnte, sind »Zitate in meiner Arbeit [...] wie Räuber am Weg, die bewaffnet hervorbrechen und dem Müßiggänger die Überzeugung abnehmen«.[530] Gerade autoritative Zitate können wie Wegelagerer wirken, die dem müßigen Flaneur im Reiche des allzu gewissen Wissens die billigen Überzeugungen rauben.

Freuds Umgang mit Weltliteratur entspricht dem Wort Benjamins. Werke der Hochliteratur, so Freuds weitreichende These, beweisen zwar nicht, belegen aber, daß die zentralen und exzentrischen Konzepte der Psychoanalyse mehr Plausibilität haben, als es der Schulweisheit scheinen mag. Bekanntlich sind Freuds zentrale Konzepte – von Ödipus bis Narziß, vom Unheimlichen bis zum Masochismus, vom Unbewußten bis zum Sekundärprozeß – erstens literarisch induziert und zweitens literaturbasiert. Zitate aus der schönen, nicht nur der wissenschaftlichen Literatur dienen der Psychoanalyse häufig als funktionale Äquivalente von empirischen Daten. Das gilt nun paradoxerweise gerade auch in statistischer Hinsicht. Freud hat schlicht recht: Man kann fast alles und natürlich auch die Existenz eines Ödipuskomplexes in Frage stellen. Wer aber behauptet, daß es auch ohne Inzestmotive und ödipale Konstellationen Weltliteratur gebe, blamiert sich als sekundärer Analphabet. Denn er hat dann noch nie etwas von Isis und Osiris, vom Tantalusgeschlecht, von Sodom und Gomorrha, von Ödipus, von Gregorius, von Hamlet, von Mignon, vom Mönch Medardus, von Sigmund und Sieglinde, von Ulrich und Agathe, vom Homo faber und vielen anderen weltliterarischen Figuren mehr gehört.

Nun bezeichnet der Ödipuskomplex nicht nur das literaturaffinste, berühmteste und berüchtigtste, sondern auch das abgründigste Lehrstück der Psychoanalyse. Und dies aus einem so schlichten wie weitreichenden Grund. Ödipus ist die Inkarnation eines im striktesten Wortsinne unlogischen und also unwissenschaftlichen Syndroms. Inzest, jedenfalls Inzest mit fatalen und natalen Folgen, ist nicht »nur« ein psychologisch-soziales, sondern eben auch ein logisches Problem (cf. die Überlegungen im Vorwort). Wenn nämlich Ödipus und Jokaste ein Kind zeugen, so würde dieses Kind den basalen logischen Satz vom ausgeschlossenen Dritten sprengen. Wäre es doch beides zugleich: Kind *und* Geschwister des Ödipus, Kind *und* Enkel der Jokaste. Ähnlich intrikat liegen die Dinge (die Dinge oder »nur« die Benennung der Dinge? Abgründige Frage: Handelt es sich um einen Widerspruch nur im Symbolischen oder gar im Realen? Oder handelt es sich um das systematische Nichtentsprechungs- und in entscheidenden Knotungen gar widersprüchliche Verhältnis zwischen Symbolischem und Realem?) – strukturell ebenso heikel liegen die Dinge beim Geschwisterinzest. Mignon ist Tochter und zugleich und in derselben Hinsicht auf dieselben Verwandten Nichte des Harfners und seiner Schwester. Kurzum: Die Psychoanalyse hat es nicht nur mit dem Schmutz der Sexualität, sondern auch mit dem Schmutz einer unreinen Vernunft zu tun.

Psychoanalyse hat mit Schmutz zu tun. Unter anderem mit dem Schmutz der Sexualität, der Perversionen, der infantilen Fixierungen, der polymorphen Begierden, der Krankheiten, der Symptome, der zum Himmel stinkenden Verfehlungen, der Versprecher und der unanständigen Witze. Psychoanalyse hat, wie Friedrich Kittler schon früh formulierte, mit »Abfall in jedem Wortsinne« zu tun. Unter anderem mit dem häretischen Abfall von Illusionen, vom rechten Glauben, von erhabenen Rhetoriken und eben auch vom Ideal einer reinen Wissenschaft. Wissenschaft zu sein, wissenschaftlichen Standards zu genügen – ebendies ist der Psychoanalyse seit ihren Anfängen und bis heute von Wissenschaftlern, die auf Reinheitsgebote achten, immer erneut abgesprochen worden. An der Universität, also im Hort der Wissenschaften, hat die Psychoanalyse denn auch keinen festen Platz gefunden. Das schließt nicht aus, daß Freuds Theorien auf das lebhafteste Interesse geradezu kultisch verehrter Wissenschaftler wie Albert Einstein gestoßen sind.

Im einigermaßen gelassenen Rückblick auf die nunmehr gut hundertjährige Geschichte des Verhältnisses von Universität und Psychoanalyse und der ebenso lang anhaltenden Diskussion um die wissenschaftliche Qualität der Psychoanalyse fällt auf, daß die Psychoanalyse immer dann Konjunktur hatte, wenn irritierend unreine Begriffe auch in anderen Wissenschaftsfeldern zumindest nicht sofort verworfen wurden. Zeiten und Kontexte, in denen Begriffe wie Relativität und schwarze Löcher, Unvollständigkeit und fuzzy-logic, anarchistische Erkenntnistheorie und negative Theologie, Paradigmenwechsel und Dekonstruktion angesagt waren, waren der Psychoanalyse günstig. Zeiten und Kontexte, die auf Reinheiten, sei's des Blutes, sei's der Tradition, sei's der Kultur, sei's der Vernunft insistierten, konnten sich über die Psychoanalyse (bestenfalls!) nur erregen.

Einer der erfolgreichsten wissenschaftskritischen Essays der letzten Zeit trägt einen aussagekräftigen Titel, der keinen Zweifel daran aufkommen läßt, wie sein Verfasser über das Problem denkt, in welchem Verhältnis universitäre Disziplinen zu Schmutz, Abfall und Reinheit stehen sollten: *Bullshit.* Nun gibt es Texte, die, um eine nicht zuletzt durch Lacans Interpretation berühmt gewordene Wendung Edgar Allan Poes zu bemühen, »a little bit too obvious« sind. Harry G. Frankfurts Essay *Bullshit* gehört dazu. Wer wird der Klage widersprechen, daß zu viele zuviel Unsinn und Mist reden und schreiben und daß zu wenige strenge Wahrheits- und Aufrichtigkeits-Anforderungen an ihre Aussagen stellen und diesen dann auch genügen? Frankfurts Essay hat so sehr den Charme des Trivialen und Über-Evidenten, daß er selbst zwar nicht Bullshit, wohl aber dem Bullshit entfernt verwandt ist.

Die eigentliche und nicht mehr nur banale Schwäche von Frankfurts Essay, der von ein wenig zu plausiblen Affekten vorangetrieben wird, besteht darin, daß er sich von Über-Evidenzen blenden läßt. Und also nicht mehr sieht, daß es heute auf dem intellektuellen, theoretischen, humanwissenschaftlichen und philosophischen Feld nicht nur des Schlechten und Schmutzigen zuviel gibt. Es gibt auch zuviel des Guten. Und ebendies ist das Problem: Es gibt eine Überproduktion von handwerklich sicheren, argumentativ stringenten, definitorisch klaren, gebildeten und aufrichtigen Texten. Bullshit zu vermeiden ist seit dem überwältigenden Siegeszug der analytischen Philosophie der erste und (auch in handfester Karriere-Hinsicht) der den größten Erfolg versprechende Impuls heutiger Theorie- und Thesenproduktion. Das lernt jedes Erstsemester im Philosophiestudium und auch in anderen humanwissenschaftlichen Disziplinen: So raunend und pseudotiefsinnig wie Heraklit, Parmenides, Nikolaus von Kues, Pascal, Hegel, Nietzsche, Kierkegaard, Heidegger, Lacan, Adorno und Sloterdijk darfst du nicht schreiben. Wenn du's doch tust, mußt du mit schweren Sanktionen und dem Einwand rechnen, Bullshit zu produzieren. Auch deshalb, also aufgrund des analytischen Reinheitsgebots, gibt es kaum mehr die ganz großen Werke. Wohl aber viele, übermäßig viele einigermaßen gute.

Harry G. Frankfurt bleibt in der banalsten Krisenrhetorik befangen: Es gibt zu viel Bullshit, zuviel Mist, zuviel Schlechtes und zuwenig Gutes. Harmloser kam Kultur- bzw. Wissenschaftskritik lange nicht mehr daher. Sehen wir die Dinge anders, als Frankfurt sie beschreibt, also (Ironie, Ironie!) so, wie sie eigentlich sind: Es gibt ein Übermaß an guten und sehr guten (philosophischen, historischen, soziologischen, kunsthistorischen, medienanalytischen etc.)

Texten, aber z. B. und u. a. auch Filmen. Das Leben aber bleibt trotz gesteigerter Lebenserwartung allzu kurz, um all das Gute oder auch nur das Vorzügliche zur Kenntnis zu nehmen. Und wenn ich's zur Kenntnis nehme, kann ich mit kaum jemandem darüber reden, weil der nächste anderes zur Kenntnis genommen hat, was nicht weniger Aufmerksamkeit verdient. »Reduktion von Überkomplexität«, »neue Unübersichtlichkeit« und »Ökonomie der Aufmerksamkeit« sind aus guten Gründen zu Formeln avanciert, mit deren Hilfe sich die gegenwärtige Diskussionslage klarer ausleuchten läßt als mit Frankfurts Essay. Seien wir großzügig: Auch Frankfurts Essay ist nicht schlecht. Aber es gibt doch deutlich bessere Texte.

Freuds Prosa voran. Sie läßt Fragen wie die immerhin zu, ob eine starke Reinheitsfixierung nicht auch eine Deckfigur einer analen bzw. banalen Fixierung sein könne. Im *Bruchstück einer Hysterie-Analyse* hat Freud den Fall einer »Hausfrauenpsychose« (er setzt den Begriff in Anführungszeichen) geschildert: »Ohne Verständnis für die regeren Interessen ihrer Kinder, war sie den ganzen Tag mit Reinmachen und Reinhalten der Wohnung, Möbel und Gerätschaften in einem Maße beschäftigt, welches Gebrauch und Genuß derselben fast unmöglich machte. Man kann nicht umhin, diesen Zustand, von dem sich Andeutungen häufig genug bei normalen Hausfrauen finden, den Formen von Wasch- und anderem Reinlichkeitszwang an die Seite zu stellen; doch fehlt es bei solchen Frauen, wie auch bei der Mutter unserer Patientin, völlig an der Krankheitserkenntnis und somit an einem wesentlichen Merkmal der ›Zwangsneurose‹.«[531] Mangelnden Mut und mangelnde Aufrichtigkeit wird dem Verfasser solcher Sätze und mangelnde Klarheit wird seinen Texten selbst ein geharnischter Kritiker der Psychoanalyse nicht vorwerfen. Nicht umsonst ist

Freud mit dem Goethe-Preis ausgezeichnet worden, und mit besten Gründen ist der Preis für hervorragende Wissenschaftsprosa, den die Darmstädter Akademie für Sprache und Literatur vergibt, nach Sigmund Freud benannt. Was Psychoanalyse-Kritiker und -Verächter unter den Apologeten reiner Wissenschaft irritiert, empört und mitunter zur Weißglut bringt, ist offenbar, daß der psychoanalytische Diskurs reine Aussageverhältnisse, also das Vertrauen in verläßliche Entsprechungsverhältnisse zwischen Zeichen und Bezeichnetem systematisch dekonstruiert. Und ebendies liiert sie, man ist versucht zu sagen: inzestuös eng, mit dem Medium der schönen Literatur.

Man kann das leicht an drei zentralen bzw. bei aller Klarheit exzentrischen Freud-Texten illustrieren. Erstens an der 1905 entstandenen Abhandlung *Der Witz und seine Beziehung zum Unbewußten*. Zu Freuds Lieblingswitzen – er charakterisiert ihn als »kostbare Geschichte« – gehört dieser: »Zwei Juden treffen sich im Eisenbahnwagen einer galizischen Station. ›Wohin fahrst du?‹ fragt der eine. ›Nach Krakau‹, ist die Antwort. ›Sieh her, was du für ein Lügner bist‹, braust der andere auf. ›Wenn du sagst, du fahrst nach Krakau, willst du doch, daß ich glauben soll, du fahrst nach Lemberg. Nun weiß ich aber, daß du wirklich fahrst nach Krakau. Also warum lügst du?‹«[532] Das ist Wahnsinn und hat doch Methode. Das ist unrein argumentiert und führt doch oder ebendeshalb zu einer reinen Einsicht. Der nämlich, daß es in Sphären, die über triviale Sachfeststellungen hinausgehen, keine reine Wahrheit und Wissenschaft geben kann. Eine Einsicht, die (zweitens) auch der knappe 1910 entstandene Text *Über den Gegensinn der Urworte* vermittelt, der darüber reflektiert, daß viele gerade unter den semantisch hochaufgeladenen Worten einen Gegensinn in sich bergen: Die lateinischen Worte »altus« und »sacer«

meinen »hoch« und »tief« bzw. »heilig« und »verflucht«, das deutsche Wort »Stimme« ist dem Wort »stumm« verwandt, das englische »without« leistet sich den Widersinn, ein mit mit einem ohne zu verbinden. Nicht nur die Traumarbeit zeigt also »die sonderbare Neigung [...], von der Verneinung abzusehen und durch dasselbe Darstellungsmittel Gegensätzliches zum Ausdrucke zu bringen«.[533] Das schreckliche Unbewußte ist so negationsimmun wie die schöne Literatur. Strukturell ähnlich argumentiert drittens Freuds 1925 erschienener, ebenso kurzer wie berühmter Text *Die Verneinung*. Er beginnt so: »Die Art, wie unsere Patienten ihre Einfälle während der analytischen Arbeit vorbringen, gibt uns Anlaß zu einigen interessanten Beobachtungen: ›Sie werden jetzt denken, ich will etwas Beleidigendes sagen, aber ich habe wirklich nicht diese Absicht.‹ Wir verstehen, das ist die Abweisung eines eben auftauchenden Einfalles durch Projektion. Oder: ›Sie fragen, wer diese Person im Traum sein kann. Die Mutter ist es *nicht*.‹ Wir berichtigen: ›Also ist es die Mutter.‹«[534]

Wer so argumentiert wie Freud, muß mit gereizten Einsprüchen aus dem Lager vermeintlich reiner Wissenschaften rechnen. Die Psychoanalyse ist gerade auch im Feld der Wissenschaften ein anhaltender Skandal, und das nicht so sehr, weil sie Unreines zur Sprache bringt, sondern weil sie – wie die schöne Literatur! – die Sprache selbst entweder als unreines Medium versteht bzw. – so der Vorwurf ihrer intellektuellen Kritiker – verunreinigt. Wenn Freud mit seinen aberwitzigen Thesen zum Witz, zum Gegensinn der Urworte und zur Verneinung recht hat, so das bedenkenswerte Argument vieler Kritiker der Psychoanalyse, muß sich der psychoanalytische Diskurs in einem Strudel unkontrollierbarer Halt- und Referenzlosigkeiten verlieren. Dann gilt mit dem Bonmot von Karl Kraus, daß die Psycho-

analyse die Krankheit ist, als deren Therapie sie sich aus-
gibt. Psychoanalyse ist nach der berühmten Wendung, die
Freud einer Bemerkung seiner frühen Analysandin Anna
O. entlehnte, eine »talking cure«.

Die Psychoanalyse ist, wie Thomas Macho herausgestellt
hat, die Kunst des richtigen Zu- und Hinhörens[535] – eines
Hinhörens, mit dem es eine eigentümliche Bewandtnis
hat. Hört doch, wer seine gleichschwebende Aufmerksamkeit gerade noch den Versprechern, dem Murmeln, dem
Mißverständlichen, dem Verstummen, dem Un- und Un-
tersagten widmet, das, was nicht gesagt wurde. Das Medium Sprache, dem die Psychoanalyse so sehr vertraut, daß
sie schon in ihrem Grundsetting von liegendem Analysand
auf dem Sofa und hinter ihm sitzenden Analytiker im Ses-
sel jeden direkten Blickkontakt untersagt, das Heilme-
dium Sprache gilt der Psychoanalyse selbst als heilungs-, ja
als heilbedürftig und zugleich als unheilbar. Denn es ist
wenn nicht a priori, so doch spätestens seit dem Zusam-
mensturz des babylonischen Turmes in jedem Wortsinne
pathologisch erkrankt. Notabene: Auch den monotheistischen Gott der Buchreligionen kann man nicht sehen, sondern nur vernehmen. Er ist, so denn das Wort Offenbarung offenbar ein visuelles Geschehen meint, gerade eben
kein offenbarer, kein evidenter, wohl aber ein sprechender
und näherhin ein interpretationsbedürftig sprechender
Gott.

Die Psychoanalyse begibt sich genau in dem Maße, in
dem sie sich dem pathologischen Medium Sprache ver-
schreibt, in eine riskante Nähe zu den Hell- und Überwa-
chen, die hören und erhören, was andere überhören – und
sei es das Schweigen. Wer die Vögelein im Walde schweigen
hört und die Ruhe vernimmt, die über allen Gipfeln ist
und doch verkündet, daß auch der die Ruhe Hörende bald

ruhen wird, wer da sterbend singt »Höre ich nur diese Weise, die so wundervoll und leise, auf sich schwinget, in mich
dringet«, wer beunruhigt ist, weil er vernimmt, was andere
nicht vernehmen – »Hören Sie denn nichts [...], hören Sie
denn nicht die entsetzliche Stimme, die um den ganzen
Horizont schreit, und die man gewöhnlich die Stille heißt« –
wer all dies und vieles mehr hört, vernimmt, erhört, wird
Probleme mit denen bekommen, die rein gar nichts davon
wissen und vernehmen wollen. Kritisch und scharfsinnig illustriert hat die Aporien, auf die sich eine in jedem Wortsinne sprachkritische Psychoanalyse einläßt, der *Campus*-
Roman von Dietrich Schwanitz. Man sollte ihn trotz oder
wegen all seiner mitunter schwer erträglichen kolportage-
haften und affektgeladenen Momente ernst nehmen. In
diesem Roman der unreinen Universitätsvernunft findet
sich eine Passage, in der ein öffentlich tagender akademischer Untersuchungsausschuß über mögliche schmutzige
Verfehlungen von Prof. Hackmann zu befinden hat. Eine
Psychoanalytikerin, die auf den schönen Namen Erdmann
hört, hat die von Hackmann, so lautet der Vorwurf, verge-
waltigte Studentin Babs analysiert und will nun öffentlich
ihr Gutachten vortragen. Signifikant diskreditiert hat sie
sich dabei, so der Roman, schon deshalb, weil sie auf eine
entscheidende Frage mit »nein« antworten mußte: »›Sind
Sie mit den Forschungen der sprachanalytischen Philosophie vertraut?‹ / ›Nein.‹ / ›Das dachte ich mir. Sie haben
nämlich gerade erklärt, was der Begriff ›Traumatisierung‹
bedeutet, aber nicht, ob Ihre Patientin traumatisiert ist.‹
Man hörte leichtes Gelächter im Saal.«[536]
   Die ihrem Namen zum Trotz schlecht geerdete Psychoanalytikerin setzt dennoch einigermaßen unbeirrt ihren
Diskurs fort: »Frau Dr. Erdmann lehnte sich nach vorne
auf den Tisch und legte die Fingerspitzen zusammen. ›In

dieser Erklärung sagt die Patientin plötzlich, nicht Professor Hackmann habe sie vergewaltigt, sondern sie ihn. Gleichzeitig lobt sie ihn als großzügig und klug. Das ist eine typische Inversion, die wir bei vielen Traumatisierungen beobachten. Sie dreht also die Verhältnisse um: Sehen Sie, ihr Vater ist früh gestorben. Und die Beziehung zu diesem verlorenen Vater hat sie auf Professor Hackmann übertragen. Nun erlebt ein kleines Kind den Verlust einer geliebten Person oft als Verrat, als eine Art bösartigen Verlassens. Sogar als Strafe für böses Verhalten, wenn etwa ödipale Wünsche und Schuldgefühle mit im Spiel sind. Als nun der Mann, den sie unbewußt an die Stelle ihres Vaters gesetzt hat, sich als Vergewaltiger entpuppt, erlebt sie den Verlust ihres Vaters noch mal in Form einer schrecklichen Bestrafung. Das hält ihre Psyche nicht aus. Sie will es nicht wahrhaben, und durch Identifikation mit dem Aggressor entlastet sie ihn. Nicht er – sie selbst hat die Vergewaltigung begangen. Den Gedanken kann sie besser ertragen als diesen schrecklichen Verlust. Nun hat sie ihren guten Vater wieder. Die Psyche leugnet den Verlust, den sie nicht ertragen kann. Nach der Abfassung der Erklärung hat bei der Patientin eine deutliche Entspannung eingesetzt. Sie hat ohne Medikamente lange geschlafen. Aber die Erklärung selbst ist wahnhaft.‹«[537] Folgt nach einigem Hin und Her die Zwischenfrage von Herrn Nesselhauf: »›Ja, aber Frau Dr. ...‹ Der Name war ihm entfallen. ›Wenn ich mir vorstelle, es wäre genauso gewesen, wie Ihre Patientin es in ihrer Erklärung behauptet, wie hätte sie das dann ausdrücken müssen?‹ / Frau Dr. Erdmann blickte verwirrt. / ›Können Sie Ihre Frage noch einmal wiederholen?‹« Nein, Herr Prof. Nesselhauf darf seine scharfsinnige Frage nicht wiederholen, dafür sorgt schon der Ausschußvorsitzende. Denn die Universität ist, so die bekannte und ja in allzu vielen Hinsichten leicht nachvollziehbare Diagnose des Romans, die Universität ist, da nicht länger Alma mater, sondern Tummelplatz von Frauenbeauftragten und dümmlichen Emanzipationsgewinnern, ein Ort schmutziger Intrigen, unlauterer Absichten und unreiner Machenschaften geworden. Was natürlich eine vulgärfreudianische Deutung ist.

Der Roman von Schwanitz verwickelt sich in diese milde Paradoxie und blendet damit die abgründige Einsicht schnell wieder aus, die er in der zitierten Passage mehr als nur streift und der sich Freud und diejenigen seiner Leser, die keine Angst vor dekonstruktiven Gedanken haben, gestellt haben. Und diese Einsicht lautet: Ja, es ist tatsächlich so, daß die psychoanalytische Dekonstruktion vermeintlich verläßlichen Sprechens die Sache der Sprache trifft. Der Satz, daß es um die Referentialität von Sätzen und Texten heikel bestellt ist, hat seinerseits Referenz. Es ist jenseits trivialer Feststellungen unendlich schwer, schlicht, unmißverständlich und direkt zu sagen, was der Fall ist, etwas bzw. es so zu sagen, wie es ist. So ist es. Wo Es war, soll Ich werden. Wie schwer es ist, zu sagen, was der und was im Fall ist, stellt kein geringerer Text als der heraus, den Freud, ohne dabei sehr originell zu sein, über alles schätzte: Goethes *Faust*. Freuds Lieblingszitat aus dem *Faust* trifft nun wiederum genau die sprachkritische, nämlich die systematische Sprach-Krisis-Paradoxie, die die Psychoanalyse so aufmerksam und konzentriert gewahrt wie Ödipus die Sphinx: »Das Beste, was du wissen kannst, / Darfst du den Buben doch nicht sagen.«[538] Das aber darf und kann er sagen.

Was kann man wissen, was darf, was läßt sich sagen, wenn man Gründe für die Annahme hat, die Sphäre des Wiss- und Aussagbaren erheblich erweitert zu haben? Wissen die Literatur und die Psychoanalyse dasselbe, wenn sie sich aufeinander berufen? Die konventionelle, deshalb aber nicht schon falsche Antwort auf die Frage lautet bekanntlich in psychoanalytischer Fassung: Die Literatur ist näher dran an Primärprozessen, die Psychoanalyse stärkt hingegen die sekundärprozeßhafte Aufarbeitung der Assoziationen, die Literatur bereitstellt. Das läßt sich mit der vorpsychoanalytischen Fassung des Problems nicht ganz korrelieren. Literatur verfügt demnach über ihre spezifischen Reize ja gerade deswegen, weil sie Primärprozesse, die semantisch unterstrukturiert und schon deshalb wissensfern, wenn nicht unbewußt sind, formal überdeterminiert. Die Sekundärprozesse, ohne deren Intervention ins Primärprozeßmaterial die Literatur keine schöne und stimmige Literatur wäre, eröffnen nicht etwa, sie verschließen vielmehr das in ihr an- und niedergelegte Wissen. »Das Beste, was du wissen kannst, darfst du den Buben doch nicht sagen.« Und dieses beste Wissen ist (um es denn doch zu sagen), daß sich das Wissen nicht wissen, das Wollen nicht wollen, das Bewußtsein nicht bewußtmachen, die Gründe für Gründe und die Bedeutung von Bedeutung nicht letztoffenbaren läßt – mit einem Wort: daß es reine Vernunft nicht gibt. Vernunft und Bewußtsein sind a priori durch und durch unrein – aber das kann man, wenn man denn Freud liest, wissen, das kann man, wenn man diese Lektüre verweigert, systematisch als Wiederkehr des Verdrängten erfahren.

Die Einsicht (und es sind solche Metaperspektiven, die Einsichten von Wissensbeständen trennen) – die Einsicht in unreine Gemengelagen von Primär- und Sekundärprozeß hat am eindringlichsten wohl ein Schriftsteller ausgesprochen, der einbekannte, Freuds Schriften sehr viel zu verdanken. In seinem *Joseph*-Roman findet sich eine aufschlußreiche, theorienah formulierte Szene, in der die analytisch wie mantisch hochbegabte Titelfigur von den Mitgefangenen nach dem Geheimnis seiner erfolgreichen Traumdeutung befragt wird: »›Du bist ein freundlicher Jüngling und hast auch eine Art, mit deinen hübschen, ja schönen Augen schleierig in eine Weite zu blicken, da du von Träumen sprichst, daß wir beinahe Vertrauen fassen könnten in deine Fähigkeit, uns auszuhelfen. Bei alledem aber ist es doch zweierlei, zu *träumen* und *Träume* zu *deuten*.‹ / ›Sagt das nicht‹, erwiderte er. ›Sagt es nicht ohne weiteres! Mit der Träumerei möchte es wohl ein Rundes und Ganzes sein, worin Traum und Deutung zusammengehören und der Träumer und Deuter nur scheinbar zwie und unvertauschbar, in Wirklichkeit aber vertauschbar und geradezu ein und derselbe sind, denn sie machen zusammen ein Ganzes aus. Wer da träumt, der deutet auch, und wer da deuten will, der muß geträumt haben. Ihr habt unter sehr üppigen Umständen überflüssiger Geschäftsteilung gelebt, Herr Fürst des Brotes und Exzellenz Erzschenk, so daß ihr träumtet und die Deutung eurer Hauspropheten Sache sein ließet. Im Grunde aber und von Natur ist jedermann seines Traumes Deuter, und nur aus Eleganz läßt er sich mit der Deutung bedienen. Ich will euch das Geheimnis der Träumerei verraten: die Deutung ist früher als der Traum, und wir träumen schon aus der Deutung.‹«[539]

Ein knapper Hinweis zum Schluß. Im Jahr 2006 wurde nicht nur des 150. Geburtstags von Sigmund Freud, sondern auch des 100. von Kurt Gödel gedacht. Ihm verdankt (ist »Dank« das rechte Wort, um die Reaktion reiner Wissenschaftler auf Gödels Theorem zu charakterisieren?), ihm verdankt ausgerechnet der härteste Kern der Wissenschaften, die Logik, eine tiefe Kränkung. Denn Gödel konnte beweisen, daß es nicht nur für die Zahlentheorie, sondern für jedes widerspruchsfreie logische System prinzipiell unentscheidbare Aussagen gibt. Aber genau diese These von der Unbeweisbarkeit und Unentscheidbarkeit läßt sich entscheiden und beweisen. Freuds in jedem Sinne sprachkritische Psychoanalyse hat die Humanwissenschaften gödelisiert, bevor sein jüngerer Wiener Mitbürger Gödel die Logik gödelisierte. Das Medium der Literatur verfügt immer schon über diese Unvollständigkeits- und Unreinheits-Einsicht. Aber es weiß genau das nicht. Deshalb braucht Literatur ein Widerlager in der Sphäre des Wissens. Die Psychoanalyse ist eines dieser Widerlager, sie ist mit sich im reinen, weil sie sich als Kritik der unreinen Vernunft begreift; eine auf- und abgeklärte Literaturwissenschaft, die wüßte, was es mit der literarischen Leitkodierung eigentlich auf sich hat, könnte das zweite Wissens-Widerlager zu den tiefen und profanen Einsichten sein, die schöne Literatur bereithält.

6
Politik ist ein schmutziges Geschäft
Medien des Terrors
und der Terrorbekämpfung

Ein bärtiger Mann reitet auf einem edlen Pferd unter weitem Himmel durch ein rauhes Gebirge. Sein Gewand ähnelt dem der Vorvorväter, es flattert im Wind einer Zukunft entgegen, von der er sagt, daß sie sich erfülle, wenn alles wieder so sein wird, wie es in glorreichen Zeiten einst war. Bevor es wieder so sein wird, sind schwere Kämpfe und heilige Kriege vonnöten. Das gibt unmißverständlich das Gewehr zu erkennen, das er freudig erregt in der rechten Hand schwenkt. Die Züge des Mannes sind unverkennbar patriarchalisch: Von des Gedankens Blässe und von Zweifeln unberührt, blickt er so milde wie streng in eine Welt, von der er nicht begreifen kann und will, daß nicht alle sie so wollen, wie er sie gerne hätte. Die archaische Erscheinung ist Multimillionär, trotz ihrer medial überpräsenten Vorliebe für Höhlen und Zelte international tätiger Bauunternehmer, ein militant frommer Muslim, weltweit vernetzter Terroristenführer und Massenmörder.

Auf der Klaviatur der neuesten Medientechnik spielt dieser bei allen patriarchalischen Signalen, die er aussendet, doch auch seltsam feminin wirkende Mann virtuos. Die Psychoanalytikerin Margarete Mitscherlich hat seine Erscheinung als die eines »homophilen Narziß« charakterisiert und mit diesem zuerst einmal nur oberflächlich-physiognomischen Hinweis auf ein tiefliegendes Tabu hingewiesen. Wir werden darauf zurückkommen. Bin Laden pflegt beste Kontakte zum Fernsehsender Al-Djazira, und er kennt die Welt, die er verabscheut, immerhin so gut, daß er weiß, wie man dort Angst und Schrecken verbreitet. Z. B. mit ungemein TV-tauglichen, da Hollywood-Panikfilmen nachgestellten Terroranschlägen auf Metropolengebäude mit höchstem Symbolgehalt, bei denen fast dreitausend Menschen umkommen, die ein ihm verhaßtes Multikulti- und Geschlechtergemisch darstellen. Oder mit Videos von Enthauptungen einzelner Geiseln, von denen die perversesten Fans von Snuff-Videos in den dekadentesten Sphären der westlichen Welt nur träumen können. Daß er die Steinigung von Frauen für eine gottgewollte Strafe bei Schwerstverbrechen wie Untreue gegenüber gewalttätigen Männern hält, versteht sich gewissermaßen von selbst. Wer hingegen bei Selbstmordattentaten ein paar Dutzend Kinder und Frauen tötet, darf seiner Polittheologie zufolge in der Gewißheit sterben, sofort ins Paradies einzugehen und dort von gut siebzig lebens- und liebeslustigen Jungfrauen freudig begrüßt zu werden. Würde man ihn mit der heiligen Nüchternheit eines Philologen darauf hinweisen, daß der diese Versprechung bereithaltende einschlägige Koran-Vers sich einem Versprecher bzw. Verschreiber verdankt, so wäre er not amused.

Mit ihm und seinesgleichen zu kommunizieren fällt schwer. Um das so harmlos und nüchtern wie irgend möglich am traditionsreichen und fehleranfälligen Medium des Buches zu illustrieren: Von trockenen, gänzlich unpolemischen philologischen Argumenten ist er selbst dann nicht zu beeindrucken, wenn sie dazu beitragen, fromme Kämpfer vom Verdacht zu entlasten, pathologisch sexbesessen zu sein – z. B. durch den Hinweis, daß die mittlerweile weltweit wohl populärste Koran-Stelle von den vielen Jungfrauen, die den islamistischen Märtyrer nach seinem Einzug ins Paradies erwarten, sich einem vergleichsweise leicht zu klärenden Editionsproblem verdankt (dazu gleich mehr). Denn der Koran gilt ihm als vollendete Offenbarung Gottes, eben als heiliges Buch, an dem auch nur ein Jota zu ändern bzw. das quellenkritisch, editorisch oder überlieferungs- und sprachgeschichtlich zu befragen ein verabscheuungswürdiger Frevel, ja ein todeswürdiges Sakrileg wäre. Das ist eine dem sog. christlichen Abendland vertraute, wenn auch mittlerweile Jahrhunderte zurückliegende Geschichte – wie schon eine Stichworterinnerung an Luther und die Folgen, den Reimarus-Streit oder die Leben-Jesu-Forschung zeigt. Auch für gläubige Christen war und ist es zum Teil noch heute – man denke nur an evangelistische und fundamentalistische Gemeinden in den USA – eine Zumutung, Jesus als eine historischer Kritik zugängliche Figur zu begreifen, die Texte über ihn quellenkritisch zu befragen oder den biblischen Schöpfungsbericht mit Argumenten der Evolutionstheorie zu erschüttern.

Dennoch gilt: Westliche Gesellschaften haben es nach zum Teil hochgradig gestörten und leidvollen Auseinandersetzungen gelernt, einigermaßen gelassen mit dem umzugehen, was Sigmund Freud die drei großen Kränkungen der Neuzeit nannte: erstens mit der Kränkung von Kopernikus und Galileo, die der Welt ihre zentrische Position im Kosmos ausgeredet haben und sie zu einem buchstäblich exzentrischen Planeten erklärt haben; zweitens mit der Kränkung Darwins, der den Menschen ihre profane tierische Abkunft und Erbmasse plausibel gemacht hat; und drittens mit der Kränkung der Psychoanalyse, die Menschen daran erinnerte, daß sie, um Freuds berühmte Wendung zu zitieren, nicht »Herr im eigenen Haus« sind. Eine weitere historisch frühe Kränkung hat Freud dabei unerwähnt gelassen: daß nämlich die heiligen Bücher der Menschen eine durchaus profane Genese und einen philologisch instabilen Status haben. Die Thora, das Neue Testament und der Koran sind unter recht weltlichen und also, um einen Philologenterminus zu gebrauchen, korrupten Umständen zustande gekommen.

Es ist deshalb einfach unsinnig zu bestreiten, daß es auch und gerade im Hinblick auf den Koran philologische Probleme zuhauf gibt.[540] Zu Zeiten Mohammeds wurde in Mekka ein arabischer Dialekt gesprochen, das Hocharabische war allenfalls in der Anfangsphase seiner Entstehung. Die zu Zeiten des Kaufmanns Mohammed bedeutendste Verkehrssprache im arabischen Raum war das Syro-Aramäische. Das Hocharabische bildete sich erst im Zuge der Redaktionen des Korans heraus. Ein Prozeß, der ca. 150–200 Jahre in Anspruch nahm, und eine sprachhistorische Leistung, die im Hinblick auf ihre geographisch-kulturelle, kommunikative und ästhetische Homogenisierungswirkung mit der Durchsetzung des Lutherdeutschen vergleichbar ist, sie aber in jeder Hinsicht überbietet. Viele und unter ihnen selbst säkular gesinnte Muslime preisen die unglaubliche Schönheit der Koran-Suren. Nur Gott selbst könne so vollendet sprechen. Auch wer religiös wie ästhetisch zu amusisch ist, um solchen Begeisterungsanfällen zu erliegen, wird die ungeheure Zivilisationsleistung des Korans mit Respekt anerkennen müssen.

Die ersten überlieferten Koran-Handschriften sind jedoch rein editorisch und philologisch noch hochgradig interpretationsbedürftig, und das aus zumindest zwei Gründen: Erstens sind viele Koran-Wörter durch das Syro-Aramäische geprägt, das aus der Antike stammt und späteren Koran-Redaktoren nicht mehr wirklich geläufig war. Zweitens weisen die frühen Koran-Handschriften noch keine diakritischen Zeichen auf, die für die arabische (wie übrigens auch für die hebräische) Schrift von extremer Wichtigkeit sind: handelt es sich doch bekanntlich um reine Konsonantenschriften, die völlig unterschiedliche Lesarten zulassen, wenn die diakritischen Zeichen fehlen. Ein nicht ganz unerhebliches Beispiel: In den gerade auch im Kontext des 11. Septembers 2001 vielzitierten Suren 44 und 52 wird das Paradies beschrieben, in das die von sich selbst und ihren Fans als Märtyrer, vom Rest der Welt als Terroristen Charakterisierten unmittelbar einzurücken glauben. Im Paradies harren ihrer und aller erlösten Muslime zahlreiche Jungfrauen – im Hocharabisch des Korans heißen sie »Huris«. Die mit dieser Orgienvorstellung verbundene Irritation läßt sich philologisch aufklären und plausibel vertreiben: Das Wort »hur«, das sich in den frühesten Koran-Handschriften findet, meint im Syro-Aramäischen weiße Weintrauben, das beigefügte Wort »in« meint Augen, im übertragenen Sinne Perlen. Evoziert wird in diesen Paradies-Suren also offenbar die wenig skandalöse Schlaraffenlandvorstellung vom Paradies, in dem wohlschmeckende Früchte in Hülle und Fülle vorhanden sind. Durch Verlesungen und philologische Inkompetenz wurden aus den reichen Früchten, auf denen sich die Paradiesbewohner »lagern« und ausruhen können, »großäugige Huris« – wunderschöne Jungfrauen, mit denen die männlichen Paradiesbewohner »verheiratet« werden, denen sie beilagern können.

Eine buchstäblich kleine Ursache, ein frühes medientechnisches Problem, eine Interzeptionsstörung: Das Fehlen eines Striches, eines diakritischen Zeichens kann ersichtlich gewaltige Effekte haben. Auch hier liegt ein Vergleich mit frühchristlichen Symbolbeständen und Übertragungsproblemen nahe. Das Einhorn, also eines der wirkungsmächtigsten Symboltiere des frühmittelalterlichen

Physiologos, verdankt seine christologische Prominenz einem glatten Übersetzungsfehler. Die Septuaginta, also die 70 gebildeten Köpfe, die im dritten Jahrhundert vor Christus die hebräische Bibel ins Griechische übersetzten, gaben fälschlicherweise das hebräische Wort »re'em«, das ganz allgemein ein »wildes Tier« und in spezifischer Verwendung einen »Auerochsen« bezeichnet, mit dem griechischen Wort »monoceros« (Einhorn) wieder. Auch hier gilt das Wort von der kleinen Ursache und den großen Wirkungen.[541] Nun gehört es nicht zu den Charaktervorzügen militant frommer Köpfe (seien sie christlich oder muslimisch organisiert), auf solche sachdienlichen Hinweise dankbar oder gar lächelnd zu reagieren. Daß staubtrockene Philologie und flüssige Medienanalyse sich als Disziplinen herausstellen könnten, die zur Wahrheit der Theologie vorstoßen, ist naturgemäß ein Gedanke, der fromme Satanisten um den Schlaf bringt und sie in mordwillige Erregung versetzt. Lieber nehmen sie in Kauf, daß Obszönitäten wie das so überdeutlich phallische Einhorn oder die Orgien-Phantasie vom Paradies in den heißen Kern des Glaubens vorstoßen, als daß sie philologisch-mediale Entschärfung von Texten zulassen, die gerade durch diese Weigerung unheilige Qualitäten entfalten können. Der Philologe, der nüchtern auf die sexistische Fehlüberlieferung der Suren 44 und 52 hingewiesen hat, zog es aus nachvollziehbaren Gründen vor, seine Studie unter einem Pseudonym vorzulegen: Einem gewissen Christoph Luxenberg verdanken wir das im Jahr 2002 erschienene Buch *Die syro-aramäische Lesart des Koran – Ein Beitrag zur Entschlüsselung der Koransprache.*

Bei militant Frommen, die es mehr mit dem unheilvoll Heiligen als mit der Schrift halten, machen sich nüchterne qualifizierte Philologen nicht beliebt. Sola scriptura: Fromme Marienverehrer schätzen es nicht sehr, wenn man die barschen Worte zitiert, die Jesus laut Johannes-Evangelium Kap. 2, Vers 4, auf der Hochzeit zu Kanaa an seine Mutter richtet: »Weib, was habe ich mit dir zu schaffen?« Nüchterne Philologie und fromme Erregung schließen sich aus – paradoxerweise auch und gerade, wenn die Frommen sich auf eine schriftlich fixierte Offenbarung berufen. Dabei ist es bemerkenswert, wie mediensensibel die Bibel und der Koran sind. Die großen Ereignisse, von denen sie berichten, sind durchweg Medien-Ereignisse. Ob die sprachliche Erschaffung der Welt, die aus bits Atome werden läßt (Gott sprach »Es werde xyz«, und es ward xyz), oder der Baum der Erkenntnis, ob der Turmbau zu Babel oder die Überreichung des Dekalogs an Moses, mit dem Schriftlichkeit in die religiöse Sphäre einbricht, ob die Fleischwerdung des Wortes in Jesus Christus oder Pfingsten, ob die Blitzalphabetisierung Mohammeds oder die kommunikative Rolle des Engels Gabriel, ob die den Buchreligionen qua Definition gemeinsame Hochschätzung der Buchmetaphern (Buch der Welt, der Schöpfung, des Lebens, der Natur) oder das Bilderverbot, ob die apokalyptische Vorstellung vom Buch mit sieben Siegeln oder die vollendete Offenbarung göttlicher Worte im Propheten, ob das Massenmedium Abendmahl oder die nur mit massivem Medieneinsatz realisierbaren Missionsbefehle – man sagt eben gerade nichts subversiv Religionskritisches, sondern heiligen Texten Entsprechendes, wenn man darauf hinweist, daß die Geschichte der monotheistischen Buch- und Offenbarungsreligionen mit Medienproblemen kleinsten und größten Kalibers startet. Diese Religionen geben ja schon durch ihre Bezeichnung zu erkennen, daß sie Medienreligionen sind und daß Theologie ohne Medien ebensowenig zu haben ist, wie Medien ohne Theologie denkbar sind. Schickung und Sendung, Mission und E-Mission, Vision und Television, Kommunion und Exkommunikation, Buch und Netz, Übertragung und Offenbarung sind die Medien- und Religions-Leitbegriffe schlechthin.[542] Ob Theologen gerne hören, daß sie seit jeher eigentlich Medientheoretiker sind, und ob umgekehrt moderne Medientheoretiker gerne daran erinnert werden, wie urverwandt ihre Disziplin der altehrwürdigen Theologie ist – das steht, um zurückhaltend zu formulieren, dahin.

Auf dem Hintergrund solcher Überlegungen ist es nicht verwunderlich, sondern der erwartbare, weil der medialreligiösen Tradition entsprechende Normalfall, wenn nicht nur Bin Laden, sondern auch sein weltmedialer Antipode George W. Bush souverän auf Medienreligion setzt. Der arabische Fernsehsender, der die Videobotschaften der bizarren Terroristengestalt ausstrahlt, ist einbekanntermaßen US-Vorbildern nachgestylt: dem Nachrichtensender CNN und dem militant konservativen, aber nicht sonderlich feinen Politmissionssender Fox-TV. Beide bringen, ihrer Berichterstattungspflicht gemäß, häufig Bilder des Antipoden von Bin Laden, der, wie alle Antipoden, bemerkenswert viel mit seinem Gegenüber gemein hat. Auch das Verhältnis von US-Präsident George W. Bush zu Schußwaffen ist ein entspanntes, auch er ist militant fromm und redet gerne darüber, auch er liest gern im Heiligen Buch und läßt sich von dieser Lektüre politisch inspirieren, auch er hält Alkohol für Teufelszeug, auch er befürwortet die Todesstrafe, auch er liebt den Lebensstil, die Kleidung und die Stiefel der Vorväter, die durch texanische Weiten galoppierten (bzw. sich eine solche Vorgeschichte erfanden). Und er spricht wie einer seiner populärsten Vorgänger im Weißen Haus gerne ausdrücklich in polittheologischen Begriffen vom »Reich des Bösen«, das es zu bekämpfen gelte oder, bevor ihm das kompetente PR-Berater ausredeten, auch vom überfälligen »Kreuzzug« gegen den islamistischen Terrorismus. Bin Laden kämpft im Namen Gottes gegen den »großen Satan« USA, Bush führt im Namen Gottes einen Kreuzzug gegen das »evil Empire« und den Terrorismus.

Eine gespenstische Entsprechung. Eine Podiumsdiskussion zwischen Bin Laden und Bush, die simultan in CNN und Al-Djazira übertragen würde, wäre selbstredend erstens eine Sensation und zweitens langweilig. Denn beide wären sich allzuoft in den genannten kleinen, aber eben auch in den sog. Grundsatzfragen einig. Auf die Fragen des Moderators »Wie denken Sie über Alkohol, Todesstrafe, Waffenbesitz, immensen Reichtum, die enge Verbindung von Religion und Politik, die Pflicht, das Böse und die Bösen zu bekämpfen?« würden sie fast deckungsgleiche Antworten geben. Wie eng die Geschäfte waren, die die Bush-Family mit dem Bin-Laden-Clan et vice versa tätigte, ist umstritten. Daß es zwischen beiden Clans gute ökonomische Verbindungen gab, ist unumstritten. Und daß es zwischen dem amerikanischen und dem saudiarabischen Clan engste Medien-Verflechtungen gibt, ist unübersehbar: die jeweilige Medienpräsenz ist geradezu symbiotisch auf die des anderen angewiesen.

Wer (wie z.B. Michael Moore in seinem Film *Fahrenheit 9/11*) solche Affinitäten sieht, beobachtet zweifellos etwas Gewichtiges. Die intellektuelle kritische Lust an der Beobachtung von Wahlverwandtschaften zwischen verfeindeten Seiten ist sicherlich analytisch produktiv. Sie läuft allerdings in eben dem Maße, in dem sie getreu dem Motto »Wenn zwei sich streiten, dann tun sie dasselbe: sie streiten sich« am attraktiven Spiel teilnimmt, Gemeinsamkeiten von Feinden zu beobachten, Gefahr, entscheidende Differenzen auszublenden. Den Präsidenten Bush hätten die amerikanischen Wähler aus dem Regierungssitz schicken können (sie haben das nach dem in Old Europe nicht sonderlich originellen, aber wohl zutreffenden Urteil: leider, zum Schaden der USA und ihrer Verbündeten sowie zur Freude von Bin Laden nicht getan) – bei Despoten und Terroristen ist das nicht möglich; die USA sind ein Rechtsstaat, folternde Soldaten und ihre Vorgesetzte müssen mit einer Verurteilung rechnen – islamistische Theokraten bzw. sehr weltlich medienbewußte Regierungschefs wie Ajatollah Tele-Chomeni (so das erhellende Wortspiel des französischen Philosophen Jacques Derrida) verfügen per Fatwa Todesurteile bzw. Mordaufrufe gegenüber Schriftstellern wie Salman Rushdi, deren Bücher sie nicht mögen (auch wenn sie sie nicht gelesen haben); die USA greifen im Irak bewaffnete Gegner an und nehmen dabei die berüchtigten Kollateralschäden in Kauf, weshalb sie Wert auf »embedded journalism« legen – Bin Ladens Gefolgsleute entführen und töten gezielt Zivilisten und führen dies gern im world wide web vor.

Die Liste der Affinitäten und der Differenzen zwischen dem mächtigsten Mann der Welt und der von ihm vertretenen Machtstruktur einerseits und seinem Widersacher mitsamt seiner Terrormacht-Infrastruktur andererseits ist weitaus länger. Unter medienanalytischen Gesichtspunkten aber zeigt diese Liste neben den genannten und ja von vielen beobachteten Punkten einen nur selten thematisierten Brennpunkt an: Der islamofaschistische Terror läßt sich medial auf eine Art und Weise, die man nur als virtuos charakterisieren kann, auf die Mentalität des Feindes ein – die westliche Terrorbekämpfung tut dies schlechterdings nicht. Die Terroranschläge vom 11. September 2001 und vom 11. März 2004 knüpften medienästhetisch und aufmerksamkeitsökonomisch souverän an den Kern westlicher, konsumistischer, ikonologischer, postreligiöser, infrastruktureller, liberaler und lebensweltlicher Bestände an – die Terrorbekämpfung verfehlt hingegen a priori die Mentalität und Psychologie ihrer Adressaten. Man kann es auch einfacher sagen: Die amerikanische Terrorbekämpfung verkennt fatal die schlechthin entscheidende Funktion der »soft power«-Faktoren – die Islamofaschisten sind hingegen medienpragmatisch wie psychologisch so virtuos wie zuvor nur die Faschisten.

Das Wort »Islamofaschisten« löst heftige Kontroversen aus. Islamismus und Faschismus könne man nicht vergleichen, das führe auf falsche Argumentationsspuren, das sei beleidigende Polemik – so und ähnlich lauten die Einwände. Tatsächlich gibt es ganz offenbar Aspekte, die einem auf Ähnlichkeiten abzielenden Vergleich zwischen Faschismus und Islamismus entgegenstehen. So war der Faschismus extrem nationalistisch, der Islamismus betont hingegen über ethnische und nationalstaatliche Grenzziehungen hinweg die »umma«, die Zusammengehörigkeit aller Muslime – was allerdings rassistisch getönte Ausfälle etwa gegenüber nicht-muslimischen Schwarzafrikanern oder die im arabischen Raum erschreckend häufig zu hörende Denunziation von Juden als »Kinder von Affen und Schweinen« nicht ausschließt. Nun sind historische Vergleiche immer so gestrickt, daß sie Übereinstimmungen und Differenzen herausstellen müssen. Gäbe es nur Übereinstimmungen zwischen unterschiedlichen historischen Formationen, liefe Geschichte als Wiederholung des schlechthin Identischen, so wäre ein komparatistisches Studium der Geschichte ebenso sinnlos, wie wenn es überhaupt nichts Vergleichbares, wie wenn es keinerlei Ähnlichkeitsmuster etwa beim Kollaps von Großreichen wie dem Imperium Romanum, dem chinesischen Kaiserreich oder der Sowjetunion gäbe. Produktiv und erhellend kann der Vergleich zwischen Faschismus und Islamismus also durchaus sein, wenn er sich – ebenso wie der zuvor angestellte Vergleich zwischen den Feinden Bush und Bin Laden – auch der Differenzen bewußt ist.

Nun ist in der Tat nicht nur für die westliche Binnenkommunikation ein Vergleich der islamistischen Terroristen mit den Nazis hochgradig erhellend. Hitler war (und ist!) bei vielen Muslimen populär; Halbmond und Hakenkreuz verstanden sich in den 30er und frühen 40er Jahren des 20. Jahrhunderts bestens.[543] Die Liste der Affinitäten zwischen Nazis und Islamofaschisten ist so erschreckend lang, daß deutlich wird: Die Bezeichnung »Islamofaschismus« ist nicht etwa polemisch, sondern analytisch zutreffend. Das gilt schon auf der Ebene unmittelbarer Evidenzen: Beide Bewegungen, der Nationalsozialismus wie der Islamofaschismus, sind militant antisemitisch; beide verachten die Demokratie; beide emergieren aus nicht bewältigten Kränkungen (wie dem – um zurückhaltend zu formulieren – von Deutschen zumindest billigend in Kauf genommenen und dann verlorenen Ersten Weltkrieg bzw. dem Niedergang der islamischen Welt spätestens seit dem 15. Jahrhundert, an dem die USA und Israel schlicht deshalb nicht schuld sein können, weil es sie damals nicht gab); beide machen aus ihren Vernichtungsphantasien keine Geheimnisse, sondern bekennen sich vielmehr offensiv zu ihren Endsieg-Visionen; beide laden ihre Programme polittheologisch auf (Hitler berief sich bekanntlich stets auf die »Vorsehung« und schloß mehrere seiner Reden mit »Amen«); beide kombinieren archaische Delirien mit der Nutzung von Hochtechnologien und avancierten Medien; beide pflegen Verschwörungstheorien aller Art und sind ersichtlich paranoisch; beide sind in ihren

317

Leitzirkeln und -milieus frauenphobisch und männerbün-
disch bis homosexuell (und haben genau hier ihr mächtig-
stes Tabu); beide kultivieren Todes- und Totenfeiern (die
SS stand bekanntlich im Zeichen des Totenkopfes, die spa-
nischen Faschisten kämpften unter dem Schlachtruf »Viva
la muerta«, die Islamofaschisten bekennen »Ihr liebt das
Leben, wir lieben den Tod«); beide sind, so schrecklich diese Feststellung gerade wegen ihres unbestreitbaren Sach-
gehalts sein mag, ausgesprochen populär (über den Ausgang freier Wahlen etwa im Hitler-Deutschland der späten 30er Jahre, wenige Wochen nach den Pogromen der
sog. »Reichskristallnacht«, sollte man nicht die geringsten
Illusionen hegen, über die Bewunderung für Bin Laden
und die ihm folgenden Massenmörder in weiten Teilen
der islamischen Welt auch nicht)[544]; und beide diskreditie-
ren abgründig die Tradition, auf die sie sich berufen.

Nach Untersuchungen, die der Politikwissenschaftler
Daniel Benjamin im *Berlin Journal* 2004 referiert (die aus
professionell-demoskopischer Sicht mit Vorsicht zu genie-
ßen sind, die aber wohl doch die Größenordnung angemessen wiedergeben), haben die USA ein extrem ungüns-
tiges Image bei 91 Prozent der Jordanier, bei 68 Prozent
der Marrokaner und bei 61 Prozent der Pakistani. Hingegen genießt Bin Laden ein hohes, zu weiten Teilen bis zur
Verehrung reichendes Ansehen bei 65 Prozent der Pakistani und bei 55 Prozent der Jordanier, während die Marrokaner mit 45 Prozent Bin-Laden-Sympathisanten und
42 Prozent Bin-Laden-Gegnern gespalten sind. Wie gesagt: Die Zahlen datieren aus dem Jahr 2004 und genügen
kaum demoskopischen Standards, wie sie in westlichen De-
mokratien gelten. Aber sie nehmen doch, um wiederum
terminologisch in Sphären einzutreten, die den Vergleich
zwischen Nazis und Islamisten plausibel machen, sie neh-

men doch Anhängern einer Appeasement-Politik gegenüber dem Islamismus den beschwichtigenden Schwung.

Dieser letztgenannte Punkt, nämlich die Popularität des islamistischen Terrorismus in weiten Teilen der muslimischen Welt, ist nun genau derjenige, an dem Versuche einer erfolgreichen medialen Antwort auf islamofaschistischen Terrorismus ansetzen müssen und können. Das heißt nichts anderes als dies: Es kommt darauf an, Muslime davon zu überzeugen, wie verheerend Sympathien mit massenmörderischen Islamisten sind – gerade für das Bild eines stolzen und selbstbewußten Islam. Die Medientauglichkeit der islamofaschistischen Massenmorde in New York, London, Madrid und Hunderten weiterer Anschlagsorten mehr verstellt den Blick darauf, wie viele Muslime selbst unter schwierigen Immigrationsbedingungen in westlichen Ländern ein vorbildliches Leben führen, wie viele Integrationsgeschichten gelingen, wie viele erfolgreiche muslimische Emanzipationsbiographien es gibt, wieviel wirtschaftlichen und ökonomischen Erfolg Immigrationsfamilien haben, welch hohen Beitrag sie zum Ausgleich westlicher Demographieprobleme leisten, wie hoch ihr Anteil am Wirtschaftsleben ist und wieviel kulturelle Anregungen von ihnen ausgehen. Sehr, sehr viele Muslime leiden unendlich darunter, wie Islamofaschisten im Namen Allahs ihre Religion zum Spottbild einer perversen, massenmörderischen, satanischen, ehrlosen, dekadenten, dummen, paranoischen und brutalen Kultur bzw. Unkultur machen.

Wer unter »Inschallah«- und »Allah-ist-groß«-Rufen Zufallspassanten, darunter Mütter und Kinder in die Luft sprengt, schändet den Islam um Potenzen mehr, als irgendeine noch so geschmacklose anti-islamische Karikatur es je vermöchte. Die Nazis haben Deutschland in dem Maße diskreditiert, ruiniert und geschändet, in dem sie »Deutschland, Deutschland über alles« gegröhlt haben. Die Islamofaschisten machen aus einer großartigen, stolzen, bewunderten Religion und Hochkultur, die für lange Jahrhunderte aufgrund ihrer Wissenschaftsfreudigkeit, ihrer Lebensfreundlichkeit, ihrer Offenheit, ihrer Gastlichkeit, ihrer Liberalität und ihrer antihierarchischen Momente (es gibt bekanntlich im Islam keine vatikanischen Strukturen) dem sog. christlichen Abendland an Dynamik, Komplexität und Lebensqualität deutlich überlegen war, die Islamofaschisten also machen daraus eine perverse, satanische, erbärmliche, ressentimentgeladene, zugleich mitleiderregende und verachtungswürdige Massenmörder- und Totschlägerideologie. Den ungeheuren Prestigeverlust des Islam haben nicht seine westlichen Kritiker, sondern Islamofaschisten zu verantworten. Sie sind die Schande des Islam, so wie die Nazis die Schande Deutschlands sind.

Die Deutschen seien das Volk Lessings, Kants und Goethes, es sei also ausgeschlossen, daß sie auf industriellen Massenmord aus seien – so lautete in den 30er und noch in den frühen 40er Jahren ein gängiges Argument ausgleichender Beschwichtiger angesichts des unverhohlenen Nazi-Terrors. Es läßt sich mitsamt seiner hochproblematischen Dimension unschwer auf die islamische Kultur übertragen. Sie ist zweifellos eine Hochkultur, der westliche Köpfe aus besten Gründen ein Höchstmaß an Respekt, Achtung und Bewunderung entgegengebracht haben. Nur zwei von vielen Beispielen, die nicht Extreme wie im 19. Jahrhundert Friedrich Rückerts oder im 20. Jahrhundert Annemarie Schimmels Islam-Begeisterung, sondern so etwas wie einen freundlichen Mainstream der Islam-Hochachtung in Europa belegen (und die Saids völlig überschätztes Buch *Orientalism* sträflich unterschlägt): »Herrlich

ist der Orient / Übers Mittelmeer gedrungen. / Nur wer
Hafis liebt und kennt, / Weiß, was Calderon gesungen.« So
lauten berühmte und vielzitierte Zeilen aus Goethes *West-
östlichem Diwan*. Und in Alexander von Humboldts im
19. Jahrhundert und dank Enzensbergers PR-Genie zu Beginn des 21. Jahrhunderts erneut vielgelesenem Hauptwerk *Kosmos* heißt es über die arabisch-islamische Zivilisation u. a.: »die Araber […] verscheuchten theilweise die
Barbarei, welche das von Völkerstürmen erschütterte Europa bereits seit zwei Jahrhunderten bedeckt hat.« »Als in-
spirierter Prophet und Reformator« gewann Mohammed
»den edlen, von der Natur begünstigten Stamm der Araber« und formte eine Kultur, die sich günstig vom »christlichen Fanatismus« absetzte – nicht zuletzt durch ihre Offenheit für tabufreie Wissenschaften. »Auf diese letzte, in
dem Alterthum fast ganz unbetretene Stufe [des Experi-
mentierens, J. H.] haben sich vorzugsweise im großen die
Araber erhoben.« Spuren einer Islamfeindlichkeit wird
man im Umkreis so prominenter und wirkungsmächtiger
Köpfe wie Goethe und Humboldt nicht finden, Spuren eines gewissen Antisemitismus aber durchaus. Schreibt doch
Humboldt: Die Araber »besaßen eine beispiellose weltge-
schichtliche Beweglichkeit, eine Neigung, vom abstoßen-
den israelitischen Castengeiste entfernt, sich mit den be-
siegten Völkern zu verschmelzen«.[545]
Goethes und Humboldts Äußerungen sind nun alles
andere als exquisite Außenseiter-Einschätzungen. Sie sind
vielmehr Elemente einer gerade in der europäischen Neuzeit verbreiteten Islam-Bewunderung, die mit dem Topos
»ex oriente lux« produktive Bündnisse einging. Namen
wie Wilhelm Postel, der um 1555 in seinem dreibändigen
Werk *Republique des Turcs* ein Idealbild des Osmanischen
Reiches zeichnet, Jacques Bossuet, der 1681 ein vielgelese-

nes Buch über Ägypten vorlegte, Galland, der um 1710 *Tausendundeine Nacht* übersetzte, Hammer-Purgstall, Friedrich Schlegel, Friedrich Rückert, Friedrich Creuzer, Rilke, Hofmannsthal und viele mehr stehen zusammen mit Goethe und Humboldt für eine bemerkenswerte Kontinuität westlicher Islam-Bewunderung ein.

Gerade die breite und tiefe Tradition der berechtigten Islam-Bewunderung läßt (wie früher die der Bewunderung deutscher Kulturleistungen) ein hochproblematisches Tabu entstehen: Danach kann nicht sein, was nicht sein darf – daß nämlich so wie im Deutschland der 30er Jahre im Umkreis einer Hochkultur sich massenmörderische Pathologien entfalten, die, um zurückhaltend zu formulieren, nicht etwa von weitesten Teilen der Bevölkerung empört zurückgewiesen werden, sondern vielmehr verhaltene bis breite und offensive Zustimmung finden. Die naheliegende Frage, wie das zu verhindern sei und welche angemessenen und erfolgversprechenden Möglichkeiten einer Abwehr von Sympathien mit islamistischem Terrorismus es gebe, wird seltsamerweise nur selten gestellt. Eine eher abstrakt bleibende Antwort hat der bereits zitierte Daniel Benjamin in *Berlin Journal* gegeben: »Wir – und damit meine ich vor allem die Regierung von Präsident Bush – haben einen Riesenfehler gemacht. Wir haben es versäumt, das erste Gebot erfolgreicher Kriegführung zu beachten, das da lautet: lerne deinen Feind kennen, erkenne deinen Feind! [...] Wir haben, was noch mehr zu Buche schlägt, einen Schlüssel zum Sieg in diesem ideologischen Kampf aus der Hand gegeben. Wir haben nämlich darauf verzichtet, dagegen zu kämpfen, daß mehr und mehr Leute sich von den Argumenten des Feindes umgarnen ließen. Ja, wir haben unbeabsichtigt den Dschihadisten, den Heiligen Kriegern zugearbeitet.« (»We – and I mean especially the

Bush administration – have committed a major error. We have failed to observe the first commandment of warfare: know thine enemy. [...] Most importantly, we have ignored a key objective in this ideological struggle. We have not made it a priority to prevent more people from being seduced by the enemy's arguments. Indeed, we have inadvertently advanced the jihadists' efforts.«)[546]

Das sind klare und selbstkritische Worte. Sie führen in den Kern des Problems: wie zu verhindern ist, daß es zur Bildung eines massenhaften Sympathisantenmilieus für islamistische Terroristen kommt, so wie es zu einer kritischen Masse von Deutschen kam, die ebenso grotesken wie grauenvollen Figuren wie Hitler, Goebbels und Göring zujubelten. Daß man diesem Ziel mit dem amerikanischen Krieg gegen den Irak nicht näherkommt, liegt mittlerweile vor aller Augen. Man kann sich aber nur wundern, wie viele neokonservative, aber eben auch kritische Köpfe diesen Krieg befürwortet haben. Die Diskussion um die Berliner Ehrenbürgerwürde für Wolf Biermann brachte das in Erinnerung. Dabei hatte schon vor dem zweiten Irakkrieg ein ausdrucksstarkes Plakat der Kriegsgegner genau den kritischen Punkt getroffen. Es zeigte eine stilisierte Bin-Laden-Figur, die einen auf George W. Bush gestylten Uncle Sam zum Krieg aufforderte. »We want you to invade Irak«, war auf dem Plakat zu lesen. Und tatsächlich war von vornherein klar, daß die islamistischen Terroristen um Bin Laden von einer amerikanischen Intervention in den Irak profitieren würden. Wer, wie die meisten amerikanischen neokonservativen Politikwissenschaftler oder auch einige deutsche Intellektuelle, ernsthaft glaubte, die irakischen Massen würden ihren amerikanischen Befreiern zujubeln, um sodann enthusiastisch über Abgründe zwischen Kurden, Sunniten und Schiiten, zwischen Säkularen und Frommen, zwischen Theokraten und Sozialisten hinweg eine Demokratie nach westlichem Muster aufzubauen, woraufhin auch alle anderen Nahoststaaten sich von den Vorzügen der US-Demokratie überzeugen ließen – wer das ernsthaft glaubte, war und ist als analytisch denkender Kopf seinerseits nicht ernstzunehmen. Denn er nimmt nicht ernst, wie ernsthaft viele in der islamischen Sphäre mit islamistischen und terroristischen Optionen sympathisieren.

Gerade wer die islamistische Herausforderung illusionslos ernst nimmt, muß deshalb nach Alternativen zur fatalen amerikanischen Politik der Ära George W. Bush Ausschau halten. Die Außenpolitik der USA war schon auf einer technisch-handwerklich-analytischen Ebene von einer Hilflosigkeit und Inkompetenz, die Anlaß zum Erschrecken gibt. Eine, ja wohl die entscheidende Antwort auf die Frage, wie man verhindern könne, daß mehr und mehr Leute vom islamofaschistischen Programm verführt werden können, liegt nahe: Es kommt darauf an, sich auf die Werte, Kultur, Mentalität, Tradition und Psychologie der Gegenseite einzulassen. Um das so klar wie möglich zu illustrieren: Man wird keinen militanten Islamisten und keinen seiner vielen Sympathisanten von seinem destruktiven Tun, Denken und Fühlen abbringen, wenn man Falludscha bombardiert, Gefangene demütigt und Kollateralschäden schönredet. Aber eben auch nicht, indem man ihnen mit Diderots, Voltaires, Lessings, Lockes oder Habermasens Schriften zu Leibe rückt. Wohl aber, wenn man gerade auch massenmedial Fragen stellt, die das Selbstverständnis der Gegenseite erreichen und irritieren – also Fragen, die vielen westlich-aufgeklärten Köpfen eher fremd bis peinlich sind.

Gerade viele vermeintlich politischkorrekt denkende westliche Köpfe leisten sich eine weitreichende, fast schon mental-imperialistisch anmutende Ignoranz: Sie nehmen nämlich die Leitwerte, Orientierungen und Gefühle vieler Muslime nicht ernst. Das führt zu dem schreienden Paradox, daß viele westliche Intellektuelle zwar tiefe Einblicke in die Relativität und in den Konstruktionsgrad unterschiedlicher Kulturen zu haben glauben, zugleich aber gewissermaßen liberalfundamentalistisch denken. Was nichts anderes heißt als dies: Weil man z. B. aus guten analytischen Gründen nicht daran glaubt, daß Gott allmächtig ist und sein Wille sich auch welthistorisch durchsetzt, kann und will man sich nicht auf die vielen einlassen, die genau dies glauben. Man kann, wenn man erfolgreich kommunizieren will, nicht ständig von wechselseitigem Respekt und reziproker Anerkennung reden, zugleich aber die hermeneutischen Voraussetzungen der anderen Seite in toto verwerfen. Das Sich-Einlassen auf die Denk- und Wertstrukturen der anderen Seite ist ebenso wie die in jedem Wortsinne selbstbewußte Verteidigung der eigenen Werte Voraussetzung für einen wirklichen Dialog. Genau der aber findet nicht statt. Begleitet wird diese Verweigerung eines wirklichen Dialogs von ständigen Beschwörungen der Notwendigkeit, miteinander zu sprechen, sich zu verstehen und wechselseitig anzuerkennen.

Der Grund für diese panische Dialogverweigerung bei ständiger Dialogbeschwörung ist schnell auszumachen. Ein wirklicher Dialog wäre ebenso spannend wie in dem Sinne riskant, daß er tatsächlich zu Irritationen der jeweiligen Standpunkte führen könnte. Werden wir also konkret: Öffentlich zu stellen, ausdrücklich an muslimische Adressaten zu richten sind Fragen wie diese, die »westlich«-liberalen Ohren mehr oder weniger exotisch vorkommen werden: Haben die Terroristen um Atta, die in Hamburg die Massenmorde vom 11. September 2001 vorbereiteten, nicht das heilige Gastrecht frevelhaft geschändet; gibt Attas Testament nicht zu erkennen, daß sein Verfasser nicht nur panische Angst vor Frauen hatte, sondern auch alle Probleme hatte, seine Homosexualität zu bekämpfen; sind nicht die Islamisten die größten Satanisten, die den Islam und den Koran verächtlich machen; muß man nicht gerade dann, wenn man fromm davon ausgeht, daß geschieht, was Allah will, zur Kenntnis nehmen, daß sein Segen nicht auf dem Orient, sondern deutlich auf westlichen Gefilden ruht; blamiert nicht das terroristische Handeln die Friedensgebote des Korans; sind fundamentalistische Terrortaten nicht unendlich viel dekadenter als die vielgescholtene westliche Dekadenz; sind ins Internet gestellte Folterszenen mit entführten Geiseln nicht die Inkarnation jener ultimativen Perversion von Kultur, die Islamisten »den Ungläubigen und Kreuzfahrern« vorwerfen – soll heißen, geht es in Terroristen-Zelten nicht perverser zu als in Szene-Clubs in San Francisco; ist es nicht ehrlos, feige und eines stolzen Mannes unwürdig, immer und überall nur Verschwörungen zu sehen, aber zu jeder Form von Selbstkritik unfähig zu sein; sind Typen wie Bin Laden, al Sadre und Atta nicht so die Schandgestalten ihrer Kultur, wie es Hitler, Göring und Goebbels für die deutsche Kultur waren?

Zugegeben: Solche Fragen und die Anregung, sie im Interesse eines erfolgreichen Programms der Terrorismusbekämpfung medial an Bin Ladens Gefolgsleute und Sympathisanten zu adressieren, passen nicht in gängige »westliche« (etwa universalistische, rationale, politisch korrekte etc.) Argumentationsschemata. Wer solche Fragen tabuisiert, verkennt jedoch, daß nur eine Kritik Aussicht auf Erfolg (nämlich auf Verhaltens- und Mentalitätswandel) hat, die sich auf die Kategorien, Werte, Lebensstile und Grundüberzeugungen des kritisierten Adressaten einläßt. Man wird keinen Neokonservativen davon abbringen, einer zu sein, wenn man ihn auffordert, endlich die linksliberalen Werte zu teilen. Man kann ihn aber mit dem sachlich schlechthin zutreffenden Hinweis irritieren, daß die Lageeinschätzungen der Neocons etwa im Hinblick auf den Irakkrieg geradezu unfaßbar falsch waren und sind. Die Neocons haben sich genau auf der diagnostisch-prognostischen Ebene blamiert, auf der sie sich von denen absetzen wollten, die sie als linke Ideologen wahrnehmen. Die Neocons sind unter professionellen Gesichtspunkten einfach schlechte Politikwissenschaftler und Analytiker.

Per analogiam heißt das im Hinblick auf Medien der Terrorbekämpfung: Es mag aufgeklärten postmetaphysischen Köpfen peinlich sein, Fragen wie die zu stellen, warum Allah, der Allmächtige, islamische Länder so deutlich weniger segnet als westliche. Wem solche Fragen peinlich sind, praktiziert nun aber genau die imperiale Kulturverachtung, die er häufig und gerne kritisiert. Er hält religiöse Ableitungen des Weltgeschehens aus dem Willen Gottes für wissenschaftlich indiskutabel (wie, um Mißverständnisse zu vermeiden, der Autor dieser Zeilen auch), aber ebendeshalb sollten sie nicht tabugeschützt sein. Es ist nämlich erstens arrogant und zweitens kontraproduktiv, nicht zur Kenntnis zu nehmen, daß weite Teile der Weltbevölkerung einfach nicht so souverän denken und fühlen wollen wie postmetaphysisch abgeklärte westliche Intellektuelle und Medienmacher. Deshalb nochmals das Plädoyer, sich auf die Adressaten einzulassen.

Was das konkret bedeutet, läßt sich an einem sicherlich hochstrittigen und nicht beliebigen Beispiel illustrieren. Ein ja durchaus nicht unplausibler islamischer Standardvorwurf gegenüber der westlichen Kultur lautet, sie sei dekadent. Dieser Vorwurf läßt sich leicht illustrieren. Es genügt ein Blick auf Werbeplakate, ein Fernsehabend, ein Blick in die Kontaktanzeigen von Zeitungen oder ein Diskothekenbesuch, um den Dekadenz-Vorwurf nachvollziehen zu können. Nun ist es aber nicht nur ein altbewährtes »westliches« Erfahrungsschema, daß die Dekadenzkritiker den Reizen der Dekadenz besonders gerne verfallen. Wer funktional denkt und daran interessiert ist, die massenhafte Ausbildung von Sympathien für islamistische Terroristen auszubremsen, wird deshalb Fragen stellen müssen, die unter westlichem Tabu stehen. Etwa die nach manifesten homosexuellen Tendenzen im Kreis um Bin Laden, der sich gerne in Höhlen bei jungen und hübschen Talibankriegern aufhält. Das Homosexualitätstabu in arabischen Ländern ist bekanntlich militant ausgeprägt; Männerfreundschaften sind um so verbreiteter. Bin Laden wäre sofort ruiniert, wenn bekannt würde, daß er schwul ist. Wiederum hilft eine Parallele zu den Nazis. Ob man sich über einen schwarzhaarigen und schwarzäugigen Hitler, der von der blonden Rasse deliriert, über einen fetten und morphiumsüchtigen Göring, der von flinken Windhunden und reinem Blut schwärmt, und über einen klumpfüßigen Goebbels, der die Deutschen von jüdischen Teufeleien befreien wollte, lustig machen dürfe – das stand etwa im Kreis um Tucholsky zur Diskussion.

Um nicht mißverstanden zu werden, es gibt gerade bei Fragen wie den soeben angesprochenen Klarstellungsbedarf. Deshalb bei aller gebotenen Kürze drei Bemerkungen. Die erste will ein sinnloses Mißverständnis vermeiden: Auch der Schreiber dieser Zeilen hält es für einen der ganz großen Gewinne der letzten Jahrzehnte in »westlichen« Hemisphären, daß die Verfolgung von Menschen aufgrund ihrer sexuellen Orientierung deutlich (wenn auch noch nicht hinreichend) abgenommen hat. Zweitens: Die behauptete Korrelation zwischen reaktionärer Religiosität, männerbündischen Organisationsformen und ausgeprägtem Homosexualitätstabu gilt nicht nur für den militanten Islamismus, sondern etwa auch für die katholische Kirche und, wie u. a. Claude Lévi-Strauss und Georges Bataille gezeigt haben, für andere Fratrien (Brüderschaften), die sich mehr oder weniger unbewußt homophil strukturieren, genau dies aber negieren und verwerfen. Drittens: Im Kontext der hier angedeuteten Überlegungen geht es nicht um »substantielle«, etwa ethnologische, psychoanalytische, soziologische etc. Analysen von fanatisierten und gekränkten Männerbünden, sondern »funktional« darum, wie man militante, zum Massenmord bereite Fromme kommunikativ in ihren Überzeugungen irritieren kann. Und die These lautet: indem man sich auf ihre Wertvorstellungen einläßt und diese konterkariert – nach dem Schema: Ihr Kritiker der westlichen Dekadenz seid dekadenter als die dekadentesten Zirkel des Westens, ihr macht die besten Snuff-Videos, ihr habt die ultimative Alternativszene, ihr seid die militantesten Satanisten etc.

Um es mehr als nur aphoristisch auf den Punkt zu bringen: Wer fromme Muslime davon abbringen will, mit Terroristen zu sympathisieren, ist gut beraten, ihnen medial nicht mit Maximen liberaler Philosophen wie Richard Rorty oder Jürgen Habermas, sondern mit Koran-Versen Paroli zu bieten. Etwa mit Sure 11, Vers 118: »Und hätte der Herr es gewollt, so hätte Er die Menschen alle zu einer einzigen Gemeinde gemacht; doch sie wollten nicht davon ablassen, uneins zu sein.«

Anmerkungen

1 In der philosophischen Tradition findet man nur wenige Ansätze zu einer Kritik der unreinen Vernunft. Eine Ausnahme macht Ludwig Feuerbach, der sein 1841 erschienenes Hauptwerk *Das Wesen des Christentums* zuerst mit dem Titel *Kritik der unreinen Vernunft* versehen wollte: »Kant schrieb eine ›Kritik der reinen Vernunft‹; meine Parvität schreibt an einer ›Kritik der *unreinen* Vernunft‹«, teilte er dem Herausgeber der *Hallischen Jahrbücher*, Arnold Ruge, mit, der unter der Rubrik »Wastebook« im Jahrgang 1840/Nr. 12 vom Januar 1840 (Spalte 93 sq.) den Brief ohne Nennung des Absenders ausschnittsweise veröffentlichte (cf. Andreas Arndt: »Vernunft im Widerspruch – Zur Aktualität von Feuerbachs ›Kritik der unreinen Vernunft‹«; in: Walter Jaeschke (ed.): *Sinnlichkeit und Rationalität – Der Umbruch in der Philosophie des 19. Jahrhunderts: Ludwig Feuerbach.* Berlin 1992, pp. 27–47). Friedrich Nietzsche ist eine weitere prominente Ausnahme (cf. das Ende dieser Einleitung). Mehr als nur diesen kurzen Hinweis wert ist auch die Wendung »law of impurity« bei Jacques Derrida: »The Law of Genre«; in: Glyph: *Textual Studies* 7/1980, p. 206, der von W. Daniel Wilson/Robert C. Holub herausgegebene Sammelband *Impure reason* (Detroit 1993) und die Studie von Daniel Cuonz: *Reinschrift – Studien zur Poetik der Jungfräulichkeit in der Goethezeit.* Dissertation Lausanne 2005. Einen obskuren, aber dennoch oder ebendeshalb anregenden Beitrag zum Thema unreine Vernunft liefert Wolfgang Werner: *Illustrierte Poetik des Impurismus*, 2 Bde. Essen 2007.

2 Cf. dazu Jochen Hörisch: »›Die Not der Welt‹ – Poetische Ausnahmezustände in Kleists semantischen Komödien«; in: ders.: *Die andere Goethezeit – Poetische Mobilmachung des Subjekts um 1800.* München 1992, pp. 93–116.

3 Cf. dazu ausführlicher Jochen Hörisch: *Bedeutsamkeit – Über den Zusammenhang von Zeit, Sinn und Medien.* München 2009, p. 212 sqq. (Kap. II/7: »Aporien, Antinomien, inzestuöse Verhältnisse«).

4 Cf. Christian Enzensberger: *Größerer Versuch über den Schmutz.* München 1968.

5 Theodor Fontane: *Irrungen, Wirrungen*; in: ders.: *Werke, Schriften u. Briefe*, Abt. I, Sämtliche Romane, Erzählungen, Gedichte, Nachgelassenes. Zweiter Band, hrsg. von Helmuth Nürnberger. München 1971, S. 355 f.

6 Cf. dazu Jochen Hörisch: *Brot und Wein – Die Poesie des Abendmahls.* Frankfurt/M. 1992, ders.: *Kopf oder Zahl – Die Poesie des Geldes.* Frankfurt/M. 1996, und ders.: *Ende der Vorstellung – Die Poesie der Medien.* Frankfurt/M. 1999.

7 Friedrich Nietzsche: *Also sprach Zarathustra*; in: ders.: *Werke in drei Bänden* (WW), ed. Karl Schlechta, Bd. II. München 1996, p. 295.

8 Goethe: *Wilhelm Meisters Lehrjahre*; in: Goethes Werke, Hamburger Ausgabe in 14 Bänden, ed. Erich Trunz, Bd. 7. München 1981 (10.), p. 270.

9 Sohn-Rethel hat diese Anekdote im Gespräch mit Mathias Greffrath charmant geschildert; cf. Mathias Greffrath: »›Einige Unterbrechungen waren wirklich unnötig‹ – Gespräch mit Alfred Sohn-Rethel«; in: ders.: *Die Zerstörung einer Zukunft – Gespräche mit emigrierten Sozialwissenschaftlern.* Reinbek 1979, p. 250.

10 Alfred Sohn-Rethel: *Geistige und körperliche Arbeit.* Frankfurt/M. 1972 (2.), p. 12.

11 Friedrich Nietzsche: *Zur Genealogie der Moral*; in: ders.: WW, ed. Karl Schlechta, Bd. II. München 1966, p. 811.

12 Ibid., p. 805.

13 Friedrich Nietzsche: *Jenseits von Gut und Böse*; in: ders., l. c., p. 575. Cf. Sohn-Rethels freies Nietzsche-Zitat in: *Geistige und körperliche Arbeit,* l. c., p. 63 bzw. revidierte und ergänzte Neuauflage. Weinheim 1989, p. 34.

14 Alfred Sohn-Rethel: *Geistige und körperliche Arbeit,* l. c., p. 21.

15 Jürgen Habermas: *Theorie des kommunikativen Handelns,* Bd. 1. Frankfurt/M. 1981, p. 506.

16 Zu den spezifischen Akzenten, die Adorno dem Theorem von der Denk- und Warenform gegeben hat, cf. Jochen Hörisch: *Es gibt (k)ein richtiges Leben im falschen.* Frankfurt/M. 2003 (Kap. II: »Glück statt Gleichgültigkeit – Adornos Grundgedanke«).

17 Zit. nach dem Abdruck in der FAZ vom 22.7.1987.

18 Cf. *Ökonomie und Klassenstruktur des deutschen Faschismus,* mit einem Vorwort von Johannes Agnoli, Bernhard Blanke, Niels Kadritzke. Frankfurt/M. 1973.

19 Cf. George Thomson: *The first Philosophers.* London 1955, dt. Berlin (DDR) 1968.

20 Noch während der Arbeiten an seinem Hauptwerk *Negative Dialektik* suchte Adorno den Gedankenaustausch mit Sohn-Rethel. Am 16.4.1965 kam es in Frankfurt zu einem langen Gespräch, auf das sich Adorno mit umfangreichen Notizen vorbereitet hatte. Diese No-

tate sind wiederabgedruckt in: Alfred Sohn-Rethel: *Warenform und Denkform – Mit zwei Anhängen.* Frankfurt/M. 1978, pp. 137–142.

21 Theodor W. Adorno: *Negative Dialektik;* in: ders.: *Gesammelte Schriften* (GS) 6, ed. Rolf Tiedemann. Frankfurt/M. 1973, p. 146.

22 Lenin: *Konspekte zur Hegelschen Logik;* in: ders.: *Werke in 40 Bdn.* (WW), Bd. 38. Berlin 1968, p. 181. Cf. Jean-Paul Sartre: *Critique de la raison dialectique.* Paris 1960, p. 31: »Quand Lenine parle de notre conscience, il écrit: ›Elle n'est que le reflet de l'être, dans le meilleur des cas un reflet approximativement exacte et s'ôte du même coup le droit d'écrire ce qu'il écrit.‹«

23 Cf. u. a. Alfred Schmidt (ed.): *Beiträge zur marxistischen Erkenntnistheorie.* Frankfurt/M. 1969. *Marxismus Digest* 1 / 1972. Hans Jörg Sandkühler: *Praxis und Geschichtsbewußtsein.* Frankfurt/M. 1973. Dort weitere bibliographische Hinweise.

24 Hans Jörg Sandkühler: l. c., p. 202.

25 Cf. ibid., pp. 171, 179, 183.

26 Anton Leist: »Widerspiegelung der Realität – Realität der Widerspiegelung?«; in: *Das Argument* 82 / 1975, p. 590.

27 Ibid., p. 594.

28 Cf. Lenin: *Materialismus und Empiriokritizismus;* in: ders.: *WW* Bd. 14. Berlin 1973, p. 124: »Die Materie ist eine philosophische Kategorie zur Bezeichnung der objektiven Realität, [...] die von unseren Empfindungen kopiert, fotografiert, abgebildet wird.«

29 Alfred Sohn-Rethel: *Geistige und körperliche Arbeit. Zur Theorie der gesellschaftlichen Synthesis.* Frankfurt/M. 1972 (2.), p. 65.

30 Cf. Alfred Schmidt: *Der Begriff der Natur in der Lehre von Marx.* Frankfurt/M. 1971 (2.), p. 121 sqq.

31 Jürgen Habermas: Neues *Nachwort zu Erkenntnis und Interesse.* Frankfurt/M. 1975, p. 380.

32 Cf. Alfred Sohn-Rethel: *Warenform und Denkform – Aufsätze.* Frankfurt/M., Wien 1971, pp. 27–86. Lothar Eley (*Die Krise des Apriori in der transzendentalen Phänomenologie Edmund Husserls.* Den Haag 1962) hat in Anschluß an Husserl, Hegel und Adorno eine phänomenologische Dekonstruktion des transzendentalphilosophischen Apriori-Begriffs versucht.

33 Cf. die Sohn-Rethel-Erwähnung in der *Negativen Dialektik* (l. c., p. 178) und Theodor W. Adorno: *Soziologische Schriften* I, GS 8. Frankfurt/M. 1972, pp. 150, 209, 230, 465, die argumentativ unmittelbar Sohn-Rethel folgen.

34 Alfred Sohn-Rethel: *Geistige und körperliche Arbeit*, l.c., p. 10.

35 Jürgen Habermas, l.c., p. 379.

36 Zu den Begriffen »Produktions«- und »Aneignungslogik« cf. Alfred Sohn-Rethel: *Materialistische Erkenntniskritik und Vergesellschaftung der Arbeit. Zwei Aufsätze.* Berlin 1971, p. 51; ders.: *Geistige und körperliche Arbeit*, l.c., p. 123; ders.: »Die Formcharaktere der zweiten Natur«; in: *Das Unvermögen der Realität. Beiträge zu einer anderen materialistischen Ästhetik von P. Brückner u. a.* Berlin 1974, p. 195; ders.: »Das Geld, die bare Münze des Apriori«; in: P. Mattick, H. G. Haasis, A. Sohn-Rethel: *Beiträge zur Kritik des Geldes.* Frankfurt/M. 1976, p. 71.

37 Cf. Alfred Sohn-Rethel: *Warenform und Denkform*, l.c., p. 50; ders.: *Geistige und körperliche Arbeit*, l.c., p. 229. Joseph Dietzgens 1869 erschienene Schrift *Das Wesen der menschlichen Kopfarbeit* (ed. Hellmut G. Haasis. Darmstadt/Neuwied 1975) ist Sohn-Rethels Theorie wohl terminologisch, kaum aber – wie der Herausgeber suggeriert – argumentationslogisch affin. Sohn-Rethel hat sie offensichtlich nicht rezipiert (cf. ibid., p. 218).

38 So seine eigene Charakterisierung: Alfred Sohn-Rethel: *Geistige und körperliche Arbeit*, l.c., p. 21.

39 Ders.: *Warenform und Denkform*, l.c., p. 19.

40 Ders.: *Die ökonomische Doppelstruktur des Spätkapitalismus.* Darmstadt/Neuwied 1972, p. 12.

41 Ders.: *Geistige und körperliche Arbeit*, l.c., p. 166.

42 Ders.: *Warenform und Denkform*, l.c., p. 55 sq.

43 Ibid., p. 56.

44 Ibid., p. 27.

45 Ibid., p. 36.

46 Ibid., p. 89.

47 Ibid., p. 89.

48 Ders.: »Die Formcharaktere der zweiten Natur«, l.c., p. 193.

49 Karl Marx: *Das Kapital*; in: ders.: *Marx-Engels-Werke* (MEW) 25, p. 85.

50 Alfred Sohn-Rethel: *Geistige und körperliche Arbeit*, l.c., p. 43.

51 Ibid., p. 88.

52 Ders.: *Materialistische Erkenntniskritik und Vergesellschaftung der Arbeit*, l.c., p. 23.

53 Ders.: *Warenform und Denkform*, l.c., p. 112.

54 Cf. ders.: *Warenform und Denkform*, l.c., pp. 40, 42, 114, 125; ders.: *Geistige und körperliche Arbeit*, l.c., p. 38, 93; ders.: »Das Geld, die bare Münze des Apriori«, l.c., p. 55. Der ständig zunehmende Verfall der

Gebrauchswerte, die von ihrem Anderen, dem Tauschwert, zu dessen Moment depotenziert werden, mag das, was Heidegger als Seinsvergessenheit dachte, mit etabliert haben. Im Tausch fällt mit dem Gebrauchswert des Dings sein Zeitlichsein der Vergessenheit anheim.

55 Die poststrukturalistische Kritik der abendländischen Episteme etwa bei Jacques Derrida (cf. M. Frank:»Eine fundamentalsemiologische Herausforderung der abendländischen Wissenschaft«; in: *Philosophische Rundschau* 23. Jg./Heft 1/2/1976, pp. 1–6) ist an der Dependenz von Geld und Geist, die die Möglichkeiten des Diskurses kategorial formiert, thematisch desinteressiert. Sie ließe sich hingegen weitgehend auf Sohn-Rethels Theorie abbilden.

56 Karl Marx: *Das Kapital*; in: ders.: MEW 25, p. 342. Cf. Alfred Sohn-Rethel 1972 a, p. 74:»Die Waren sind nicht gleich, der Tausch setzt sie gleich.«

57 Cf. die Fichte-Anspielung im Warenkapitel des *Kapital,* MEW 23, p. 67.

58 Alfred Sohn-Rethel: *Warenform und Denkform,* l.c., p. 35.

59 Ders.: *Geistige und körperliche Arbeit,* l.c., p. 64.

60 Ibid., p. 70.

61 Ibid., p. 19.

62 Hans-Jürgen Krahl (*Konstitution und Klassenkampf.* Frankfurt/M. 1971, pp. 51–81) hat unabhängig von Sohn-Rethel eine wesenslogische Interpretation der Marxschen Warenanalyse vorgeschlagen, die mit Sohn-Rethels kantianisierender *Kapital*-Lektüre einiges gemeinsam hat. Krahls Unterscheidung von Konstitutions- und Projektionslogik (ibid., p. 525 sqq. und pp. 556–559), die der von Produktions- und Aneignungslogik frappant affin ist, erlaubt hingegen stärker noch als Sohn-Rethels Darstellung, das projektive Moment des »Scheins« in der »scheinbar transzendentalen Macht« (Karl Marx: *Grundrisse der Kritik der politischen Ökonomie.* Frankfurt/M. o. J., p. 65) des Geldes zu erhellen.

63 Frederick W. Taylor: *Die Grundsätze wissenschaftlicher Betriebsführung.* Berlin 1912. Cf. dazu *Kursbuch* 43: *Arbeitsorganisation – Ende des Taylorismus?* Ed. Karl Markus Michel/Harald Wieser/Hans Magnus Enzensberger. Berlin 1976.

64 Alfred Sohn-Rethel:»Materialistische Erkenntnistheorie?«; in: *Alternative* 106/1976, p. 56.

65 Cf. Georg Franck: *Ökonomie der Aufmerksamkeit – Ein Entwurf.* München 1998.

66 Karl Marx: *Das Kapital*; in: MEW 25, p. 615.

67 Alfred Sohn-Rethel: »Materialistische Erkenntnistheorie?«, l. c., p. 47; cf. ders.: *Materialistische Erkenntniskritik und Vergesellschaftung der Arbeit*, l. c., p. 29; ders.: *Warenform und Denkform*, l. c., p. 72 sqq. Cf. Marxens Formel von der Logik als dem »Geld des Geistes« (MEW, p. 571).

68 Cf. Niklas Luhmanns Theorie einer »Ausdifferenzierung eines speziellen Kommunikationsmediums in der Form von Geld« (Niklas Luhmann: »Wirtschaft als soziales System«; in: ders.: *Soziologische Aufklärung*, 6 Bde. Opladen 1974, p. 215; cf. auch ders.: »Knappheit, Geld und die bürgerliche Gesellschaft«; in: *Jahrbuch für Sozialwissenschaften* 23 (1972), pp. 186–210).

69 Cf. Dieter Henrichs subtile Rekonstruktion dieses Theorems: *Identität und Objektivität – Eine Untersuchung über Kants transzendentale Deduktion*. Heidelberg 1976, p. 69 sqq.

70 Alfred Sohn-Rethel: »Das Geld, die bare Münze des Apriori«, l. c., p. 47.

71 Ibid., p. 47.

72 George Thomson: *Die ersten Philosophen – Forschungen zur Altgriechischen Gesellschaft II* (1955), dt. Berlin-Ost 1968, pp. 145–171.

73 Alfred Sohn-Rethel: *Warenform und Denkform*, l. c., p. 58; ders.: *Geistige und körperliche Arbeit*, l. c., p. 94, 138; ders.: »Die Formcharaktere der zweiten Natur«, l. c., p. 189 u. ä.

74 Cf. Claude Lévi-Strauss: *Das wilde Denken*. Frankfurt/M. 1968 und Maurice Godelier: »Mythos und Geschichte«; in: Klaus Eder (ed.): *Seminar: Die Entstehung von Klassengesellschaften*. Frankfurt/M. 1975, pp. 520, 525.

75 Alfred Sohn-Rethel: »Das Geld, die bare Münze des Apriori«, l. c., p. 69.

76 Cf. Hartmut Böhme: *Fetischismus und Kultur – Eine andere Theorie der Moderne*. Frankfurt/M. 2005.

77 Marx am 11.7.1868 an Kugelmann; in: MEW 52, p. 553.

78 Ibid.

79 Ibid.

80 Karl Marx: *Ökonomisch-philosophische Manuskripte*; in: MEW 1, p. 566. Cf. Marx: *Grundrisse*, l. c., p. 7.

81 Alfred Sohn-Rethel: *Geistige und körperliche Arbeit*, l. c., p. 60 sq.

82 Cf. F. Haug: »Alfred Sohn-Rethels Revision des Marxismus und ihre Konsequenzen«; in: *Das Argument* 65/1971, pp. 313–322; H. Reincke: *Ware und Dialektik*. Darmstadt/Neuwied 1974, p. 105 sqq.; Sohn-Re-

thels Publikationen und kritische Beiträge zur Diskussion seiner Thesen sind verzeichnet bei Jost Halfmann / Tillmann Rexroth: *Marxismus als Erkenntniskritik* – Sohn-Rethels Revision der Werttheorie und die produktiven Folgen eines Mißverständnisses. München/Wien 1976. Cf. darüber hinaus: 1. P. Brand/N. Kotzias/H.J. Sandkühler/ H. Schindler/F. Schumacher/W. van Haren/M. Wilmes: *Der autonome Intellekt – Alfred Sohn-Rethels ›kritische‹ Liquidierung der materialistischen Dialektik und Erkenntnistheorie* (= *Zur Kritik der bürgerlichen Ideologie*, ed. Manfred Buhr, Nr.66). Frankfurt/M. 1976. 2. Bodo von Greiff/Hanne Herkommer: »Die Abbildtheorie und ›Das Argument‹«; in: *Probleme des Klassenkampfes* 16/1974, pp. 151–176. 3. Arnhelm Neusüss/Frank Unger: »Das neueste Problem des Klassenkampfes – der Kampf gegen die Abbildtheorie«; in: *Prokla* 19–21/ 1975, pp. 261–298. 4. Bodo von Greiff: »Wo der Gegensatz zwischen Idealismus und Materialismus in der Erkenntnistheorie nicht sitzt«; in: *Prokla* 22/1976, pp. 1–12.

83 Alfred Sohn-Rethel: *Materialistische Erkenntniskritik und Vergesellschaftung der Arbeit*, l.c., p.6.

84 Ibid., p.46.

85 Karl Marx: *Grundrisse*, l.c., p.7.

86 Karl Marx: *Das Kapital*; in: MEW 25, l.c. p.405. Cf. dazu Georg Lukács: *Geschichte und Klassenbewußtsein*. Berlin 1923, p.104 sqq.

87 Alfred Sohn-Rethel: *Die ökonomische Doppelstruktur des Spätkapitalismus*, l.c., p.16.

88 Ibid.

89 Alfred Sohn-Rethel: »Die Formcharaktere der zweiten Natur«, l.c., p.196 sqq.

90 Georg Wilhelm Friedrich Hegel: *Wissenschaft der Logik*; in: ders.: *Werke in 20 Bänden* (WW), 6, ed. Karl Markus Michel/Eva Moldenhauer. Frankfurt/M. 1969–1971, p.67.

91 Immanuel Kant: *Kritik der reinen Vernunft* (KdrV); in: ders.: *Werke in 10 Bänden*, ed. W. Weischedel. Darmstadt 1968, B 122.

92 Immanuel Kant: KdrV, B 177.

93 Theodor W. Adorno: *Statik*, l.c., p.230.

94 Alfred Sohn-Rethel: *Warenform und Denkform*, l.c., p.28.

95 Ibid., p.81.

96 Theodor W. Adorno: *Ästhetische Theorie*; in: ders.: GS 7. Frankfurt/M. 1972, p.128.

97 Cf. Lucien Goldmann: *Soziologie des Romans*. Neuwied/Berlin 1970.

98 Alfred Sohn-Rethel: »Die Formcharaktere der zweiten Natur«, l. c., p. 200.

99 Um ein weiteres Beispiel und zugleich einen Beleg für die beginnende ästhetische Sohn-Rethel-Rezeption zu nennen: Rudolf zur Lippe (*Naturbeherrschung am Menschen* I. Frankfurt/M. 1974, p. 311) deutet, Sohn-Rethel folgend, die »›Starre‹ des Posa-Prozesses« im choreographierten Tanz des Quattrocento als begründete Analogie zur Stillstellung der Zeit und des Gebrauchswerts im Austauschprozeß.

100 Alfred Sohn-Rethel: *Warenform und Denkform*, l. c., p. 44.

101 Theodor W. Adorno: *Zum Klassizismus von Goethes Iphigenie*; in: ders.: *Noten zur Literatur*, GS 11. Frankfurt/M. 1974, p. 508.

102 Gottfried Keller: *Der grüne Heinrich (Erstfassung)*; in: *Bibliothek deutscher Klassiker*, Bd. 54, ed. Clemens Heselhaus. München/Wien 1981, p. 150.

103 Ibid., p. 142.

104 Ibid., p. 150.

105 Ibid., p. 150 sq.

106 Eingeklammerte Angaben im laufenden Text referieren auf Band und Seite von Benjamins *Gesammelten Schriften*: *Gesammelte Schriften*. Unter der Mitwirkung von Theodor W. Adorno und Gershom Scholem ed. von Rolf Tiedemann und Hermann Schweppenhäuser. Frankfurt/M. 1972–1999.

107 Cf. George Thomson: *Die ersten Philosophen – Forschungen zur Altgriechischen Gesellschaft* II. Berlin (DDR) 1974.

108 Gottfried Keller: *Der grüne Heinrich*, l. c., p. 663 sq.

109 Ibid., p. 664; cf. hierzu Jochen Hörisch: *Gott, Geld und Glück – Zur Logik der Liebe in den Bildungsromanen von Goethe, Keller und Thomas Mann*. Frankfurt/M. 1983, Kapitel IV über den *Grünen Heinrich*.

110 Ibid.

111 Karl Marx: *Das Kapital*; in: MEW, Bd. 23. Berlin 1969, p. 66; cf. p. 97.

112 Walter Benjamin: *Briefe*, edd. Gershom Scholem/Theodor W. Adorno, Bd. I. Frankfurt/M. 1966, p. 350.

113 Cf. dazu C. Conrad/K. A. Stempflinger: *Die Zerstückelung des Walter Benjamin oder die Heiligsprechung des Max Horkheimer – Anmerkungen und Ergänzungen zum Passagenwerk Walter Benjamins in der Edition des Rolf Tiedemann im Verlag des Siegfried Unseld – mit bisher unveröffentlichten Briefen und Briefauszügen Benjamin – Horkheimer, Benjamin – Marcuse, Adorno – Horkheimer*. Vervielfältigtes Typoskript. Oxford/New York/San Remo 27.9.1980–14.2.1982.

114 Daß Benjamin eigentümlich darum bemüht war, seine recht hetero-
genen Freunde und Bekannten nicht miteinander in Berührung zu
bringen, ist von den Biographen übereinstimmend berichtet worden.

115 So äußerte sich Pierre Missac mir (J. H.) gegenüber während des
Benjamin-Kolloquiums in Paris vom 27.–29. Juni 1983.

116 In: *Œuvres complètes* I, *Premiers Ecrits 1922–1940*, ed. Michel Foucault. Paris 1970, pp. 108–119.

117 Ibid., p. 113.

118 Arnold Gehlen: *Der Mensch – Seine Natur und seine Stellung zur Welt.*
Frankfurt/M. 1974, pp. 20, 33.

119 Eduard Fuchs: *Geschichte der erotischen Kunst* II. München 1923,
p. 283.

120 Dem Herausgeber des *Passagen-Werkes* ist das entgangen. Denn seine
Ergänzung, siehe Briefzitat, verweist auf die spätere Arbeit, von der
Sohn-Rethels eigenes Nachwort von 1970 (l. c., im Haupttext, p. 89)
ausführt: »Das Datum des Briefes [von Benjamin an Horkheimer,
28. März 1937, J. H.] zeigt, daß diese Bemerkungen sich nicht auf
das vorstehend veröffentlichte Exposé beziehen können, das Ende
März noch nicht vorlag.«

121 Wieder abgedruckt in: Alfred Sohn-Rethel: *Warenform und Denkform – Aufsätze.* Frankfurt/M. 1971, pp. 7–26.

122 Alfred Sohn-Rethel im Gespräch mit Mathias Greffrath: *Die Zerstörung einer Zukunft – Gespräche mit emigrierten Sozialwissenschaftlern.*
Reinbek 1979, p. 256.

123 Ibid., p. 281. Benjamin und Sohn-Rethel hatten sich schon 1924 auf
Capri kennengelernt. – Auch Sohn-Rethel bestätigt Benjamins Vertrautheit mit Bataille: ibid., p. 282.

124 Alfred Sohn-Rethel: »Zur kritischen Liquidierung des Apriioris-
mus«; in: ders.: *Warenform und Denkform,* l. c., p. 34. Zur Theorie
Sohn-Rethels cf. auch Jochen Hörisch: »Identitätszwang und Tauschabstraktion – A. Sohn-Rethels soziogenetische Erkenntnistheorie«;
in: *Philosophische Rundschau* 25. Jg./Heft 1, 2/1978, pp. 42–54. Anmerkungen zur frühromantischen Vorgeschichte der These von
der Verschränkung der Warenform und der Denkform finden sich
bei Jochen Hörisch: »Herrscherwort, Geld und geltende Sätze –
Adornos Aktualisierung der Frühromantik und ihre Affinität zur
poststrukturalistischen Kritik des Subjekts«; in: Burkhardt Lindner/
Martin Lüdke (edd.): *Materialien zur ästhetischen Theorie Th. W. Ador-*

nos. Frankfurt/M. 1979, pp. 397–414, in überarbeiteter Fassung wiederabgedruckt in diesem Band.

125 Georg Lukács: *Geschichte und Klassenbewußtsein.* Berlin 1923 (1.).

126 Diese Fragestellung hat Benjamin direkt Sohn-Rethels Apriorismus-Aufsatz entnommen, cf. l. c., p. 32 sqq.

127 Alfred Sohn-Rethel: »Apriorismus«, l. c., p. 30.

128 Karl Marx: *Das Kapital,* l. c., p. 85.

129 Cf. dazu ausführlich Sohn-Rethels Hauptwerk: *Geistige und körperliche Arbeit – Zur Theorie der gesellschaftlichen Synthesis.* Frankfurt/M. 1972 (2.).

130 Ders.: »Apriorismus«, l. c., p. 41.

131 Ibid., p. 36.

132 Karl Marx: *Das Kapital,* l. c., p. 85.

133 Ibid., p. 86.

134 Ibid.

135 Ibid., p. 85.

136 Cf. dazu Alfred Sohn-Rethel: »Apriorismus«, l. c., p. 31.

137 Diese Formulierung ist offenbar von einer brieflichen Wendung Adornos inspiriert. Cf. Benjamins Brief vom 27.2.1936 an Adorno, der auf dessen »Gedenkaufsätze zum Tode von Alban Berg« eingeht: »[…] und dann der wirklich erstaunliche ja mich geradezu betreffende Satz: ›Er [Alban Berg, J. H.] hat die Negativität der Welt mit der Hoffnungslosigkeit seiner Phantasie unterboten‹« (*Briefe,* l. c., II, p. 708). Die zitierte Notiz aus dem *Passagen-Werk* ist – nach der Datierungsübersicht des Herausgebers (V, 1262) – nach Empfang des Adorno-Briefes entstanden.

138 Zum Zusammenhang von allegorischen Schreibweisen und gesellschaftlichen Abstraktionsprozessen im 19. Jahrhundert cf. Heinz Schlaffer: *Faust II – Die Allegorie des 19. Jahrhunderts.* Stuttgart 1981.

139 Cf. dazu die zu Beginn von Absatz II genannten Arbeiten Batailles. Sie liegen in deutscher Übersetzung vor. Georges Bataille: *Das Theoretische Werk – Mit einer Studie von Gerd Bergfleth.* München 1975.

140 So Jacques Derrida über Batailles Schriften in: *L'écriture et la différance.* Paris 1967, p. 403. Cf. dazu Gregor Häflinger: *Georges Bataille.* Mittenwald 1981, p. 168 sq., und Rodolphe Gasché: *System und Metaphorik in der Philosophie von Georges Bataille.* Bern/Frankfurt/M./Las Vegas 1978, p. 32 sqq.

141 Max Horkheimer: »Bewertungen über Wissenschaft und Krise«; in: *Zeitschrift für Sozialforschung,* Jahrgang I (1932), Doppelheft 1,2, p. 1.

142 Cf. Paul Feyerabend: *Wider den Methodenzwang – Skizze einer anarchistischen Erkenntnistheorie*. Frankfurt/M. 1976.

143 Theodor W. Adorno: *Zur Metakritik der Erkenntnistheorie – Studien über Husserl und die phänomenologischen Antinomien*; in: ders.: GS 5. Frankfurt/M. 1971 (1934–37 entstanden).

144 Edmund Husserl: *Die Krisis der europäischen Wissenschaften und die transzendentale Phänomenologie*; *Husserliana* Bd. VI. Den Haag 1962 (Erstpublikation ab 1935).

145 Entfällt.

146 Theodor W. Adorno: *Negative Dialektik*; in: ders.: GS 6. Frankfurt/M. 1973, p. 179.

147 Alle Zitate sind den ersten Seiten des Fetischismus-Kapitels des *Kapital* (MEW 23, pp. 85–90) entnommen. Diese und vergleichbare Wendungen durchziehen aber leitmotivisch das Marxsche Gesamtwerk; cf. besonders die Schlußkapitel des *Kapital* und die *Deutsche Ideologie* (MEW 3, p. 26): »In der ganzen Ideologie [erscheinen] die Menschen und ihre Verhältnisse wie in einer Camera obscura auf den Kopf gestellt.«

148 Karl Marx: *Das Kapital* I, l. c., p. 86.

149 Georg Lukács: *Geschichte und Klassenbewußtsein* (1923). Neuwied/Berlin 1968, p. 175.

150 Karl Marx: *Das Kapital* III; in: MEW 25, p. 838.

151 Ibid.

152 Ibid., p. 887.

153 Das offiziöse philosophische Wörterbuch der DDR (*Marxistisch-leninistisches Wörterbuch der Philosophie*, edd. Georg Klaus/Manfred Buhr. Leipzig 1970) verzeichnet die Begriffe »Verdinglichung« und »Versachlichung« erst gar nicht. – Jüngst hat das Problem der Verdinglichung neue Aufmerksamkeit gefunden. Axel Honneths anregende Studie *Verdinglichung – Eine anerkennungstheoretische Studie* (Frankfurt/M. 2005) geht auf Lukács' These von der erkenntnisformierenden Kraft des Tausches allerdings kaum ein; ebensowenig auf Heideggers These vom Zusammenhang zwischen »Seinsvergessenheit« und Verdinglichung, die aus dem Vergessen der ontologischen Differenz zwischen Sein und Seiendem resultiert.

154 So Lukács noch in seinem Vorwort von 1967 zu *Geschichte und Klassenbewußtsein*, l. c., p. 15. – Die Kritik von Winfried Menninghaus am Verdinglichungskapitel dieses Buches (W. M.: »Kant, Hegel und Marx in Lukács' Theorie der Verdinglichung – Destruktion eines

neomarxistischen ›Klassikers‹«; in: Norbert W. Bolz / Wolfgang Hübener [edd.]: *Spiegel und Gleichnis – Festschrift für Jacob Taubes.* Würzburg 1983, pp. 318–330) übersieht weitgehend, daß Lukács die Theorien von Kant, Hegel oder auch Marx eben nicht immanent rekonstruieren, sondern ihre nicht-trivialen Voraussetzungen klären will.

155 Eine gewisse Ausnahme machen Benjamin und Adorno. Cf. Benjamins Brief an Scholem von 16.9.1924 und Adornos Polemik gegen Lukács' Realismus-Begriff, die mit einer Reverenz vor Geschichte und Klassenbewußtsein einsetzt: *Erpreßte Versöhnung – Zu Georg Lukács: Wider den mißverstandenen Realismus*; in: *Noten zur Literatur*, GS 11. Frankfurt/M. 1974, p. 251.

156 Wie das Sachregister zu den MEW und das *Marxistisch-leninistische Wörterbuch* führt auch der Index zu Heideggers *Sein und Zeit* von Hildegart Feick (Tübingen 1968) den Begriff »Verdinglichung« nicht auf.

157 Lucien Goldmann hat darauf nachdrücklich aufmerksam gemacht: *Lukács et Heidegger – Pour une nouvelle philosophie*, ed. Y. Ishaghpour. Paris 1973.

158 Martin Heidegger: *Sein und Zeit.* Tübingen 1967, p. 46. Heidegger belegt sein interpunktionsmäßig als solches ausgewiesenes Zitat nicht.

159 Ibid., p. 437. Wiederum zitiert Heidegger Lukács, als sei dessen Wendung eine so alltägliche, daß sie keines Belegs bedürfte. Lukács hat Heidegger später, als er die *Ontologie des gesellschaftlichen Seins* schrieb, ähnlich behandelt.

160 Hermann Mörchen: *Adorno und Heidegger – Untersuchung einer philosophischen Kommunikationsverweigerung.* Stuttgart 1981, hat die Frühform dieser Kommunikationsverweigerung zwischen Neomarxismus und Heidegger in seiner erhellenden Untersuchung ausgeblendet.

161 Martin Heidegger: *Sein und Zeit*, l.c., p. 437.

162 So heißt es im Luzerner Exposé von Alfred Sohn-Rethel.

163 Seine Biographie ist noch nicht geschrieben; Material dazu findet sich im Gespräch mit Mathias Greffrath: »›Einige Unterbrechungen waren wirklich unnötig‹ – Gespräch mit Alfred Sohn-Rethel«; in: *Die Zerstörung einer Zukunft – Gespräche mit emigrierten Sozialwissenschaftlern.* Reinbek 1979, pp. 249–298.

164 So die Selbstcharakterisierung im Vorwort zum Hauptwerk: *Geistige*

und körperliche Arbeit – Zur Theorie der gesellschaftlichen Synthesis. Frankfurt/M. 1972, p. 11.

165 Ibid., p. 12.

166 Ibid.

167 Cf. Harald Wohlrapps Kritik, die unter allen vorliegenden Kritiken noch die sorgfältigste ist: »Materialistische Erkenntniskritik – Kritik an Alfred Sohn-Rethels Ableitung des abstrakten Denkens«; in: Jürgen Mittelstraß (ed.): *Methodologische Probleme einer normativ-kritischen Gesellschaftstheorie.* Frankfurt/M. 1975, pp. 160–243. Daß Harald Wohlrapp Sohn-Rethels Theorie gleichwohl verkennt, zeigt Christine Woesler: »Wie ist die Realität beschaffen«; in: *L'invitation au voyage – Zu Sohn-Rethel.* Bremen 1979.

168 Philologisch läßt sich die Kategorie »schlechthin neu« bekanntlich stets bestreiten, und das vermeintlich Neue muß es sich zumeist gefallen lassen, auf Vorsokratisches vordatiert zu werden. So auch hier: Heraklit hat über Implikationen des Tausches und des Austausches Gewichtiges gesagt. Und selbst die spezifische Fassung der These Sohn-Rethels hat eine präzise Vorgeschichte. Sie ist freilich keine i. e. Sinn philosophische, sondern vielmehr eine literarische. Die Vermutung, die Ware und das Transzendentalsubjekt, Geld und Geist, Tausch und Identität könnten mehr miteinander zu tun haben, als es der Schulweisheit träume, findet sich u. a. bei Hamann, Herder, Adam Müller und Achim von Arnim. Frappante, bis in einzelne Wendungen affine Antizipationen des Grundgedankens von Sohn-Rethel haben Novalis und Gottfried Keller formuliert; cf. hierzu Jochen Hörisch: »Herrscherwort, Geld und geltende Sätze – Adornos Aktualisierung der Frühromantik und ihre Affinität zur poststrukturalistischen Kritik des Subjekts«; in: Burkhardt Lindner/W. Martin Lüdke (edd.): *Materialien zur ästhetischen Theorie Th. W. Adornos* (cf. Kap. I/2 in diesem Band). Frankfurt/M. 1979, pp. 397–413, und Jochen Hörisch: *Gott, Geld und Glück – Zur Logik der Liebe in den Bildungsromanen von Goethe, Keller und Thomas Mann.* Frankfurt/M. 1983, Kapitel 3 und 4.

169 *Von der Analytik des Wirtschaftens zur Theorie der Volkswirtschaft – Methodologische Untersuchung mit besonderem Bezug auf die Theorie Schumpeters* (Erstpublikation 1936, Diss.); in: *Warenform und Denkform,* l c, pp. 143–252.

170 »Je nach der Rezeption des Lesers ist den Büchern ihr Schicksal beschieden« – so lautet der vielzitierte Spruch in seiner vollständigen

Form. Er wird bis heute im Wappen des Börsenvereins des deutschen Buchhandels geführt und entstammt dem Carmen heroicum des Terentius Maurens vom Ende des 3. Jahrhunderts.

171 Cf. dazu die Interview-Äußerungen bei Mathias Greffrath, l.c., p. 257 sqq.

172 Alfred Sohn-Rethel: *Ökonomie und Klassenstruktur des deutschen Faschismus*, edd. Johannes Agnoli, Bernhard Blanke, N. Karitze. Frankfurt/M. 1973.

173 Cf. Benjamins hier erstmals gedruckten Brief vom 19. August 1936 aus Swendborg, p. 267.

174 Cf. dazu Jochen Hörisch: *Theorie der Verausgabung und Verausgabung der Theorie – Benjamin zwischen Bataille und Sohn-Rethel*. Bremen 1983 (in diesem Band Kap. II/3).

175 Theodor W. Adorno: *Negative Dialektik*, l.c., p. 178.

176 Im Horkheimer-Archiv finden sich weder ein Exemplar des Luzerner Exposés noch briefliche oder andere Anmerkungen zu Sohn-Rethel. In Martin Jays Geschichte der Kritischen Theorie (*Dialektische Phantasie – Die Geschichte der Frankfurter Schule und des Instituts für Sozialforschung 1923–1950*. Frankfurt/M. 1981) wird der Name Sohn-Rethel nicht einmal erwähnt.

177 Cf. die Diskussion zwischen Franz Borkenau und Henryk Grossmann in der *Zeitschrift für Sozialforschung* 1934/35.

178 In: Alfred Sohn-Rethel: *Warenform und Denkform – Mit zwei Anhängen*. Frankfurt/M. 1978, pp. 27–102.

179 In: ibid., pp. 7–26.

180 Notizen davon finden sich in: ibid., pp. 137–142.

181 L.c., p. 179.

182 Ibid., p. 180.

183 Ibid., p. 184.

184 Immanuel Kant: KdrV, p. 117/B 103, cf. B 130.

185 Ibid., B 131.

186 Ibid., B 107.

187 Ibid., B 197.

188 Ibid., A 113 (nach der Akademie-Ausgabe; andere Ausgaben bringen statt »er« [der Grund] »es«).

189 Ibid., B 177.

190 Alfred Sohn-Rethel: »Das Geld, die bare Münze des Apriori«; in: Paul Mattick, Alfred Sohn-Rethel, Hellmut G. Haasis: *Beiträge zur Kritik des Geldes*. Frankfurt/M. 1976, pp. 35–117.

191 Immanuel Kant: KdrV, l. c., B 177.

192 Friedrich Schlegel: *Philosophische Lehrjahre 1796–1806*, Erster Teil; in: ders.: *Kritische Ausgabe* (KA) Bd. XVIII, ed. Ernst Behler. München etc. 1963, p. 361: »Elementar ist das Historisch Transcendentale.« Cf. Novalis: *Novalis Schriften. Die Werke Friedrich von Hardenbergs*, Bd.: III, ed. Richard Samuel. Darmstadt 1968, p. 464.

193 Cf. Jochen Hörisch: »Herrscherwort«, l. c.

194 Cf. zum Folgenden Herbert Schnädelbach: »Dialektik als Vernunftkritik – Zur Konstruktion des Rationalen bei Adorno«; in: Ludwig von Friedeburg/Jürgen Habermas (edd.): *Adorno-Konferenz 1983*. Frankfurt/M. 1983, pp. 66–94.

195 Ibid., p. 72.

196 Cf. Jochen Hörisch: »Identitätszwang und Tauschabstraktion – Zu Alfred Sohn-Rethels soziogenetischer Erkenntnistheorie«; in: *Philosophische Rundschau* 25. Jg./Heft 1,2/1978 (in diesem Band Kap. II/2).

197 Pierre Klossowski: *Die lebende Münze*, übersetzt aus dem Französischen von Martin Burckhardt. Berlin 1998.

198 Robert Gernhardt: *Gesammelte Gedichte 1954–2004*. Frankfurt/M. 2005, pp. 368–371.

199 Cf. dazu Martin Warnke: *Hofkünstler – Zur Vorgeschichte des modernen Künstlers*. Köln 1996.

200 Cf. Walter Grasskamp: *Die unästhetische Demokratie – Kunst in der Marktgesellschaft*. München 1992.

201 Cf. Martin Warnke: *Hofkünstler – Zur Vorgeschichte des modernen Künstlers*. Köln 1996.

202 Cf. dazu Jochen Hörisch: *Kopf oder Zahl – Die Poesie des Geldes*. Frankfurt/M. 1996 (4. Aufl. 2004).

203 Cf. Jochen Hörisch: *Der Sinn und die Sinne – Eine Geschichte der Medien*. Frankfurt/M. 2001 (Taschenbuch Frankfurt/M. 2004), Kapitel »Konversionen – Die eine Multimediagesellschaft«.

204 Gilles Deleuze/Félix Guattari: *Anti-Ödipus – Kapitalismus und Schizophrenie*. Frankfurt/M. 1974, p. 29.

205 Immanuel Kant: KdrV, B 132.

206 Johann Wolfgang von Goethe: *Wilhelm Meisters Lehrjahre*; in: ders.: Hamburger Ausgabe, Bd. 7. München 1981 (10.), p. 603.

207 Ibid, p. 604.

208 Cf. dazu Jochen Hörisch: »Die Tugend und der Weltlauf in Lessings bürgerlichen Trauerspielen«; in: ders.: *Die andere Goethezeit – Poetische Mobilmachung des Subjekts um 1800*. München 1992, pp. 13–28.

345

209 Cf. dazu Günter Wohlfahrt: *Der spekulative Satz – Bemerkungen zum Begriff der Spekulation bei Hegel*. Berlin/New York 1981.

210 Lacans und Derridas häufige Verweise auf und Anmerkungen zu Hegel machen aus dieser Affinität kein Geheimnis.

211 Paris 1947.

212 Cf. Immanuel Kant: KdrV, B 627.

213 Seitenangaben in Klammern referieren auf Georg Wilhelm Friedrich Hegel: *Phänomenologie des Geistes*; in: WW 3.

214 Cf. Aristoteles: *Texte zur Logik*, ed. Rainer Beer. Reinbek 1967, p. 15 (Satz 6).

215 Georg Wilhelm Friedrich Hegel: *Vorlesungen über die Geschichte der Philosophie*; in: ders.: WW 20, l. c., p. 337.

216 Ibid., p. 339.

217 Cf. ibid, p. 416, und Jochen Hörisch: *Die fröhliche Wissenschaft der Poesie*. Frankfurt/M. 1976, Kap. 4.

218 Hegel: *Vorlesung*, l. c., p. 428.

219 Schellings späte Kritik negativer Philosophie irrt sich, insofern sie sich als eine Kritik an Subjektivitätsphilosophie versteht, im Adressaten: Hegel hat individuierte Subjektivität nie derart systematisch überfordert, daß Schellings Kritik sie konstitutiv träfe.

220 Cf. die Formel vom »machthabenden Begriff« aus der *Wissenschaft der Logik* (Hegel: WW 6, l. c., p. 420 sqq.) und Michael Theunissen: »Krise der Macht – Thesen zur Theorie des dialektischen Widerspruchs«; in: *Hegel-Jahrbuch* 1975, pp. 318–329; ders.: »Begriff und Realität – Hegels Aufhebung des metaphysischen Wahrheitsbegriffs«; in: *Denken im Schatten des Nihilismus – Festschrift für W. Weischedel*. Darmstadt 1975, p. 192.

221 Hegel dürfte das Theorem, das Mangel als Produktivität zu denken erlaubt, Hölderlin verdanken, der »Gottes Fehl« als »Hilfe« und das Nicht-Vermögen der Himmlischen als Selbsterfahrungsmöglichkeit der Sterblichen deutet.

222 Cf. den § 27 der Rechtsphilosophie Hegels, der diese Struktur als »freien Willen, der den freien Willen will«, begreift.

223 Heinz Hülsmann (»Der spekulative oder dialektische Satz – Zur Theorie der Sprache bei Hegel«; in: *Salzburger Jahrbuch für Philosophie* X/XI/1966/67, pp. 65–81) verfehlt die Hegelsche Pointe, wenn er die Kategorie »Subjekt« so interpretiert, als sei sie der Kategorie »Prädikat« schon deshalb überlegen, weil sie ihr vorausliegt; cf. pp. 70, 74.

224 Schellings Brief an Hegel vom 2.11.1807 (in: Johannes Hoffmeister

[ed.]: *Briefe von und an Hegel*, Bd. I, Hamburg 1952, p. 194) bekundet die vollendete Lektüre der Vorrede zur Phänomenologie. Die Niederschrift der Freiheitsabhandlung erfolgte hingegen erst im Winter 1808/1809, so daß Hegels Vorrede auch philologisch als Schellings Referenzpunkt angesehen werden kann.

225 Cf. dazu Manfred Frank: *Der unendliche Mangel an Sein*. Frankfurt/M. 1975, V. Kap.

226 Friedrich Wilhelm Joseph Schelling: *Stuttgarter Privatvorlesungen* (1810); in: ders.: *Sämmtliche Werke* (SW) Abt. I/7, p. 459.

227 Ibid., p. 427.

228 Theodor W. Adorno: *Drei Studien zu Hegel – Erfahrungsgehalt*; in: ders.: GS 5. Frankfurt/M. 1971, p. 309.

229 Friedrich Wilhelm Joseph Schelling: *Stuttgarter Privatvorlesungen*, l. c., p. 445.

230 Ibid., p. 466.

231 Martin Heidegger: *Schellings Abhandlung Über das Wesen der menschlichen Freiheit (1809)*, Tübingen 1971, p. 90. Eingeklammerte Seitenangaben im Text verweisen künftig auf Schellings Freiheits-Abhandlung in; ders.: SW I/7.

232 *Weltalter Fragmente* (= Schelling; in: ders.: *Werke*, Nachlaßband, München 1946), p. 124.

233 Cf. Heideggers intensive Interpretation der »traditionellen Thesen über das Sein« in: *Die Grundprobleme der Phänomenologie*; in: Martin Heidegger: *Gesamtausgabe*, Bd. 24. Frankfurt/M. 1975.

234 Martin Heidegger: *Schelling*, l. c., p. 94.

235 *Weltalter*, l. c., p. 228.

236 Ibid.

237 Schellings späte Rehabilitierung der scholastischen Unterscheidung von »quidditas« und »quodditas« ist terminologisches Indiz seines nun kaum mehr verdeckten Anachronismus.

238 Cf. Hans Blumenberg: *Die Genesis der kopernikanischen Welt*. Frankfurt/M. 1975, p. 132 sqq.

239 Jürgen Habermas (»Dialektischer Idealismus im Übergang zum Materialismus – Geschichtsphilosophische Folgerungen aus Schellings Idee einer Contraction Gottes«; in: ders.: *Theorie und Praxis*, Frankfurt/M. 1971, pp. 172–227) hat aus der Behauptung das vor dem Erkennen vermutete Sein als Basis aller Wesenheit extrapoliert, daß »in Schellings Logik, hätte er eine geschrieben [...], das dritte Buch dem zweiten, der Begriff dem Wesen untergeordnet [bliebe]. Philo-

sophie kann nicht an ihr selbst die noch ausstehende Vermittlung leisten, denn die korrumpierte Welt ist nicht eine Negation, welche die bestimmte Negation des absoluten Wissens herausforderte, um sich ihr dann zu fügen.« (195)

240 Cf. Martin Heidegger, l.c., p. 194: »Wenn aber das System nur im Verstande ist, dann bleibt dieser, der Grund, und die Gegenwendigkeit selbst aus dem System ausgeschlossen als das andere des Systems, und System ist, auf das Ganze des Seienden gesehen, nicht mehr das System.«

241 Cf. Hegels »logische« Darstellung der Dialektik des Satzes: *Logik*, l.c., p. 301 sqq.

242 Cf. Karl Löwith: *Von Hegel zu Nietzsche – Der revolutionäre Bruch im Denken des neunzehnten Jahrhunderts.* Frankfurt/M. 1969. Löwith weist Schelling freilich nur eine marginale Rolle bei der Überwindung von Systemphilosophie zu.

243 Friedrich Wilhelm Joseph Schelling: WW, l.c., Bd. 5, p. 82.

244 Jacques Derrida hat, Heideggers Vorbild folgend, das Dilemma, noch beim Versuch einer Überwindung der okzidentalen Metaphysik deren Terme gebrauchen zu müssen, dadurch angezeigt, daß er sie kreuzweise durchstreicht (z.B. in: *De la Grammatologie.* Paris 1967, p. 65).

245 Hegel: *Phänomenologie*, l.c., p. 584.

246 Cf. Dieter Henrich: »Autonomous Negation«; in: *Review of Metaphysics* XXVII/Dec. 1974.

247 Auf diese zentrale Problematik geht die ansonsten aufschlußreiche Arbeit von Günter Wohlfahrt (Anm. 209) leider nicht ein.

248 Niklas Luhmann: *Soziale Systeme – Grundzüge einer allgemeinen Theorie.* Frankfurt/M. 1984, p. 649.

249 Ibid., p. 166.

250 Ibid., p. 292.

251 Johann Wolfgang von Goethe: *Faust II*; in: ders.: *Sämtliche Werke, Briefe, Tagebücher und Gespräche* in 40 Bdn. u. 2 Abtlg. (Frankfurter Ausgabe), Bd. 7, ed. Albrecht Schöne. Frankfurt/M. 1994, v. 7397.

252 Ibid., v. 7431.

253 Ibid., v. 8540.

254 Ibid., v. 8535.

255 Ibid., v. 8540.

256 Johann Wolfgang von Goethe: *Iphigenie auf Tauris*; in: ders.: *Gesammelte Werke*, Bd. 5 (Hamburger Ausgabe in 14 Bdn.), v. 25.

257 Ibid., vv. 1828–1830.

258 Theodor W. Adorno: *Zum Klassizismus von Goethes Iphigenie*; in: ders.: *Noten zur Literatur* IV. GS 11. Frankfurt/M. 1974, p. 499.

259 Johann Wolfgang von Goethe: *Iphigenie*, l. c., v. 1863 sq.

260 Novalis: *Schriften* I, 1977, p. 140, v. 396 sq.

261 Ibid., p. 142, v. 418.

262 Ibid., v. 425.

263 Ibid. v. 421.

264 Cf. Goethe: *Faust II*, l. c., v. 8532.

265 Goethe: *Iphigenie*, l. c., v. 740 sq.

266 Friedrich Nietzsche: *Also sprach Zarathustra*; in: ders.: WW, ed. Karl Schlechta, Bd. II. München 1966, p. 431.

267 Johannes XIX,19–22 (Luther-Übersetzung, nach der Ausgabe von 1545).

268 Theodor W. Adorno/Max Horkheimer: *Dialektik der Aufklärung*. Frankfurt/M. 1971, p. 32 sq.

269 Ibid., p. 32.

270 Friedrich Hölderlin: *Friedensfeier (erster Versentwurf)*; in: ders. *Sämtliche Werke*, ed. Friedrich Beißner, 8 Bde. Stuttgart 1946–1985 (Stuttgarter Ausgabe), Bd. 2, p. 131, v. 56 sqq.

271 Jean Paul: *Vorschule der Ästhetik*; in: ders.: *Sämtliche Werke* (WW), ed. N. Miller, Bd. 5. München 1973, p. 93.

272 Immanuel Kant: Akademie-Ausgabe, Bd. XX, p. 341. Cf. hierzu: Wolfram Hogrebe: *Archäologische Bedeutungspostulate*. Freiburg/München 1977.

273 Friedrich Schlegel: *Über das Studium der griechischen Poesie* (1795/96); in: ders.: *Schriften zur Literatur*, ed. Wolfdietrich Rasch. München 1970, pp. 95, 131 u. ä.

274 Theodor W. Adorno: *Zur Schlußszene des Faust*; in: ders.: *Noten zur Literatur* II; GS 11. Frankfurt/M. 1974, p. 129.

275 Cf. das editorische Nachwort zu Adorno: *Ästhetische Theorie*, GS 7. Frankfurt/M. 1972, p. 544.

276 Fassung von 1923. Frankfurt/M. 1973, p. 283 sqq.

277 Georg Lukács: *Die Theorie des Romans* (1920). Neuwied/Berlin 1971, p. 64. Zur Frühromantikrezeption bei Lukács cf. Willy Michel: *Marxistische Ästhetik – Ästhetischer Marxismus* Bd. I. Frankfurt/M. 1971.

278 In: Novalis: *Schriften* I. Frankfurt/M. 1978, pp. 108–120, 333.

279 Friedrich Schlegel: *Philosophische Lehrjahre 1796–1806*, Erster Teil;

in: ders.: KA Bd. XVIII, ed. Ernst Behler, München/Paderborn/
Wien 1963, p. 361 (V. Epoche/Fragment Nr. 497).

280 »Es ist an der Zeit«: Diese Wendung, die die Diskrepanz zwischen
geschichtsphilosophisch Fälligem und Verfehltem festhält, ist eine
stilistische Schlüsselattitude der Frühromantiker wie Adornos. Sie
dürfte auf Goethes *Märchen* zurückgehen.

281 Theodor W. Adorno: *Negative Dialektik*; in: ders.: GS 6. Frankfurt/M.
1973, p. 15.

282 Karl Marx: *Der achtzehnte Brumaire des Louis Bonaparte*; in: MEW 8,
p. 115.

283 Theodor W. Adorno: *Negative Dialektik*, l. c., p. 10.

284 Ibid., p. 274.

285 Ibid., p. 186.

286 Johann Gottlieb Fichte: *Grundlage der gesammten Wissenschaftslehre*
(1794); in: ders.: *Fichtes Werke* (WW), ed. Immanuel Hermann Fichte, Bd. I. Reprint Berlin 1971, p. 92.

287 Novalis: *Schriften* III, 1968, p. 464.

288 Novalis: *Schriften* II, 1965, p. 138. Cf. hierzu und zum folgenden Jochen Hörisch: *Die fröhliche Wissenschaft der Poesie – Der Universalitäts-
anspruch von Dichtung in der frühromantischen Poetologie*. Frankfurt/M.
1976. Kap. 2.

289 Novalis: *Schriften* II, l. c., p. 138.

290 Friedrich Schlegel: *Philosophische Lehrjahre* I, l. c., p. 115 (II, 1043).

291 Cf. etwa Fichte: *Erste Einleitung in die Wissenschaftslehre*, WW, l. c.,
Bd. I, p. 440: »Die Intelligenz ist dem Idealismus ein Thun, und absolut nichts weiter.«

292 Adorno: *Negative Dialektik*, l. c., p. 258.

293 Fichte: *Über Geist und Buchstabe in der Philosophie*, WW, l. c., Bd. VIII.
Reprint Berlin 1971, p. 287.

294 F. Schlegel: *Philosophische Lehrjahre* I, l. c., p. 86 (II, 673).

295 Novalis: *Schriften* III, l. c., p. 570.

296 Fichte: *Grundlage*, l. c., p. 222.

297 F. Schlegel: *Philosophische Lehrjahre* I, l. c., p. 101 (II, 863).

298 Ibid., p. 92 (II, 756).

299 Novalis: *Schriften* I, l. c., p. 378 sq.

300 Cf. insbesondere Alfred Sohn-Rethel: *Geistige und körperliche Arbeit –
Zur Theorie der gesellschaftlichen Synthesis*. Frankfurt/M. 1972. Cf. dazu
Jochen Hörisch: »Identitätszwang und Tauschabstraktion – Alfred
Sohn-Rethels soziogenetische Erkenntnistheorie«; in: *Philosophische*

Rundschau 25. Jg./Heft 1,2/1978, pp. 42–54 (überarbeitete Fassung in diesem Band Kap. I/2).

301 Novalis: *Schriften* II, l. c., p. 449.

302 Jacques Lacan: *Schriften* I, ed. Norbert Haas. Frankfurt/M. 1975, p. 37.

303 F. Schlegel: *Philosophische Lehrjahre* I, l. c., p. 483 (VII, 130).

304 George Thomson: *Die ersten Philosophen – Forschungen zur altgriechischen Gesellschaft* II. Berlin 1968.

305 Novalis: *Schriften* IV, 1975, p. 333 (Brief an F. Schlegel vom 18.6.1800).

306 F. Schlegel: KA Bd. III, ed. Hans Eichner. München/Paderborn/ Wien 1975, p. 8.

307 F. Schlegel: *Philosophische Lehrjahre* I, p. 31 (II, 135).

308 Novalis: *Schriften* III, l. c. p. 464.

309 Marx: *Das Kapital* I; in: MEW 23. Berlin 1969, p. 88.

310 Adorno: *Negative Dialektik*, l. c., p. 180. Cf. die affinen Formulierungen ibid., pp. 22, 57, 101, 149 sq. u. ö.

311 Ibid., pp. 250, 377 sqq.

312 Kant: KdrV B 135.

313 Cf. Marx: *Das Kapital*, l. c., p. 67 Fn.: »In gewisser Art gehts dem Menschen wie der Ware.«

314 Adorno: *Negative Dialektik*, l. c., p. 33.

315 Novalis: *Schriften* III, l. c., p. 404.

316 Ibid., p. 433.

317 Ibid., p. 446. Cf. Gerhard Neumann: *Ideenparadiese – Aphoristik bei Lichtenberg, Novalis, F. Schlegel und Goethe*. München 1976.

318 Novalis: *Schriften* III, l. c. p. 451.

319 Ibid., p. 406.

320 Ibid.

321 Adorno: *Negative Dialektik*, p. 64.

322 Ders.: *Ästhetische Theorie*, p. 77.

323 Ibid, pp. 128, 203, 337, 351, 373.

324 Ibid., 337.

325 F. Schlegel: *Philosophische Lehrjahre* II; in: ders.: KA, Bd. XIX, ed. Ernst Behler. München/Paderborn/Wien 1971, p. 108 (X, 235).

326 Adorno: *Ästhetische Theorie*, l. c., p. 128.

327 Ibid., p. 336 sq.

328 Ibid., p. 335.

329 Goethe: *Faust II*, l. c., v. 5572.

330 Novalis: *Schriften* II, l.c., p. 542.

331 Adorno: *Ästhetische Theorie*, l.c., p. 99.

332 Ibid., p. 199.

333 Novalis: *Schriften* II, l.c., p. 535.

334 Ibid., p. 294.

335 F. Schlegel: *Philosophische Lehrjahre* I, l.c., p. 307 (IV, 1355).

336 Adorno: *Negative Dialektik*, l.c., p. 227.

337 Ibid., p. 262.

338 Ibid., p. 237.

339 F. Schlegel: *Philosophische Lehrjahre* II, l.c., p. 95 (X, 123).

340 Ibid. (X, 120).

341 Zumal die erste Rezeptionsphase der neueren französischen Theorien in Deutschland ist durch angestrengte Grenzziehungen gekennzeichnet. In jüngster Zeit (diese Fußnote wurde 1979 geschrieben) mehren sich hingegen die Arbeiten, die auf die gemeinsamen Themen und Motive wie auf den Zwang der Sache, der sie hervorbringt, aufmerksam machen. Cf. u. a.: Friedrich A. Kittler/Horst Turk (edd.): *Urszenen – Literaturwissenschaft als Diskursanalyse und Diskurskritik*. Frankfurt/M. 1977, und Werner Hamacher: *pleroma – Zu Genesis und Struktur einer dialektischen Hermeneutik bei Hegel*; in: G. W. F. Hegel: *Der Geist des Christentums – Schriften 1796–1800*, ed. Werner Hamacher. Frankfurt/M. etc. 1978.

342 Michel Foucault: *Wahnsinn und Gesellschaft*. Frankfurt/M. 1969, p. 12.

343 Julia Kristeva: »La sémiologie: science critique et/ou critique de la science«; in: Michel Foucault et al.: *Théorie d'ensemble*. Paris 1968, p. 90.

344 Michel Foucault: *Archäologie des Wissens*; übers. Ulrich Köppen. Frankfurt/M. 1973, p. 182.

345 Adorno: *Negative Dialektik*, p. 26.

346 Cf. Jochen Hörisch: *Fröhliche Wissenschaft*, l.c., p. 158 sqq.

347 Adorno: *Negative Dialektik*, l.c., p. 359.

348 Ibid., p. 169.

349 Adorno: *Ästhetische Theorie*, l.c., p. 239.

350 Novalis: *Schriften* II, l.c., p. 362.

351 Ibid., p. 649.

352 Adorno: *Negative Dialektik*, l.c., p. 359.

353 »Auslegen ist Kunst«, heißt es lapidar in Schleiermachers *Hermeneutik* (ed. A. Kimmerle. Heidelberg 1959, p. 82).

354 Immanuel Kant: *Kritik der Urteilskraft*, B 23.

355 Wilhelm Dilthey: *Die Entstehung der Hermeneutik;* in: ders.: GS V. Leipzig 1924, p. 320.

356 Ibid., p. 319 sq.

357 Hans-Georg Gadamer: *Wahrheit und Methode.* Tübingen 1965 (2.), pp. 261–269.

358 Friedrich Nietzsche: *Aus dem Nachlaß der Achtzigerjahre;* in: ders.: WW, ed. Karl Schlechta, Bd. III. München 1966, p. 487.

359 Gadamer: *Wahrheit und Methode,* l. c., p. 261.

360 Horst Turk: »Die Wirklichkeit der Gleichnisse – Überlegungen zum Problem der objektiven Interpretation am Beispiel Kafkas«; in: *Poetica* 2/1976 versucht, das Dilemma eines hermeneutischen Begriffs von objektiver Interpretation mit Mitteln der Sprachpragmatik zu umgehen.

361 Manfred Frank hat Schleiermachers Hermeneutik und Sprachtheorie überzeugend auf strukturalistische Theoreme beziehen können: *Das individuelle Allgemeine – Textstrukturierung und -interpretation nach Schleiermacher.* Frankfurt/M. 1977.

362 Cf. Friedrich Schleiermacher: *Hermeneutik und Kritik,* ed. Manfred Frank. Frankfurt/M.. 1977, p. 235: »Wir sehen, daß der Mensch nur in dem Grad über sein höchstes Interesse klar und gewiß wird, in welchem er den Verkehr durch die Sprache kennt.«

363 Wilhelm Dilthey: *Plan der Fortsetzung zum Aufbau der geschichtlichen Welt in den Geisteswissenschaften;* in: ders.: GS VII. Stuttgart/Göttingen 1968, p. 216.

364 Ibid., p. 179.

365 Gadamer: *Wahrheit und Methode,* l. c., p. 363.

366 Ibid., p. 382.

367 Ibid., p. 371.

368 Seine Kritik kann sich, wie Winfried Menninghaus u. a. herausgestellt haben, auf eine Tradition berufen, die häretisch zur sokratisch-cartesianischen Denkform steht.

369 Angaben von Benjamin-Zitaten erfolgen im laufenden Text nach der Ausgabe der gesammelten Schriften (Bandzahl, Teilband, Seite), edd. Rolf Tiedemann/Hermann Schweppenhäuser. Frankfurt/M. 1972 sqq.

370 Auf Entsprechungen zwischen neostrukturalistischen und Benjaminschen Denkmotiven hat Samuel Weber wohl zuerst aufmerksam gemacht: »Lecture de Benjamin«; in: *Critique* 267/268 (1969), pp. 699–712.

371 Cf. Jacques Derrida/Valerio Adami: *Le voyage du dessin / par dessus le marché* (Reihe *Derrière le miroir* 215, Mai 1975). Paris 1975, passim.

372 Jacques Derrida: *Epérons – Les styles de Nietzsche.* Venedig 1976, p. 42: »Femme est un nom de cette non-verité de la verité.«

373 Den Begriff »Sinn« vermeiden Benjamins spätere Schriften (etwa seit der *Wahlverwandtschaften*-Arbeit) skrupulös zugunsten des Begriffs »Wahrheit« – wohl deshalb, weil der Sinnbegriff hermeneutisch diskreditiert ist.

374 Winfried Menninghaus: *Walter Benjamins Theorie der Sprachmagie.* Frankfurt/M. 1980, p. 95. Menninghaus vergißt diesen Hinweis allerdings schnell wieder. Seine gesamte Rekonstruktion von Benjamins Theorie der Sprachmagie versucht – überzeugend – zu zeigen, daß diese weniger durch kabbalistische Traditionen als vielmehr durch die Sprachtheorie Hamanns und der Frühromantiker geprägt wurde.

375 Cf. Benjamins Brief vom 12.8.1912 an Herbert Belmore; in: ders.: *Briefe,* edd. Gershom Scholem/Theodor W. Adorno, Bd. 1, Frankfurt/M. 1966, p. 43: »Ich stelle gleich hoch (wie Wölfflin's ›Klassische Kunst‹, J. H.): Dilthey, Hölderlin« (gemeint ist Diltheys Hölderlin-Aufsatz).

376 Ibid.

377 Ernst Bloch: *Spuren.* Frankfurt/M. 1969, p. 79 sq.

378 Platon: *Menon,* übers. Schleiermacher, 80d–81a.

379 »Erkenntnis ist ein Relationsverhältnis«, heißt es im Entwurf der *Vorrede* (GS I, 3, p. 928).

380 Den Einschub »so darf vielleicht vermutet werden« tilgt die spätere Fassung signifikanterweise.

381 Schon Hölderlins Aufsatz *Urtheil und Sein* umspielt die Assonanz dieser Begriffe.

382 Seinen Interpretationsbegriff vom hermeneutischen deutlich abzusetzen war Benjamin offensichtlich wichtig. »Gegensatz von Interpretation und Einfühlung« (GS I, 3, p. 920) heißt es in den Notizen zum *Trauerspielbuch.* Die ausgeführte Fassung polemisiert dann gegen »den Namen der ›Einfühlung‹ [...], in dem die bloße Neugier unter dem Mäntelchen der Methode sich vorwagt«. (234)

383 Ernst Bloch: *Geist der Utopie* (1923). Frankfurt/M. 1973, p. 209 sqq.

384 Ibid., p. 256.

385 Benjamin am 13.1.1924 an Hugo von Hofmannsthal; *Briefe,* l. c., p. 329.

386 Novalis: *Monolog*; in: ders.: *Schriften* II, 1965, p. 672.

387 Cf. H.-G. Gadamer: l. c., p. 540: »Sein, das verstanden werden kann, ist Sprache.«

388 Das verkennt Fred Lönkers Rekonstruktion der *Vorrede*, wenn sie, das intentionslose Sein mit den Ideen schlicht identifizierend, Benjamins Darstellungstheorie um ihre Pointe bringt; cf. F. L.: »Benjamins Darstellungstheorie – Zur *Erkenntniskritischen Vorrede* zum *Ursprung des deutschen Trauerspiels*«; in: Friedrich Kittler/Horst Turk (edd.): *Urszenen – Literaturwissenschaft als Diskursanalyse und Diskurskritik*. Frankfurt/M. 1977, p. 300: »Als ›intentionsloses Sein‹ entziehen sich die Ideen jedem intentionalen Zugang.« Benjamin aber kennzeichnet die Ideen – analog zu den Sternbildern – durchaus als interpretierbar.

389 Der Satz aus der Vorfassung der *Vorrede*, »die Ideen [gingen] in keine Relationsbeziehung ein« (Benjamin: GS I, 3, p. 928), findet in der endgültigen Fassung aus Gründen interner Stimmigkeit keine Entsprechung.

390 An den astralen Motiven der literarischen Tradition ist Benjamin bekanntlich überaus interessiert. Cf. dazu die motivgeschichtlichen Hinweise bei Gerhard Kurz: »Benjamin: kritischer gelesen«; in: *Philosophische Rundschau* 24. Jg./ Heft 3,4/ 1977, p. 176 sq.

391 Benjamin am 9.12.1923 an F. Ch. Rang; Briefe, l. c., p. 323.

392 Cf. Roman Ingarden: *Das literarische Kunstwerk*. Tübingen 1972, § 25: Der quasi urteilsmäßige Charakter der in einem literarischen Werk auftretenden Aussagesätze.

393 Benjamin: *Briefe*, l. c., p. 323.

394 Cf. Norbert Bolz: »Benjamin«, in: Horst Turk (ed.): *Klassiker der Literaturtheorie*. München 1979, p. 257: »Astrolog, Theolog und Literaturkritiker finden sich in der Haltung des änigmatisch Lesenden zusammen: ihr Glück hängt an dem Augenblick, in welchem das Sternbild im Chaos der Körper [...] ›zum Vorschein‹ (Benjamin) kommt.«

395 Benjamin: *Briefe*, l. c., p. 323.

396 Der Widerspruch, den Helmut Pfotenhauer (*Ästhetische Erfahrung und gesellschaftliches System – Untersuchungen zum Spätwerk Walter Benjamins*. Stuttgart 1975, p. 99 sq.) zwischen den Begriffen der »Wahrheit« und der »Rettung« sieht, ließe sich derart auflösen.

397 Diese Volte verweist auf die Methode der *Erkenntniskritischen Vorrede* überhaupt: sie denkt mit platonischen Mitteln gegen die platoni-

sche Zweiweltenlehre an. Die »Darstellung der Ideen im Mittel der Empirie« (214) wäre unmöglich, wenn die Empirie die schlechthin andere Sphäre des Seins und der Wahrheit wäre.

398 Cf. Theodor W. Adorno: *Negative Dialektik*; in: ders.: GS 6. Frankfurt/M. 1973, p. 294: »Im richtigen Zustand wäre alles, wie in dem jüdischen Theologumenon, nur um ein Geringes anders als es ist, aber nicht das geringste läßt sich so vorstellen, wie es dann wäre.«

399 Johann Wolfgang von Goethe: *Wilhelm Meisters Wanderjahre*; in: ders.: *Berliner Ausgabe*, Bd. 11, p. 320.

400 Bertolt Brecht: *Arbeitsjournal – Erster Band 1938–1942*, ed. Werner Hecht, Frankfurt/M. 1973, p. 16.

401 Benjamin: *Briefe*, l. c., p. 523.

402 Cf. GS II, 1, p. 118.

403 In: Alfred Sohn-Rethel: *Warenform und Denkform – Aufsätze*. Frankfurt/M./Wien 1971. Benjamins Marginalien sind in dieser Ausgabe mit wiedergegeben.

404 Die späteren Arbeiten Benjamins zeugen davon, indem sie häufig auf Sohn-Rethels These anspielen, ohne sie freilich ausdrücklich zu erwähnen.

405 Benjamin: *Briefe*, l. c., p. 232. Der Warenfetischismus verfiele demnach der produktiven Ambivalenz, die auch den Begriff des Begriffs in Benjamins frühen Arbeiten kennzeichnete: Seine Wahrheitsferne begründete sein Hoffnungspotential.

406 Sohn-Rethel: *Warenform und Denkform*, l. c., p. 44.

407 Kafkas Gleichnis *Von den Gleichnissen* umspielt diese Struktur.

408 1. Moses 40,8 nach der Luther-Übersetzung von 1545.

409 Robert K. Merton: *Auf den Schultern von Riesen? Ein Leitfaden durch das Labyrinth der Gelehrsamkeit*. Frankfurt 1980, hat damit begonnen, diese Geschichte tradierter Verkennungen zu schreiben.

410 In: Lukian von Samosata: *Lügengeschichten und Dialoge*, übers. Christoph Martin Wieland. Nördlingen 1985, p. 41.

411 Ibid., p. 44.

412 Brief vom 17. 4. 1931 an G. Scholem; in: Walter Benjamin: *Briefe*, edd. Gershom Scholem/Theodor W. Adorno, 2 Bde. Frankfurt/M. 1966, p. 531.

413 »Methode ist Umweg«, heißt es lapidar in der Vorrede zum Trauerspielbuch (I, 208).

414 Cf. Klees Bild *Haupt- und Nebenwege*.

415 Eingeklammerte Band- und Seitenzahlen im laufenden Text bezie-

hen sich auf W. Benjamin: *Gesammelte Schriften*, edd. Rolf Tiedemann/Hermann Schweppenhäuser. Frankfurt/M. 1972 sqq.

416 1. Moses 35,16–18, nach der Luther-Bibel von 1545.

417 So ist der Name Walter auch in der deutschen Literatur immer wieder verstanden worden – als angemessene Benennung dessen, der über Glück und Unglück waltet. Kleists Lustspielfigur aus dem *Zerbrochenen Krug*, der Gerichtsrat Walter, ist das sicherlich bekannteste Beispiel dafür.

418 Abgedruckt in Siegfried Unseld (ed.): *Zur Aktualität Walter Benjamins*. Frankfurt/M. 1982, pp. 94–102.

419 MEW, 8, p. 175.

420 Das berichten die Briefe vom 31. Juli und vom 1. September an G. Scholem.

421 Dies nach den erhellenden Hinweisen von Jürgen Ebach:»Agesilaus Santander und Benedix Schönflies«; in: *Neue Deutsche Hefte* 31. Jg./Nr. 182/1984, pp. 278–285. Affinität und Differenz der hier vorgetragenen Deutung zu der von J. Ebach werden hier nicht jeweils einzeln vermerkt. Nur soviel: J. Ebach thematisiert erst gar nicht die bekannten Namen »Walter« und »Benjamin«; er erklärt den Beziehungssinn von »Santander« nicht; und die zitierende Verwendung des Okeaniden-Namen »Schönflies« in Benjamins *Wahlverwandtschaften*-Arbeit (s. u.) ist ihm entgangen. Ohne die Anregung durch Ebachs knappe Arbeit aber wäre der vorliegende Text nicht entstanden.

422 Auch hier ein Bezug zu Benjamin, der im fraglichen Text notiert: »Darum bin ich von niemandem im Schenken zu übertreffen.« (I. c., p. 101)

423 1. Moses 32,24–31.

424 Aus der *Dreigroschenoper.*

425 Friedrich Schiller: *Das Glück*; in: ders.: *Werke in drei Bdn.*, ed. Herbert G. Göpfert. München 1966, p. 721.

426 »Santander« ist überdies der Name eines kolumbianischen Politikers (Francisco Santander 1792–1840), der den Aufstand der Kreolen gegen die spanische Kolonialmacht anführte und nach der errungenen Unabhängigkeit zum führenden Politiker des Landes wurde.

427 Gershom Scholem, l. c., p. 111 sq. Das anagrammatisch überzählige »i« versteht Scholem als »ornamentale Versiegelung« des Geheimnisses.

428 Zwar erwähnt er einmal das »luziferische Element« der Aufzeichnung und in Benjamins Denken überhaupt (109), ohne es aber inter-
pretatorisch zur Geltung zu bringen und eigentlich ernst zu nehmen.

429 Cf. dazu neben Scholem auch Otto K. Werckmeister: »Walter Benjamin, Paul Klee und der ›Engel der Geschichte‹«; in: ders.: *Versuche
über Paul Klee*. Frankfurt/M. 1981, pp. 98–123.

430 Benjamin: GS I, 2, p. 697 sq.

431 Die grammatischen Bezüge der Satzfolge zu Beginn des zweiten Abschnitts sind hochkomplex. Dennoch scheint nur folgende Lektüre
plausibel: »Doch keineswegs ist dieser [geheime] Name eine Berei-
cherung dessen, den er nennt. Im Gegenteil, von dessen Bild [vom
Bild des mit dem geheimen Namen Benannten] fällt vieles ab, wenn
er [der geheime Name] laut wird. Es [das Bild] verliert vor allem die
Gabe, menschenähnlich zu erscheinen. Im Zimmer, das ich in Berlin bewohnte, hat jener [neue, anagrammatische Geheimname],
ehe er aus meinem [alten Namen, cf. die hier deutlichere Erstfas-
sung] gerüstet und geschient ans Licht trat, sein Bild an der Wand
befestigt: Neuer Engel.« (100)

432 Cf. dazu die Beiträge in den *Merkur*-Heften April bis Juni 1985.

433 Römerbrief 3,8.

434 Cf. dazu Gershom Scholem: »Die Krise der Tradition im jüdischen
Messianismus«; in: *Judaica*, 3. Frankfurt/M. 1973, pp. 152–197.

435 Novalis: *Schriften* III, 1968, p. 389.

436 Cf. dazu nach wie vor das Standardwerk von Mario Praz: *Liebe, Tod
und Teufel – Die schwarze Romantik*, 2 Bde. München 1970, bes. Kap.
II (»Die Metamorphosen Satans«).

437 Walter Benjamin: *Das Passagen-Werk*; in: ders.: GS V, edd. Rolf Tiede-
mann/Hermann Schweppenhäuser. Frankfurt/M. 1982, pp. 313,
409, 444, 455.

438 L.c., p. 110.

439 Werner Fuld: »Agesilaus Santander oder Benedix Schönflies«; in:
Neue Rundschau, 89. Jg., 1978/ Heft 2, pp. 253–263. Dort findet sich
auch ein Facsimile der Gestapo-Urkunde.

440 Deshalb ist es unverständlich, daß Fuld schon im Titel seines Aufsatzes ein alternatives »oder« zwischen beide Namenspaare setzt und
sich über die Unangemessenheit von Scholems »tiefschürfender Interpretation« (258) mokiert. Cf. dazu die gleichfalls schon in der
»und«-Formulierung des Titels auf den Begriff gebrachte Kritik daran von J. Ebach: *Agesilaus Santander und Benedix Schönflies*, l. c.

441 L.c., p. 278.

442 Das Zitat entstammt Julius Walter: *Die Geschichte der Ästhetik im Altertum ihrer begrifflichen Entwicklung nach dargestellt.* Leipzig 1893, p. 6.

443 Cf. die Textsammlung *Lyrik nach Auschwitz? Adorno und die Dichter,* ed. von Petra Kiedaisch. Stuttgart 1995.

444 Theodor W. Adorno: *Kulturkritik und Gesellschaft;* in: *Gesammelte Schriften,* ed. R. Tiedemann, Bd. 10/1. Frankfurt/M. 1977, p. 29 sq.

445 Cf. Jochen Hörisch: *Es gibt (k)ein richtiges Leben im falschen.* Frankfurt/M. 2003 (II. Kap. »Glück statt Gleichgültigkeit – Adornos Grundgedanke«).

446 Adorno: *Negative Dialektik;* GS 6, p. 359 sq.

447 Adorno: »Engagement«; in: *Noten zur Literatur,* GS 11, p. 423 sq.

448 *Negative Dialektik,* l.c., p. 335 sq. Daß sich in Adornos Perspektive heitere Kunst nach Auschwitz verbietet, versteht sich dann gewissermaßen von selbst: »Der Satz, nach Auschwitz lasse kein Gedicht mehr sich schreiben, gilt nicht blank, gewiß aber, daß danach, weil es möglich war und bis ins Unabsehbare möglich bleibt, keine heitere Kunst mehr vorgestellt werden kann. Objektiv artet sie in Zynismus aus, mag immer sie die Güte menschlichen Verstehens sich erborgen. Übrigens ist solche Unmöglichkeit von der großen Dichtung, zuerst wohl bei Baudelaire, fast ein Jahrhundert vor der europäischen Katastrophe gespürt worden.« (*Noten zur Literatur.* »Zur Dialektik von Heiterkeit«; GS 11, p. 603 sq.)

449 So argumentiert Adorno noch in einem seiner spätesten Vorträge, dem über *Die Kunst und die Künste,* den er am 23. 6. 1966 in der Berliner Akademie der Künste hielt: »Die Verfransung der Künste ist ein falscher Untergang der Kunst. Ihr unentrinnbarer Scheincharakter wird zum Skandal angesichts einer Übermacht der ökonomischen und politischen Realität, die den ästhetischen Schein noch als Idee in Hohn verwandelt, weil sie keinen Durchblick auf die Verwirklichung des ästhetischen Gehalts mehr freigibt. Weniger stets verträgt jener Schein sich mit dem Prinzip rationaler Materialbeherrschung, dem er die gesamte Geschichte von Kunst hindurch sich verband. Während die Situation Kunst nicht mehr zuläßt – darauf zielte der Satz über die Unmöglichkeit von Gedichten nach Auschwitz –, bedarf sie doch ihrer. Denn die bilderlose Realität ist das vollendete Widerspiel des bilderlosen Zustands geworden, in dem Kunst verschwände, weil die Utopie sich erfüllt hätte, die in jedem Kunstwerk sich chiffriert. Solchen Unterganges ist die Kunst

359

von sich aus nicht fähig. Darum verzehren sich aneinander die Künste.« (*Die Kunst und die Künste*, GS 10.1, p. 452 sq.)

450 *Negative Dialektik*, l. c., pp. 354–355.

451 Cf. etwa Karl Barth: *Kirchliche Dogmatik* § 29: »Es gibt vieles, das Gott nicht ist. Gott ist nicht Kreatur. Gott ist nicht Sünde. Gott ist nicht Tod.«

452 Adorno: »Jene zwanziger Jahre« (zuerst veröffentlicht in *Merkur*, Januar 1962); in: *Kulturkritik und Gesellschaft*, GS 10/2, p. 506).

453 *Negative Dialektik*, l. c., p. 354.

454 Robert Gernhardt: *Gesammelte Gedichte 1954–2004*. Frankfurt/M. 2005, p. 19.

455 Cf. Jochen Hörisch: *Die ungeliebte Universität – Rettet die Alma mater.* München 2006.

456 Johann Wolfgang von Goethe: *Faust*; in: ders.: *Sämtliche Werke, Briefe, Tagebücher und Gespräche in 40 Bdn. u. 2 Abtlg.* (Frankfurter Ausgabe), Bd. 7, ed. Albrecht Schöne. Frankfurt/M. 1994, v. 11763.

457 Ibid., v. 11794 sqq.

458 Ibid., vv. 1881–87.

459 Ibid., vv. 1888–1893.

460 Philippine Knigge: *Versuch einer Logic für Frauenzimmer.* Hannover 1789, p. 86.

461 Ibid., p. 19.

462 Ibid., p. 21.

463 Ibid., p. 23.

464 Ibid., p. 24.

465 Ibid., p. 26.

466 Ibid., p. 46.

467 Ibid., p. 49 sq.

468 Ibid., p. 76.

469 Ibid., p. 126.

470 Cf. Dalís Text *Der große Masturbator* und das gleichnamige Bild in: Salvador Dalí: *Gesammelte Schriften*, edd. Axel Matthes/Tilbert D. Stegmann. München o. J., pp. 141–145.

471 Um die Liste der neuen Diskurse um 1900 durch Nennung der Namen ihrer Begründer zu vervollständigen: Frazers Konstitution des Diskurses »Ethnologie«, Saussures Entwurf einer strukturalen Linguistik und Schönbergs Konzeption der Zwölftonmusik treten mit den vorgenannten Diskurserneuerungen in eine Konstellation.

472 Die Rede vom »Ende des Subjekts« ist der Kritischen Theorie Ador-

nos und dem Neostrukturalismus gemeinsam, cf. Kap. II/2 dieses
Buches.

473 Cf. Hans Blumenberg: *Die Genesis der kopernikanischen Welt.* Frank-
furt/M. 1975, Erster Teil, Kap. VIII »Anachronismus als lebensweltlicher Bedarf«.

474 Arthur Schopenhauer: *Parerga und Paralipomena*; in: ders.: *Züricher
Ausgabe*, Bd. 7. Zürich 1977, p. 211.

475 Cf. Lacans Selbstkommentar in: *Les Psychoses – Le seminaire*, III. Paris
1981, p. 140, und in: *Ecrits.* Paris 1966, p. 365.

476 Cf. Lacans Vorwort zur deutschen Ausgabe seiner ausgewählten
Schriften; in: *Schriften* II, ed. Norbert Haas. Olten/Freiburg i. B.
1975, p. 9: Heidegger verweigert, bei der Vorstellung einzuhalten,
»daß die Metaphysik nie etwas war und auch nicht anders fortbeste-
hen kann als in der Beschäftigung, das Loch der Politik zu stopfen«.

477 Sigmund Freud: *Das Ich und das Es*; in: ders.: *Studienausgabe* III.
Frankfurt/M. 1975, p. 325.

478 Ibid., p. 324.

479 Ibid.

480 Cf. u. a. Freud: *Hemmung, Symptom und Angst*, in: ders.: *Studienausgabe* VI. Frankfurt/M. 1971, p. 272.

481 Freud: *Das Motiv der Kästchenwahl*; in: ders.: *Studienausgabe* X. Frank-
furt/M. 1969, p. 186.

482 Ibid., p. 188.

483 Freud: *Vergänglichkeit*; in: ders.: *Studienausgabe* IV, l. c., p. 225.

484 Goethe: *Berliner Ausgabe*, Bd. 1. Berlin 1976, p. 83 sq.

485 Freud: *Vergänglichkeit*, l. c. p. 225.

486 Cf. zu diesem Thema Jochen Hörisch: »Das Sein der Zeichen und
die Zeichen des Seins«; = Vorwort des Übersetzers zu J. Derrida: *Die
Stimme und das Phänomen.* Frankfurt/M. 1979.

487 In der *Notiz über den Wunderblock* hatte Freud die Vermutung formuliert, daß die »diskontinuierliche Arbeitsweise des Systems W[ahr-
nehmung]-Bw[Bewußtsein] der Entstehung der Zeitvorstellung zugrunde liegt.« (*Studienausgabe* III, l. c., p. 369)

488 Freud: *Totem und Tabu*; in: ders.: *Studienausgabe* IX, l. c., p. 369.

489 Heidegger: *Sein und Zeit.* Tübingen 1967, p. 184 (Überschrift des
§ 40).

490 Ibid., p. 266.

491 Martin Heidegger: *Was ist Metapyhsik?* Frankfurt/M. 1975 (11.),
p. 35.

492 Ibid., p. 34.

493 Friedrich Nietzsche: *Aus dem Nachlaß der Achtzigerjahre*; in: ders.: WW, ed. Karl Schlechta, Bd. III. München 1966, p. 424.

494 L.c., p. 186.

495 Cf. dazu J. Hörisch: Bedeutsamkeit, l. c.

496 Cf. Lacan: *Les psychoses*, l. c., pp. 149, 120.

497 In: *Werke und Briefe*, nach der historisch-kritischen Ausgabe von Werner R. Lehmann mit einem Nachwort von W. R. Lehmann. München/Wien 1980, p. 88. Zur *Lenz*-Erzählung cf. Jochen Hörisch: »›Den 20. Januar ging Lenz übers Gebirg‹ – Poetische Schizopromenaden im *Anti-Ödipus*«; in: Rudolf Heinz (ed.): *Schizo-Schleichwege – Materialien zum Anti-Ödipus*. Frankfurt/M. 1982.

498 Cf. den Abschnitt III »La lettre, l'être et l'autre« von Lacans Aufsatz »Das Drängen des Buchstaben« (*Schriften* II, l. c.), der mit einer Heidegger-Reverenz schließt (p. 54).

499 Nietzsche: *Morgenröte*; in: ders.: WW, l. c., Bd. I, p. 1174.

500 Lacan: *Les psychoses*, l. c., pp. 33, 165.

501 Lacan: *Ecrits*, p. 375.

502 Lacan: *Les Psychoses*, l. c., p. 17.

503 Lacan: *Ecrits*, l. c., p. 388. Die Verweise im Namensverzeichnis der *Ecrits* sind nicht vollständig; so fehlt u. a. diese wichtige Heidegger-Erwähnung.

504 Lacan: »Introduction au Commentaire de Jean Hyppolite«; in: ders.: *Ecrits*, l. c., p. 379.

505 Ibid., p. 380.

506 Heidegger: »Das Wesen der Sprache«; in: *Unterwegs zur Sprache*. Pfullingen 1971, p. 215.

507 Lacan: »Reponse au commentaire de Jean Hyppolite«; in: ders.: *Ecrits*, l. c., p. 392.

508 Ibid., p. 388.

509 Ibid., p. 383.

510 Heidegger: *Sein und Zeit*, p. 186; cf. oben Fn. 480. R. Heims Artikel (in der NZZ vom 4./5.4.1961) *Lacan und Heidegger* geht dieser Differenz nicht nach: er betreibt vielmehr durchweg Analogiezauber. N. Haas danke ich für den Hinweis auf diesen Artikel.

511 Lacan: *Les psychoses*, l. c., p. 168.

512 Ibid., p. 171.

513 Cf. ibid., p. 157: »Le signifiant dans le réel« und p. 208: »Le signifiant dans la nature«.

514 Cf. Lacan: »Was ist das, der Signifikant?« In: *Der Wunderblock* 5/6. Berlin 1980, p. 7.

515 Friedrich A. Kittler: »Kratylos – Ein Simulacrum«; in: *Fugen* 1/1980, p. 249.

516 Lacan: *Les psychoses*, l. c., p. 91.

517 Michael Balint: *Angstlust und Regression*. Stuttgart 1960, hat diesen Terminus geprägt, aber seine Möglichkeiten kaum erschöpft, als er Phänomene des Nervenkitzels etc. damit belegte.

518 Kleist an Wilhelmine von Zenge am 13.11.1800; in: ders.: *Sämtliche Werke und Briefe* 2, ed. Helmut Sembdner. München 1972, p. 592, Zeichnung p. 598. Cf. Penthesilea, v. 1349 sq.: »Stehe fest, wie das Gewölbe steht, / Weil seiner Blöcke jeder stürzen will!«

519 Hans Blumenberg: *Das Lachen der Thrakerin – Eine Urgeschichte der Theorie*. Frankfurt/M. 1987.

520 Niklas Luhmann: *Soziale Systeme – Grundriß einer allgemeinen Theorie*. Frankfurt/M. 1984, p. 11.

521 In steigendem Maß seit der Veröffentlichung von *Soziale Systeme*, cf. dort u. a. pp. 201, 357, 368.

522 Niklas Luhmann: *Die Realität der Massenmedien*. Opladen 1996, p. 86.

523 Cf. dazu ausführlicher Jochen Hörisch: *Das Wissen der Literatur*. München 2007 (Einleitung).

524 N. Luhmann: l. c., p. 351 sq.

525 Cf. die instruktive Darstellung bei Alfred Meng: *Geschichte der Hamburger Wasserversorgung*. Hamburg o. J. (1993), p. 50 sqq.

526 Cf. Gernot und Hartmut Böhme: *Feuer, Wasser, Erde, Luft – Eine Kulturgeschichte der Elemente*. München 1996.

527 Robert Gernhardt: »Sigmund Freud«; in: Robert Gernhardt/F. W. Bernstein/Friedrich Karl Waechter: *Die Drei*. Frankfurt/M. 1995, p. 462 sq.

528 Cf. Ernst-Robert Curtius: *Europäische Literatur und lateinisches Mittelalter*. Bern/München 1969 (7.), Kap. 11.

529 Cf. dazu Jochen Hörisch: *Das Wissen der Literatur*. München 2007.

530 Walter Benjamin: *Einbahnstraße*; in: ders.: GS IV,1, ed. Tillmann Rexroth. Frankfurt/M. 1972, p. 138.

531 Sigmund Freud: *Bruchstück einer Hysterie-Analyse*; in: ders.: *Studienausgabe*, Bd. VI. Frankfurt/M. 1971, p. 98 sq.

532 Ders.: *Der Witz und seine Beziehung zum Unbewußten*; in: ders.: *Studienausgabe*, Bd. IV. Frankfurt/M. 1970, p. 109.

533 Ders.: *Über den Gegensinn der Urworte*; in: ders.: *Studienausgabe*, Bd. IV, l. c., p. 229.

534 Ders.: *Die Verneinung*; in: ders.: *Studienausgabe*, Bd. III. Frankfurt/M. 1975, p. 373.

535 Thomas Macho: »Der Mann im Ohr – Freuds Zukunft: Die Psycho-analyse wird als Kunst des richtigen Zuhörens überleben«; in: SZ vom 6./7. Mai 2006, p. 17.

536 Dietrich Schwanitz: *Der Campus* – Roman. Frankfurt/M. 1995, p. 348.

537 Ibid., p. 349 sq.

538 Johann Wolfgang von Goethe: *Faust I*; in: ders.: *Sämtliche Werke, Brie-fe, Tagebücher und Gespräche in 40 Bdn. u. 2 Abtlg.* (Frankfurter Ausga-be), Bd. 7, ed. Albrecht Schöne. Frankfurt/M. 1994, v. 1840 sq.

539 Thomas Mann: *Joseph und seine Brüder – Joseph, der Ernährer*; in: ders.: *Frankfurter Ausgabe*, ed. Peter de Mendelssohn. Frankfurt/M. 1983, p. 83. Ich danke Herbert Anton für frühe Hinweise auf diese Text-passage.

540 Cf. zum Folgenden Christoph Luxenberg: *Die syro-aramäische Lesart des Koran – Ein Beitrag zur Entschlüsselung der Koransprache*. Berlin 2002.

541 Cf. dazu Jochen Hörisch (ed.): *Das Tier, das es nicht gibt – Eine Text- und Bild-Collage zum Einhorn*. Nördlingen 1986 (erweiterte Neuauf-lage 2005).

542 Cf. dazu Jochen Hörisch: *Gott, Geld, Medien – Studien zu den Medien, die die Welt im Innersten zusammenhalten*. Frankfurt/M. 2004.

543 Cf. die materialreiche Studie von Klaus Michael Mallmann/Martin Cüppers: *Halbmond und Hakenkreuz – Das Dritte Reich, die Araber und Palästina*. Darmstadt 2006.

544 Cf. Daniel Benjamin: »Sacred Terror – An Assessment and a Strate-gy«; in: *The Berlin Journal – A Magazine from the American Academy in Berlin*, Number nine/Fall 2004, p. 8.

545 Alexander von Humboldt: *Kosmos – Entwurf einer physischen Weltbe-schreibung*, edd. Ottmar Ette/Oliver Lubrich. Frankfurt/M. 2004, pp. 296–302.

546 Daniel Benjamin: l. c., p. 9.

Textnachweis

Die Kapitel dieses Buches sind das Resultat von z. T. weitgehenden Überarbeitungen folgender Veröffentlichungen:

I. Tauschen

I/1: Ursprünglich erschienen unter dem Titel: »Die beiden Seiten einer Münze – Sohn-Rethels Theorie von Geld und Geltung« = Vorwort zu A. Sohn-Rethel: *Das Geld, die bare Münze des Apriori*. Berlin 1990, pp. 7–11.

I/2: »Identitätszwang und Tauschabstraktion – Zu Alfred Sohn-Rethels soziogenetischer Erkenntnistheorie«; in: *Philosophische Rundschau*, 1,2/ 1978, pp. 42–54.

I/3: Ursprünglich erschienen unter dem Titel: *Theorie der Verausgabung und Verausgabung der Theorie – Benjamin zwischen Sohn-Rethel und Bataille*. Berlin 1983 (Verlag Bettina Wassmann), französische Übersetzung – »Benjamin entre Bataille et Sohn-Rethel – Théorie de la dépense et dépense de la théorie«; in: H. Wismann (ed.): *Walter Benjamin et Paris – Colloque international*, 27–29 juin 1983. Paris 1986, pp. 343–360.

I/4: Ursprünglich erschienen unter dem Titel: »Die Krise des Bewußtseins und das Bewußtsein der Krise« – Zu Sohn-Rethels Luzerner Exposé = Vorwort zu A. Sohn-Rethel: *Soziologische Theorie der Erkenntnis*. Frankfurt/M. 1985, pp. 7–34 (edition suhrkamp 1218).

I/5: Erstveröffentlichung.

II. Sprechen

II/1: »Das doppelte Subjekt – Die Kontroverse zwischen Hegel und Schelling im Lichte des Neostrukturalismus«; in: *Konkursbuch* 15/1985, pp. 43–60; Nachdruck in: M. Frank/G. Raulet/W. van Reijen (edd.): *Die Frage nach dem Subjekt*. Frankfurt/M. 1988, pp. 144–164.

II/2: Ursprünglich erschienen unter dem Titel: »Herrscherwort, Geld und geltende Sätze – Adornos Aktualisierung der Frühromantik und die poststrukturalistische Kritik des Subjekts«; in: B. Lindner/M.W. Lüdtke (edd.): *Materialien zu Adornos »Ästhetischer Theorie«*. Frankfurt/M. 1980, pp. 397–414 (Suhrkamp stw 122).

II/3: Ursprünglich erschienen unter dem Titel: »Objektive Interpretation des schönen Scheins – Zu Walter Benjamins Literaturtheorie«; in: N.W. Bolz/R. Faber (edd.): *Walter Benjamin – Profane Erleuchtung und rettende Kritik*. Würzburg 1982, pp. 37–56.

II/4: »Der satanische Engel und das Glück – Die Namen Walter Benjamins«; in: *Spuren – Zeitschrift für Kunst und Gesellschaft*, Nr. 14. Hamburg 1986, pp. 38–42.

II/5: »Gedichte nach Auschwitz – Überlegungen zu einem berühmten Diktum Theodor W. Adornos«; in: Petra Bahr (ed.): *Protestantismus und Dichtung*. Gütersloh 2008, pp. 109–122.

III. Begehren

III/1: Ursprünglich erschienen unter dem Titel: »Die Mutterbrust, der Vatermund und die Logik« – Nachwort zu Philippine Knigges *Logic für Frauenzimmer*; in: Philippine von Knigge: *Versuch einer Logic für Frauenzimmer*. (Hannover 1789, Reprint) Düsseldorf 1998.

III/2: »Angstlust – Lacan mit Heidegger«; in: D. Hombach (ed.): *Mit Lacan (Zeta 02)*. Berlin 1982, pp. 187–198.

III/3: »Die Kunst der Theorie – Anmerkungen zum Design von Niklas Luhmanns ästhetischer Theorie«; in: *Rechtshistorisches Journal* 17, ed. Dieter Simon. Frankfurt/M. 1998, pp. 525–533.

III/4: »Wasser/Werke – Auslassungen über den reinen Körper und den unreinen Geist«; in: Natascha Allenkamp/Peter Matussel (edd.): *Auslassungen – Leerstellen als Movens der Kulturwissenschaften*. Würzburg 2004, pp. 355–364.

III/5: Der Exkurs zu Harry Frankfurts Essay *Bullshit* erschien zuerst in: *Deutsche Zeitschrift für Philosophie*, Heft 3 / 2006.

III/6: Erstveröffentlichung.

Bildnachweis